Horst Grimm / Leo Besser-Walzel

DIE CORPORATIONEN

Horst Grimm / Leo Besser-Walzel

DIE CORPORATIONEN

Handbuch zu
Geschichte · Daten · Fakten · Personen

Umschau Verlag Frankfurt am Main

**1. Wilhelm Emmanuel
Frhr. v. Ketteler**
Corps Guestphalia-Göttingen.
Erzbischof von Mainz,
Begründer der katholischen
Soziallehre.

2. Victor Adler
Burschenschaft braune Arminia
zu Wien. Begründer der öster-
reichischen Sozialdemokratie,
Mitbegründer des Deutschen
Schulvereins.

3. Konrad Adenauer
KStV Arminia Bonn,
KStV Saxonia München.
Christlich-sozialer Politiker,
erster Kanzler der
Bundesrepublik Deutschland.

4. Theodor Herzl
Burschenschaft Albia-Wien.
Journalist, Schriftsteller,
Begründer des politischen
Zionismus, Urvater des Staates
Israel.

5. Anton Bruckner
Akademischer Gesangverein
Wien. Komponist.

6. Richard Wagner
Saxoniae-Leipzig.
Revolutionär, Komponist,
Musikdramatiker.

7. Ferdinand Lassalle
Burschenschaft der Raczeks-
Breslau. Poitiker, Gründer
des Allgemeinen Deutschen
Arbeitervereins.

8. Friedrich Wilhelm Raiffeisen
Wingolf-Bonn E. M.
Begründer der deutschen landwirtschaftlichen Genossenschaftsbewegung.

9. Karl Marx
Landsmannschaft der Trierer
zu Bonn. Philosoph,
Revolutionär, Begründer der
nach ihm benannten Theorie.

10. Georg Büchner
Burschenschaft Germania-
Giessen. Revolutionär,
Schriftsteller.

11. Engelbert Dollfuß
CV. Austria Innsbruck.
MKV. Amelungia Innsbruck.
Christlich-sozialer Politiker,
Bundeskanzler und Außen-
minister in der 1. Republik
Österreich.

Zum Titelbild

Die Fotomontage basiert auf einer Aufnahme der Aktivitas der B. Alpina zu Klagenfurt im Sommersemester 1986. Die Köpfe der dargestellten Persönlichkeiten wurden vom grafischen Standpunkt aus verteilt. Verlag und Autoren sind sich bewußt, daß Konrad Adenauer als KVer kein Burschenband getragen hat. Weiters ist uns auch klar, daß Engelbert Dollfuß weder Kärntner Anzug noch derart „modische" Socken trug. Wir wissen, daß Anton Bruckner oder Ferdinand Lassalle noch keine Sportschuhe oder Bluejeans trugen. Der aufmerksame Betrachter möge daher dieses Titelbild ohne Wertung als rein grafisches Gestaltungsmittel ansehen.

Für unsere Kinder

CIP-Kurztitelaufnahme der Deutschen Bibliothek

Grimm, Horst:
Die Corporationen: Handbuch zu Geschichte, Daten,
Fakten, Personen/Horst Grimm; Leo Besser-Walzel.
Frankfurt am Main: Umschau-Verlag, 1986.
  ISBN 3-524-69059-9

NE: Besser-Walzel, Leo:

Umschlaggestaltung: Grafik-Design-Studio Lothar
Mielau, Wiesbaden unter Verwendung einer Fotomontage von Horst Grimm und Leo Besser-Walzel

Gesamtherstellung: Brönners Druckerei Breidenstein GmbH, Frankfurt am Main

Printed in Germany

Inhalt

Das Großmutige, Humanistische und Schwärmerische in Corps, Burschenschaften und ähnlichen Verbindungen.

Gedanken zu den waffenstudentischen Verbindungen, ihrem Wesen und ihrem Sinn.

Daß die waffenstudentischen Verbindungen, wie die Burschenschaften, die Corps u. a., heute in der allgemeinen Vorstellungswelt eine eher zweitrangige und nicht unproblematische Position innehaben, hängt mit einer wohl unglücklichen Vergangenheit zusammen. Einer Vergangenheit, in der die Verbindungen ihre Ziele z. T. falsch interpretierten und in der aus ihnen Leute kamen, die sich rassistischen und chauvinistischen Ideologien verschrieben haben, die mit dem ursprünglichen Ideengut dieser Verbindungen nichts mehr zu tun haben. Wenn also die waffenstudentischen Verbindungen eine Chance für ihre Zukunft sehen und haben wollen, so müssen sie meines Erachtens auf jene Gedanken zurückgreifen, die als humanistische und weiterzige den meisten ihrer Gründer wichtig waren.

Die Waffenstudenten haben nämlich das große Glück, sich auf eine Tradition berufen zu können, für die die Freiheit des Menschen und des Geistes im Vordergrund stand. Es waren die Ideen der französischen Revolution, also die Ideen von Freiheit, Gleichheit und Brüderlichkeit, die um die Wende zum 19. Jahrhundert die Geister der deutschen Universitäten beflügelten. Symbolisch dokumentierte man dies durch das Aufstellen des Jakobinerbaumes vor dem Gasthaus „Zur Tanne" in Jena, durch die Bezeichnung der deutschen Farben als der „Deutschen Trikolore" und dem Absingen der Marseillaise durch die Studenten in Wien des Jahres 1848.

Mit diesem Hinweis soll nur kurz eine Tradition ins Licht gerückt werden, die heute zurückgedrängt scheint. Nämlich eine Tradition, die die Freiheit des Menschen im Vordergrund sieht. Wenn also von waffenstudentischen Verbindungen die Rede ist, so ist auch darauf zu verweisen. Charakteristisch für diese Ausrichtung der frühen Burschenschaften ist übrigens, daß ihr Freiheitsbegriff übernational und nicht bloß auf die eigene Nation beschränkt war. So identifizierten sich deutsche Burschenschafter mit dem Freiheitskampf der Polen und Griechen. Jeder Chauvinismus war ihnen fremd. Ein Chauvinismus, der niemals den Ideen des Demokraten Hoffmann von Fallersleben entsprach, der jedoch in eine Reihe dieser Verbindungen aufgenommen wurde, womit diese sich von ihren Gründungsvätern abwandten.

In bester waffenstudentischer Überlieferung stehen Leute wie Wilhelm Liebknecht, der gleich bei drei Corps war und von dem man sich erzählt, daß bei seinem Begräbnis vor den roten Fahnen der Sozialdemokratie die Fahnen seiner Corps getragen wurden, oder der Arzt und Ethnologe Adolf Bastian, der Gründer des Berliner Völkerkundemuseums, Ludwig Thoma, ein weiter und kritischer Geist, Fritz Graf von der Schulenburg, der wegen seines Versuches, das Nazi-Regime zu stürzen, 1944 hingerichtet wurde, und viele andere, von denen man meinen kann, daß sie ob ihrer Toleranz, ihres weiten Geistes, ihrer Großzügigkeit, ihrer Bildung und ihrer Menschlichkeit waffenstudentische Ideale bestens vertreten haben.

Sie waren alle keine kleinlichen Nationalisten, im Gegensatz zu einer Reihe von Burschenschaftern, Corpsstudenten u. a.

Das Freiheitsprinzip der alten Burschenschaften steht schließlich zu einem Denken in Widerspruch, welches durch Berufung auf irgendwelche „nationale" Ideen der Rechte von Menschen anderer Kulturen zu beschneiden drohen.

Das Verharren auf nationalistische Denkmuster sieht übrigens nicht, daß das alte deutschnationale Konzept, dem auch der Sozialdemokrat und Burschenschafter Victor Adler verhaftet war, wesentlich humanistisch und demokratisch war.

Der moderne Burschenschafter und Corpsstudent hat sich also dieser alten und immer wieder neuen humanistischen, demokratischen Ideen bewußt zu werden, um sich von dorther seine Legitimation als Waffenstudent herzuleiten.

Freilich bedarf es heute noch einer zusätzlichen Zielrichtung, die eng mit den alten Gedanken verknüpft ist, für die der Schutz der natürlichen Umwelt des Menschen, in die er hineingeboren ist, wichtig ist. Das Postulat des „Umweltschutzes" entspricht dem traditionellen demokratischen und humanistischen Gedankengut, da es davon ausgeht, daß nur in einer Natur, die der Mensch achtet und schützt, der Mensch auch Mensch sein kann. Autostraßen, die die Gegend zerschneiden und Autos, die Tier, Pflanze und Mensch vergiften, stehen in einem traurigen Gegensatz zu dem, was der Waffenstudent fordern sollte. Für den Waffenstudenten Hermann Löns war Umweltschutz gleichbedeutend mit Menschenschutz. Hermann Löns war nicht nur Heidedichter, sondern auch ein äußerst sozialkritischer Mensch, der den Ausgestoßenen der Gesellschaft zu helfen suchte. Von ihm stammen einige wichtige Überlegungen zum Umweltschutz, die für den modernen Waffenstudenten beispielgebend sein mögen. Löns schreibt: „Die Natur ist unser Gesundbrunnen, keine Hygiene, keine Volkswohlfahrtspflege kann uns das geben, was uns die Natur bietet. Schwächen wir sie, so schwächen wir uns, morden wir sie, begehen wir Selbstmord. Bergflanken werden von Steinbrüchen zerrissen, die bodenständige Pflanzenwelt durch eine andere ersetzt, die ursprüngliche Tierwelt wird verdrängt. Nach wie vor dürfen Fabrikwässer die Flüsse verjauchen ... Wo es irgendwie lohnend erscheint, entstehen Restaurants und Hotels. Von Jahr zu Jahr schieben sie sich höher in die Berge, tiefer in die Heide und reißen den Verkehr hinter sich her..." Mit diesen geradezu prophetischen Worten wollte Löns bereits vor ca. 70 Jahren seine Mitmenschen aufrütteln, allerdings erfolglos, wie man sieht.

Löns hatte ein weites Herz und einen großen Geist und er war ein begeisterter Waffenstudent. Seine Verbindung war ihm wichtig und er hielt ihr die Treue. In seiner Begeisterung trifft er sich übrigens mit Arthur Köstler, der Mitglied der jüdisch-akademischen schlagenden Verbindung war. Für Köstler waren waffenstudentische Verbindungen psychologisch gesünder „als jede andere geschlossene Gemeinschaft oder Clique", der er begegnet ist.

Im Sinne der „alten" Waffenstudenten meine ich schließlich, daß die Verbindungen nur dann eine Chance für die Zukunft haben, wenn sie jedem chauvinistischen und rassistischen Denken den Kampf ansagen. Damit würden sie sich von Ideologien distanzieren, deren Inhalt es ist, andere Menschen zu degradieren.

Einem solchen Prinzip wohnt auch der Gedanke der Achtung vor der Natur inne.

Umfassend bezieht sich Friedrich Schiller in seinem Lied „Freude schöner Götterfunken" auf das, was ich hier angesprochen habe:

„Freude trinken alle Wesen an den Brüsten der Natur(!), alle Guten, alle Bösen folgen ihrer Rosenspur. Küsse gab sie uns und Reben(!)... Brüder fliegt von euren Sitzen, wenn der volle Römer kreist; laßt den Schaum zum Himmel spritzen: dieses Glas dem guten Geist! ... Wahrheit gegen Freund und Feind, Männerstolz vor Königsthronen ... Rettung von Tyrannenketten(!), Großmut auch dem Bösewicht, Hoffnung auf den Sterbebetten, Gnade vor dem Hochgericht. Auch die Toten sollen leben! Brüder trinkt und stimmet ein: allen Sündern soll vergeben und die Hölle nicht mehr sein!"

Dr. Roland Girtler, Wien
Alter Herr des Corps Symposion-Wien

Die Deutsche Burschenschaft

Wie andere Corporationen beruht die Deutsche Burschenschaft auf dem Lebensbundprinzip, wie die meisten bekennt sie sich zum Farbentragen; mit den waffenstudentischen Corporationen pflegt sie die Bestimmungsmensur. Was macht ihre Besonderheit aus?

Fechten und Farbentragen haben ihren Wert mehr in der Formung des Bundes nach innen als in ihrer Bedeutung nach außen. Die Couleur ist äußeres Zeichen der Zusammengehörigkeit in einem Lebensbund. Immer geht es um die Erziehung zur Gemeinschaft, in welcher der einzelne seinen festen Platz hat und sich geborgen fühlt. Durch seinen persönlichen Einsatz trägt er zur Gestaltung des Bundes bei; und er weiß sich dafür verantwortlich.

So wichtig und unverzichtbar dieses Gemeinschaftsleben in den Bünden ist, die Verantwortung des Burschenschafters reicht weiter. Die Deutsche Burschenschaft will vor allem durch ihren politischen Auftrag wirken.

Dieser ist in ihrem Wahlspruch

EHRE FREIHEIT VATERLAND

begründet. Sie bezieht sich damit ausdrücklich auf die 1815 in Jena begründete Burschenbewegung, welche auf Einheit und Freiheit des deutschen Vaterlandes gerichtet war.

Wie damals, so hält auch heute die Deutsche Burschenschaft unbeirrt an diesem Ziel fest. Sie wirkt darauf hin, indem sie ihre jungen Bundesbrüder davon überzeugt, sie mit diesem Geist erfüllt und die Idee der deutschen Einheit nach außen trägt. Gelegenheit dazu bietet sich vor allem auf dem alljährlichen Burschentag wie auf der Berliner Arbeitstagung und bei der Kundgebung zum Tag der Deutschen Einheit.

Anders als 1815 steht die Deutsche Burschenschaft heute nicht im Gegensatz zur staatlichen Ordnung; im Gegenteil: Stärker als selbst die staatlichen Organe verficht sie das Verfassungsgebot zur Wiederherstellung der deutschen Einheit. Allerdings wird sie so für viele verantwortliche Politiker zum unbequemen Mahner.

Wichtig ist ihr vor allem eines: den Willen zur deutschen Einheit zu erhalten und zu stärken. Daß es dabei nur um ein freiheitliches Deutschland gehen kann, dafür steht allein schon der Name der Deutschen Burschenschaft. Sie kann sich dabei mit Stolz auf die Verfassungsurkunde der Jenaischen Burschenschaft von 1815 berufen, in welcher es heißt:

„Nur solche Verbindungen, die auf dem Geist gegründet sind, auf welchem überhaupt nur Verbindungen gegründet sein sollten, auf dem Geist, der uns das sichern kann, was uns nächst Gott das Heiligste und Höchste sein soll, nämlich Freiheit und Selbständigkeit des Vaterlandes, nur solche Verbindungen benennen wir mit dem Namen einer Burschenschaft".

Dr. Günter Kiessling, Rendsburg
Sugambria Bonn, Deutsche Burschenschaft

Die Deutsche Sängerschaft

Studenten ohne Lieder? Undenkbar! Die Sängerschaften sind es, die sich besonders der Pflege studentischen, aber auch allgemeinen Liedgutes in chorischer Gemeinschaft widmen.

Die ältesten Sängerschaften entstanden in der Zeit des Vormärz als unpolitische Akademische Gesangvereine, die das „Harmlose" ihres Tuns betonten, um dem Argwohn der Behörden zu entgehen; sie bildeten damals wohl auch die gesellschaftliche Plattform der in den politischen Untergrund gedrängten (weil verbotenen) Studentenverbindungen.

Ab der Mitte des vorigen Jahrhunderts vollzog sich die schrittweise Entwicklung der Akademischen Gesangvereine zu geschlossenen, eigenständigen Korporationen, die Farben (Band und Mütze) annahmen, das studentische Fechten übten und sich etwa seit der Jahrhundertwende „Sängerschaften" nannten. Neugründungen entsprachen nun freilich von vornherein dieser sängerschaftlichen Form.

Die heutigen Sängerschaften sind farbentragende, freischlagende (freiwillige Mensur) studentische Lebensbünde, die sich besonders der musikalischen Arbeit verpflichtet fühlen:

In der Pflege des deutschen Studentenliedes, aber auch des Volks- und Kunstliedes sowie großer Chorwerke finden sie ein reiches Betätigungsfeld.

Dabei verbindet auch ihr Bemühen um Ausstrahlung auf alle Schichten unseres Volkes mit ihrem Einsatz um den Erhalt der Kultureinheit aller Menschen deutscher Zunge über staatliche und weltanschauliche Grenzen hinweg – entgegen jedem akademischen Klüngelgeist und jedem kleinkarierten Partikularismus.

Wie im Inneren dieser Lebensbünde die Generationen sowie die Studien- und Berufsrichtungen im bundesbrüderlichen Gespräch zueinander finden, so treten die Sängerschaften im Bereich der Hochschulpolitik für eine evolutionäre Gestaltung der

14

Universitäten und gegen nihilistische Umsturzbestrebungen auf.

So singt es die traditionsreiche Prager Universitäts-Sängerschaft Barden, die ihren Sitz in München gefunden hat, seit mehr als einem Jahrhundert:

"Des Geistes Kraft der Wissenschaft
und das Gemüt dem deutschen Lied!"

Dr. Reinhold Reimann, Graz
(Akademische Sängerschaft Gothia zu Graz)
Vorsitzender des Vertretertages akademischer Sängerschafter in Österreich

Gedanken über die notwendige Rückbesinnung der Burschenschaften auf ihre Traditionen

Ich betrachte es als eine hohe Ehre, aufgefordert worden zu sein, für vorliegendes Werk einen Beitrag schreiben zu dürfen. Diese Auszeichnung verdanke ich wahrscheinlich nicht meinen schriftstellerischen Fähigkeiten (die ich nicht sehr hoch einschätze), sondern der Tatsache, daß ich in meiner Jugend einer jüdisch-akademischen Verbindung angehörte, einer Art von Korporation, die es heute nicht mehr gibt.

Es erhebt sich nun die Frage, warum man nach dem zweiten Weltkrieg nie mehr versucht hat, diese Art von Bünden, die in Wien bis 1938 bestanden haben, zu rekonstruieren. Meiner Ansicht nach sind hierfür zwei Gründe maßgebend. Zunächst gibt es in Wien keine Massenbasis mehr, die eine Reaktivierung ermöglichen würde. Vor dem Zweiten Weltkrieg lebten in Wien ca. 200.000 Juden. Trotz dieses relativ großen Reservoirs, aus dem man schöpfen konnte, hatten damals alle acht (zu gewissen Zeiten sogar zehn) Verbindungen nie mehr als höchstens 150 Aktive gleichzeitig. Heute leben in Wien nur mehr ca. 7.000 Juden, der

Altersdurchschnitt ist sehr hoch, höher als jener der übrigen Bevölkerung und ich scheue nicht davor zurück, in diesem Zusammenhang das Wort „Vergreisung" zu gebrauchen. Wo also sollen da noch Aktive für eine Studentenverbindung gefunden werden?

Ein weiterer Grund, der mir besonders wesentlich erscheint, liegt in der Tatsache, daß wir unser politisches Ziel, die Errichtung des Judenstaates, vollkommen erreicht haben. Die Angehörigen der Wiener Bünde waren die treuesten Paladine Theodor Herzl's und ich behaupte schlankwegs, daß es ohne ihre Mithilfe heute kein Israel gäbe. Welchen Grund also sollte heute eine Wiederbelebung der Korporationen haben? Meiner Ansicht nach wäre das nur ein freiwilliger Rückweg in ein Getto.

Man verstehe mich recht, zu meiner Vergangenheit als Farbenstudent habe ich ein ungebrochenes Verhältnis, ich betrachte das Couleurstudententum, wenn es zu seinen ursprünglichen Idealen der Demokratie, der

Toleranz und dem, wie man bei uns in Wien sagt „leben und leben lassen" zurückkehrt, als eine durchaus positive Sache. Es ist ja wirklich wunderbar, wenn ein junger Mensch in einen Freundeskreis hineinkommt, in dem er sich wohlfühlt und dem er sein ganzes Leben lang angehört. In den Satzungen eines Wiener akademischen Corps, dessen Band ich heute zusätzlich zu meinem alten Unitas-Band trage, wird dies klar ausgesprochen. Es heißt in diesen Satzungen, daß es sich das Corps zur Aufgabe gestellt hat, junge Menschen ohne politische oder religiöse Beeinflußung zu ehrenhaften, verantwortungsbewußten und bekenntnismutigen Männern heranzubilden. Wer kann sich mit einem solchen Programm nicht identifizieren? Es könnte also ein junger Jude, wenn er hier studiert und der Freuden des Studentenlebens teilhaftig werden möchte, ohne Gewissensbisse die Insignien dieses Corps tragen.

Leider aber hat Bert Brecht recht, wenn er in seiner Drei-Groschenoper sagt: „Doch die Verhältnisse, die sind nicht so!". Es lebt in vielen Bünden noch der alte antisemitische Ungeist fort in Gestalt jenes bösen Reliktes aus einer bösen Zeit, des sogenannten Arierparagraphen, der, wenn schon nicht immer de jure aber doch de facto existiert. Da heißt es in manchen Satzungen, es dürfen nur „deutschblütige Personen" aufgenommen werden, was ja einen biologischen Unsinn darstellt, denn ich habe noch nie gehört, daß die damit gemeinten Juden über eine spezielle Blutgruppe oder über einen besonderen Rhesusfaktor verfügten.

In anderen Bünden taucht dieser Passus zwar nicht in den Satzungen auf, wird aber doch gehandhabt. Ich wurde z. B. einmal zu einer Kneipe eingeladen, dann aber wieder ausgeladen, weil Alte Herren gegen die Anwesenheit eines Juden protestiert hatten. Auch den Begriff „Auschwitzlüge" und was man sonst noch diesem Themenkreis zuordnen kann, bekommt man gelegentlich zu hören.

Um der Wahrheit die Ehre zu geben, muß man festhalten, daß es auch in diesen Bünden Mitglieder gibt, speziell unter dem Nachwuchs, die mit solchen Tendenzen durchaus nicht einverstanden sind, sich aber nicht durchsetzen können.

Wir leben in einer Gesellschaft, die in ihrer großen Mehrheit obenerwähnte Tendenzen ablehnt und daher das Couleurstudententum, das sie mit diesen Ansichten identifiziert, mißtrauisch beäugt.

Wenn wir wieder Ansehen gewinnen wollen, müssen wir in Wort und Tat dazu beitragen, daß Praktiken, die weder politisch, noch ethisch und moralisch vertretbar sind, ausgemerzt werden. Ich hoffe, daß dies im Interesse der Erhaltung des Farbstudententums baldigts geschieht.

Fritz Roubicek
Alter Herr der ehemaligen jüdischen, wehrhaften Verbindungen „Unitas" und Corps „Marchia". Wien.

Im Widerspruch der Geschichte: Die Deutsche Burschenschaft

Bei der Besinnung auf die Studentenge-schichte der vergangenen Jahrhunderte ist es vor allem die „Burschenschaft", an deren Entstehung und Schicksal wir uns in der Deutschen Demokratischen Republik und speziell in Jena, wo diese Studentenorgani-sation einst 1815 gegründet wurde, beson-ders erinnern.

Denn der Begriff „Burschenschaft" weckt für uns heute und vor allem für den histo-risch Gebildeten die Erinnerung an große Traditionen der Studentengeschichte und darüber hinaus der deutschen bürgerlichen Nationalgeschichte.

Die alte Burschenschaft der Jahrzehnte des Vormärz war vor 1848 eine große, begei-sternd fortschrittliche antifeudal-bürger-liche Opposition, Rebellentum im guten Sinne, und in vielem den russischen Deka-bristen vergleichbar. Sie war in dieser, ihrer „heroischen Zeit" Produkt jener Epoche vor 1848, in der die bürgerliche Gesellschaft, zu der auch der Student gehörte, noch nach einer Freiheit strebte, die zwar unklar und

oft abstrakt gedacht war, jedoch in Verbin-dung mit dem Gedanken eines bürgerli-chen Nationalstaates als Ideal aller Unter-drückten aufgestellt werden konnte. In die-ser Zeit, in der ein politisch schlagkräftiges Proletariat noch fehlte, konnte der Student als Glied eines im ganzen sowohl ökono-misch als politisch und kulturell vorwärts-schreitenden Bürgertums zum Avantgardi-sten einer gesellschaftlichen Umwälzung werden, die in die bürgerlich-demokra-tische Revolution mündete und in der berühmten Wiener Akademischen Legion Marksteine dieser Revolution setzte. Er durfte auf Erfolge hoffen, wie sie Phantasie und Sehnsucht ihm vorspiegelten. Mit-zuhelfen bei der Vorbereitung einer histo-risch notwendig gewordenen bürgerlich-demokratischen Revolution und eines bür-gerlichen Nationalstaates war die histo-rische Aufgabe der alten Burschenschaft.

Diese Aufgabe hat sie erfüllt. In dieser Funktion ist sie eingegangen in die fort-schrittlichen Traditionen unserer Geschichte. Sie blieb mit dem noch heute packend echten Klang der Reden und Beschlüsse des Wartburgfestes von 1817, ihrem hochfliegenden Idealismus, den politischen Märtyrern wie Trützschler, Fritz Reuter oder Wilhelm Wolff, ihren „großen Persönlichkeiten", die im Spannungsfeld von bürgerlicher Demokratie und bürgerlichem Liberalismus standen – von Karl Follen bis Heinrich von Gagern, Georg Büchner oder Heinrich Heine und Karl Schapper –, schließlich der poesieerfüllten Einheit von „Jugend und Morgenfrische", ihren schönsten studentischen Freiheits-, Vaterlands- und Wanderliedern im Gedächtnis des deutschen Volkes in besonders starkem Maße lebendig. Sie wurde ein fest umrissener Traditionswert im nationalen Geschichtsbild der deutschen Arbeiterklasse der DDR und im geistigen Gefüge des ersten deutschen Arbeiter-und-Bauern-Staates, auf dessen Territorium die Wartburg sich erhebt.

Es wäre allerdings ein Irrtum, anzunehmen, daß wir dem „Erbe Burschenschaft" unkritisch gegenübertreten. An die von Anfang an mit dieser Jugendbewegung verbundene, historisch bedingte Deutschtümelei sei erinnert, an die Anfänge von Judenfeindschaft oder an die makabre Gestalt jenes Karl Ludwig Sand. Und schließlich: so großartig sich ihre „heroische Zeit" auch immer darstellen mag, so problematisch und in gewissem Sinne verhängnisvoll ist die spätere Entwicklung der Burschenschaft nach 1871 und 1918 gewesen. Der Begriff „Burschenschaft" jener späteren Zeit erweckt deshalb zu Recht auch Vorbehalte, Bedenken oder Widerspruch. Er ist überlagert von Vorstellungen wie „Mensur" und „Schlagende Verbindung" – ein „Brauchtum", das wir als historisch überholt ablehnen –, von Erinnerungen an zügellose Biergelage und an die gefährlich-verächtlichen Gestalten der Diederich Heßlings, wie sie

uns Heinrich Mann in seinem „Untertan" aus dem Jahre 1914 geschildert hat.

Wie bei so vielen bürgerlichen Traditionen unseres Volkes muß auch bei der Besinnung auf die Burschenschaft zwischen dem ursprünglich freiheitlich-fortschrittlichen Kern einer optimistischen Aufstiegsperiode des Bürgertums und der späteren Verfälschung im Imperialismus unterschieden werden. Zwischen 1815 und 1914 lag ein ganzes Jahrhundert!

Wie die Jahre 1848/49, die Jahre der Revolution, zum Höhepunkt und zugleich zu politischen Entscheidungs- und Umbruchjahren der Geschichte des deutschen Bürgertums geworden sind, wurden sie es auch für dessen akademische Jugend. Mit dem Scheitern der bürgerlich-demokratischen Revolution und dem „von oben" errichteten preußisch-deutschen Einheitsstaat von 1871 bzw. der Sonderentwicklung Österreichs wandelten sich auch die Studentenverbindungen. Die Burschenschaften nahmen nach dem zweiten Drittel des 19. Jahrhunderts als sog. „Schlagende Verbindungen" immer stärker den Charakter konservativer und elitärer Korporationen an, die nur noch im äußeren Bild ihres Namens, ihrer Parolen und Farben, nicht aber mehr im geistigen Gehalt den freiheitlichen und im Ansatz demokratisch orientierten Ideen ihrer historischen Ausgangspositionen von 1815 bis 1819 bzw. vor 1848 verpflichtet waren.

Die alte Burschenschaft von 1815 bis 1848 war ihrem Prinzip und ihrer Tendenz nach eine antifeudale Oppositionspartei und Oppositionsbewegung. Die Burschenschaften des späten 19. Jahrhunderts und dann im 20. Jahrhundert wurden – der bürgerlich-politischen Entwicklung sich anpassend und in sie sich einfügend – staatstragende, die imperialistischen Verhältnisse bejahende und stützende Organisationen. Als nationalistisch-„völkische" Korporation ist die Deutsche Burschenschaft unseres Jahrhunderts, die bereits 1924 den sog. „Ariernachweis" für ihre Mitglieder einführte, im Hochschulbereich zu einem der einflußreichsten Wegbereiter des Faschismus geworden, und sie hat anläßlich ihrer Selbstauflösung in Eisenach 1935 das faschistische Deutsche Reich als angebliche Erfüllung der deutschen und burschenschaftlichen Geschichte gefeiert...

So schwingt viel „Glanz und Elend" der deutschen Geschichte speziell in dieser Geschichte der Burschenschaft - aber gerade deshalb ist sie für alle demokratisch gesinnten Menschen ungemein aufschlußreich, interessant und lehrreich. Das schönste Bekenntnis und Vermächtnis, das aus den Tagen der alten Burschenschaft der Zeit des Vormärz bis in unsere Tage nachklingt, hat nach meiner Auffassung der Jenaer Burschenschafter und Medizinstudent A. Kriegel geschrieben, 1852 im Aufbäumen gegen die Demütigungen von 1849: „Bleib stets auf der linken Seit'-. Da sitzt das Herz – auch das der Zeit."

Dr. Günter Steiger

Mit freundlicher Genehmigung des Autors leicht überarbeiteter Auszug aus dessen 1986 gedruckter Rede zur 170-Jahrfeier der Jenaer Burschenschaft, gesprochen am 12. Juni 1985 in der Aula der Friedrich-Schiller-Universität zu Jena.

Prof. Dr. Günter Steiger, Jena

Der CV!

Der CV wird solange lebendig bleiben, wie katholische deutsche Studenten bei ihm ihre geistig-wahre Heimat finden. Zu der Annahme, dies könne sich in absehbarer Zeit ändern, gibt es keinen Grund, es sei denn, die Welle moralischer und politischer Verunsicherung, die derzeit den freien Westen bedrängt, lähmte auch die Kraft, sich entschieden zu den Zielen des CV zu bekennen. Wo immer scheinmoralischer Relativismus Selbstzweifel nährt, bis hin zu der törichten und selbstmörderischen Frage, wie unser Ringen um Freiheit und Menschenwürde zu rechtfertigen sei, da bleibt es die Aufgabe aller Mitglieder des CV, die einfache Wahrheit zu bezeugen: Außer der Freiheit, für die wir einstehen, gibt es keine andere.

In seiner über 125jährigen Geschichte hat der CV die Bewährungsprobe auf die Kraft seines Bekenntnisses zum freiheitlich-christlichen Menschenbild mehrfach hervorragend bestanden: während des 19. Jahrhunderts vor allem in den bitteren Jahren des Kulturkampfes, im 20. Jahrhundert während der dunklen Zeit der nationalsozialistischen Gewaltherrschaft. Diese Tradition verpflichtet und weist den Weg. Gegen den Irrglauben an eine umrißlose, Werte wie zufällig aufgreifende und wieder aufgebende Gesellschaft, gegen alle Zweifel an dem Recht freier Menschen, ihre Freiheit unerschrocken zu behaupten, schließlich gegen den Aberglauben, es sei möglich, der Unterdrückung und Gewaltherrschaft durch Beschwichtigung zu entgehen, setzen die Mitglieder des CV ihren festen Glauben an die Wahrheit des christlichen Menschenbildes. Solange die praktische Arbeit des CV von diesem Menschenbild her bestimmt und mit Sinn erfüllt wird, braucht uns um seine Zukunft nicht bange zu sein. Aber der CV muß einen hervorragenden geistigen Beitrag im Kampf gegen die kulturrevolutionäre Bedrohung aller überlieferten zeitlosen Werte leisten, d. h. gegen die Entstaatlichung der Politik, gegen die Entmoralisierung des Verbrechens, gegen die Entpsychiatrisierung der Geisteskrankheiten sein. Er muß ein Vorkämpfer sein gegen die kulturrevolutionären Gefahren, die aus gewissen Bereichen der Medien, vor allem der öffentlich-rechtlichen, und unseren Bildungseinrichtungen in unser Volk getragen werden.

Dr. Franz Josef Strauß, München

21

Gründungsurkunde der Universität Heidelberg

22

„Deutsche Eigenart"

Die Einmaligkeit des Corporationswesens ist eine von vielen Eigenheiten des deutschen Volkes. Nirgends in der Welt hat sich das studentische Zusammenleben derartig entwickelt.

Die erste deutsche Universität wird 1348 in Prag von Kaiser Karl IV (1316 – 1378) gegründet. In der Stiftungsurkunde werden den Angehörigen der Universität sämtliche Privilegien, Immunitäten und Freiheiten zugesprochen, welche bereits die Glieder der Universität Paris und Bologna genießen. Das Recht zu promovieren, die Doktorwürde zu verleihen und Statuten mit bindender Kraft aufzustellen. Eigene Gerichtsbarkeit, besonderer Schutz durch Papst und deutschen Kaiser sowie gänzliche Steuer- und Zollfreiheit.

Von den Bursen, einem Zusammenschluß von Studierenden gegen den verbreiteten Mietzinswucher und zur Unterstützung finanziell Schwacher, über die Nationen, Studenten mit gleicher Muttersprache, Vaganten, fahrenden Schülern, bis hin zu den Landsmannschaften, die sich am Universitätsort aus selben Gegenden und Ländern zusammenfanden, sowie den um die Mitte des 18. Jahrhunderts entstehenden Orden, welche sich mehr und mehr der Mystik und Freimaurerei zuwanden, kommt es zur Bildung der ersten Studentenvereinigungen mit Lebensbundprinzip, den Corps. Diese sind es, die das Fechten, einst Privileg der fahrenden Scholaren, welches später in sinnlose Raufhändel ausartet, zur streng reglementierten Mensur, als Selektions- und charakterbildendes Mittel zur Höchstblüte entwickeln. Sie führen das Tragen von mehrfarbigen Bändern und Mützen sowie den in einem Zuge durchgezogenen und aus den Anfangsbuchstaben bestehenden „Zirkel" ein.

Einen gewaltigen Einschnitt in das studentische Verhalten bringen die französische Revolution, das Auftreten Napoleons und die damit verbundene Gründung der Urburschenschaft in Jena im Jahre 1815.

Schlägermensur

Auszug der Berliner Studenten zum Lützowschen Freikorps 1813. Verabschiedung durch Fichte und Schleichermacher.

Die Rebellen

Widerstand gegen Napoleon und Besinnung auf Deutschland

Als Folge der Französischen Revolution von 1789 erhält Frankreich eine neue Verfassung. König Ludwig XVI. wird hingerichtet, der Adel abgeschafft und 1793 die Republik ausgerufen.

Die neuen Ideen, die von dieser Revolution ausgehen, nämlich Freiheit, Brüderlichkeit und Gleichheit des einzelnen Staatsbürgers, finden im Deutschen Reich schnell Verbreitung. Der Adel ist alarmiert. Man fürchtet nun auch in Deutschland wie im übrigen Feudaleuropa durch die Ausbreitung dieser liberalen Ideen „eine Schreckensherrschaft der Jakobiner".

Am 27. Juli 1794 wird diese Diktatur der französischen Handwerker, Arbeiter und Kleinbauern vom Großbürgertum gestürzt. An ihrer Spitze steht ein kleiner, vom Artilleriehauptmann zum Brigadegeneral ernannter Mann, der aus Korsika stammende Napoleon Bonaparte.

Er sollte innerhalb weniger Jahre das Gesicht Europas total verändern.

Napoleon, der Revolutionär

Im November 1799 übernimmt der zu diesem Zeitpunkt 30jährige Napoleon die Macht. Damit beginnt Frankreichs Siegeszug. In Napoleon sieht man den Repräsentanten der Französischen Revolution und ihrer liberalen Gedanken. Niemand erkennt den imperialistischen Ehrgeiz des Korsen. Seit 1792 führt das revolutionäre Frankreich fast ohne Unterbrechung Krieg mit den Feudalmächten des „Heiligen Römischen Reiches Deutscher Nation".

Am 20. September 1792 werden nach dem Sieg bei Valmy die feindlichen Interventionstruppen unter dem Oberkommando des Herzogs Karl Wilhelm Ferdinand von Braunschweig aus dem Lande gedrängt.

1796 siegen die Franzosen bei Lodi und Arcole, 1797 bei Rivoli, 1800 bei Marengo. Die gewonnenen Schlachten bilden in Italien die Voraussetzung für eine bürgerliche Umgestaltung.

Am 17. Oktober 1805 werden die Österreicher bei Ulm geschlagen.

Der weitere Sieg Napoleons am 2. Dezember 1805 bei Austerlitz über die habsburgisch-zaristischen Truppen führt zum Friedensschluß zu Preßburg am 25. Dezember 1805.

Die Habsburgermonarchie ist entscheidend geschwächt.

Am 12. Juli 1806 kommt es zur Bildung des unter dem Protektorat Napoleons stehenden „Rheinbundes". Sechzehn Fürsten aus Südwest- und Westdeutschland geloben Napoleon die Heeresfolge.

Daraufhin legt am 6. August 1806 der Deutsche Kaiser, der Habsburger Franz II., den Titel und die Krone „Römischer Kaiser Deutscher Nation" nieder. Er nennt sich ab nun Franz I., Kaiser von Österreich.

Das „Heilige Römische Reich Deutscher Nation", das fast 800 Jahre dauerte, ist zerfallen.

Am 14. Oktober 1806 kommt es zur Schlacht bei Jena und Auerstedt. Die französischen Soldaten, durchdrungen von den Ideen der Revolution, sind den preußisch-sächsischen Truppen in der weit auseinandergezogenen Schlachtordnung, der „Tirailleurtaktik", weit überlegen.

Die leibeigenen Bauernburschen der Preußen und Sachsen werden von ihren adeligen

Offizieren in die Schlacht gepeitscht. Im Bewußtsein, zu einem sinnlosen Krieg für ihre Feudalherren gezwungen zu werden, kämpfen sie ohne Überzeugung.

In einer hoffnungslos veralteten, dichtgeschlossenen Schlachtordnung hetzt man sie in einen sinnlosen Tod.

Im Frieden von Tilsit im Jahre 1807 muß Preußen alle Gebiete westlich der Elbe abtreten. Mit Hessen und Braunschweig bildet dieses Gebiet das Königreich Westfalen unter der Herrschaft von Napoleons Bruder Jêrome, der als „König lustig" in Kassel regiert.

Norddeutschland mit der Hauptstadt Hamburg wird französische Provinz. Nur die Festung Kolberg unter dem Kommando Gneisenaus und die Festung Graudenz können sich bis zum Abschluß des Friedensvertrages behaupten.

Napoleon Bonaparte

Napoleon, der Imperialist

Beim Fürstentag in Erfurt im Jahre 1808 huldigen die deutschen Fürsten dem inzwischen vom Papst am 2. Dezember 1804 zum französischen Kaiser gekrönten Napoleon. Spätestens jetzt muß man erkennen, daß sich der einstige Revolutionär Napoleon zum feudalen Imperialisten gewandelt hat. Doch nur wenige entschließen sich zum vorerst passiven Widerstand.

Der Nürnberger Schriftsteller und Buchhändler Johann Phillip Palm verfaßt eine kleine anonyme Schrift: „Deutschland in seiner tiefsten Erniedrigung". Darin greift er Napoleon und seine sich abzeichnende Gewaltherrschaft heftig an. Palm wird verraten und am 22. August 1806 in Braunau am Inn von den Franzosen erschossen.

Seine Erschießung setzt ein Fanal. Mit ihm nimmt der Widerstand gegen Napoleon Gestalt an.

Jetzt beginnt Deutschlands geistige Erneuerung; sie geht von Preußen aus. König

Friedrich Wilhelm III. beruft 1807 den Freiherrn vom Stein zur Einleitung von Reformen. Noch im selben Jahr wird die Leibeigenschaft der Bauern aufgehoben und die Berufsfreiheit eingeführt.

1808 werden Staats- und Provinzverwaltungen reformiert und gestrafft. Die Städte erhalten die Selbstverwaltung.

Auf Befehl Napoleons wird Stein 1808 entlassen und geächtet. Ihm folgt Wilhelm von Humboldt. Er erneuert das Bildungswesen durch Verbesserung der Volksschulen, Einführung des humanistischen Gymnasiums und der Gründung der Universität Berlin (1810).

Scharnhorst, Gneisenau und Clausewitz reformieren das Heerwesen. Es dürfen keine angeworbenen Söldner mehr dienen. Die Beförderung wird von der Tüchtigkeit abhängig gemacht. Vaterlandsliebe soll sinnlosen Drill ersetzen.

Auf der Hasenheide in Berlin beginnt Friedrich Ludwig Jahn, der „Turnvater", mit der körperlichen Ertüchtigung der Jugend in Verbindung mit der Vermittlung einer vaterländischen Gesinnung.

Ernst Moritz Arndt gibt mit seinen Vaterlandsliedern der Jugend ein neues deutsches Selbstwertgefühl.

In Berlin hält Johann Gottlieb Fichte seine berühmten „Reden an die Deutsche Nation" als Vorlesungen. Ab 1810 lehren in seinem patriotischen Sinne auch Schleiermacher, Savigny und Niebuhr.

Die Dramen Schillers mit ihrem Ruf nach Einigkeit und Freiheit bekommen einen zeitgemäßen Bezug.

In den Habsburgerländern führt Graf Phillip Stadion eine Verwaltungsreform durch, Erzherzog Karl bildet die Armee zu einem Volksheer um und ruft 1809 die gesamte deutsche Nation zum Kampf gegen Napoleon auf.

Die Tiroler erheben sich unter Andreas Hofer, im Norden bricht Major Schill mit seiner Freischar auf.

Die reguläre österreichische Armee siegt bei Aspern im Mai 1809, wird aber bei Wagram geschlagen. Die Österreicher müssen den demütigenden Frieden von Schönbrunn schließen. Dabei wird Kärnten geteilt.

In Unterwinklern bei Velden am Wörthersee verläuft die Grenze, die von einem kleinen, aus der „Römerschlucht" kommenden Bach gebildet wird.

Der westliche Teil Kärntens wird zur französischen Provinz „Illyrien".

Das Schill'sche Abenteuer

Von Berlin aus bricht der junge Major Ferdinand von Schill mit seinen Husaren auf, um auf eigene Faust gegen Napoleon zu kämpfen. Es ist der 28. April 1809.

Bei Dodendorf schlägt er am 4. Mai ein mit den Franzosen verbündetes westfälisches Regiment. Die erhoffte Erhebung im Norden Deutschlands bleibt jedoch aus.

König Jêrome von Westfalen setzt auf Schills Kopf einen Preis von 20.000 Franken aus. Auch „sein" König, Friedrich Wilhelm

Schills Tod in Stralsund
(Originalzeichnung von E. Zimmer)

III., äußert in einem „Parolebefehl" am 8. Mai seine höchste Mißbilligung über Schills Unternehmen und droht für jede Verletzung des militärischen Gehorsams schwere Strafen an.

Schill aber kämpft weiter.

Aus Berlin kommt Zuzug von der Infanterie, die dem Preußenkönig den Gehorsam aufgekündigt haben.

Am 15. Mai gewinnt Schill das befestigte Dömitz, am 25. Mai erobert er Stralsund.

Die französische Besatzung ist gerade dabei, durch Böllerschüsse und Trommelschlag die Nachricht von dem am 13. Mai erfolgten Einzug Napoleons in Wien zu feiern.

Um 10 Uhr sprengt Schill mit nur 30 Husaren und 15 Jägern in die Stadt und nimmt diese im Handstreich.

Der Major sieht in der Eroberung von Stralsund einen weittragenden Erfolg. Hierher können ihm englische Schiffe Hilfe bringen oder ihm und seinen Männern zur Flucht verhelfen, sollte die militärische Niederlage drohen.

Aber die Engländer helfen nicht.

Der französische Generalgouverneur von Habsburg, General Dumas, sendet ein Korps von 3000 Holländern und ein Korps von 2000 Dänen gegen die 1800 Mann von Schill. Am 27. Mai vereinigen sich die Dänen und Holländer in Wismar. Am 31. Mai beginnt ihr Angriff auf Stralsund.

Im Straßenkampf erhält Schill einen schweren Säbelhieb eines dänischen Soldaten über die Stirn, und ein Holländer schießt ihm in den Hinterkopf. Blutüberströmt stirbt der Rebell im Straßenstaub.

General Gratien, der Befehlshaber der mit Frankreich verbündeten dänischen und holländischen Hilfstruppen, bezeugt überraschend Hochachtung vor dem Besiegten. Als der schwedische Rittmeister, also der Verwalter der damals noch schwedischen Stadt, dem General in schmeichlerischen Reden dafür danken will, daß er die Stadt von Schill befreit hat, empört sich der Rittmeister und nennt Schill einen „Helden". Dennoch läßt er die Schändung des Leichnams zu.

Schills Haupt wird vom Rumpf getrennt und in ein großes, mit Spiritus gefülltes Glas gesetzt. Der Kopf wird zuerst nach Kassel als Geschenk an König Jêrome geschickt. Dieser vermacht die makabre Gabe Professor Brugmann in Leyden für dessen naturhistorische Präparatensammlung.

Der französische Kommandant Michelin befiehlt, den kopflosen Körper Schills „wie einen Hund zu begraben". Er wird auf einen strohbedeckten Wagen geladen und auf einem Vorstadtfriedhof verscharrt.

Von Schills Offizieren werden elf lebend gefangengenommen: Jahn, von Keller, Gubein, von Flemming, von Keffenbrück, von Trachenberg, Schmidt, Galle, Albert von Wedell, Karl von Wedell und Folgentreu. Diese werden auf die Festung Wesel gebracht und dort am 16. September 1809 erschossen.

In stiller und ohnmächtiger Wut schwören viele Rache für diese grausame Tat, und Ernst Moritz Arndt gelobt in seinem Gedicht: „Herr Schill! Herr Schill! Ich an den Franzosen Euch rächen will!"

Erschießung der Schillschen Offiziere.

Der Sandwirt und seine Mannder

Durch den Frieden zu Preßburg ist Tirol an das mit Frankreich verbündete Bayern gefallen. Die liberalen Verordnungen, Gesetze und Gebräuche der neuen Herren stoßen bei den streng konservativen und religiösen Tirolern bald auf Ablehnung.

Der Chronist vermerkt aus jenen Tagen:
„Da erhoben Eiferer ihre Stimmen und schrien, man wolle die Religion ausrotten, die Priester unterdrücken, die Kirchen berauben und die Altäre zertrümmern. Überall dumpfe Gärung und zornige Sehnsucht nach der alten Zeit unter Habsburgs Zepter."

Andreas Hofer, Gastwirt am Sand im Passeiertal, tritt als Führer der Tiroler hervor. Er gehört zu den Besonnenen und weiß Maß zu halten. Er hofft, durch diese Tugenden das verhaßte bayerisch-französische Joch abschütteln zu können. Ruhig und zielsicher beginnt er mit den Vorbereitungen für einen Aufstand.

An abgelegenen, versteckten Orten des Tiroler Berglandes werden Waffen und Munitionsvorräte angehäuft. Schmiede, Handwerker und Bauern arbeiten in verborgenen Werkstätten an Sensen, Hellebarden und Morgensternen. Sie bohren hölzerne Kanonen aus Baumstämmen und beschlagen sie mit eisernen Reifen. In abseits gelegenen Höfen und Wirtshäusern sammelt Hofer die Bauern um sich und hält mit ihnen Kriegsrat.

Sein getreuer Freund, der Kapuziner Joachim Haspinger, entfacht bei den religiösen Bauern durch flammende Reden die Begeisterung für den „Heiligen Freiheitskrieg". Am 6. April 1809 gibt Erzherzog Karl seiner regulären österreichischen Armee den Befehl zum Kampf.

Andreas Hofer wendet sich an die deutsche Nation um Hilfe. Durch den Wiltener Chorherrn Haser richtet er ein Sendschreiben an die Soldaten Bayerns und der Rheinbund-

Andreas Hofer, der Führer der Tiroler Freischaren.

Staaten. In diesem Aufruf beschwört der Tiroler Geistliche seine „deutschen Brüder dem alten Erbfeind Frankreich die Gefolgschaft zu kündigen und gemeinsam mit den Tirolern und Österreichern gegen die Fremdherrschaft zu kämpfen".

Hofer richtet auch einen Hilferuf an die benachbarten Kärntner und ruft sie zum Kampf gegen „den Feind der deutschen Nation" auf.

Der französische General Rusca rückt daraufhin mit seiner Division in Spittal an der Drau ein. Reguläre österreichische Truppen unter General Charteller und Kärntner Freischärler schlagen Rusca mit seinen Truppen bei Möllbrücke und Sachsenburg. General Charteller aber zieht seine Soldaten wieder ab.

Die Franzosen rücken nach, und es entsteht der erste organisierte Kleinkrieg unter dem Kommando des Landessturmführers Johann Baptist Türk (dieser kämpft mit seinen Kärntner „Partisanen" sehr erfolgreich bis zur Befreiung Kärntens von der napoleonischen Herrschaft am 10. Oktober 1813).

Inzwischen hat der französische General Rusca die Osttiroler Stadt Lienz gegen den verzweifelten Widerstand der Schützen von Sterzing, Anras, Sillian und Innichen eingenommmen. Leisach ist in Flammen aufgegangen. Neun andere Dörfer werden von Rusca angezündet und dem Erdboden gleichgemacht. Nun rüstet Rusca auf zum Sturm auf die Lienzer Klause.

Der Corpsstudent Georg Hauger.

So stehen die Ereignisse, als vierzehn Studenten aus Freiburg unter der Führung des Corpsstudenten Georg Hauger in Tirol eintreffen. Sie sind dem Ruf Andreas Hofers gefolgt.
Auf abenteuerlichen Wegen gelangen sie nach Vorarlberg. Am 29. Juli erreichen sie Innsbruck und ziehen weiter in das Pustertal.

Hauger gewinnt sofort das Vertrauen der Landesstürmer. Er wird zum Schützenoffizier gewählt und übernimmt die Führung einer Schützenkompanie.
Als Rusca zum Sturm auf die Klause ansetzt, trifft Hauger eine verzweifelte Schar von Schützen im Gebet versammelt um ein Kruzifix. Der Corpsstudent nimmt kurzentschlossen das Kreuz, trägt es wie eine Fahne voraus und führt die Zögernden zum Kampfplatz.
Rasch eilen auch die Sextener und Sillianer Schützen zu Hilfe, und Rusca kann nach vergeblichem Sturm den Durchgang durch die Klause nicht erzwingen.
Ein weiterer Student, der 1785 in Graz geborene Kajetan Sweth, ist eng mit dem Schicksal Andreas Hofers verbunden. Der Landsmannschafter Sweth studiert in Salzburg Philosophie, als die Bayern dort im April 1809 einfallen. Er flieht nach Tirol zu Andreas Hofer, wird von diesem freundlich aufgenommen und tritt in die Zweite Passeirer Schützenkompanie ein.
In der berühmten Schlacht am Berg Isel (13. August 1809) kämpft der junge Sweth heldenhaft und gewinnt das Vertrauen und die Zuneigung des Oberkommandanten Hofer. Er wird dessen persönlicher Sekretär. Hunderte von Befehlen und Aufrufen fertigt er an, die dann von Hofers Hauptquartier aus in das Land verschickt werden.
Sweth begleitet Hofer auf allen Wegen von den Siegen bis zur Flucht auf die Pfandleralm und in den Kerker von Mantua.
Als Raffl den Sandwirt für den Judaslohn von 1500 Kronen verrät und 600 Häscher zu Hofers Versteck in die Berge führt, bittet Hofer die Franzosen um Gnade für Kajetan Sweth:
„Sie sind gekommen, um mich gefangen zu nehmen. Mit mir tun Sie, was Sie wollen, Für mein Weib und mein Kind und diesen jungen Menschen da bitte ich um Gnade, denn sie sind wahrhaftig ganz schuldlos!"

Gebunden und barfuß geht es nun zu Tal. Der stundenlange Marsch durch Schnee und Eis zerfetzt den Gefangenen die Füße; ständig prasseln Schläge und Gewehrkolbenhiebe auf die Unglücklichen nieder. So ziehen sie elend, aber aufrecht in Meran ein. Andreas Hofer ist totenbleich und hat große blutunterlaufene Flecken im Gesicht. Sein Bart ist zerrauft und mit Blut verkrustet.

Sweth sieht vom Zellenfenster aus seinen Oberkommandanten ein letztes Mal, als dieser, mit einem Kruzifix zwischen den Händen, durch den Gefängnishof geführt wird.
Es ist der 20. Februar, 11 Uhr vormittags.
Beide grüßen einander mit den Augen.
Kurze Zeit später hört Kajetan Sweth die Salve des Hinrichtungskommandos vor der

Hinterhalt in den Tiroler Bergen.

Der Landsmannschafter Kajetan Sweth.

Die weiteren Stationen des Elends: die Überführung nach Bozen, der herzzerreißende Abschied Hofers von der Frau und dem kleinen Sohn, dann der letzte Weg nach Mantua.
Am 19. Februar 1810 tritt kurz nach Mitternacht das Kriegsgericht zusammen und verurteilt Andreas Hofer zum Tode.

Porta Molina und anschließend den einzelnen Fangschuß. Er bricht in seiner Zelle ohnmächtig zusammen.
Knapp vor der Hinrichtung des ebenfalls zum Tode verurteilten Sweth trifft für diesen die Begnadigung ein.
Allerdings erwarten entsetzliche Leiden den „Adjudanten des Räuberhauptmannes

Hofer", wie er von den Franzosen genannt wird.

Mit schweren Ketten, die mit Eisenkugeln beschwert sind, gefesselt, wird Sweth zusammen mit anderen gefangenen Tiroler Freiheitskämpfern zur Zwangsarbeit nach Elba gebracht, wo die Gefangenen unter glühender Sonne Steine brechen müssen.

So mancher Tiroler Bauernjunge sieht die Heimat nie wieder und wird in einem namenlosen Grab verscharrt.

Später leistet Sweth Zwangsarbeit auf Korsika. Im Jahre 1813 gelingt ihm in Livorno die Flucht durch einen Abwasserkanal, und er schlägt sich bis zu den Österreichern durch.

Bis zu seinem Tod im Jahre 1864 besucht er täglich das Grabmal Andreas Hofers, um davor im Gebete zu verharren.

Die Stadt Innsbruck widmet Sweth ein Ehrengrab. Am 20. Februar 1975 überführen Tirols Schützen seine Gebeine in die Hofkirche und bestatten diese an der Seite Andreas Hofers.

Das Beispiel Tirols hat Auswirkungen auf die gesamte deutsche Geschichte.

Freiherr vom Stein spricht es aus, als er sagt, das Beispiel Tirol beweise, daß unter günstigeren Umständen mit Volkeskraft der Kampf gegen Napoleon erfolgreich geführt werden könne.

Adolf Freiherr von Lützow

Lützows wilde verwegene Jagd!

Napoleon scheint unbesiegbar.

Die nationale Erbitterung in den deutschen Landen wächst.

Indessen lockert sich Napoleons wertvolle Rückendeckung: die Freundschaft mit Rußland. In Rußland ist man empört über die Verheiratung Napoleons mit Marie-Luise, der österreichischen Kaisertochter, denn er hatte ursprünglich die Schwester des Zaren ehelichen wollen. Die Kontinentalsperre gegen England trifft das Land schwer, und die polnische und türkische Frage führt immer wieder zu Zusammenstößen mit Napoleon. Deshalb wendet sich Rußland von dem Freundschaftsbündnis ab.

Dem Zar gelingt es, Schweden, wo Bernadotte, einer der Marschälle des Korsen, Thronfolger geworden ist, auf seine Seite zu bringen.

Ein Krieg steht bevor. Beide Seiten suchen Bundesgenossen. Ungeduldig drängt Scharnhorst Österreich zum Krieg. Preußen, das auf jeden Fall im Krieg zum Durchzugsland wird, ist in einer verzweifelten Lage. Trotz des Drängens der Patrioten verzichtet der König auf den Bund mit Rußland und schließt gezwungenermaßen ein Bündnis mit seinem Unterdrücker ab, in dem sich Preußen verpflichtet, ein Hilfskorps von 20 000 Mann unter französischem Oberkommando zu stellen und die Franzosen auf dem Durchmarsch mit Lebensmitteln und bespannten Wagen zu versorgen. Nun muß auch Metternich in ein Bündnis mit dem französischem Empire einwilligen;

doch bleiben die 30 000 Österreicher, die als Hilfskorps auftreten, unter eigenem Kommando.

Wie der Wiener Staatskanzler das neue Bündnis auffaßt, ergibt sich klar aus seiner Nachricht an den Zaren, die besagt, daß Österreich nur zum Schein mitmache und auf den Tag warte, wo es die alte Ordnung Europas wiederherstellen könne.

Rußland deckt sich durch Waffenstillstand mit den Türken den Rücken. Nach einem glänzenden Fürstentag von Dresden, dem auch der Kaiser von Österreich und der König von Preußen beiwohnen, zieht Napoleon mit über 500 000 Mann, darunter 200 000 Deutschen – es ist der größte Triumph der französischen Politik – gegen Rußland.

Am 24. Juni 1812 geht der Kaiser über den Njemen, und marschiert dann über Wilna auf Smolensk zu. Im Norden deckt ein preußisches Hilfskorps, im Süden Schwarzenberg mit den Österreichern die Flanke. Ursprünglich war der Krieg auf mehrere Jahre berechnet. Durch den fortgesetzten Rückzug der Russen läßt sich Napoleon zu immer weiterem Vormarsch verleiten.

Nach der Einnahme von Smolensk (Mitte August) gelingt es ihm endlich am 7. September, die Russen in der überaus blutigen Schlacht von Borodino zu schlagen und sieben Tage später seinen Einzug in Moskau zu halten. Aber die im wesentlichen aus Holz erbaute Stadt geht vor den Augen des Siegers in Flammen auf.

Napoleon läßt sich durch Verhandlungen hinhalten und tritt zu spät den durch den Brand von Moskau unumgänglich gewordenen Rückzug an. Da die Russen den Marsch nach dem Süden zu verhindern wissen, muß er auf der ausgebeuteten Anmarschstraße zurückmarschieren. Harte Winterkälte, die nach der ersten Novemberwoche einsetzt, dezimiert das nur schwer vorankommende Heer.

In Smolensk sammeln sich noch 49 000 Mann. Ende November kann nur die verwegene Tapferkeit des Marschalls Nei an der Beresina den völligen Untergang der Armee verhindern.

Bald darauf verläßt Napoleon auf einem Schlitten in Richtung Paris eilig das zusammengebrochene Heer, dessen Reste sich aufgelöst und dem Spott der erbitterten Bevölkerung über die mit „Mann und Roß und Wagen Geschlagenen" preisgegeben, von verfolgenden Kosaken bedroht, über die Grenzen Deutschlands zurückziehen.

Die beiden Hilfskorps können sich vor dem Untergang retten.

Der preußische General Hans David von Yorck schließt am 30. Dezember 1812 in der Poscheruner Mühle bei Tauroggen mit dem russischen General Diebitsch ein Neutralitätsabkommen.

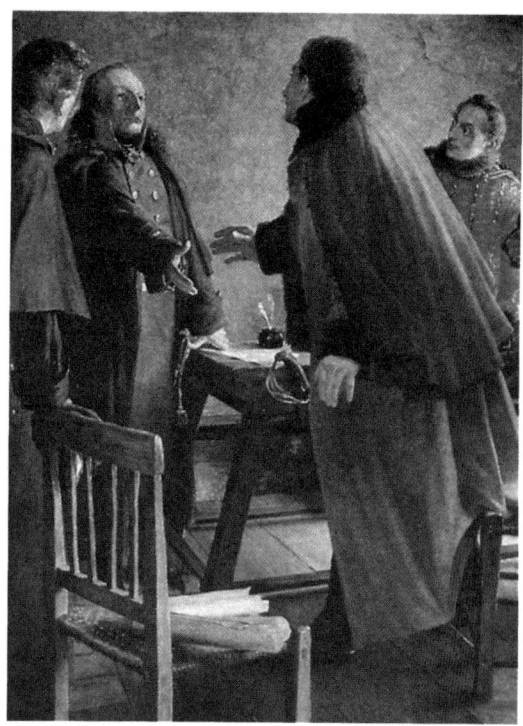

Yorck und Diebitsch bei Tauroggen.

Theodor Körner in der Werbestube der Lützower.

34

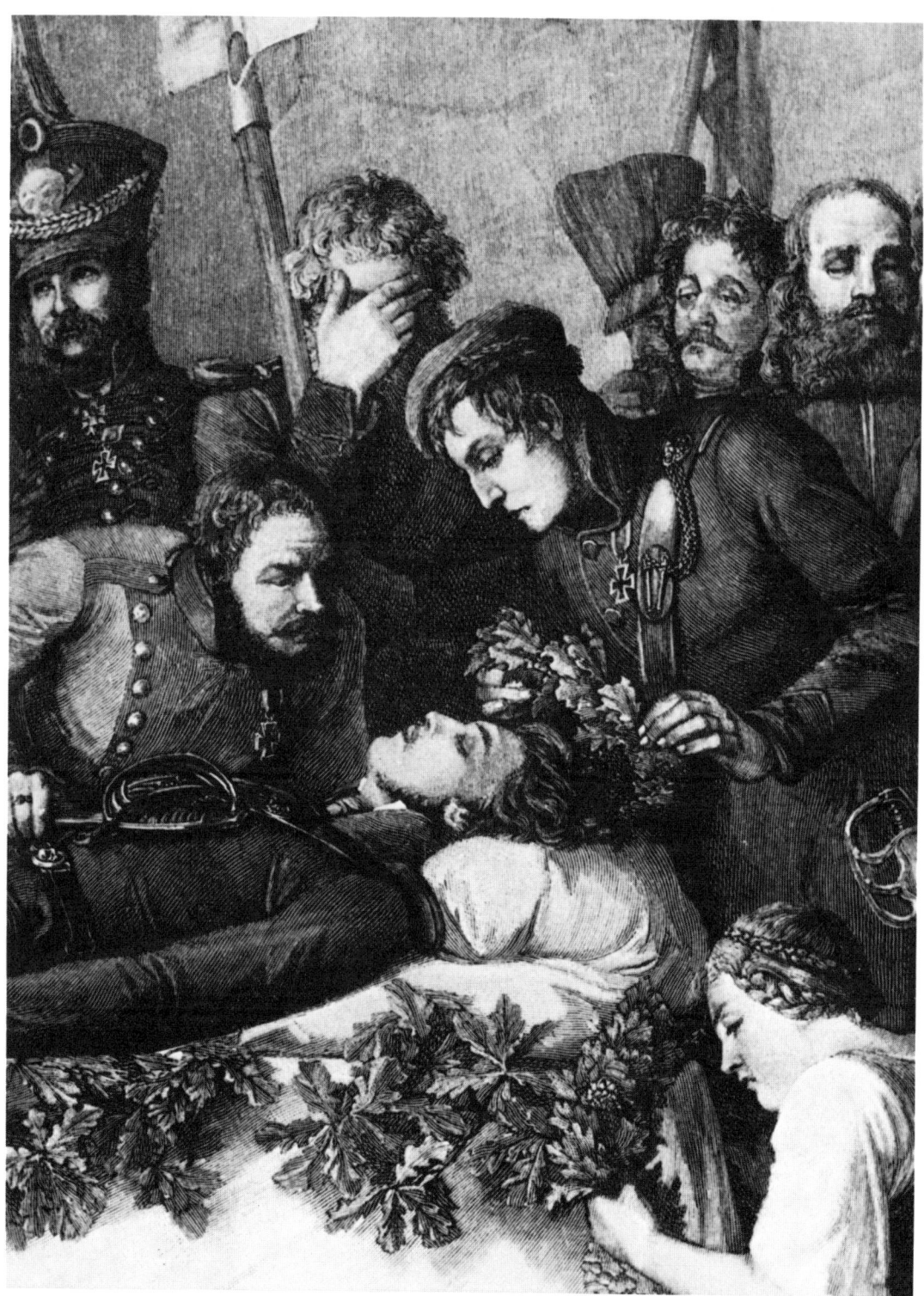

Der Tod des Corpsstudenten Körner, am 26. August 1814 bei Gadebusch in Mecklenburg.

Als Beauftragter des Zaren in Ostpreußen betreibt der Freiherr vom Stein mit Feuereifer die preußischen Reformen, die der personengebundenen Erbuntertänigkeit der Bauern ein Ende bereiten und die Verwaltung, die Gewerbefreiheit und die Steuern neu ordnen. Gemeinsam mit Yorck organisiert er die Bewaffnung des Landes. Der Preußenkönig Friedrich Wilhelm III. übersiedelt nach Breslau, wo ihm für das Losschlagen gegen Napoleon eine Welle der Begeisterung entgegenwogt.

Am 3. Februar wird zur Bildung freiwilliger Jägerabteilungen aufgerufen und ein preußisches Volksheer gebildet.

Am 12. Februar verfügt der Preußenkönig die Mobilmachung. In Breslau wird das Abkommen zwischen Preußen und Rußland geschlossen, das das gemeinsame militärische Vorgehen regelt.

Am 10. März, dem Geburtstag der Königin Luise, wird der Orden des „Eisernen Kreuzes" gestiftet.

Am 17. März 1813 erfolgt König Friedrich Wilhelms III. berühmter Aufruf „An mein Volk", aufgrund dessen sich zahlreiche Freiwillige zu den Freicorps, zur Landwehr oder zum Landsturm melden. Ein neues Zusammengehörigkeitsbewußtsein entsteht.

Der Corpsstudent Theodor Körner eilt von seiner Studienstadt Wien zum Freikorps Adolf von Lützow. Er stellt seine Kampflieder voll in den Dienst des neuen Deutschlands. Die Reihen füllen sich mit jungen Männern aus den Hörsälen: Corpsstudenten und Landsmannschafter, hauptsächlich aus den Universitäten Jena, Halle, Breslau, Göttingen. Aus Tirol stößt die Scharfschützenkompanie des Zillertalers Jakob Riedl zu den Lützowern. Es sind bald 268 Tiroler, die vor den Franzosen geflüchtet sind. Sie erwartet zu Hause das Standgericht. Unter ihnen ist der Student Joseph Ennemoser, der ehemalige Adjutant Andreas Hofers. Nach der Niederschlagung des Aufstandes hält er sich in Erlangen und in Berlin auf, wo er die Vorlesungen bei Johann Gottlieb Fichte hört. Ennemoser kämpft als Wundarzt Seite an Seite mit jenem Kameradenkreis, aus dem später die deutsche Burschenschaft hervorgehen wird.

Er berichtet in seinen Erinnerungen:
„1813 trat ich in das Lützower Freikorps ein, wurde Offizier und kämpfte wacker an der Seite meines Freundes Theodor Körner. Zum Lohne meiner Tapferkeit ward ich Ritter des Eisernen Kreuzes!"

Trotz der furchtbaren Niederlage Napoleons in Rußland ist seine Kraft noch ungebrochen. An den Ufern der Saale sammelt er seine Krieger wieder. 60 000 Mann vermag er noch aufzustellen. Nun sind die Lützower am Zug. Ihre Aufgabe ist es, die rückwärtigen Verbindungen des Feindes zu bedrohen und ihm die Zufuhr von Waffen und Nahrung abzuschneiden.

Die „Schwarze Schar", benannt nach ihren schwarzen Waffenröcken mit roten Aufschlägen und goldenen Knöpfen, löst diese Aufgabe erfolgreich. Davon kündet ihr Kleinkrieg entlang der Saale und nach Mecklenburg hinein.

Im Gefecht bei Kitzen unweit von Lützen wird am 17. Juni 1813 Theodor Körner schwer verwundet. Der Corpsstudent erliegt seinen Verletzungen am 26. August bei Gadebusch in Mecklenburg.

Auf dem Hauptkriegsschauplatz bleibt Napoleon einstweilen Sieger. In einigen kleineren Schlachten schlägt er die verbündeten Preußen und Russen.

Am 11. August erklärt Österreich den Franzosen den Krieg. Auch Schweden und England schließen sich den Verbündeten an. Das Blatt beginnt sich zu wenden.

In der Schlacht an der Katebach schlägt Blücher die Franzosen. Am 1. September 1813 ist Schlesien vom Feind befreit. Napoleon wird auf die waldigen Niederungen der Pleiße und der Elster zurückgedrängt.

„General Vorwärts"
Gebhard Leberecht Blücher.

Dort liegt Leipzig.
Napoleon erkennt, daß die Entscheidung naht, die über die Herrschaft Europas entscheidet. Hier in Leipzig will er sie erwarten. Seine Marschälle sind von Blücher, Bülow, Yorck, Kleist, Sacken, Wittgenstein und Schwarzenberg geschlagen worden.
Er aber will es gegen alle aufnehmen.
Vom 16. Oktober bis zum 19. Oktober 1813 tobt „Die Schlacht der Völker" um und in Leipzig. In einem mörderischen Straßenkampf, Mann gegen Mann, wird am letzten Tag des Völkerringens Haus um Haus von den Verbündeten zurückerobert.
Napoleon muß fliehen. Er entkommt nur knapp der Gefangennahme.
Zehntausende Tote bleiben auf dem Schlachtfeld. Napoleon hat bis jetzt mehr als 100 000 Tote zu beklagen. Der Besiegte weicht über Erfurt, Eisenach und Fulda zurück. Bayern ist inzwischen von Napoleon abgefallen. Vergeblich versucht ein bay-risch-österreichisches Heer, den angeschlagenen Napoleon bei Hanau auf dem Rückzug aufzuhalten. Doch dieser entkommt über den Rhein.
Der 1806 unter Napoleons Protektorat entstandene Rheinbund zerfällt.
Das Königreich Westfalen und das Fürstentum Frankfurt lösen sich auf. Nach zäher Verteidigung muß sich Paris am 31. März 1814 ergeben. Die Sieger, Kaiser Franz von Österreich, der König von Preußen und der russische Zar ziehen mit ihren Truppen in die Stadt ein. Jetzt versagen die Generäle Napoleon die Gefolgschaft.
Am 6. April 1814 muß Bonaparte bedingungslos abdanken.
Frankreich, das zwanzig Jahre hindurch unsägliches Leid über Deutschland gebracht hatte, behält im Ersten Pariser Frieden seine Grenzen von 1792 und damit auch seine deutschen Teile, das Saargebiet mit Saarlouis, Landau, die ehemalige Grafschaft Mömpelgard und Elsaß-Lothringen. Es bezahlt keine Kriegsentschädigung. Die geraubten Kunstschätze müssen nicht zurückgegeben werden, lediglich die aus Berlin verschleppte Siegesgöttin wird von Blücher zurückgeholt. Unter den Deutschen macht sich Verbitterung breit. Die Lützower sind in diesem Ringen der Giganten aufgerieben worden. Nur wenige Studenten überleben den Krieg.
Friedrich Friesen, Leutnant im Lützowschen Freikorps, fällt am 16. März 1814 im Wald von Huilleux in den Ardennen. Bereits zu Lebzeiten ist er zur Legende geworden.
Angeregt durch die „Reden an die Deutsche Nation" des Philosophen Fichte bauen er, Theodor Körner, Ernst Moritz Arndt und Friedrich Ludwig Jahn den Volkstumsgedanken aus.
Sie setzen Nation statt Landesherrschaft, Volksgemeinschaft statt Standesunterschiede.

Bereits im November 1810 stiften die Männer unter hohen Bäumen auf den Höhen bei Berlin den „Geheimen Deutschen Bund", das erste Ergebnis ihrer Zusammenarbeit zur Befreiung des Vaterlandes von der französischen Herrschaft.

Eine Erhebung gegen Napoleon soll nicht Endziel, sondern lediglich Kristallisationspunkt für eine innenpolitische und sittliche Erneuerung des ganzen Deutschlands sein. Unter Friesens Leitung schreibt Jahn das „Bundesbuch", das Programm der ersten nationalen, politischen Verbindung.

Jahn beabsichtigt, dem Turnwesen Massencharakter zu verleihen. Haltungsschäden, Verweichlichung und zu geringe Immunität gegen Krankheiten sind in der Jugend weit verbreitet. Nun soll das Turnen breiten Bevölkerungsschichten Gesundheit und Widerstandskraft bringen.

Der „Geheime Deutsche Bund" darf nach Friesens Vorstellung nur wenige Mitglieder zählen. Nur die fähigsten Köpfe sollen in angestrengter Geistesarbeit Klarheit über die Möglichkeiten zur inneren Erneuerung und äußeren Befreiung Deutschlands gewinnen.

Die Lützow'sche Freischar kann als eine der ersten Schöpfungen des „Deutschen Bundes" angesehen werden.

Auch die patriotischen Verbindungen, die nach den Befreiungskriegen den Gedanken an die deutsche Einheit aufgreifen, sind auf Friesens Bund zurückzuführen. Friesens Ideen sind weit verbreitet.

Das rüpelhafte Benehmen der Landsmannschafter bei Johann Gottlieb Fichtes Vorlesungen läßt Friesen eine Denkschrift ausarbeiten, in der er „einen neuen zeitgemäßen Typ von Studentenverbindungen" aufzeigt. Ihr Titel: „Ordnung und Errichtung der deutschen Burschenschaften!"

Die Mitglieder der Landsmannschaften, Abbilder der Zerrissenheit Deutschlands, haben außer dem Sauf- und Fechtkomment

Lützower Jäger auf Wache.

General Blücher und Wellington nach der Schlacht bei Belle Alliance (Waterloo).

kaum eine positive politische Aufgabe, im Gegenteil: Der Vorteil der Universitäten, die gebildete Jugend aller deutschen Länder im vaterländischen Sinne zu einigen, wird durch den landsmannschaftlichen Partikularismus aufgehoben.

Erst im Dezember 1814, als Friesen schon gefallen ist, kommt es in Halle mit der Gründung der Teutonia zu einer Studentenverbindung in seinem Sinne.

Die Jenaer Urburschenschaft

Nach der endgültigen Niederlage des Franzosenkaisers bei Belle Alliance (: auch Waterloo; im heutigen Belgien) hoffte man, daß Deutschland den ersehnten Preis erlangen würde, da der Sieg beinahe ausschließlich den Deutschen zu verdanken war.

Aber auch nach dem „Zweiten Pariser Frieden" bleiben Elsaß und Lothringen in Händen Frankreichs.

Der neue „Deutsche Bund", der anstelle des früheren Heiligen Römischen Reiches

Deutscher Nation im Juni 1815 in Wien geschlossen wird, scheint nur die alte Zwietracht zwischen Österreich und Preußen um den Einfluß in Deutschland fortzuschreiben.

Die „Heilige Allianz", die die verbündeten Monarchen eingehen, festigt den unheilvollen Einfluß der Fürsten, des russischen Zaren und des Staatskanzlers Metternich.

Trotz dieser Enttäuschung fühlt man in allen deutschen Gauen, daß Großes, Unerhörtes in den vergangenen zwei Jahren erreicht worden ist. Vor allem empfindet dies die akademische Jugend, die nach dem Krieg zum zweitenmal in die Hörsäle zurückströmt.

Was Lessing und Schiller, Herder und Pestalozzi ersehnten, was Fichte und Schleiermacher, Steffens und Luden ihren Hörern in den Jahren der Not und Erwartung tief eingeprägt haben, das Streben nach Charakterbildung und Erziehung zum täglichen Leben, hat der Krieg vollendet. Das Bewußtsein, daß der Nationalstaat weit über jedem noch so fein und philosophisch begründeten Weltbürgertum steht, haben Not und Sieg den Studenten rücksichtslos eingehämmert.

Man spürt das Bedürfnis, aus der bisherigen einengenden Kleinstaaterei herauszukommen.

Daß es die akademische Jugend übernimmt, die neuen Werte zu pflegen, die der Freiheitskrieg gegen Napoleon dem deutschen Volk erschlossen hat, hebt sie auf eine neue Stufe der Entwicklung.

Wie das Volk ist auch die Studentenschaft in den Jahren 1813 bis 1815 von dem Willen nach einem politischen Staat und einer Nation beseelt. Dieses Streben vor allem erfüllt die Geschichte der genau drei Tage nach Ende des Wiener Kongresses und fünf Tage vor Waterloo, am 12. Juni 1815, gegründeten Deutschen Burschenschaft.

Eine größere Zahl von Landsmannschaftern, vornehmlich Vandalen, die während der Befreiungskriege in den Lützowschen Freikorps kämpften, haben vor allem durch den unmittelbaren Umgang mit Jahn die Notwendigkeit einer Reform erkannt.

Ein Durchbrechen der landsmannschaftlichen Grenzen und ein Zusammenschluß aller ehrlichen und wehrhaften Burschen soll der Reform Festigkeit und Halt geben. Auch muß der Vaterlandsgedanke gefördert werden.

An der Jenaer Hochschule, die nach wie vor aus allen Teilen Deutschlands besucht ist, soll das neu aufkommende Nationalgefühl in ein gemeinsames Staatsgefühl münden. Nach der siegreichen Heimkehr aus dem ersten Befreiungskrieg schließen sich 1814 in Jena die studentischen Freiwilligen,

Gasthaus „Zur Grünen Tanne" in Jena an der Saale.

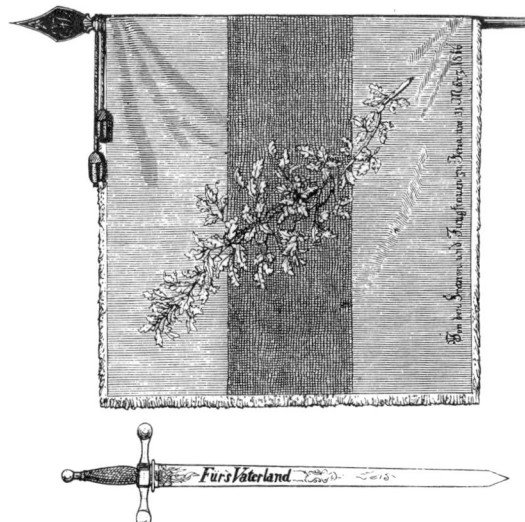

Fahne und Schwert der Urburschenschaft, gestiftet von den Jenaer Frauen und Mädchen 1816.

Angehörige der zunächst noch bestehenden Landsmannschaften, in einer „Wehrschaft" zu gemeinsamen Waffenübungen zusammen.

Angeregt durch die Gedanken Ernst Moritz Arndts entstehen die ersten burschenschaftsähnlichen Verbindungen in Gießen, Heidelberg, Halle. Nach anfänglichem Widerstand beschließt der Seniorenkonvent im Mai 1815 die Auflösung der Jenaer Landsmannschaften.

Am 12. Juni 1815 finden sich die Landsmannschaften und Corps Vandalia, Thuringia, Frankonia und Curonia mit ihren Fahnen auf dem Jenaer Marktplatz ein; zu ihnen gesellen sich auch eine Anzahl nichtkorporierter Studenten. Unter reger Anteilnahme der Bevölkerung und unter Voranritt der Stadtmusik geht es über die Saale zum Gasthaus „Zur Tanne".

Ernst Moritz Arndts Lied „Sind wir vereint zur guten Stunde" eröffnet das Fest. Nach einer Ansprache des bisherigen Vandalenseniors Karl Horn senken sich die Fahnen der Landsmannschaften zum Zeichen der Auflösung.

Nun wird die Verfassungsurkunde der Burschenschaft verlesen und unterschrieben. Das Siegel zeigt zwei von Eichenlaub umrankte gekreuzte Klingen mit den Initialen E. F. V. (Ehre, Freiheit, Vaterland), J. B. (Jenaer Burschenschaft), 12. 6. 1815 (Stiftungstag), IX-XXI-113 (9 Vorsteher, 21 Ausschußmitglieder und 113 Gründungsmitglieder).

Als Kleidung gilt ein schwarzer Waffenrock mit Aufschlägen aus rotem Samt, verziert mit Eichenblättern in Gold, schwarze lange Hose, Stiefel mit Sporen, dazu ein Hut mit Feder und ein Schwert. Die bei feierlichen Aufzügen getragenen Schärpen sind schwarz und rot mit Gold durchwirkt.

Wieder ertönt ein Lied von Arndt: „Was ist des Deutschen Vaterland", das den offiziellen Teil der Gründungsfeier beschließt.

Das Vorbild des Lützowschen Schwarzen Freikorps führt zur Annahme der Farben Schwarz und Rot. Golddurchwirkte Schärpen fügen die dritte Farbe hinzu.

Der eindrucksvolle Wahlspruch der alten hallischen Teutonia „Ehre, Freiheit, Vaterland" wird übernommen.

Der Vandale Karl Horn, der im Befreiungskrieg Theodor Körners Nebenmann war, übernimmt die Charge des ersten Sprechers.

Mit der eher einfachen Gründung der „Allgemeinen Deutschen Burschenschaft" in Jena wird sicher ungewollt für die Weiterentwicklung des Deutschen Volkes ein Fanal gesetzt.

Die folgende Geschichte wird zutiefst von den Gedanken und Zielsetzungen der Urburschenschaft geprägt sein.

Das Wartburgfest

„Ein Deutschland ist; soll seyn und bleiben...!"

Der burschenschaftliche Gedanke greift rasch um sich. Seit der Gründung entstehen in den folgenden Jahren Burschenschaften in Breslau, Erlangen, Tübingen, Gießen und Heidelberg. 1817 ergeht von Jena aus der Ruf, sich am 18. Oktober zum Jahrestag der Völkerschlacht bei Leipzig und zum dreihundertjährigen Gedenken der Reformen Luthers (31. Okt. 1517) auf der Wartburg bei Eisenach zusammenzufinden. Ein würdiges Fest scheint bevorzustehen. Doch es sollte um mehr gehen, als um ein paar zu haltende Sonntagsreden.

„Der Ruf der Revoluzzer"

Ungeklärt bleibt, wer es war, der den Gedanken hatte, die Jubiläen der Reformation und des Sieges über Napoleon bei Leipzig dazu zu benützen, auf der Wartburg ein nationales Studentenfest durchzuführen.

Zwei Teilnehmer aus den Befreiungskriegen nehmen für sich in Anspruch, die Idee dazu gehabt zu haben: der Lützower Jäger Christ. Ed. Leo Dürre und sein Freund, der Kriegsfreiwillige Hans Ferdinand Massmann aus Berlin. Sie gehören zum engsten Freundeskreis des Turnvaters Friedrich Ludwig Jahn, sie inscribieren auf dessen Anraten im Sommersemester 1816 auf der Uni im „Revoluzzernest" Jena. Als ausgezeichnete Turner und politische Agitatoren werden sie schnell zu hervorragenden Stützen der Burschenschaft.

Auch Jahn selbst, Ernst Moritz Arndt, der Gießener Burschenschafter Karl Pfaffenberger und sein Stiefvater, der Frankfurter Justizrat Karl Heinrich Wilh. Hoffmann, betreiben ähnliche Gedanken. Daraufhin treffen sich zu Pfingsten 1817 Vertreter der Jenaer und Halleschen Burschenschaften in Naumburg.

Sie beschließen, zu einer Versammlung auf die Wartburg einzuladen, um eine enge Verbindung zwischen den deutschen Hochschulen zu erstreben.

Die Wartburg, ein Ort von hoher geschichtlicher Bedeutung, wird bereits 1080 erwähnt. Sie ist in der Stauferzeit Mittelpunkt des Minnesangs und der Austragungsort des sagenhaften „Sängerkrieges" zwischen Reinmar von Hagenau und Walther von der Vogelweide; weiters ist sie die Wirkungsstätte der 1235 heilig gesprochenen Landgräfin Elisabeth von Thüringen und von 1521 bis 1522 Asyl von Martin Luther.

Am 11. August 1817 lädt die Jenaer Burschenschaft mit einem herzlichen Schreiben zum Wartburgfest ein. Der Jenaer stud. jur.

Wanderung der Studenten auf die Wartburg nach Eisenach.

Robert Wesselhöft zeichnet verantwortlich. Da das Fest vornehmlich zu Ehren der Reformation gedacht ist, werden nur die dreizehn „evangelischen" Universitäten eingeladen. Obwohl das Schreiben auch auf einen festen nationalen, gesamtdeutschen Inhalt des Festes hinweist, scheint es abwegig, die im Habsburger Raum gelegenen und von Metternich streng abgeschirmten deutschen Universitäten einzuladen. Bei den Empfängern löst die Einladung Begeisterung, bei der herrschenden Reaktion Verwirrung aus. Unwillig werden die Festvorbereitungen geduldet. Die Bevölkerung in Eisenach ist hoch erfreut über die bevorstehende Abwechslung und bereitet sich auf ein gutes Geschäft vor. Bereitwillig und unentgeltlich stellt man Privatquartiere zur Verfügung. Die Mädchenherzen schlagen höher in freudiger Erwartung. Schon die Vorbereitungen nehmen Volksfestcharakter an.

Noch weiß niemand, daß mit dieser Einla-

Friedrich J. Fromann, Geschichtsschreiber des Wartburgfestes.

Karl Hermann Scheidler als Urburschenschaftler.

dung ein neuer geschichtlicher Markstein von allerhöchster Bedeutung gesetzt werden wird. Über 500 Burschen folgen dem Ruf und wandern bei schönem Herbstwetter mit „Tatendrang und Vaterlandslust" im Herzen nach Eisenach.

Im Gasthof „Zum Rautenkranz" am Marktplatz hat die Burschenschaft ihr Empfangsbüro eingerichtet. Alles ist bestens organisiert. Man bekommt Quartierscheine, trägt sich in die Teilnehmerliste ein und verpflichtet sich zur Einhaltung des „Burgfriedens". Und dieser Burgfriede hält, obwohl nicht nur Burschenschafter, sondern auch „feindliche" Landsmannschafter anwesend sind. Der Burschenschaftsvorstand, bestehend aus den Mitgliedern Karl Herm. Scheidler, Heinrich Herm. Riemann und Friedrich Leo Siewerssen, hat die Situation fest im Griff. Der Wille zur nationalen Einheit läßt allen Hader zurücktreten.

Der an den anderen Universitäten fremde „Du-Komment", den die Jenaer durchsetzen, gibt den Burschen von vornherein ein einheitliches Heimatgefühl. Aus Jena kommen die Professoren Kieser, Fries, Schweitzer und Oken. Prof. Heinrich Luden erscheint nicht. Er sei unpäßlich gewesen, heißt es später. Fast ein Fünftel der damals im Deutschen Bund Studierenden sind in Eisenach versammelt. Dazu gesellen sich zahlreiche Alte Herren und Pennäler. Sogar deutsche Studenten aus Estland, Kurland, der Slowakei, aus dem damals dänischen Schleswig, aus Genf und Norwegen kommen zum Fest gepilgert. Kieler Burschen unter der Führung von August Daniel von Binzer werden jubelnd willkommen geheißen. Von Heidelberg kommt der Motor der dortigen Burschenschaft Friedrich Wilhelm Carové; das Wartburgfest sollte sein weiteres Leben wesentlich beeinflussen. Ebenfalls aus Heidelberg kommt der Schwager Hegels, Christoph Karl Gottlieb Siegmund von Tucher, Sproß eines berühmten Nürn-

berger Patriziergeschlechts. Auch finden sich eine große Anzahl später berühmter Burschen- und Landsmannschafter im kleinen verträumten Biedermeierstädtchen Eisenach ein. Eisenach und die Wartburg gehören 1817 zum Großherzogtum Sachsen-Weimar-Eisenach unter Karl August, einem Freund Goethes, ein der Burschenschaft wohlwollend gegenüberstehender, für damalige Begriffe relativ liberaler Herrscher. Das Wartburgfest aber stellt auch seine Einstellung auf eine harte Probe. Es ist also anzunehmen, daß er das Fest und seine Vorbereitungen von seinen Beamten genau beobachten läßt. Sicher aber befinden sich Metternichs Spitzel unter den Anwesenden. Jede nationale und liberale Regung wird genau registriert. Jede antifeudalistische Äußerung genau aufgezeichnet.

Ein Umstand, der später für viele Burschen schreckliche Folgen haben wird. Aber kaum jemand macht sich in solchen Stunden über Derartiges Gedanken. Die Stimmung ist großartig. Einer der Burschen, Georg Reimar, schreibt an seinen Freund, den Studiosus Juris, Heinrich von Gagern, den späteren Präsidenten des Paulskirchenparlamentes, auf Schloß Hornau bei Höchst in Hessen, unter anderem:

„...bis tief in die Nacht hinein, ja bis weit nach Mitternacht, habe ich mit ihm (dem Quartiergenossen) geredet und gestritten, dann waren wir auch in der Hauptsache einig, in der Liebe zu unserem deutschen Vaterlande... aber ich habe Dir ja noch nicht einmal seinen Namen genannt, er heißt Karl Ludwig Sand... doch nun zur Beschreibung des Festes..."

„Für Deutschlands Einheit"

Der Chronist berichtet: *„Der 18. Oktober bricht an. Ein heiterer Herbstmorgen hat die Nebel der Berge in silbernen Reif niedergeschlagen, und von den Strahlen der aufgehenden Sonne beleuchtet glänzt die Wartburg in* seltener Klarheit aus dem Dufte der Berge emporsteigend, und als die heilige Stätte dieses Tages von jedem mit stillem Ernste begrüßt..." Glockengeläute verkündet schon um 6 Uhr früh den Anbruch des Festes. Um 8 Uhr trifft man sich auf dem Marktplatz und versammelt sich um die prachtvolle Fahne, die Jenas Frauen und Mädchen der Burschenschaft geweiht haben. In Körben wird Eichenlaub herbeigetragen. Die Burschen, meist schwarz gekleidet, schmücken sich ihr Hüte und ordnen sich paarweise. Unter dem Geläute aller Glocken der Stadt mit festlich-feierlicher Musik, begleitet von den Eisenachern, setzt sich der Zug in Bewegung. *„Es ist uns allen so unbeschreiblich feierlich ums Herz."* An der Spitze schreitet der Urburschenschafter und spätere Philosophieprofessor Karl Scheidler mit dem Jenaer Burschenschwert.

Ihm folgen, Deutschlands Einheit symbolisierend, August von Binzer aus Kiel, Johann Lauteren aus Heidelberg, Heinrich Lynstedt aus Leipzig sowie Karl Christian Satorius von der Universität Gießen; er sollte bald politischer Flüchtling sein. Dann folgt als Träger der Burschenschaftsfahne der Jenaer stud. jur. Eduard Graf von Keller, ein durch burschenschaftliches Gedankengut zum bürgerlich national-liberalen erzogener Erbe eines Rittergutes. Mit ihm die vier Fahnenschützen Georg Crome aus Göttingen, Ernst Aegidi aus Berlin, Karl Ludwig Sand aus Erlangen und Philipp Heinrich aus Marburg. Dahinter die Burschenschafter ohne Vorrang der Universitäten. Langsam und feierlich trifft gegen zehn Uhr der Zug in der Wartburg ein. Die Eisenacher Behörden, die vier Jenaer Professoren und zahlreiche Ehrengäste erwarten die Burschen. Nach einem Umzug im Burghof begibt man sich in ernster, feierlicher Stimmung in den geschmückten Rittersaal. In der Mitte der einen Seite ist ein Rednerpult errichtet, dort findet die Fahne ihren Platz. Nach kurzem

„Silentium" stimmt Eduard Dürre das Lied „Ein' feste Burg ist unser Gott" an. Stehend singt man das Lutherlied. Keiner schließt sich aus, auch die Katholiken singen mit. Der preußische Polizeibericht beschreibt später diese Szene als „Entweihung der Religion" und als „staatsverschwörerisch". Der erwählte Redner dieses Tages, Heinrich Riemann, tritt vor. Mit herzlichen Worten begrüßt er die Brüder, die herbeigeeilt sind, gemeinsam das Fest der Wiedergeburt des freien Gedankens und den Gedächtnistag der Befreiung des Vaterlandes zu feiern.

Ein rebellisch, nationales Bekenntnis zur zukünftigen Einheit Deutschlands packt die Zuhörer. Sie sind von Riemanns Gedanken stark ergriffen. Ein kurzes Gebet schließt Riemanns von Begeisterung getragene Rede. Das Lied „Nun danket alle Gott" beendet die in der Festordnung vorgesehene Feier. Professor Fries, dessen Gedanken und Anschauungen bereits lebhaft genug in den Worten Riemanns durchgeklungen sind, wird gedrängt, einige Worte dazu zu sagen. Er antwortet mit einigen im Stegreif entstandenen Worten, in denen er die Studenten aufruft, für ein einiges Deutschland und für Ehre und Gerechtigkeit einzutreten. Eduard Dürre schließt um 11 Uhr die Feierstunde. Man strömt aus dem Saale und zerstreut sich in kleinen Gruppen.

Der Leipziger Landsmannschafter Elster beschreibt den Eindruck, den die Reden bewirken:

„Die ganze reiche Erinnerungsfülle alter Zeiten, alten Heldensinns, überströmte die Gemüter, und in ihnen entzündete sich die edle Flamme jeglicher Mannestugend. Es war, als spräche der selige Luther selbst mit seiner Donnersprache seine Kraftworte."

Im zweiten Innenhof der Wartburg werden nun jene Lieder gesungen, die vorher eingesandt wurden und vor dem Fest in Jena als „Lieder von Deutschlands Burschen zu singen auf der Wartburg" gedruckt wurden.

Professor Lorenz Oken. Redner auf dem Wartburgfest.

Professor Georg Kieser. Redner auf dem Wartburgfest.

„Sand fällt auf..."

Man begeistert sich am herrlichen Rundblick der im Sonnenglanze liegenden Burg. Jubelnd wird das von Frankreich zurückkehrende im Tale vorüberziehende 2. Pommersche Regiment begrüßt, welches sich unter Gneisenau 1806/07 besonders ausgezeichnet hatte. Arm in Arm wandernd, diskutiert man die Forderungen der Zeit. Ein gewisser „Carl Ludwig Sand" verteilt ein Flugblatt mit zwölf Punkten, die die Richtlinien für den Zusammenschluß zu einer allgemeinen freien Burschenschaft durch ganz Deutschland geben. Viele Sätze sind unklar und verworren, wenn er schreibt:
„Als Urfeinde des deutschen Volkstums erkennen wir die Römer, Möncherei und Soldaterei. Als königliche Priester, allesamt geistlich frei und gleich sind wir zum Kampfe berufen."
Robert Wesselhöft, der die Einladung zum Wartburgfest unterschrieb, urteilt später, „daß das Schreiben eher uninteressiert von den versammelten Burschen aufgenommen wurde."
Ein paar Gießener Ehrenspiegel-Burschenschafter, als „Schwarze" bekannt, plaudern über ihren Führer und Motor Karl Follen. Er konnte nicht mitkommen, denn sein Professor, ein politischer Erzreaktionär, hat durch schikanöse Examen vom Wartburgfeste abgehalten. Mitten in dieses lose Beisammensein stellt sich der Jenaer Professor Oken auf die Freitreppe und spricht zu den um ihn Versammelten, als ahnte er die kommenden politischen Folgen. *„Wird jetzt nicht Dauerndes geschaffen",* mahnt er, *„so verfliegt die Freude und Lust, sobald die Burschen wieder in die Alltäglichkeit hinabtauchen ... macht euch klar, daß in dem Augenblick, wo ihr euch zum studieren entschließt, euch ganz Deutschland geöffnet ist, ihr sollt nur ... Studenten sein, gebildete Deutsche, die alle gleich sind ..."* Er nennt es eine Schande nur ein Schwabe, Bayer, Rheinländer oder anderer

zu sein. Wer deutsch denkt, deutsch spricht und sich der deutschen Sprache als Schrift bedient, soll Deutscher sein.
„Landsmannschaften reiben Landsmannschaften auf, die Burschenschaft kann sich nicht selbst aufreiben, solang sie im Ganzen das ist, was eine Landsmannschaft im Teil!" Okens Rede bringt die Stimmung zum Ausdruck, die über die Feier hinaus als dauernder Gewinn, bewußt oder unbewußt empfunden wird.

„Vivat dem Herrscher und den Rebellen!"

Trompetenklänge rufen um 12 Uhr zum Mittagsmahl in den „Minnesängersaal". Die Professoren, die städtischen Behörden und eine Anzahl Eisenacher Bürger sind neben den Studenten an der Tafel versammelt. Sehr genau werden die Trinksprüche registriert. Man läßt allgemein die deutsche Freiheit, Luther, die anwesenden Professoren, Turnvater Jahn, Ernst Moritz Arndt und auch den „Schirmherrn des Tages", den Großherzog Karl August von Weimar, hochleben. Feierlich wird der Gefallenen gedacht. Arndts Bundeslied „Sind wir vereint zur guten Stunde" und andere vaterländische Gesänge ertönen während der Tafel. Um etwa 14 Uhr sind das Mahl und ein eher harmloses Fest beendet. So mancher Teilnehmer atmet auf, nichts Schlimmes ist geschehen, kein Exzeß hat stattgefunden, nichts was den Herrschenden, den Fürsten mißfallen könnte, glaubt man. Ein böser Irrtum, wie sich später herausstellen sollte. Man strömt nach Eisenach zurück. Einige besuchen den Festgottesdienst und hören eine schöne, würdige Predigt, die nur einen Fehler hatte, daß sie „zu lang" war. Andere bewundern die Turnvorführungen auf dem Marktplatz, dargebracht von Turnern aus Jena und Berlin. Man singt und bringt

„Lebehochs" aus. Man bevölkert die Schenken, Quartiere und Wirtshäuser. Dort sitzt man mit den Wirten, den Eisenacher Landsturmmännern und den Bürgern zusammen. Ausgiebig wird mit den biederen und verständigen Leuten diskutiert und gebechert.

„...wer bluten darf fürs Vaterland..."

Gegen sechs Uhr abends trifft man sich wieder auf dem Marktplatz und ordnet sich zum Fackelzug. Mit Musik zieht man durch die Straßen aus der Stadt, den Wartenberg hinauf. Der Eisenacher Landsturm und eine Menge Volk erwartet die Studenten. Der Wartenberg, den die Eisenacher auch Wadenberg nennen, ist eine abgeplattete, unbewaldete Kuppe, hart nordwestlich der Stadt gegenüber der Wartburg. Eine Stätte, an der seit der Völkerschlacht bei Leipzig zu deren Erinnerung Feuer abgebrannt werden. Die Ankommenden werden mit Hurra begrüßt. Raketen werden abgeschossen. Um einen gewaltigen brennenden Holzstoß ordnet sich die Schar. Der Fries-Schüler Ludwig Rödiger eröffnet den letzten Teil der Feier mit einer vaterländischen Eigenkomposition: „Des Volkes Sehnsucht flammt." Dann spricht der Dichter selbst.

„In der Not versprach man, uns ein Vaterland zu geben, ein einiges Vaterland der Gerechtigkeit, aber der teuer erkaufte Bundestag ist noch nicht angebrochen, und fast will es scheinen, als sei das Volk glühend erwacht, die Herrlichen gefallen, damit hochmütige Ideelosigkeit ein Freudenmahl halte von dem letzten Bissen des Landes. Nur eins hat das deutsche Volk gewonnen, die Kraft des Selbstvertrauens. Wer bluten darf für das Vaterland, der darf auch davon reden, wie er ihm am besten diene im Frieden. Der Geist der Tugend und der Schönheit will ein Vaterland haben, wir haben keins; er kann nur dauernd unter einem einigen und

starken Brudervolke wohnen: und noch sind wir schmählich getrennt und zerrissen. So stehen wir unter freiem Himmel und sagen das Wahre und Rechte laut. Denn die Zeit ist gottlob gekommen, wo sich der Deutsche nicht mehr zu fürchten braucht vor den Schlangenzungen der Lauscher und dem Henkerbeil der Tyrannen und sich niemand entschuldigen muß, wenn er vom Heiligen und Wahren spricht."

Er geißelt mit seinen Worten die nicht eingelösten Versprechungen der Fürsten und warnt diese zugleich vor den Folgen. Denn: *„Das deutsche Volk und vor allem die deutsche Jugend ist sich im Abwehrkampf gegen Napoleon ihrer nationalen Identität bewußt geworden. Uns ist alles gegeben. In dieser Stunde der Weihe geloben wir, eines hoffenden Volkes Lehrer, Verwalter seiner heiligen Sache, Zeugen seiner Menschenwürde zu sein. Vergessen wir nie, daß alle Wissenschaft dem Vaterland dienen soll und dem Leben der Menschheit."*

Während er spricht, das Schwert in der Linken, fliegen ihm die Funken ums Haupt. Die Szene ist phantastisch. Durch diese lodernde Begeisterung für eine bessere Zukunft ist Rödiger des Beifalls der Jugend sicher. Aber die Aussagen sind Protest ohne Programm. Jede politische Zielsetzung fehlt, außer dem Ruf nach Deutschlands Einheit, und auch das kommt nicht klar zum Ausdruck. Dennoch erregt Rödigers Rede allgemeines Aufsehen. Sie wird später im vollen Wortlaut gedruckt und ist schnell vergriffen. Die gedruckte Rede macht später auf „Den Sänger auf der Wartburg" positiv aufmerksam. Prof. Kieser rechtfertigt und verteidigt sie. Selbst Goethe schenkt ihr uneingeschränkten Beifall. Ja selbst finanziell wird die Feuerrede für Rödiger ein Gewinn.

Sie dient aber später den Feinden als Beleg für das revoluzzerhafte und umstürzlerische Treiben der Burschenschaft. Der Wind weht schneidend kalt in der sternklaren

Herbstnacht. Der offizielle Teil des Wartburgfestes vom 18. Oktober 1817 ist beendet.

Das „Autodafé... ein Satyrspiel!"

Von den Jenaer Professoren ist nur Fries kurze Zeit auf dem Wartenberg. Ihn und die meisten Burschen treibt die Kälte in die Stadt zurück. Ohne es zu wissen, entgeht er damit drohender Verfolgung und Gefängnisstrafe. Aber eine kleine Anzahl von etwa 30 Burschenschaftern und Burschenturnern bleibt zurück. Sie wollen als Protest gegen die herrschende feudal-absolutistische Reaktion ein politisch-manifestiertes Zeichen setzen. Während man an anderen Feuern noch singt und trinkt, schleppen ein paar Studenten einen gefüllten Korb herbei. Ihr Anführer ist Hans Ferdinand Massmann, aber als geistiger Vater der Aktion kann der nicht anwesende Turnvater Friedrich Ludwig Jahn bezeichnet werden. Jahns Wesen und Meinung spiegelt sich auch in Massmanns Rede, die er nun mit der Erinnerung an Luther beginnt. Der große Reformer hatte bekanntlich 1520 vor dem Elstertor in Wittenberg die päpstliche Bannbulle und die kanonischen Rechtsschriften öffentlich verbrannt.

„So wollen wir durch die Flamme verzehren lassen das Angedenken derer, so das Vaterland geschändet haben, durch ihre Rede und That, und die Freiheit geknechtet und die Wahrheit und Tugend verleugnet haben in Leben und Schriften..."

Die Brüder Wilhelm und Robert Wesselhöft treten ans Feuer. Einer von ihnen trägt eine große Mistgabel.

Aus Zeitschriften und Büchern, die antideutsches und antiburschenschaftliches Gedankengut beinhalten, hat man Seiten herausgerissen und zu Bündeln zusammengeschnürt. Texte von heute zu Recht vergessenen Zeitgeistschreibern und Speichelleckern der Fürsten. Er verliest einzeln die Titel der den Flammen zu übergebenden Papierballen. Ein anderer hält den auf schwarzen Karton geschriebenen Titel empor. „Ins Feuer", rufen die Studenten laut und lachend. Mit der Mistgabel wird es ausgeführt. Zuerst brennen Schriften von Gegnern des Turnwesens und der Burschenschaft. Ferner Seiten aus Büchern, deren Autoren den Absolutismus und die anderen überkommenen feudalistischen Zustände verteidigen. Unter diesen befindet sich der seichte Literat und Spitzel des russischen Zaren, August von Kotzebue, mit seiner vor wenigen Jahren flüchtig erarbeiteten „Geschichte des Deutschen Rei-

ches bis zu seinem Untergang". Dieser Moment soll für das weitere Leben des ebenfalls anwesenden Theologiestudenten, des Gießener Schwarzen Karl Ludwig Sand, unabsehbare Folgen haben. Dann folgen Schriften des erzreaktionären Erziehers des preußischen Kronprinzen und Politikers Ancillon sowie des reaktionären Staatsrechtlers von Haller. Mit den Rufen: *„Frone du fort an den Zwingherrn der Hölle."* und: *„Der Gesell will keine Verfassung des deutschen Vaterlandes"*, werden diese ins Feuer geworfen. Eine andere Gruppe von Autoren sind aktive Politiker, Befürworter der herrschenden Zustände und somit Gegner der Burschenschaft und des fortschrittlich-

nationalen Gedankengutes. Einer von ihnen ist der stellvertretende preußische Polizeiminister Christoph von Kamptz, ein widerlich verhaßter „Demagogenjäger". Sein Name wird später zum Symbol der „Demagogenverfolgung".

Unter dem Titel „Kodex der Gendarmerie" hat Kamptz eine Sammlung der in den deutschen Staaten gültigen, von den Fürsten erlassenen Polizeigesetze geschrieben. Mit Verachtung reagieren die Burschen auf Polizeistaats- und Unterdrückungsmethoden, indem sie einige Seiten aus dem „Kodex" ins Feuer werfen. Weitere Titel folgen: insgesamt vielleicht 25–30.

Darunter Schmalz' Berichtigung einer Stelle in der Bretow-Venturinischen Chronik.

Die Burschen höhnen: „ . . . Gänse, Schwein und Hundeschmalz . . . aber alles ohne Salz! Zuletzt nun rufet Pereat, den schuftigen Schmalzgesellen. Und dreimal Pere – Pereat! So fahren sie zur Höllen!"

Daß die Szene eine starke politische Protestaktion ist, zeigt sich auch nun, da noch drei weitere Gegenstände ins Feuer geworfen werden. Als Symbol des Absolutismus ein „Pracht-, Prahl- und Patzenkopf" aus Hessen. Seine Verbrennung richtet sich hauptsächlich gegen den Kurfürsten von Hessen-Kassel, der nach seiner Rückkehr in sein von den Franzosen befreites Land sein altes absolutistisches Herrschaftssytem wieder einführte. Als Zeichen gegen den verhaßten Zwangs-Militärdienst der Fürsten und gegen den unmenschlichen Drill folgt ein preußischer Ulanenschnürleib. Die Kriegsfreiwilligen aus den Befreiungskriegen und die Lützower Jäger sind keineswegs gegen ein Volks- oder Bundesheer. Sie sind begeisterte Anhänger eines wehrhaften Volkes in Waffen, aber Söldnertum und Schikane sind verpönt. Letztlich folgt ins Feuer ein österreichischer großmächtiger Corporalsstock.

Damit ist der Lenker des Deutschen Bun-

Graf Eduard Keller. Träger der Burschenfahne beim Wartburgfest.

Studierstube von Martin Luther auf der Wartburg.

des, der Staatskanzler Metternich in Wien, gemeint. Ihm, der allem Fortschritt und jeder vernünftigen politischen Weiterentwicklung negativ gegenübersteht, gilt der Protest. Massmann erklärt die Aktion am Wartenberg später so:

„Wir wollten verbrennen und haben verbrannt ... die Grundsätze und Irrlehren der Zwingherrschaft, Knechtschaft, Unfreiheit und Ungerechtigkeit, Unmännlichkeit und Unjugendlichkeit, der Geheimkrämerei und Blindschleicherei, des Kastengeistes und der Drillerei; die Machwerke des Schergen-, Hof-, Zopf-, Schnür- und Perückenteufels, der Unschönheit und Untugend – alle Schmach des Lebens und des Vaterlandes. Die Parole lautete: ‚Wider Zopf und Philisterei!‘“

Für die Fürsten ist das mehr als nur ein Reizwort!

„Der zweite Tag“

Ein wichtiges praktisches Ergebnis der Wartburgfeier bringt der nächste Tag, der 19. Oktober, nämlich die Anbahnung zur Stiftung einer allgemeinen Burschenschaft. Schon am Vorabend des Festes hat im „Mohren“ eine Besprechung von etwa fünfzig bis sechzig Burschen stattgefunden, um eine Versöhnung aller Streitparteien vorzubereiten. Man verabredet, am 19. Oktober früh eine im Programm nicht vorgesehene Versammlung auf der Wartburg abzuhalten. Alle Nichtstudierenden sind ausgeschlossen. Auch einige preußische Offiziere werden nicht eingelassen. Die Leitung der Verhandlung fällt von selbst wieder der Jenaer Burschenschaft zu. Scheidler eröffnet die Versammlung. Zunächst wird eine gedruckte Rede von Prof. Fries verlesen. Sie zeichnet sich durch eine oft mystische Sprache aus. Ihr Hauptzweck ist, einen großen Freundschaftsbund unter den deutschen Studenten als erstrebenswert zu preisen.

„Verbündet euch, daß im Geiste eins und einig werde das deutsche Vaterland ... und wohin Luthers Ruf erscholl, da erwachte freies Geisterleben im Dienste der Wahrheit und Gerechtigkeit ... zu aller Entfesselung des Gedankens, aller Ausgleichung der Bürgerrechte ... von den Niederlanden bis zu den Freystaaten in Nordamerika!“

Eine schöne, positiv harmonische Rede. Doch auch sie sollte später anders analysiert werden. Scheidler gelingt es nun, alle anhängigen Zwistigkeiten, Kontrahagen und Duelle beizulegen. Alle, die auf dem Burschentag als Kläger gegeneinander auftreten, versöhnen sich in feierlicher Weise, geben einander Bruderhand und Bruderkuß. Preußen standen dort neben Bayern, Rheinländer neben Mecklenburgern, Holsteiner neben Studenten aus der Donaumonarchie, Katholiken neben Protestanten, und alle fühlten sich nur als das Eine: „Als deutsche Söhne des großen geliebten Vaterlandes ... !“

Es wird beschlossen, an allen deutschen Universitäten den Bruderbund der Burschenschaft zu gründen und eine Burschenzeitung herauszubringen, um für die neuen Ideen zu werben.

Das Wort hat der Heidelberger stud. phil. Friedrich Wilhelm Carové. In einer tief durchdachten Rede legt er die Grundzüge einer alle deutschen Hochschulen umfassenden Burschenschaft dar. Als Vorurteile müsse man die falschen Vorstellungen von Burschenehre und Burschenfreiheit, als Mißbräuche die Unterdrückung anderer Studenten und die Verachtung der Nichtstudierenden bezeichnen.

„Burschenehre kann nicht mehr darin bestehen, bloß ein gewandter Fechter oder ein unüberwindlicher Trinker zu sein. Die Heiligkeit der Person kann nicht durch jedes unbedachte Wort oder durch ein schiefes Gesicht verletzt werden. Davon möchte nun billig jeder deutsche Bursche überzeugt sein, wenn er nicht

taub ist wie ein Stein für die Klänge der Zeit und gefühllos gegen das Große und Schöne seines Volkes ..."

Es sind völlig neue, überraschende Töne, die da anklingen. In den Ansprachen Riemanns und Rödigers vom Vortage fanden sich stark die Gedanken von Professor Fries, der den neuen Aufbruch nur durch die studierende Jugend sieht. In der „Symbolverbrennung" am Wartenberg durch Massmann wiederum klangen die Gedanken von Jahn und seiner Turnerphilosophie durch. Carové ist zu dieser Zeit bereits 28 Jahre alt. Er ist anerkannter Sprecher der Anfang 1817 gegründeten Heidelberger Burschenschaft. Er bekennt sich zu einem gesunden deutsch-vaterländischen Gedankengut.

„... das darin bestehen möge, das Recht aller Menschen auf Gleichheit auch in den Fremden zu ehren."

Carové ist Katholik, dennoch sind für ihn die typisch feudalistisch-konfessionellen Gegensätze unwichtig. Daher kann er auch mit Selbstverständnis Luther einen Mann der Geistesfreiheit nennen, der für den bürgerlichen Fortschritt Großes geleistet hat. Die Philosophie und Vernunft Hegels klingt durch Carovés Rede. Er ist der einzige Redner des Festes, der einen konkreten Zusammenhang zwischen Revolution, deutscher Philosophie, den Befreiungskriegen und studentischer Reform erkennt. Für einen Studenten des Jahres 1817 eine gewaltige geistige Leistung. Sie gibt dem Fest einen harmonischen Ausklang.

„Ende mit Fortsetzung!"

Das Wartburgfest geht seinem Ende entgegen. Am Abend finden sich die politisch aktivsten Studenten nochmals zusammen. Die Ausbreitung der „Adressenbewegung" und die Herausgabe der Burschenschafterzeitung werden wiederum besprochen. Die Jenaer Burschenschaft soll „Des deutschen Burschen fliegende Blätter" organisieren. Der Gießener Burschenschafter Satorius hat diesen Antrag gestellt. Damit will der demokratisch-republikanische Flügel dominierenden Einfluß ausüben und eine weiterführende, öffentliche politische Diskussionsgrundlage schaffen. Die Gießener Schwarzen treten vehement für die politische Entwicklung der burschenschaftlichen Bewegung ein. Es erklingt Daniel Binzers Lied: „Stoßt an, Eisenach lebe!" Es sollte bald das Hohelied der Studentenschaft werden. In tiefer, neuer Freundschaft verabschiedet man sich. Zum erstenmal in ihrer jungen Geschichte ist die Burschenschaft öffentlich in eine Konfrontation gegen die etablierten Kräfte getreten, um für das Vaterland eine Verbesserung zu erreichen. Die Auflehnung ist vorerst nur symbolisch. Das Wartburgfest, ein historischer Meilenstein der Burschenschaft und der Corporationsbewegung, ist zu Ende. Für viele aber sollten die Folgen und Auswirkungen noch gewaltig und bösartig sein.

Heinrich Hermann Riemann. Sprecher der Urburschenschaft 1816/17.

Zweiter Innenhof auf der Wartburg.

Die von Professor Steiger, Jena, erforschten, noch bekannten Teilnehmer am Wartburgfest von 1817.

Abesser
Ackermann
Aegidi
Ahlefeld, v.
Alban
Albrecht
Amtsberg
Anacker
Anz
App
Ashall
Asverus

Baerentz
Bandau
Bartning
Bauer
Beckmann
Behre
Bennecke
Berendt
Berger
Bertram
Billroth
Binzer, (v.)
Blindow
Böhmker
Boettcher
Bogk
Boje
Bollbrügge
Bonsery
Borchert
Bouchholtz, F.
Bouchholtz, F. A.
Braasch
Brandes
Brettner
Bruckner
Brückmann
Brückner
Bruhn, Christ.
Bruhn, Conrad
Brunner
Büchner
Buff
Burbach
Burchardi
Buri, v.
Buschmann

Buttmann, C.
Buttmann, G.

Calckhof
Carové
Christensen
Ciliax
Clodner
Cloeter
Clüsener
Cramer
Cremer
Crome
Cronemeyer
Cyrus

Dietrich
Dietzsch
Dittmer
Doebling
Düring
Dürre

Ebermayer
Ebert
Eckhoff
Eichen
Emmerling

Fabri
Falcke (Falke)
Ferientsek (Ferienčik)
Fischer
Fischern, v.
Fleischmann
Förster, A.
Förster, E.
Forchhammer
Francke, B. F.
Francke, H.
Francke (Franke), W.
Franke, C.
Franke, K.
Fredenhagen
Freund
Frischmuth
Frommann
Füßer

Gebhardi, H. C.

Gebhardi, W.
Genßler
Gentzen
Gerlach
Gier
Gleißberg
Glück
Goebel
Goertz
Goetze
Gohren, v.
Goldacker, v.
Gottschalk
Graf
Grosch
Gründler
Gwinner

Haberfeld, J. F.
Haberland, K.
Härlin
Hagenbruch
Hartmann
Haselberg, v.
Haupt
Heckscher
Heinrich
Heinrichshoffen
Hellfeld, v.
Hellwig
Hemsen
Henke
Henning, (v.)
Herzog
Heseler
Hesse
Heußer
Heyfelder
Hieronymi
Höpker
Hoffmann
Hoffmeiser
Hofmann
Hollander, A. W.
Hollander, F.
Holste
Hoos
Horn
Hostmann
Hoznek

Hunnius
Huschke, E.
Huschke, K.
Huschke, L.

Jacobi, C.
Jacobi, E.
Jacobs, F.
Jacobs, G.
Jahn
Jensen
Johnßon
Jung

Kahl
Kallenbach
Kandler
Karmrodt (Karmeroth)
Karsten
Keller, v.
Keller, E.
Klaproth
Knauer, H.
Knauer, M.
Knoll
Knorr, C.
Knorr, L.
Knuth
Koellner
Könen, v. (Koehn)
Kollár
Kopstadt
Korn
Kranz
Krause
Kretzer
Krüger, B.
Krüger, F.
Krüger, J.
Krummacher, E.
Krummacher, F.
Kümmell, G.
Kümmell, K.
Kurowsky-Eichen vgl. Eichen

Langhans
Langmasius
Lauhn
Lauteren
Leng

Die Sandler-Tat

Die Ermordung Kotzebues durch Karl Ludwig Sand

„Noch bellt der Kamputz- und Schmalzgesell, Beel und Kotzebu'...!"
Die uneinsichtige gereizte Reaktion der Fürsten, die verzerrten, erlogenen Darstellungen
in Wort und Schrift über das Wartburgfest in Jena und die folgenden Repressionen gegen
die Wartburgteilnehmer zum Andenken an die Reformation und die Leipziger Schlacht,
lassen in der jungen Burschenschaft Bitterkeit aufkommen. Im jungen Theologiestudenten
Karl Ludwig Sand, Mitglied der Gießener Schwarzen, reift „mit jakobinischem Ingrimm"
ein folgenschwerer Entschluß.

Reaktion in Gottes Gnaden

Nur kurze Zeit reagieren die offiziellen Medien positiv auf den Verlauf des Wartburgfestes am 18. Oktober 1817.

„Die Zeitungsschreiber, einer sicheren Quelle ihrer Nachrichten entbehrend, nahmen mit emsiger Hast auf, was ihnen zuerst in die Hände fiel, und da die Tätigkeit des Bösen nach den Worten der Schrift geschäftiger ist als die des Guten und die Teilnehmer des Wartburgfestes sich mit dem inneren, ruhigen Bewußtsein begnügten, so überflügelte jene bald durch erdichtete und völlig unwahre Gerüchte die öffentliche Meinung..."

So schreibt Professor Dietrich Kieser nach dem Wartburgfest.

Schon immer ist es einfacher und bequemer, im Sinne des Zeitgeistes zu schreiben und seine Meinung zu bilden. Und der Zeitgeist gebot damals: „Der Absolutismus der Fürsten von Gottes Gnaden".

Es beginnt in einer Beilage einer kleinen Berliner Winkelzeitung, dem „Beobachter an der Spree", im „Brandenburgischen Erzähler".

Dort wird die Nachricht verbreitet:

„Unter dem Vorsitz des Professors Oken ist neben anderen Schriften auch die Akte Der Heiligen Allianz verbrannt worden!"

Das bedeutet zu jener Zeit Hochverrat!

Etwa zur gleichen Zeit, am 1. November 1817, erscheint in Hamburg ein Artikel, in dem behauptet wird, „daß auf der Wartburg unter dem Vorsitz des Professor Oken einige dreißig Bücher verbrannt worden sind..."

Man spricht absichtlich von „Wartburg" und „Bücherverbrennung". Eine derartige Tat auf „der Heiligen Stätte", sollte den Eindruck einer Entweihung erwecken. Das Verbrennen von Büchern wiederum sollte als brutaler, barbarischer Akt von halbwilden, betrunkenen Burschenschaftern hingestellt werden. Zahllose Zeichnungen, die bewußt verfälschen, erscheinen.

Obwohl das Wartburgfest auch einen tief religiösen Charakter hatte, beginnt der Klerus gegen die Rebellen zu predigen. Vergessen ist, daß sich gerade die Kirche im Laufe ihrer Geschichte nicht nur einmal und nicht nur wegen der Verbrennung von Büchern schuldig gemacht hat. Die ersten Polizeimaßnahmen beginnen. Eine rege Geheimdiplomatie innerhalb des Deutschen Bundes wird von Metternich inszeniert. Die aufkeimende bürgerliche Opposition soll, wenn nicht anders möglich, gewaltsam niedergeschlagen werden.

Parallel zu dieser offiziellen Reaktion verläuft die Entwicklung für das Corporationsstudententum äußerst positiv. Infolge des Wirbels um das Wartburgfest erhält die Burschenschaft großen Zulauf; die Begeisterung wächst.

Es entstehen überall neue Verbindungen. Auch die Landsmannschaften bestehen weiter, ändern aber nunmehr ihren Charakter und sind neben ihrer lokalen Herkunft im Bewußtsein mehr und mehr auch „gesamtdeutsch". „Deutsch" wird zum Sammelwort für alle Deutschsprachigen. Der Ausgleich bestehender Unterschiede und die Annäherung der verschiedenen Studenten gelingt.

Der Landesfürst von Sachsen-Weimar-Eisenach, Carl August, hält nach wie vor zu „seinen" Studenten. Zur Taufe seines Sohnes werden auch die Vertreter der Jenaer Burschenschaft eingeladen.

So ist es auch möglich, „auf dem freistehenden Boden der Deutschen" am 18. Oktober 1818, genau ein Jahr nach dem Wartburgfest in Jena, „die allgemeine Deutsche Burschenschaft" als Dachverband zu gründen und ein nationales, politisches Programm zu erarbeiten.

Der Widerhall unter den politisch denkenden Menschen ist gewaltig. Es entsteht eine Allianz gegen die Zeitgeistschreiber und alle „Fürstenknechte".

Karl Ludwig Sand am Scheideweg.

Sand im Kerker.

Selbst Goethe verspottet den Zarenspitzel Kotzebue mit seinem bekannten Gedicht:
St. Peter hat es dir aber gedacht,
Daß du ihn hättest gern klein gemacht,
Hat dir einen bösen Geist geschickt,
Der dir den heimischen Sinn verrückt,
Daß du dein eigenes Volk gescholten.
Die Jugend hat es dir vergolten:
Aller End' her kamen sie zusammen,
Dich haufenweise zu verdammen,
St. Peter freut sich deiner Flammen.

Liber- oder Radikal?

Eine weitere Folge des Wartburgfestes zeichnet sich ab: die Spaltung der oppositionellen, politisch denkenden Menschen im Deutschen Bund in Liberale und Radikale. Die Liberalen sehen in der bloßen Verwirklichung einer bürgerlich-freiheitlichen Staats- und Gesellschaftsordnung ihr Ziel. Welche Staatsform dabei gewählt wird, scheint unwichtig. Man kann sich durchaus auch weiterhin eine konstitutionelle Monarchie in einem Gesamtdeutschland vorstellen. Wirtschaftlich hofft man auf ein freies, vom Staat nicht gelenktes Spiel der Kräfte, auf offene Märkte und freien Wettbewerb. Kulturpolitisch kämpft man für Gedanken-, Gewissens-, und Pressefreiheit. Das größtmögliche Glück des einzelnen auf Kosten der Allgemeinheit wird angestrebt. Man vergißt dabei, daß der Schutz des sozial Schwachen und der Dienst an der Volksgemeinschaft in dieser ausschließlich liberalen Weltanschauung nur schwer zu verwirklichen ist.
Die Radikalen sehen das Volk, die Nation als primären historischen Maßstab. Sie gehen von der Tatsache aus, daß sich das Individuum geistig und politisch vor allem im Rahmen seiner nationalen Identität verwirklichen kann. Daneben scheint ihnen der Kampf um die nationale Souveränität sowie um die nationale Solidarität, also die Lösung der sozialen Frage, von größter Wichtigkeit. Ihr Ziel ist die freie Republik, ein freies, geeintes Deutschland, als gleichberechtigter Partner im Europa der Vaterländer.

Die Reaktion beginnt sich zu rühren

Unter Leitung von Kamptz strengen einige der von der „Bücherverbrennung" betroffenen Autoren Prozesse gegen die Jenaer Professoren an. Sie fühlen sich in ihrer Ehre gekränkt. Peinlich ist jedoch, daß einer dieser „Ehrenmänner", der Verfasser der „Germanomanie", Saul Ascher, ausgerechnet zu diesem Zeitpunkt wegen Betruges zu Zuchthaus und „Verlust des Volkszeichens" verurteilt wird.
(Bremer Zeitung Nr. 344, 1817)
Metternich schickt den Wiener Polizei-Oberkommissar Sicard als „Herrn von Schmidt" nach Jena, Weimar und Eisenach, um den „genauen Tatbestand" zu ermitteln. „Herr von Schmidt" weiß, was man von ihm erwartet, und berichtet in „entsprechender Form". In Berlin beklagen sich die preußischen Offiziere, die am zweiten Tag des Wartburgfestes von den Studenten nicht mehr zu ihrem Burschentag zugelassen wurden, bei ihrem König über die bösen Revoluzzer. Deren Beurteilung fällt dementsprechend negativ aus.
Der preußische Gardeleutnant Friedrich Wilhelm von Plehwe, der mit seinen revolutionären Äußerungen auf dem Wartburgfest für Aufsehen sorgte, wird polizeilich verhört. Er stirbt später in Festungshaft. Der bayerische König bezeichnet die Ereignisse auf der Wartburg als „der Souveränität der Fürsten sehr gefährlich".

66

Karl Follen und die Schwarzen

Die fruchtbarsten Träger der radikalrevolutionären Ideen innerhalb der Burschenschaft sind die „Gießener Schwarzen". Sie erklären den Tyrannenmord, Aufruhr und Verbrechen für erlaubt, wenn sie einem „veredelten Volksleben" gelten. Religion, frohe Begeisterung für Sittlichkeit und Recht, Ehre, Keuschheit und Freundschaft sind ihre Leitgedanken. Diese Ideen stammen vom Jenaer Professor Fries. Dieser fordert weiterhin Sprach- und Pressefreiheit, öffentliche Gerichtsverfahren, kräftige republikanische Reichsforderung für Deutschlands Einheit und Selbstverwaltung der Gemeinden. Diese Grundsätze werden bald zum Glaubensbekenntnis der „Schwarzen". Ihr Führer und Motor ist Karl Follen. Er ist eine starke und dogmatische Persönlichkeit. Follens progressive Gedichte, Aufsätze und seine Ausstrahlung geben einem Theologiestudenten namens Karl Ludwig Sand den entscheidenden Antrieb zur Ermordung jener antideutschen und antiburschenschaftlichen Figur, des August von Kotzebue.

Am 23. März 1819 sollte es soweit sein.

Karl Ludwig Sand fällt bereits gleich nach der Gründung der Jenaischen Urburschenschaft 1815, dann beim Wartburgfest und später während der Geschichte der Jenaer Burschenschaft mehrmals auf; er gilt überall als eigenwillige selbständige Natur. Im letzten Abschnitt seiner burschenschaftlichen Betätigung, als Anhänger Karl Follens, steht er von allen Freunden am stärksten unter dem Einfluß dieser Persönlichkeit.

Karl Ludwig Sand wird am 5. Oktober 1795 in Wunsiedel in Bayern geboren. Sein Vater ist Justizrat und lebt in eher guten Verhältnissen. Die Mutter ist es, die das geistige Leben des zweitjüngsten Kindes von fünf Geschwistern prägt. Frühe Krankheit läßt den Knaben in den ersten Schuljahren hinter den Altersgenossen zurückbleiben. Auch auf den Gymnasien in Hof und Regensburg kann er nur durch eisernen Fleiß das Ziel der Schule erreichen. Die Befreiung des Vaterlandes von Napoleon ersehnt er aus vollem Herzen. Zeitweise spielt er mit dem Gedanken, diesen selbst zu ermorden.

Im Herbst 1814 beginnt Sand mit dem Studium der Theologie. Im Frühjahr 1815 tritt er seiner Verbindung, der Hallischen Teutonia bei, der ersten burschenschaftsähnlichen Verbindung vor der Gründung der Urburschenschaft. Ohne Wissen der Eltern beteiligt er sich von Mannheim aus im Bayerischen Freiwilligenbataillon am Feldzug von 1815, kommt allerdings nie ins Treffen. Nach kurzer Rast im Elternhaus wechselt er im Frühjahr 1816 an die Universität Erlangen. Hier beginnt seine tätige Anteilnahme an der studentischen Reform, in bewußter Vorbereitung auf ein späteres Eingreifen in die Geschichte des Deutschen Volkes. Es beginnt sein Kampf gegen die Auswüchse und Dekadenz der damaligen Landsmannschaften. Doch seine eigenwillige, schwärmerische und fantastisch-religiöse Natur, ein Erbteil seiner Mutter, läßt ihn in stetem Streit auch mit seinen Freunden leben. In priesterlichem Hochmut glaubt er sich zu Höherem erkoren. Als „Berufener des Herrn" vernimmt er hocherfreut die Einladung zum Wartburgfest. Dort verteilt und verliest er ein selbstverfaßtes Flugblatt mit eher wirrem Inhalt, das kaum auf Gegenliebe stößt. Als schwerblütiger, langsam reifender Mensch, dem Natur und Erziehung ein reiches Innenleben und tiefes Gefühl beschert haben, hält er gegen alle Anfechtungen an einer einmal als wahr empfundenen Anschauung fest.

Innerlich ist er stets einsam. Der Wille zur Tat bleibt unbefriedigt. Ehrgeiz und Verlangen nach innerer und äußerer Freiheit keimen fort. Langsam festigt sich in Sand die Überzeugung, daß er zum Märtyrer der guten Sache berufen sei.

Durch die Erwähnung von Kotzebues „Deutscher Geschichte" beim Feuer auf der Wartburg wird Sand auf den literarischen Gegner der burschenschaftlichen Bewegung aufmerksam. Dieser wird ihm zur Verkörperung aller Schmähungen, „die Deutschlands reine Größe" besudeln. Eine Reise nach Berlin, die Sand mit dem Kreis um Friedrich Ludwig Jahn zusammenführt, festigt in ihm den Haß gegen die Feinde des deutschen Volkstums und die Erkenntnis, daß nur ein „tätiges Streben" Besserung schaffen könne. Aber erst die nähere Bekanntschaft mit Karl Follen und mit dessen revolutionärer Philosophie festigt in ihm den Gedanken, „mit blutiger Waffe" der Freiheit eine Gasse zu bahnen.

Im Dezember 1818 trifft Sand mit der ruhigen Sicherheit des Fanatikers alle Vorbereitungen zum vorsätzlichen Mord. Mit unglaublichem Starrsinn, der Hochachtung und Mitleid gleichzeitig erweckt, führt er die Arbeiten des Semesters zu Ende.

Dem im Grunde seines Herzens weichen Menschen Sand wird es zuletzt doch schwer, von Eltern und Geschwistern Abschied zu nehmen. Lange Zeit ringt er mit dem Entschluß, nach der Tat zu fliehen oder Selbstmord zu begehen. Auch von seinem Bund nimmt er sichtlich gerührt schriftlich Abschied, wobei er seinen Austritt aus der Jenaer Burschenschaft begründet.

Der Mord

Am 9. März bricht Sand von Jena auf. Über Eisenach, Würzburg und Frankfurt am Main führt der erste Teil seiner Wanderung. Noch einmal besucht er die Wartburg, die Stätte, wo ihm Wesen und Kraft der Burschenschaften aufgegangen waren. In der Nacht vom 13. auf 14. März kommt er nach Frankfurt und hält sich dort bis zum 17. März

bei Freunden der Gießener Schwarzen auf. Vom 17. bis 22. März bleibt Sand in Darmstadt. Der Advokat Karl Heinrich Hoffmann bringt Sand aufgrund eines Empfehlungsbriefs von Karl Follen mit verschiedenen Gesinnungsgenossen zusammen. In der Nacht vom 22. auf 23. bleibt er in Lorsch.

Carl Ludwig Sand   August von Kotzebue

Am folgenden Morgen fährt er nach Mannheim. Hier steigt er in einem Gasthof unter dem Namen Heinrichs aus Mietau in Kurland, Student aus Erlangen, ab. Er nimmt ein Frühstück ein und läßt sich Kotzebues Wohnung zeigen. Er trifft den Literaten nicht zu Hause an und will daher am Nachmittag wiederkommen. Inzwischen besichtigt er die Stadt, den Schloßgarten und den Rhein und nimmt im Gasthaus am gemeinsamen Mittagsmahl teil. Um 17 Uhr geht Sand erneut in Kotzebues Wohnung. Der Diener führt ihn ins Wohnzimmer. Kurz darauf erscheint der Hausherr.

Sand gibt sich als ein glühender Verehrer von Kotzebues Schriften aus und erklärt, daß er ihn auf der Durchreise habe aufsuchen wollen. Plötzlich zieht er den unter dem Rock getragenen Dolch heraus und sticht den völlig überraschten Kotzebue mit den Worten nieder: „Hier, du Verräter des Vaterlandes!" nieder. Der Todeskampf des Opfers währt nur wenige Augenblicke.

Sand ist nun zur Flucht entschlossen, doch da läuft Kotzebues vierjähriges Söhnlein ins Zimmer. Sein Weinen bricht dem Mörder das Herz. Jetzt will er Selbstmord begehen. Mit der zweiten Waffe, dem kleinen Schwert, sticht er sich selbst in die Brust. Die Klinge dringt einige Zoll ein. Er zieht den Stahl wieder heraus; die Wirkung ist augenblicklicher Blutverlust. Er taumelt aus dem Zimmer, die Treppe hinunter; er gelangt bis zur Haustür, wo sich bereits Menschen ansammeln, die das Hilferufen aus dem Kotzebueschen Hause herbeigezogen hat. Dem starr vor Schrecken dastehenden Diener übergibt Sand einen Brief, der mit „Todesstoß" überschrieben ist. Den Menschen schreit er noch einige Worte zu, dann läßt er sich auf die Knie nieder, setzt mit halblauten Worten „Ich danke dir, Gott!" das kleine Schwert an die linke Brust und stößt es nochmals langsam hinein, bis es festsitzt. Jetzt läßt er die Hände los und fällt vornüber. Die Umstehenden erholen sich von der ersten Bestürzung. Man reißt dem Verwundeten den Dolch aus der Brust, wäscht die Wunde und übergibt ihn der Wache, die ihn ins Krankenhaus bringt. Nach schwerem Wundfieber sind die Wunden nach vierzehn Tagen oberflächlich geheilt. Auch die Lunge ist verletzt, und eine Operation ist nötig, um den Gefangenen soweit herzustellen, daß er Untersuchung und Aburteilung übersteht. Es dauert noch über ein Jahr bis zur Hinrichtung. Unter großen Schmerzen müssen täglich eine Menge Eiter entfernt werden. Diese Qualen erträgt Sand mit seltener Würde und Ausdauer. Der praktische Arzt Prof. Dr. Josef Chelius Maximilian, Gründungssenior des Corps Suevia zu Heidelberg, hat den Auftrag, den verletzten Sand wieder gesund zu pflegen für den Henker! Der wichtigste Teil der Untersuchung des Mordes an Kotzebue erstreckt sich auf die Frage nach Mitschuldigen. Sands Briefe an die Burschenschaft scheinen dem Verdacht eine bestimmte Richtung zu geben – zur großen Freude der Reaktion.

Die Beschlüsse zu Karlsbad

Metternich in Wien jubelt. Nichts ist ihm willkommener als Sands Tat in Mannheim. Endlich hat er eine stichhaltige Handhabe, um gegen die umstürzlerischen Umtriebe der Burschenschaften einzuschreiten und die nationalen Regelungen niederzuhalten. Ohne den Bundestag in Frankfurt zu befragen, beruft er im habsburgischen Karlsbad in Böhmen eine Konferenz ein. Vom 6. bis 31. August 1819 tagen die Fürsten. Das Ergebnis sind die berüchtigten Karlsbader Beschlüsse, die später vom Bundestag bestätigt werden: verschärfte Überwachung der Universitäten, Entlassung der politisch verdächtigen Lehrer, Verbot der allgemeinen Burschenschaft und der Turnvereine, Verfolgung der Mitglieder und Einschränkung der Pressefreiheit, Einsetzung einer Zentralkommission zu Mainz „zur Untersuchung demagogischer Umtriebe". Die erste Demagogenverfolgung hat begonnen. Die Folgen sind für das deutsche Volk katastrophal. Tausende aufrechter Demokraten werden verhaftet und eingekerkert. Unter ihnen befinden sich der Freiherr vom Stein, der frühere Polizeipräsident Grundner, der Turnvater Jahn, Gneisenau und Ernst Moritz Arndt. Es ist der Auftakt einer wahren Volksbewegung, der Auswanderung der deutschen Intelligenz nach Amerika. Viele hunderttausend entschlossene und wagemutige Deutsche werden folgen. Ihnen bietet das von der Adelsreaktion vergewaltigte Vaterland keine Entfaltungsmöglichkeit mehr.

Das Urteil

Am 11. April 1820 wird vom Mannheimer Hofgericht das Urteil gesprochen. Es lautet einstimmig auf „Enthauptung durch das Schwert". Mit Fassung nimmt Sand das Urteil entgegen: „Ich sterbe gerne, wo ich

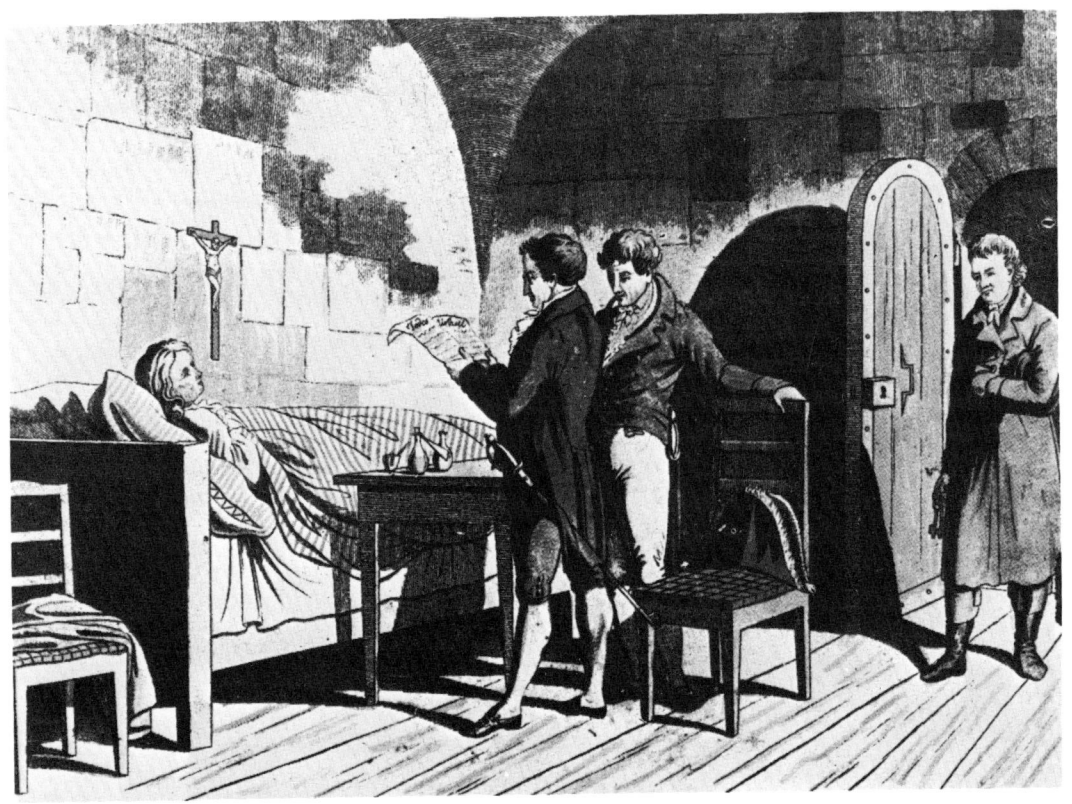

Verlesung des Todesurteils für Sand in seiner Zelle.

nicht in Liebe wirken darf für die Idee, wo ich nicht froh sein kann."

Sand besitzt die volle Sympathie der Bevölkerung. Die Behörden sind nicht in der Lage, ein Gespann zu mieten, das Sand auf den Richtplatz fahren soll. Der jüdische Kaufmann Mendel ist es letztlich, der für teures Geld ein klappriges Gefährt zur Verfügung stellt.

Am 20. Mai 1920 wird auf einer Wiese vor dem Heidelberger Tor das Urteil vollstreckt. Ort und Stunde werden zwar geheimgehalten, weil man Unruhen befürchtet, trotzdem wohnt eine große Volksmenge lautlos der Hinrichtung bei.

Scharfrichter ist der Heidelberger Turner Wittmann. Seine Einstellung und seine Sympathien zu Sand machen ihm die grausige Aufgabe noch schwerer.

Der Chronist berichtet:

„Von Osten her, von Mannheim, begannen die Glocken der Jesuitenkirche zitternd und bebend ihren Morgengesang, das Zeichen des Todes. Mit Macht hob Wittmann sein Schwert, und wuchtig ließ er es niederfallen, doch zu groß war sein Leid um Sand, er hub ihm nicht das Haupt herunter, er hieb ihm seine Wunde in den Nacken. Hoch auf springt das Sühneblut, Sands Haupt aber sinkt tief auf die Brust herab, geknickt . . .

Und während ein ungeheurer Schrei des Entsetzens und Erbarmens aus der brodelnden Menschenmenge sich zum Himmel riß, starb Sand, der Mörder . . . Wittmann drückte den Finger in die Augen und hob das Schwert zum andermal und trennte jetzt mit einem gewaltigen Schwertschlag das schon entseelte Haupt vom Körper."

Auf dem Lutherischen Friedhof finden die sterblichen Überreste Karl Ludwig Sands die letzte Ruhe. Der Ort der Vollstreckung wird nunmehr „Sands Himmelswiese" genannt. Splitter des Richterstuhles und mit Sands Blut benetzte Tücher bleiben wertvolle Erinnerungsstücke. Die Herrschenden aber benützen den Namen Sands nunmehr als Schimpfwort. Als „Sandler" und „Umstürzler" versucht man alle revolutionären Elemente, namentlich die Burschenschaften, zu verteufeln.

Wittmann baut sich aus den Brettern und dem Holz des Blutgerüstes ein kleines Haus in den Weinbergen, knapp außerhalb des alten Heidelberg.

Es soll später oft als Treffpunkt und als Unterschlupf von Burschenschaftern gedient haben.

Karl Follen, der moralische Anstifter zur Ermordung Kotzebues, entkommt auf abenteuerliche Weise in die Vereinigten Staaten. Er bringt es schnell zu gesellschaftlichem Ansehen in seinem Beruf als Pastor.

Auch am Aufbau des Turnwesens in Amerika hat er bedeutenden Anteil. Erst als er sich für die Rechte der Negersklaven einsetzt, wendet sich die Gesellschaft von ihm ab.

Sein Ende ist grausam. Auf der Fahrt von New York nach Boston auf dem Dampfer „Lexington", mit dem er zur Einweihung einer Kirche unterwegs ist, ereilt ihn ein tragischer Tod. In der Nacht des 13. Januar 1840 gerät das Schiff in Brand und sinkt mit allen Insassen in den eisigen Fluten des Eriesees.

Die Burschenschaft aber führt weiter ein geheimes und radikalisiertes Verbindungsleben.

Metternich hat nur scheinbar gesiegt. Die demokratischen Kräfte sind auf Dauer nicht mehr niederzuhalten.

Sand vor seiner Hinrichtung auf dem Blutgerüst.

Wetterleuchten

Das revolutionäre „Vormärz-Fest"

zu Hambach a. d. Haardt vom 27. Mai 1832

Fürsten zum Land hinaus,
jetzt kommt der Völkerschmaus!
Zuerst hängt den Kaiser Franz,
dann dem im Siegerkranz!
(Rundgesang von Wilh. Sauerwein)

Die dreißiger Jahre des 19. Jahrhunderts sind geprägt von zunehmender Industrialisierung bei gleichzeitigem Anwachsen des noch rechtlosen Arbeiterproletariats und einer Verarmung der kleinen Handwerker und Gewerbetreibenden. Zollschranken symbolisieren die Zerrissenheit des Deutschen Bundes. Sie verteuern die Waren und erschweren den Handel. Die Adelsreaktion herrscht weiter mit brutaler Gewalt. Außer in den Bayerischen Rheinprovinzen bleibt den Menschen nur ein kleiner, verfassungsgemäßer Spielraum zu liberalem Handeln. Diesen nützen der Burschenschafter Johann Georg Wirth und Philipp Jakob Siebenpfeiffer zu einem gewaltigen Aufbegehren.

Bayern und die Pfalz

Nach der Neuaufteilung Europas durch den Wiener Kongreß von 1815 muß Bayern die einst von Napoleon erhaltenen Gebiete von Salzburg und Tirol an die Habsburger zurückgeben. Die Wittelsbacher erhalten dafür neben Ansbach und Bayreuth sowie Augsburg und Nürnberg „die neuen Lande überm Rhein". Es sind dies die ehemals Kurpfälzischen, Herzoglich-Speyerischen sowie aus vielen Kleinstaaten zusammengewürfelten Länder. Sie standen von 1792 und 1795 bis 1813, unter französischer Verwaltung. Die Pfalz gehört zu den im Deutschen Bund wirtschaftlich am besten entwickelten Staaten. Als Bayern dieses Land übernimmt, gibt es dort weder feudale Zustände noch einen Erbadel. Grund und Boden sind während der französischen Herrschaft aus den Händen des Adels und des Klerus ins Volkseigentum übergegangen. In der Rechtsprechung gelten die Prinzipien der Gleichheit vor Gesetz und Richter sowie die Unantastbarkeit des Privateigentums.

Bei der Übernahme muß sich Bayernkönig Max Joseph zur Einhaltung der bestehenden Ordnung verpflichten. Am 26. Mai 1818 erläßt der Wittelsbacher eine „Landständige Verfassung". Darin werden „die bestehenden besonderen Institutionen" der Pfalz ausdrücklich garantiert.

Die durch die Franzosenherrschaft liberalen Pfälzer geraten mit den eher reaktionär-konservativen Bayern bald in Konflikt. Nur scheinbar sind die halbfeudalen und absolutistischen urbayerischen Herrschafts- und Polizeimethoden nicht in Kraft. Es währt nicht lange, und diese kommen immer mehr zur Geltung. Unwillen erregt bei der Bevölkerung, daß die Trennung von Kirche und Staat wieder aufgehoben wird. 1798 sind die Klöster säkularisiert worden. Jetzt werden sie neugegründet und bekommen Schulen angegliedert. Städtische Schulen werden dagegen aufgelöst. Die Friedensrichter werden nicht mehr gewählt, sondern von München aus eingesetzt. Steuerlich werden die „Lande überm Rhein" rücksichtslos geschröpft.

Einst profitierte die Pfalz von ihrem Privileg der Zollfreiheit. Seit 20. Dez. 1829 ist sie jedoch in den Bayerisch-Württembergischen Zollverein einbezogen, der grenzüberschreitende Kleinhandel leidet empfindlich durch Maut und Zoll. Außerdem muß eine ganze Armee von fremden Beamten und Zöllnern zusätzlich besoldet werden.

Hunger und „Holzfrevel"

Die Pfälzer Haushalte heizen und kochen mit Holz. Im waldreichen Bergland gibt es genug davon. Der bayerische Staat beginnt jedoch, das Holz aus den Forsten zu versteigern. Die Preise steigen. Das Sammeln von Reisig und Knüppelholz wird verboten. Die Anzeigen wegen „Holzfrevels" nehmen zu. Nach der Mißernte von 1831 steigen die Lebensmittel- und Weinpreise. Die Verarmung und der Hunger greifen erschreckend um sich. Gesellschaftlicher und sozialer Zünd-stoff sammelt sich an. Der Unmut in der Pfalz wächst. Man drängt nach Beseitigung der Adelsmacht. In den anderen deutschen Staaten gärt es ähnlich.

Am 27. 7. 1830 bricht in Frankreich die bürgerlich-demokratische Julirevolution aus. Daraufhin erzwingen Unruhen in mehreren deutschen Staaten von den herrschenden Fürsten neue Zugeständnisse. Eine echte Revolution anzufachen, ist das deutsche Bürgertum noch nicht in der Lage. Es fehlt an politischem Bewußtsein.

Die kleine Freiheit und die Reaktion

Nur wenige Intellektuelle sind imstande, die in den bayerischen Ländern offiziell zugebilligte kleine Pressefreiheit zu nutzen, um die Bevölkerung politisch zu bilden und zu organisieren.

Nach den studentischen Dezemberunruhen 1830 in München, an denen Burschenschafter, namentlich Gustav Peter Körner und Harro Harring, maßgeblich beteiligt sind, versucht der bayerische Innenminister von Schenk, die Presse einer verschärften Zensur zu unterziehen.

In einer stürmischen Sitzung im Bayerischen Landtag zwingt die Opposition unter der Führung des Jenaer Burschenschafters und Abgeordneten Friedrich Schüler König Ludwig I., Innenminister von Schenk zu entlassen und die Presseverordnungen zurückzunehmen.

Die revolutionären Zeitungsmacher

In Zweibrücken erscheint seit dem 1. April 1831 „Der Westbote", eine Tageszeitung mit dem Motto: „Licht, Freiheit, Ordnung".

Herausgeber und Schriftleiter Philipp Jakob Siebenpfeiffer. In einer leicht verständlichen Sprache kritisiert er das bayerische Adelsregime.

Der Burschenschafter Johann Wirth verlegt seit dem 1. Juli 1831 in München „Die deutsche Tribüne".

Sie verkörpert die radikalste, revolutionär gerade noch geduldete Zeitschrift jener Zeit. Wirth schert sich wenig um die Zensur. Große Geldbußen und kleinere Haftstrafen sind die Folgen.

Unter diesem Druck übersiedelt er im November 1831 nach Homburg, um seine Zeitschrift „unter den Schutz der pfälzischen Institutionen zu stellen". Siebenpfeiffers „Westbote" und Wirths „Deutsche Tribüne" bringen neuen revolutionären Wind in die Pfalz.

Während der „Westbote" die pfälzischen liberalen Errungenschaften verteidigt, tritt Wirths Blatt für eine grundsätzliche Neuordnung im Deutschen Bund ein.

Er versucht, die Volksmassen gegen die Heilige Allianz Österreichs und Preußens, verbündet mit dem russischen Zaren, zu mobilisieren. Er findet Leser und Mitarbeiter in allen deutschen Staaten. Die bayerischen Behörden reagieren mit der Versiegelung der Handpressen von Wirth und Siebenpfeiffer. Wirth weicht nach Zweibrücken, Siebenpfeiffer nach Frankenthal aus.

Der moralische Rückschlag

Inzwischen ist der polnische Aufstand 1830/ 31 gegen den russischen Zaren zusammengebrochen. Viele tausend Aufständische flüchten nach Frankreich. Sie ziehen auch durch die Pfalz. Der Fall von Warschau erschüttert die Volksmassen und stärkt die Adelsreaktion. Sämtliche liberale und revolutionäre Zeitungen appellieren an die Bevölkerung, sich zusammenzuschließen und Vereine zur Verteidigung der verfassungsmäßigen Rechte zu gründen. Da dies seit den „Karlsbader Beschlüssen" verboten ist, wird empfohlen, die zu bildenden Vereine entsprechend dem Vorbild der überall in Deutschland nach dem Warschau-Aufstand gegen die Russen vom Juli 1830 entstehenden „Polenhilfsvereine" nach außen unverbindlich zu halten. Diese Polenhilfsvereine sollen nach dem Durchzug der flüchtenden Aufständischen in politisch-oppositionelle „Preßvereine" umgewandelt werden.

Das Schüler-Fest

Am 29. Januar 1832 organisiert man in Bubenhausen bei Zweibrücken für den Oppositionsführer im Bayerischen Landtag Friedrich Schüler ein sogenanntes „Abge-

ordnetenfest". Diese Feste sind ein Ersatz für politische Versammlungen. Sie zeichnen sich durch kaum verhohlenen Protest gegen die Herrschenden aus.

Das „Schüler-Fest" wird zu einer Demonstration von mehreren hundert Menschen aus vielen Teilen der Pfalz gegen die bayerische Herrschaft. Wirth schlägt auf der Veranstaltung vor, einen „Deutschen Vaterlandsverein" zur Unterstützung der freien Presse und „zum Schutze gegen die Fürstenreaktion" zu gründen. Siebenpfeiffer entwickelt seine Gedanken zu einem großen, nationalen und politischen Volksfest, das es zu veranstalten gilt. Es soll Vertreter aus allen Teilen des Deutschen Bundes zum Widerstand gegen die Herrschenden zusammenschweißen. Die Idee zum Hambacher Fest ist geboren.

Deutschlands Pflichten

Am 3. Februar 1832 veröffentlicht Wirth in seiner „Tribüne" den berühmten programmatischen Artikel „Deutschlands Pflichten". Sowohl die Heilige Allianz als auch der Deutsche Bund sollen aufgelöst werden. Man strebt ein neues demokratisches Deutschland der souveränen deutschen Länder an. Geradezu prophetisch und zukunftsorientiert fordert Wirth außerdem „eine europäische Staatengesellschaft durch ein treues Bündnis zwischen dem französischen, deutschen und polnischen Volke vorzubereiten." Die Aufbauarbeit soll eine freie Presse schaffen, die es gegen die Willkür und Unterdrückungspläne des von den Fürsten gesteuerten Frankfurter Bundestages zu verteidigen gelte.

Auf diese Provokation reagiert das offizielle München sofort. Zusätzliches Militär wird in die Pfalz verlegt. Eine Welle von Verhaftungen setzt ein. Am 16. März wird auch Wirth inhaftiert, am 14. April muß er jedoch wieder freigelassen werden.

Johann Philipp Abresch, der „Erfinder" der deutschen Farben.

Marktplatz in Neustadt zur Zeit des Hambacher Festes.

Der Freispruch wird auf 60 000 Flugblättern gedruckt. Dies bewirkt eine rasante Verbreitung des Preßvereins. Immer mehr Bundes- und Kartellbrüder stoßen zu den Burschenschaftern Siebenpfeiffer, Wirth und Schüler. Die Burschenschaft stellt bald die Führung der Opposition. Sie alle hoffen, daß der Preßverein national-revolutionäre Aktionen in Deutschland vorbereiten und leiten wird.

Dem liberalen Schüler scheint dieses Programm jedoch plötzlich zu radikal. Er distanziert sich offen von der Schreibweise der „Deutschen Tribüne" und ihrer revolutionären Zielsetzung. Diese „Grundreform", wie Wirth sie nennt, fordert letztlich die Aufhebung des Adels und der Feudalherrschaft.

Aufruf und Gegenaufruf

Nach dem Presseverbot artikuliert sich der demokratische Protest in der Pfalz auf „Volksfesten" und im Aufstellen von „Freiheitsbäumen".

Daran sind auf Tafeln und Bändern meist radikale Forderungen geheftet. Der Volkszorn kann sich auf diese Weise ein wenig Luft verschaffen.

Die regierungstreue Presse ruft am 18. April 1832 die Bevölkerung auf, am 26. Mai auf dem Alten Hambacher Schloß zu einer Kundgebung zusammenzukommen, um den Jahrestag der Bayerischen Verfassung zu feiern und „unsere unerschütterliche Anhänglichkeit an diese . . . und an unseren Fürstenstamm zu feiern".

Daraufhin antworten die revolutionären Demokraten am 20. April mit einem illegalen Flugblatt. „Es besteht kein Anlaß zum Feiern einer von der Regierung immer wieder mißachteten Verfassung", betonen die unterzeichnenden 32 Bürger von Neustadt. Statt dessen ruft man zu einem „Fest der Hoffnung" auf.

Der Deutsche Mai

Das Fest soll von Demokraten aus allen deutschen Gauen unter Teilnahme auch der polnischen Flüchtlinge am Sonntag, dem 27. Mai 1832, auf dem Schloßberg begangen werden. Die Form des Volksfestes bietet dabei die Möglichkeit zu Protest und Vermittlung von Grundsatzprogrammen.

Am 8. Mai untersagt die Regierung die Abhaltung des nach pfälzischem Recht verbrieften Festes. Mehr noch: über Neustadt und Umgebung wird für diese Zeit der Belagerungszustand verhängt. Die Nachbarregierungen werden ersucht, das Verbot auch in ihren Ländern bekanntzugeben. Ein Sturm der Entrüstung ist die Folge. Die Stimmung ist gereizt. Revolutionäre Zeichen mehren sich.

Die Advokaten Schüler, Savoye und Geib erarbeiten ein Rechtsgutachten, worin sie die Verfassungswidrigkeit der getroffenen Maßnahmen nachweisen.

Unter dem Druck der demokratischen Kräfte erkennt die Reaktion, daß das Fest nicht mehr zu verhindern ist und nimmt die Verbote zurück. Der Neustädter Festausschuß verbürgt daraufhin, daß das Fest ohne Störung der öffentlichen Ordnung ablaufen werde.

Ungewollte Werbung

Im ganzen Deutschen Bund hat man die Auseinandersetzungen zwischen der Reaktion und den fortschrittlichen Kräften mit Spannung verfolgt. Das Hambacher Fest ist daher bereits von Beginn an ein nationales Ereignis mit für damalige Begriffe ungeheurer Publizität. Die „Hambacher Anliegen" sind zu Anliegen aller freiheitlichen Deutschen geworden. Man erkennt, daß man mit diesem Fest den Herrschenden einen gewaltigen moralischen Schlag versetzen kann. Man hofft auch, daß von diesem Fest Impulse zum Kampf gegen die Fürsten und für neue Freiheiten ausgehen mögen.

Eine große Zahl von Festteilnehmern ist daher von vornherein gesichert. Die tatsächliche Teilnehmerzahl wird jedoch die kühnsten Erwartungen übertreffen.

Aus allen vier Winden...

Bereits am 25. und 26. Mai sind mehrere tausend Menschen nach Hambach, Neustadt und Umgebung gekommen, darunter über 300 Burschenschafter aus Heidelberg, Bonn, Freiburg, Gießen, Jena, Tübingen und Würzburg. Der Strom der revolutionären, demokratischen und liberalen Kräfte zum Hambacher Fest hat voll eingesetzt. Sammellisten liegen aus. Die Menschen, die sich einschreiben und oft eine Geldspende leisten, erhalten eine schwarz-rot-goldene Kokade. Überall hängen Fahnen. Schwarz und Rot mit goldenen Verzierungen, Kreuze und Eichenlaubstickereien oder goldener Saum ergeben meist die dritte Farbe. Freiheitsbäume stehen auf den Plätzen, die Häuser sind geschmückt, die Stimmung ist großartig.

Am Abend werden auf der Hambacher Schloßruine und auf den umliegenden Haardthöhen Freudenfeuer abgebrannt. Sie leuchten weit ins Land hinaus. Die Wirtshäuser und Weinstuben sind überfüllt. Überall wird diskutiert und gesungen.

Der Chronist vermerkt:

„Schon der Vorabend des Festes war schön. Die von allen Seiten kommenden Gäste fanden in allen Wirtshäusern gastliche Aufnahme. Von der rechten Rheinseite kamen die Wallfahrer zerstreut, die Überrheiner... meist auf großen, ziemlich mit Laub bedeckten Leiterwagen. Vorn auf jedem Wagen war eine schwarz-rot-goldene Fahne... Oder waren zwei dergleichen Fähnchen gekreuzt. Mitten im Zug ritt Wirth mit freudestrahlendem Antlitz, umbraust von

dem Vaterlandsgesange der Einziehenden und vom Jubel der Einwohner und der bereits Angekommenen."

Die Opposition formiert sich

Im „Schießhaus" vor der Stadt treffen sich Wirth, Schüler und Siebenpfeiffer sowie Vertreter der demokratischen Opposition und des Festausschusses zu einer ersten Besprechung. Anwesend sind außerdem eine große Anzahl Burschenschafter, unter ihnen Harro Harring, Redakteur des republikanischen „Konstitutionellen Deutschland" aus Straßburg im Elsaß.

Die Führer der Veranstaltung versammeln sich anschließend im Gasthaus „Zum Schiff". In einer hitzig geführten Debatte zwischen den radikalen nationalrevolutionären Burschenschaften und den gemäßigteren Liberalen kann man sich nur mit Mühe auf einen Kompromiß bezüglich des politischen Programms des Festes einigen. Dennoch: die Stimmung bleibt in Erwartung des kommenden Ereignisses in Hochform.

Auf, Patrioten...

Böllerschüsse und Glockengeläut wecken am Sonntag, dem 27. Mai 1832, die Hambacher Festteilnehmer schon sehr früh. Musikkapellen spielen auf. Tausende von Menschen strömen aus allen Himmelsrichtungen weiter in die Stadt.

Der Marktplatz kann die Massen kaum mehr aufnehmen. So setzt sich die Spitze des Festzugs zum Schloß in Bewegung. Vorneweg marschieren die Neustädter Bürgergarde, Nationalgardisten aus Straßburg und polnische Offiziere. Es folgen die Angehörigen des Neustädter Frauen- und Mädchenvereins, schwarz-rot-goldene Schärpen über der Brust.

Sie haben eine weiß-rote polnische Nationalfahne genäht. Ein junger Mann trägt sie in ihrer Mitte. Burschenschafter mit schwarz-rot-goldenen Bändern haben den Ordnerdienst übernommen. Unter ihnen marschieren Wirth, Siebenpfeiffer und die meisten Honoratioren.

Die deutsche Trikolore

Der Neustädter Kaufmann und Stadtrat Johann Philipp Abresch trägt eine selbstgefertigte Fahne mit der Inschrift: „Deutschlands Wiedergeburt".

„Für die Massenversammlung am Hambacher Schloß waren für die Menge leicht faßliche und einprägsame Symbole notwendig. In Verfolg dieser Absicht und wahrscheinlich auch in Nachahmung der Dreifarbenfahne des damals für alle fortschrittlich Gesinnten das Maß gebende Frankreich kam Abresch auf den Gedanken, die bisherige schwarz-rote Fahne mit den verschiedenen Goldverzierungen auf die einfache und schlagkräftige Formel Schwarz-Rot-Gold zu bringen. Als Urheber dieses Gedankens durfte Abresch dann auch die neue Fahne Schwarz-Rot-Gold beim Zug aufs Hambacher Schloß tragen.

Somit wäre die Fahne Schwarz-Rot-Gold im Jahre 1832 anläßlich des Hambacher Festes entstanden. Die Abreschse Fahne darf als die erste schwarz-rot-goldene Fahne gelten und zugleich als die einzige, die aus dieser Zeit erhalten blieb", schreibt hundert Jahre später der „Stadt- und Dorf-Anzeiger für Neustadt a. d. Haardt" am 11. Juni 1932.

„Klein-Europa"

Hinter dem Fahnenträger haben sich die Menschen nach ihrer heimatlichen Herkunft geordnet: Hessen, Sachsen, Thüringer, Rheinländer, Franken, Schwaben und so weiter. Mit ihnen schreiten Zeitungsredakteure, Landtagsabgeordnete, Exilpolen, Franzosen und Demokraten aus den habs-

burger Erblanden. Sogar eine Abordnung Briten ist gekommen. Dem Festzug haben sich Pfälzer Handwerker und Bauern angeschlossen. Die Winzer tragen eine schwarze Fahne mit sich, auf der mit weißen Buchstaben „Weinbauern müssen trauern" geschrieben steht.

Eine grüne Fahne trägt die Aufschrift: „Die Hoffnung soll leben, Dürkheim, 27. Mai."

Auch die Stadtfahnen von Neustadt, Speyer und Kaiserslautern sowie eine bayerische weiß-blaue werden mitgeführt. Fahnen in unterschiedlichen Schwarz-Rot-Gold-Varianten überwiegen. Auf fast jedem Hut steckt eine schwarz-rot-goldene Kokarde.

Die Musik intoniert Ernst Moritz Arndts Lied „Was ist des Deutschen Vaterland?" Mehrere hundert Handwerksgesellen singen daraufhin das nach Schillers Reiterlied von Siebenpfeiffer nachgedichtete „Hinauf Patrioten, zum Schloß, zum Schloß ..." Die Burschenschafter, Corpsstudenten und Landsmannschafter singen Theodor Körners revolutionäres Lied von 1813 „Das Volk steht auf, der Sturm bricht los."

Fast 30 000 Menschen strömen auf den Schloßberg. Die polnische Fahne wird auf der Südostterrasse aufgepflanzt, die „Abreschse Trikolore" weht weithin sichtbar vom Nordostturm. Überall stehen Freiheitsbäume. Der Neustädter Arzt Dr. Hepp spricht die Begrüßungsworte. Danach halten Wirth und Siebenpfeiffer ihre ersten Ansprachen auf der mit jungem Eichenlaub und schwarz-rot-goldenen Bändern geschmückten Tribüne. Sie legen ein revolutionär-demokratisches Zukunftsprogramm von europäischem Format dar. Erklärtes Ziel sind die Verteidigung und der Ausbau der Volksrechte, die demokratische Wiedergeburt Deutschlands und die Schaffung einer demokratischen europäischen Völkergemeinschaft mit dem brüderlichen Bündnis des französischen, deutschen und polnischen Volkes.

Wider die Reaktion

Dieses Ziel kann nur im Kampf gegen die Adelsherrschaft und die „Heilige Allianz" verwirklicht werden. Wirths Rede beeindruckt und begeistert seine Zuhörer. Er fordert ein Bündnis aller Patrioten zur Durchsetzung dieser Pläne. Ein Bund von etwa zwanzig *„an Geist, Feuereifer und Charakter ausgezeichneter Männer soll gebildet werden, der mit festem Plan, mit sicherer Hand und mit Hilfe der Presse die öffentliche Meinung für die politische Umgestaltung gewinnen könne."*

Wirth verflucht die Fürsten und läßt die „deutschen Freistaaten" hochleben.

Nach seiner Rede überreicht ihm der Schriftsteller Friedrich Funk ein „deutsches Schwert". Wirth erkennt darin ein gutes Zeichen. Die Menge jubelt.

Ein Gewitter zieht auf und entlädt sich während des Mittagessens. Die Menschen stört dies nicht. Sie verzehren mitgebrachte Eßwaren oder laben sich an den zahlreichen Ständen und Buden.

Bald dringt wieder die Sonne durch, und die Versammlung geht weiter. Musikkapellen spielen auf. An mehreren Punkten werden nun Reden gehalten und an anderen wiederholt.

Der Heidelberger Burschenschafter, der „Germane" Karl Heinrich Brüggemann, fordert die Vernichtung der fürstlichen Despoten und die Volksherrschaft auf gesetzlichem Wege mit Hilfe der freien Presse.

Ludwig Frey vom Corps Rhenania Heidelberg verlangt die sofortige Ausrufung der „Demokratischen Deutschen Republik". Von vielen Seiten wird ähnliches, vor allem aber die Entmachtung der Aristokratie beantragt.

Besondere Aufmerksamkeit erregt dabei die Anwesenheit des Frankfurter und jetzt im Exil in Paris lebenden Schriftstellers Ludwig Börne.

Der neue Rundgesang „Fürsten zum Land hinaus" und das „Aristokratenlied" ertönen. Es herrscht eine begeisterte Stimmung. Die Reden der polnischen und französischen Demokraten werden mit großem Applaus bedacht. Sie demonstrieren beim Fest für eine echte Völkerverbrüderung.

Metternichs Spitzel

Dem liberalen Abgeordneten im Bayerischen Landtag Schüler scheinen die am Fest angeschlagenen Töne zu radikal. Er verläßt am Nachmittag das Fest, an dem sicherlich nicht nur Freunde anwesend sind. Polizeispitzel wachen über jedes Wort. Metternichs Agenten sind überall. Sie registrieren genauestens die Stimmung und die Reden. Sie müssen jedoch feststellen, daß in der riesigen Menschenmenge mustergültige Ordnung herrscht.

Dennoch wird jeder genannte Name, jeder auf dem Fest offen auftretende Burschenschafter, jeder verbitterte Handwerksbursche notiert. Natürlich werden Reden mit aufrührerischen, umstürzlerischen Aussagen, wie Siebenpfeiffers Satz: „Der Tag wird kommen, wo alle Hoheitszeichen und Hermeline – also der Adel und Zollschranken – verschwinden", später gegen die Aussagenden verwendet.

Die Anwesenden scheinen diese Spitzeltätigkeit nicht zu bemerken oder sie stört sie

nicht. Erst spät in der Nacht, nach dem Abbrennen eines riesigen Freudenfeuers und eines Feuerwerks, zieht unter Böllerschüssen ein nicht enden wollender Fackelzug von der Ruine durch die Weinberge zurück zur Stadt. Mit Bällen in den Wirtshäusern und Schänken klingt bei Tanz und Gesang der erste Teil des Festes aus.

Ein Ziel – kein Weg

Am 28. Mai, einem Montag, trifft man sich schon früh am Schießhaus. Mehrere tausend Menschen sind gekommen. Endlich ergreift Siebenpfeiffer das Wort. Er erklärt seine „Grundreform Deutschlands", die in Übereinstimmung mit Wirths „Organisationsplan" auf gesetzlicher Basis erwirkt werden müsse. Er fordert die Anwesenden auf, sich nach ihrer Herkunft zusammenzufinden und Abgeordnete zu wählen. Diese sollen sich anschließend zu Beratungen zurückziehen und das Resultat der Menge mitteilen.

Den meisten Studenten geht dieser Vorgang zu langsam. Sie wollen konkrete Beschlüsse, und zwar sofort. Die Burschenschafter fordern die Bildung einer provisorischen Regierung und die Nennung eines Termins für den Beginn der Revolution.

Trotz eines riesigen Tumultes kommt es doch noch zu einer Vertreterwahl. Die gewählten Mitglieder des Komitees treffen sich anschließend im Haus des Landstandes Johann Jakob Schopmann.

Schülers Lage

Der Burschenschafter und Abgeordnete Dr. Friedrich Schüler befindet sich in einer heiklen Lage. Einerseits muß er als Mitstreiter den revolutionären Elan seiner Kartellbrüder Wirth, Siebenpfeiffer, von Rauschenplat, Harring, Venedey, Odenfein und

Philipp Jakob Siebenpfeiffer   *Johann Georg Wirth*

der anderen Burschenschafter und Corps-studenten mittragen. Er kann deren fast utopische Pläne in diesem Augenblick nicht strikt ablehnen, ohne selbst als Verräter an der Sache dazustehen. Andererseits ist er im Gegensatz zu von Rauschenplat, der vor versammelter Runde unbekümmert von „Losschlagen" und der „Einberufung eines Anti-Bundestages" spricht, ein zu kühler Kopf, um nicht zu wissen, daß gerade solche Pläne und Aussprüche die Polizeibehörden alarmieren müssen. Das kann er zu diesem Zeitpunkt jedoch am wenigsten gebrauchen. Er und andere Freunde haben längst mit französischen Republikanern und polnischen Exilanten den streng geheimen Plan zu einer Volkserhebung in Frankreich und im Deutschen Bund ausgearbeitet.

Die meisten der im Schießhaus gewählten und nun bei Schopmann anwesenden „Abgeordneten" sind unbekannt. Sitzt unter ihnen ein Spitzel Metternichs? Ein Hinweis

auf den Putschplan könnte die Anwesenden vielleicht beruhigen, würde ihn jedoch ernsthaft gefährden. Eine Andeutung, der keine Erklärung folgt, müßte dagegen zwangsläufig Mißtrauen und Verärgerung hervorrufen.

Schüler entzieht sich dieser mißlichen Lage, indem er die Frage aufwirft, „ob die Versammelten überhaupt kompetent seien, sich zu konstituieren und eine für die Zukunft Deutschlands so wichtige Weichenstellung zu tätigen". Die Anwesenden sind ratlos.

Resignation

Man beauftragt Wirth, eine Beschreibung des Hambacher Festes zu verfassen und drucken zu lassen. Außerdem einigt man sich darauf, „weitere große Volksversammlungen", so in Wilhelmsbad bei Hanau, durchzuführen. Die freie Presse soll als das wichtigste Mittel zur Wiedergeburt Deutschlands und der Preßverein als ihr Schutz anerkannt werden.

Ohne greifbares politisches Ergebnis, in der Frage der weiteren Zukunftsabsichten uneinig und verdrossen, geht man auseinander. In den Gaststätten werden die Wartenden von diesem Ergebnis unterrichtet. Enttäuschung breitet sich aus.

An den folgenden Tagen werden in der Schloßruine noch einige Versammlungen mit mehreren tausend Menschen abgehalten.

Schülers Ausführungen sind zahm und gemäßigt und stehen im krassen Gegensatz zu den revolutionären Reden des Vortags. Die Anwesenden sind unzufrieden und verbittert. Man ahnt, daß dieses Fest doch nur ein nationales Strohfeuer sein wird, bei dem man sich auf die Verkündigung zukunftsweisender Ideen beschränkt. Taten würden nicht folgen.

Dennoch erkennt man, daß sich das Fest zur ersten politischen Massendemonstration entwickelt hat. Und diese Demonstration hat alle Schichten der Bevölkerung zusammengeführt: Handwerker, Bauern, Akademiker und Kaufleute, Frauen und Männer. So entsteht beim Abschied eine Art von Trotzstimmung gegenüber den herrschenden Zuständen. Unter Jubel werden am 1. Juni 1832 die polnische und die schwarz-rot-goldene Fahne eingeholt.

Die Fahnen werden Johann Jakob Schopmann in seiner Wohnung „als Zeichen der Verbrüderung beider Völker" übergeben.

Die Folgen

Unter Berufung auf das Hambacher Fest kommt es in der Pfalz zu Unruhen und Übergriffen der notleidenden Bevölkerung gegen Beamte und auf Institutionen des Bayernkönigs. Am 22. Juni findet im hessischen Wilhelmsbad bei Hanau die geplante Volksversammlung statt. Fast zehntausend Menschen nehmen in revolutionärer Stimmung daran teil.

Die Fürstenhäuser zwischen München, Wien und Berlin sind unfähig, die Zeichen der Zeit zu begreifen, und reagieren mit der gewohnten Härte.

Der Bayernkönig Ludwig I. läßt im Juni 1832 Feldmarschall Fürst Wrede mit 8500 Mann in die Pfalz einmarschieren. Die Frankfurter Bundesversammlung beschließt am 5. Juli, Feste und Vereine, Freiheitsbäume und die Farben Schwarz-Rot-Gold zu verbieten. Die Universitäten werden verschärft überwacht, erkannte Burschenschafter verhaftet. Verhaftet werden auch Wirth und Siebenpfeiffer und wegen versuchter Beseitigung der Staatsgewalt vor einem Schwurgericht in Landau angeklagt. Wider alle Erwartungen erfolgt ein Freispruch. Allerdings werden sie erneut verhaftet und nun wegen „Beleidigung in- und ausländischer Fürsten" zu zweijähriger Haft verurteilt.

Siebenpfeiffer kann in die Schweiz fliehen. Harring und Schüler entkommen nach Frankreich. Brüggemann wird in Berlin zum Tode verurteilt und dann zu fünfzehn Jahren Festungshaft „begnadigt".

Fast 10 000 Pfälzer werden zur Auswanderung gezwungen. Aber die Burschenschaft und einige Corpsstudenten geben nicht auf. Sie planen ein abenteuerliches Nachspiel zum Hambacher Fest.

Das Attentat!

Der Frankfurter Wachensturm vom 3. April 1833

„Doch sie kamen wieder mit Schwertern in der Hand. Auf, ihr deutschen Brüder, jetzt geht's fürs Vaterland. Jetzt geht's für Menschenrechte und für das Bürgerglück. Wir sind doch keine Knechte der freien Republik!" (Revolutionäres Lied.)

Die Reaktion der Fürsten auf das Hambacher Fest haben in der verbotenen Burschenschaft das Bewußtsein geschaffen: Die Herrschenden werden niemals freiwillig auf ihre angestammten Privilegien verzichten. Sie sind außerdem unfähig, die Not der Bevölkerung zu begreifen.

Legale Mittel, dem Adel Konzessionen abzuringen, müssen weiterhin wirkungslos bleiben.

Was bleibt, ist Gewalt! In Frankfurt am Main, am Sitz des verhaßten Bundestages, soll losgeschlagen werden!

Der Burschentag 1832

Nach der großen Verhaftungswelle im Juni 1832 ist die verbotene Burschenschaft stark dezimiert worden. Viele führende Köpfe sitzen im Gefängnis oder mußten ins Ausland flüchten.

Zu Ostern 1832 hat sich der Jenaer Germane Dr. Gustav Peter Körner als Advokat in Frankfurt/Main niedergelassen. Er ist nach dem Hambacher Fest zu einer der markantesten Persönlichkeiten innerhalb der noch existierenden burschenschaftlichen Kreise geworden. Neben seinem Heidelberger Bundesbruder Gustav Bunsen und dem Dozenten v. Rauschenplat, Alter Herr des Corps Hildesia zu Göttingen, ist er der Betreiber einer zu entfachenden Revolution.

Am 26. und 27. Dezember 1832 veranstalten die verbotenen Burschenschaften im Gasthof „Zum Adler" in Stuttgart ihren Burschentag. Geschäftsführende Verbindung ist die Tübinger Burschenschaft. Man weiß, daß man unter ständiger Bespitzelung steht. So kommt man überein, möglichst wenige Aufzeichnungen zu machen. Keine Protokolle, keine Mitgliedslisten und keine geschriebenen Pläne sollen Metternichs Agenten im Falle einer Verhaftung in die Hände fallen, denn von nun an soll der Zweck der Burschenschaft „die Erregung einer Revolution sein"! Durch diese soll die Freiheit und die Einheit Deutschlands erreicht werden.

Man beschließt ferner, von nun an die Volksmeinung genauestens zu beobachten, zu analysieren und an die geschäftsführende Burschenschaft weiterzuleiten. Um die geplante Revolution auf eine breitere Basis zu stellen, will man mit den Landsmannschaften enger zusammenarbeiten und die Reste der „Preß- oder Vaterlandsvereine" stärker aktivieren.

Das ist ein tödlicher Fehler, wie sich bald zeigen soll.

Mazzinis Märchen

Ein weiterer Ort der revolutionären Bestrebungen liegt im Ausland. Der Genueser Josef Mazzini ist die Leitfigur, ein Mann mit eisernem Willen, uneigennützig und politisch fanatisch. Er verlegt seine Stiftung des „jungen Italieners", eine Tarnorganisation, in die Schweiz. Von dort aus knüpft er enge Kontakte zu den deutschen Revolutionären. Seine Fäden reichen jedoch auch zu Sympathisanten in Frankreich, vor allem zu den Exilpolen. Er ist es, der durch übertriebene Jubelmeldungen die Burschenschaft zu der irrigen Annahme verleitet, das Volk warte nur auf ein Signal, um eine Revolution gegen die Fürsten zu entfachen, um nach deren Sturz die Republik ausrufen zu können. Auch Mazzinis andere Ankündigung, nämlich ein gleichzeitiger Einfall von tausenden revolutionärer Franzosen und Polen, um dem deutschen Volke zu Hilfe zu eilen, stellt sich später als bloße Erfindung heraus.

Georg Büchner

Ebenfalls Betreiber der Revolution ist ein Gießener Germane, der aus der Nähe von

Darmstadt stammende Georg Büchner. Die revolutionären Bestrebungen der Burschenschaft sind ihm nicht weitreichend genug. Mit dem alten Burschenschafter, dem Konrektor und nachherigen Pfarrer Friedrich Ludwig Weidig versucht er, das revolutionäre Gedankengut ins Volk zu tragen. Eine nur von der Intelligenz, ohne Proletariat getragene Revolution scheint für ihn undenkbar. So kommt es oft zu Unstimmigkeiten und zunehmender Distanz zu seinen Verbandsbrüdern. Der in die Emigration gezwungene Burschenschafter Carl Vogt schreibt später über ihn:

„Offen gestanden, dieser Georg Büchner war uns nicht sympathisch. Er trug einen hohen Zylinderhut, der ihm immer tief unten im Nacken saß, machte beständig ein Gesicht wie eine Katze, wenn's donnert, hielt sich gänzlich abseits, verkehrte nur mit einem etwas verlotterten und verlumpten Genie, August Becker, gewöhnlich nur der rote August genannt..."

Bei losen Zusammenkünften bei Weidig versucht Büchner, einfache Leute zu politisch denkenden Menschen zu machen, sie ihrer mißlichen, sozialen Lage bewußt werden zu lassen und für die Revolution zu begeistern.

Aus diesem Kreis kommt der Verräter. Als die Burschenschaft die Pläne für den Beginn der Revolution ausgearbeitet hat, werden diese auch im Kreise Weidigs diskutiert. Für die stattliche Summe von 4000 Gulden erfährt die Polizei jede Einzelheit:

Frankfurt ist als Ort des Ausbruches ausersehen. Die Bundestagsgesandten sollen festgenommen und die Bundeskasse beschlagnahmt werden.

Gleichzeitig sollen sich württembergische Truppenteile erheben und auf ein zu gebendes Signal der Aufstand auch in anderen deutschen Landen ausbrechen. Unterstützt durch die Sympathien in der Bevölkerung und in den Bundesarmeen, glaubt man das ganze Deutschland gewinnen zu können.

Eine provisorische Regierung soll die liberalen und demokratischen Führer zu einem Vorparlament einberufen. Diese sollen Wahlen zu einer verfassungsgebenden Abgeordnetenversammlung ausschreiben. Die Versammlung wiederum hat darüber zu entscheiden, ob der Deutsche Bund eine Republik oder eine konstitutionelle Monarchie werden soll (siehe 1848).

Man vereinbart, daß in Frankfurt und Ludwigsburg an einem im April 1833 liegenden, noch genauer zu bestimmenden Tag gleichzeitig losgeschlagen wird.

Zweifellos ist den meisten Verschwörern, die sich anfangs auf den Willen des Volkes zur Revolution verlassen haben, allmählich zu Bewußtsein gekommen, daß sie sich getäuscht haben. Den meisten scheint es jedoch ebenfalls sicher, daß es für ein Zurück zu spät ist, da man ohnehin von der Rache der Etablierten ereilt werde. Auch der Gedanke, daß selbst ein Mißlingen des Unternehmens durch die Aufregung, die die Tat ins Volk tragen würde, ein Fortschritt auf dem Weg zur Einheit Deutschlands bedeute, bewirkt die Fortführung zur Tat. Am 3. April weiß man, daß der ganze Plan verraten ist.

Trotz alledem!

Aber die jungen, draufgängerischen und tatenlustigen Burschen des Ausschusses sind entschlossen, sich für die gute Sache zu opfern. Keiner will zurücktreten, auch nicht als man erfährt, daß außer ihnen, die zunächst zur Erstürmung der Hauptwache bestimmt sind, nur noch eine kleine Schar zur gleichzeitigen Eroberung der Konstablerwache bereit ist.

Die verschworenen Studenten versammeln sich in der Wohnung Gustav Bunsens; jeder erhält ein Gewehr mit Bajonett, Patronen und eine schwarz-rot-goldene Armbinde. Punkt 21.30 Uhr am 3. April 1833 stürzt unter

Der Wachenstürmer Georg Bunsen im Alter.

Frankfurter Wachensturm.

Führung Rauschenplats, Bunsens, Berchelmanns und Körners ein im ganzen 33 Mann starker Haufen auf die von 51 Mann besetzte Hauptwache. Sie schießen auf den Wachposten und auch auf die sich in der Wachstube befindende Mannschaft. Diese ergibt sich, nachdem der wachhabende Offizier durch ein Fenster entflohen und ein Sergeant niedergeschossen ist. Im oberen Stockwerk werden alle politischen Gefangenen befreit. Die sich ansammelnde Bevölkerung wird aufgefordert, sich zu bewaffnen und für die Freiheit zu kämpfen. „Aber aus der gaffenden Menge rührt sich keine helfende Hand". Bunsen eilt mit einigen zur Domkirche und zwingt die Frau des Türmers, die Sturmglocke zu ziehen.

Ebenfalls um 21.30 Uhr war die Konstablerwache durch eine 18 oder 19 Mann zählende Rotte mit Dr. Gärth, Dr. Neuhoff und unter der Führung Majors Michalowski durch Überrumpelung genommen worden. Die Aufforderung an das Volk, für die Freiheit zu streiten, bleibt ohne Erfolg. Auch die Öffnung des der Konstablerwache gegenüberliegenden Zeughauses, aus dem man Kanonen und Gewehre zur Bewaffnung der Bevölkerung beschaffen könnte, gelingt nicht.

Zwei Studenten, Alban und Krämer, lauern dem Kommandanten des Einsatzbataillons, Oberst von Schiller, vor seiner Wohnung auf. Dieser erkennt jedoch die Lage, kann entkommen und die Soldaten mobilisieren. Eine Gruppe von etwa 60 Bauern rückt von Bonames her gegen die Stadt an. Sie zerstören die hessische Zollwache in Preungesheim. Eine andere Gruppe von Leuten, meist Handwerker, begehrt am Friedberger Tor vergeblich Einlaß. Beide kehren um, als sie nichts von einem Erfolg des Aufstandes in der Stadt wahrnehmen können.

In Ludwigsburg schlägt man gar nicht erst los. Der Aufstand ist damit bereits gescheitert. Nun rückt das Militär an. Den bestens gedrillten Soldaten gelingt es rasch, die Wachen zurückzuerobern. Strömender Regen begünstigt die Flucht der meisten Verschwörer. Zwei von ihnen sind tot, mehrere verwundet. Das Militär beklagt sechs Tote und 14 Verwundete. Ein unbeteiligter Bürger erliegt seinen Schußverletzungen. Einige andere sind ebenfalls verwundet. Dem größten Teil der Meuterer gelingt die Flucht aus der Stadt und ins Ausland.

Interessant bleibt in diesem Zusammenhang die Reaktion der Behörden. Man weiß, daß als erste Tat die Frankfurter Hauptwachen überrumpelt werden sollen. Dennoch wurden die Hauptwache und die Konstablerwache nicht alarmiert. Riskierte Metternich bewußt den Tod von Soldaten, um daraufhin um so rigoroser gegen die Burschenschaft vorgehen zu können?

Erst jetzt werden die österreichischen und preußischen Truppen in der Bundesfestung Mainz alarmiert, um einen eventuellen Aufstand niederzuschlagen.

Körner gehört ebenso wie Rauschenplat zu denen, die entkommen können. Er flieht auf abenteuerliche Weise nach Amerika. Dort beginnt er eine Laufbahn als Richter. Er wird später stellvertretender Gouverneur von Illinois und Botschafter der Vereinigten Staaten in Spanien. Eine kleinere Anzahl der Meuterer wird jedoch ergriffen, und drei von ihnen sterben in der Haft. Einer verunglückt im Mai 1834 bei einem Fluchtversuch tödlich, während drei am 20. Oktober 1836 fliehen können.

Weiteren sechs gelingt am 10. Januar 1837 mit Unterstützung der Frankfurter Bevölkerung die Flucht (siehe Lied: „Die freie Republik"). Drei der Verhafteten werden wahnsinnig, einer wird nach Bayern ausgeliefert. Drei weitere werden im August 1838 zu lebenslänglicher Verbannung verurteilt, einer in Abwesenheit zu lebenslänglicher Festungshaft. Das Oberappellationsgericht in München löscht erst am 23. September

1839 die Urteile gegen die noch Inhaftierten. Alle Wachenstürmer sind wieder frei. Die Flüchtigen verschaffen sich im Ausland eine angesehene Stellung. Nur wenige kehren nach dem Straferlaß des Jahres 1848 in ihre Heimat zurück.

Georg Büchner ist zur Zeit der Frankfurter Ereignisse in Straßburg. Daß er in den gescheiterten Putsch eingeweiht war, beweist sein Brief, den er bereits am 5. (!) April 1833 von dort an seine Eltern schreibt. *„Meine Meinung ist die: Wenn in unserer Zeit etwas helfen soll, so ist es Gewalt. Wir wissen, was wir von unseren Fürsten zu erwarten haben. Alles, was sie bewilligten, wurde ihnen durch die Notwendigkeit abgezwungen. Und selbst das Bewilligte wurde uns hingeworfen wie eine erbettelte Gnade und ein elendes Kinderspielzeug, um dem ewigen Maulaffenvolk seine zu eng geschnürte Wickelschnur vergessen zu machen ... Und dies Gesetz, unterstützt durch seine rohe Militärgewalt und durch die dumme Pfiffigkeit seiner Agenten ... Und ich werde mit Mund und Hand dagegen kämpfen,* *wo ich kann. Wenn ich an dem, was geschehen, keinen Teil genommen und an dem was vielleicht geschieht, keinen Teil nehmen werde, so geschieht es weder aus Mißbilligung noch aus Furcht, sondern nur, weil ich im gegenwärtigen Zeitpunkt jede revolutionäre Bewegung als eine vergebliche Unternehmung betrachte und nicht die Verblendung derer teile, welche in den Deutschen ein zum Kampf für sein Recht bereites Volk sehen. Diese tolle Meinung führte die Frankfurter Vorfälle herbei, und der Irrtum büßte sich schwer. Irren ist übrigens keine Sünde, und die deutsche Indifferenz ist wirklich von der Art, daß sie alle Berechnung zuschanden macht. Ich bedaure die Unglücklichen von Herzen. Sollte keiner von meinen Freunden in die Sache verwickelt sein?"*

Büchner weiß genau, daß seine Freunde in die Sache verwickelt sind.

Ihm ist natürlich bekannt, daß sein Freund August Becker, „der rote August" – wie er Gießener Burschenschafter – sich aktiv am Wachensturm beteiligte. (Becker führte die aus Bonames kommende Bauernschar).

Der Wachenstürmer Theodor Erasmus Engelmann im Alter.

Der Wachenstürmer Adolf Berchelmann im Alter.

Der Wachenstürmer Bernhard Lizius als Student.

94

Der Wachenstürmer Carl Bunsen.

Er weiß aber nicht, daß er bald durch denselben Verräter ebenfalls zu den Unglücklichen gehören wird.

Wenn der Wachensturm auch als militärischer Fehlschlag zu betrachten ist, so bleibt diese Tat doch im Bewußtsein der Bevölkerung haften. Sie erkennt, daß die „Intelligenz" auch mit Waffengewalt für die Einheit und Freiheit Deutschlands zu kämpfen bereit ist. Das sollte sich jedoch erst bei der Revolution von 1848 auswirken.

Die Frankfurter Wachenstürmer vom 3. April 1833

Alban (Jenaer B. Germania) – am 20. Oktober aus der Haft entflohen.

Daehnert (Greifswalder B.) – in der Haft gestorben.

Dörflinger (Erlanger B. Germania) – wegen ungenügender Beweise zu Verdachtsstrafe von je 10.000 Gulden oder fünf Jahren Festungshaft verurteilt.

Eimer (Freiburger B.) – zu lebenslanger Verbannung „begnadigt".

Th. Engelmann (Münchner, Jenaer und Heidelberger B.) – Verdachtsstrafe von 10.000 Gulden oder zu fünf Jahren Festungshaft verurteilt.

Dr. Gustav Peter Körner (Jenaer, Münchner und Heidelberger B.)

Freund (Erlanger B. Germania) – in der Haft wahnsinnig geworden.

Fries (Bonner B.) – am 10. Januar 1837 aus der Haft entflohen.

Gambert (Erlanger B. Germania) – Verdachtsstrafe von 10.000 Gulden oder zu fünf Jahren Festungshaft verurteilt.

Handschuh (Münchner B. Germania) – am 10. Januar 1837 aus der Haft entflohen.

Holzigner (Münchner, Heidelberger und Göttinger B.) – Verdachtsstrafe von 10.000 Gulden oder fünf Jahre Festungshaft.

Krämer (Jenaer B. Germania) – Verdachtsstrafe von 10.000 Gulden oder zu fünf Jahren Festungshaft verurteilt.

Kunradi (Münchner B. Germania), Würzburger und Heidelberger B.) – Verdachtsstrafe von 10.000 Gulden oder fünf Jahre Festungshaft.

Lizius (Aschaffenburger B.) – kann am 20. Oktober 1836 aus der Haft entfliehen und wird in Abwesenheit am 20. Juli 1838 zu lebenslänglicher Festungshaft verurteilt.

Matthiae (Bonner B.) – am 10. Januar 1837 aus der Haft entflohen.

Moré (Bonner B.) – wegen ungenügender Beweise an Bayern ausgeliefert und zu lebenslanger Verbannung „begnadigt".

Nahm (Würzburger und Heidelberger B. und Erlanger B. Germania) – in der Haft gestorben.

Dr. Friedrich Neuhoff (Alter Corpsstudent) – in der Haft gestorben.

Wilhelm Obermüller (Heidelberger und Freiburger B. Germania) – am 10. Januar 1837 entflohen.

Pfretzschner (Erlanger B. Germania) – wegen ungenügender Beweise an Bayern ausgeliefert und zu lebenslanger Verbannung „begnadigt".

v. Reitzenstein (Bonner B.) – in der Haft wahnsinnig geworden und im Juni 1834 entlassen.

v. Rochau (Jenaer B. Germania) – nach Selbstmordversuch am 10. Januar 1837 entflohen.

Rubner (Jenaer und Erlanger B. Germania) – Beim Fluchtversuch im Mai 1834 tödlich verunglückt.

Satori (Münchner B. und Heidelberger B.) – Kann am 10. Januar 1837 aus der Haft entfliehen.

Silberrad (Heidelberger und Freiburger B. Germania) – in der Haft wahnsinnig geworden und zu lebenslänglicher Verbannung verurteilt.

v. Welz (Münchner B. Germania und Heidelberger B.) – Verdachtsstrafe von 10.000 Gulden oder zu fünf Jahren Festungshaft verurteilt.

Zehler (Erlanger B. Teutonia und Würzburger B.) – am 10. Januar 1837 aus der Haft entflohen.

Die folgenden Wachenstürmer können nach dem Scheitern ihrer Mission dem Militär und somit den Behörden entkommen. Die meisten fliehen ins Ausland und ge- langen dort zu hohen Ehren. Nur wenige kehren nach 1848 in die Heimat zurück.

August Becker (Gießener B.)

Berchelmann (Heidelberger und Würzburger B.)

Dr. Gustav Bunsen (Heidelberger und Würzburger B.)

Braubach (Gießener B.)

Friedrich Breidenstein (Gießener B.)

Feddersen (Kieler B.)

Dr. Gärth (Heidelberger und Würzburger B.)

Herold (Hallische B.)

Kollhoff (Hallische und Münchner B. Germania)

Der Pole Lubanski (aus Gießen)

Dr. v. Rauschenplat (alter Corpsstudent)

Eduard Scriba (Bonner B.)

Ernst Schüler (alter Corpsstudent)

Adolf Wislicenus (Göttinger B. und Jenaer B. Germania)

Frankfurter Wachenstürmer auf der Flucht.

Der Vormärz

Es gärt!

Ihr habet zu geschworen
so treu dem Vaterland,
doch seid ihr all' verloren
und haltet nimmer Stand,
solang im West und Osten,
solang im Süd und Nord
das beste Schwert muß rosten:
das freie deutsche Wort!
      Georg Herwegh
      B. Patrioten Tübingen

Schlesischer Weberaufstand (Zeichnung: K. Kollwitz).

Als „Vormärz" bezeichnet man im Deutschen Bund die Zeitspanne vom Wiener Kongreß bis zum März 1848.

Enger gefaßt, handelt es sich etwa um die Jahre nach dem „Wachensturm" von 1833 bis zur 48er Revolution, also um das sogenannte „Biedermeier".

Bedingt durch die polizeistaatlichen Methoden Metternichs, beginnt der Rückzug des zu Geld und Ansehen gelangten Bürgertums in die heile Welt des eigenen Heimes. Dort richtet man es sich gemütlich und behaglich ein und entwickelt eine gewisse Genußfreudigkeit, während sich „draußen" die soziale Frage aufgrund der technischen Umwälzungen und der immer stärker werdenden Industrialisierung mehr und mehr radikalisiert.

Es ist eine Zeit äußeren Friedens und der inneren Unterdrückung. Scharfe Zensurbestimmungen und ein straff organisierter Polizeiapparat richten sich gegen alle liberalen und nationalen Elemente, vor allem gegen die burschenschaftliche Bewegung.

Als Ventil gegen den Druck Metternichs entwickelt das Theater die Kunst der Anspielung und der Pantomime, die besonders Johann Nepomuk Nestroy in Wien beherrscht.

Unaufhaltsam ist in dieser Zeit der Aufschwung der Technik. Die Gründung von Technischen Hochschulen, zum Beispiel in Wien und Graz, ermöglicht die Ausbildung einer großen Zahl von qualifizierten naturwissenschaftlich-technischen Fachkräften. Der Erfindergeist des Menschen schafft die erste industrielle Revolution.

Es wächst allerdings auch das städtische Industrieproletariat und mit ihm die soziale Frage, ohne daß die Regierenden Verständnis für die sich zuspitzende Krise zeigen. Nur wenige erkennen die hoffnungslose und somit explosive Lage der arbeitenden Bevölkerung. Die Männer aus den waffenstudentischen Kreisen sind die ersten, die nach der nationalen Forderung der deutschen Souveränität, nach der liberalen Forderung der Selbstbestimmung und der Meinungsfreiheit des Volkes nun auch die soziale Forderung nach Gleichberechtigung und wirtschaftlicher Besserstellung des Arbeiters erheben.

Burschen mit Programm

Die nationalen, liberalen und sozialen Bedürfnisse der Deutschen müssen endlich befriedigt werden, andernfalls wird sich der Unmut des Volkes zur gewaltsamen Explosion steigern.

Die Männer der deutschen Studentenschaft, insbesondere die aus der Burschenschaft hervorgegangenen Persönlichkeiten, haben die Zeichen der Zeit begriffen.

Sie sind entschlossen, gegen die Willkür und die Verständnislosigkeit der Herrschenden und für die Rechte des unterdrückten Menschen in der eigenen Nation mit allen Mitteln zu kämpfen.

Nach dem gescheiterten Wachensturm und dem Abklingen der ersten Aufregung der Behörden kehrt der Gießener Germane Georg Büchner Anfang 1834 wieder in seine Heimat zurück.

Er will den Widerstand nun auf eine neue Basis stellen. Zusammen mit dem Burschenschafter Friedrich Ludwig Weidig, früher Studienkollege und Bundesbruder von Karl Follen, beginnt er mit den Vorarbeiten. Er vertritt unverholen die liberalen und demokratischen Ideen der Urburschenschaft.

Als Bundesbruder vieler Wachenstürmer macht Büchner nach dem Aprilputsch zum erstenmal Bekanntschaft mit Polizei und Gefängnis.

Die beiden unterschiedlichen Charaktere, Büchner der Atheist und Weidig der Christ, haben als Burschenschafter ein gemeinsames Ziel. Sie wissen, daß bisher alle

Putschversuche im Deutschen Bund an der Unmündigkeit der Massen und am nichtvorhandenen Klassenbewußtsein der Arbeiter und Bauern gescheitert sind.

Die Ideale von Gleichheit und Freiheit müssen durch Aufklärung ins Volk gebracht werden. Deshalb gilt es, als erstes die Einschränkung von Rede- und Pressefreiheit sowie die Not der Menschen zu beseitigen. Jeder Bundesgenosse, jeder einfache Mann soll willkommen sein, um die revolutionären Ideen zu verbreiten und schließlich die Revolution zu entfachen.

Weidig besitzt eine Druckerpresse. Sie steht im Keller eines abgelegenen Hauses in Offenbach am Main. Nachts wird sie von Weidigs Vertrauensmännern bedient. Von hier aus nimmt manches revolutionäre Flugblatt – unter anderem auch der „Leuchter und Beleuchter für Hessen" – seinen Weg zu Volk und Polizei.

Jetzt will man eine Zeitschrift schaffen, die jene Schichten anspricht, die „nicht imstande sind, ihre Kartoffeln zu schmälzen", also jene Abertausende, die nichts zu verlieren haben.

Weidig gibt dem Blatt den Namen „Der Hessische Landbote". Er steht auf dem Standpunkt, daß man die Bauern am besten mit Bibelsprüchen überzeugen könne. So muß Büchner wohl oder übel sein bereits im März 1834 fertiges Manuskript umarbeiten. Büchner geht vom Gegensatz zwischen Arm und Reich aus. Reichtum ist für ihn in den meisten Fällen Diebstahl an der Arbeitskraft der Arbeiter und Bauern. Seine Gedanken sind frühe sozialistische Schlußfolgerungen. Für Weidig sind die Überlegungen zu radikal. Daher gründet Büchner noch während seiner Arbeit am „Hessischen Landboten" in Gießen die „Gesellschaft der Menschenrechte". Dieser Bund aus Gleichgesinnten der untersten, ungebildeten Schichten soll neben der burschenschaftlichen Arbeit zur Aufklärung des Volkes

beitragen. Büchner will diese Menschen selbst schulen und unterrichten, damit sie die neuen Ideen an ihresgleichen weitervermitteln können.

Weidig und die anderen Burschenschafter stehen Büchners Vorhaben mit äußerster Skepsis gegenüber.

Sie erkennen die Schwachstellen des Bundes. Jeder ist willkommen. Es gibt kein Selektionsmittel, keine Mensur, keine Bewährungsprobe, wie in der Burschenschaft üblich, um diese klein und überschaubar zu halten. Früher oder später muß sich der Feind einschleichen und die Freunde verraten.

Büchner verwirft diese Gedanken.

Weidig vergißt allerdings, daß er sich selbst bereits mit einer Gruppe von Männern umgeben hat, die nicht den burschenschaftlichen Prinzipien unterstehen.

Während der Osterfeiertage gründet Büchner in Darmstadt eine zweite Gesellschaft. Er nimmt die Mitglieder ohne große Förmlichkeit auf.

Eine Erklärung über die Menschenrechte wird verlesen. Sie besteht aus mehr als einem Dutzend Artikeln. Der letzte verpflichtet das neue Mitglied zur Einhaltung dieser Menschenrechtsartikel und zur Anerkennung der völligen Gleichstellung aller Bundesgenossen.

Ende Juli 1834 sind die ersten Exemplare des „Hessischen Landboten" gedruckt. Weidigs Freunde und Büchners Genossen betreiben gemeinsam die gefährliche und schwierige Aufgabe der Verbreitung unter den einfachen Leuten.

Wer mit dieser Flugschrift erwischt wird, muß mit der Anklage des Hochverrats rechnen. Aus Angst davor werden die meisten Exemplare sofort ungelesen verbrannt oder der Polizei übergeben.

Der Burschenschafter Karl Vogt berichtet später in seinen Lebenserinnerungen:

„Ich habe Leute gekannt, die von Haus und Hof

vertrieben, aus blühenden Geschäften herausgerissen und gezwungen wurden, im Ausland mühsam ihr Brot zu verdienen, nur weil ein Späher unter ihrem Hoftor ein Paket des verhaßten Journals gefunden hatte, welches von einem Unbekannten dorthin geschoben worden war; ich habe andere gekannt, die jahrelang in der bittersten Einzelhaft gehalten wurden, wo ihnen jede Beschäftigung, selbst manueller Art, mit raffinierter Grausamkeit unmöglich gemacht wurde, und die dann aus dieser Untersuchungshaft, die absolut nichts zu Tage gebracht hatte, entlassen und ab instantia absolviert wurden, als innerlich gebrochene Menschen. Einer meiner Vettern, Gladbach, verbrachte in dieser Weise, wenn ich nicht irre, volle acht Jahre."

Büchner erfährt, daß die meisten Exemplare des „Hessischen Landboten" vernichtet oder der Polizei übergeben werden, also ihre Wirkung verfehlt haben. Seine Enttäuschung ist groß. Er weiß, daß alle Mühe vergeblich war. Vergeblich hat man sich in große Gefahr gebracht. Eines aber wissen Büchner und Weidig nicht: Ihr „Landbote" war ebenso wie zuvor der Frankfurter Wachensturm längst von ein und demselben Mann verraten worden.

Der Verräter ist einer von Weidigs Vertrauten, der bankrotte Butzbacher Bürger Konrad Kuhl, Vater vieler Kinder. Für 40 000 Gulden hat er den Wachensturm, seinen Wohltäter Weidig, und auch Büchner verraten.

Der Traum von der Aufklärung der Massen ist vorbei.

Dem Landboten folgt keine zweite Ausgabe mehr. Büchner enthält sich jeder weiteren politischen Betätigung. Damit stirbt auch seine geheime „Gesellschaft für Menschenrechte".

Am 22. April 1835 wird Weidig verhaftet.

Am 23. Februar 1837 findet man ihn blutüberströmt und tot in seiner Zelle. Mit Blut sind die Worte auf die Mauer gemalt:

„Da mir der Feind jede Verteidigung versagt, so wähle ich einen schimpflichen Tod aus freien Stücken."

Am 13. Juni ergeht auch gegen Georg Büchner der Fahndungsbrief. Er entzieht sich seiner Verhaftung durch die Flucht nach Straßburg und wird zum Pessimisten. Seine Dramen beweisen es.

Der Mitbegründer der Jenaer Urburschenschaft, der wegen seiner Wartburgrede ebenfalls zur Emigration gezwungene Lorenz Oken, Professor an der neugegründeten Universität Zürich, holt Büchner als Dozenten in die Schweiz. Dort schreibt Büchner seine Doktorarbeit.

Im Februar 1837 erkrankt Büchner an „Faulfieber". Die Krankenpflege übernimmt Caroline Schulz, die Gattin seines Landsmannes, Universitätskollegen und Bundesbruder Dr. Wilhelm Schulz-Bodmer.

Am 19. Februar 1837 stirbt Büchner, vier Tage vor seinem Freund Weidig, in Zürich.

Die Ursozialisten

Schulz-Bodmer, Gießener Germane, nimmt schon als Lützower Jäger Anteil an den revolutionären Gedankengängen der Urburschenschaft. Sein Flugblatt „Für Deutschlands Einheit" bringt ihm sofort ein Jahr Haft ein. In seinem kleinen „Frage- und Antwort-Büchlein" und in anderen Schriften spricht er ähnlich wie Büchner klare sozialistische Ideen und Grundsätze aus.

Überhaupt sind es die Burschenschaften dieser Zeit, die – geprägt von den demokratischen nationalrevolutionären Idealen ihrer Bewegung – durch die Formulierung programmatischer Grundsätze die Voraussetzung für das Kommunistische Manifest von 1848 schaffen.

Der Kieler und Jenaer Burschenschafter Lorenz von Stein, späterer Staatsrechtslehrer, Nationalökonom und Sozialwissenschaftler, macht sich ebenfalls Sorgen um die durch das ständige Anwachsen des Vorstadtproletariats sich immer mehr verschärfende soziale Frage.

Stein ist einer der universal gebildetsten Gelehrten seiner Zeit. Unter anderem hat er die Bedeutung der sozialen Frage für die industrielle Gesellschaft deutlich erkannt.

Als erster Philosoph beschäftigt er sich in seinem Werk „Der Socialismus und Communismus des heutigen Frankreich", das 1842 erscheint, ausführlich „mit dem Problem der Klassen und des Klassenkonfliktes, dem Proletariat, der Gesellschaft, dem Arbeitswert und dem Arbeitslohn sowie mit der Bedeutung des Besitzes und der Industrie". Er beeinflußt damit einen jungen Landsmannschafter in seinen folgenden Arbeiten entscheidend.

Der junge Trierer Karl Marx immatrikuliert im Oktober 1835 an der juristischen Fakultät der Universität Bonn.

Das Elend in Schlesien.

Hunger und Verzweiflung.

Offizielle Abhülfe.

Die Burschenschaften sind verboten; ihre Mitglieder werden verfolgt und mit äußerster Härte bestraft und gefoltert. Die Frankfurter Bundeszentralbehörde, die bis 1839 tätig ist, jagt die Burschen wegen ihres Strebens nach nationaler Einheit und demokratischer Umgestaltung Deutschlands. Sie bringt über 1800 Personen, darunter mehr als 1200 Burschenschafter, zur Anzeige.

Allein das „Verbrechen" der Zugehörigkeit zur Burschenschaft wird mit langjähriger Haftstrafe geahndet.

39 Todesurteile werden ausgesprochen. Diese werden zwar nicht vollstreckt, aber in „lebenslängliche Festungshaft" umgewandelt.

Unter den Inhaftierten sind unter anderem die Burschenschafter Karl Schramm, Hermann Schulze-Delitzsch und Fritz Reuter.

Marx schließt sich bald „seiner" Landsmannschaft, den „Treviranern", zu Bonn an und erhält auch bald eine Führungscharge. Aus dem Studieren wird vorerst nicht viel. Der Trierer gilt als ausgesprochen trinkfester und rauflustiger Mann, der keine Kontrahage ausläßt. Bei einer Säbelpartie im August 1836 mit einem adeligen Haudegen von Corps „Borussia" erhält er einen feschen Zieher unter dem linken Auge. Ständig in Geldschwierigkeiten und in „Weibergeschichten" verwickelt, verschlägt es ihn schon nach zwei Semestern nach Berlin und später nach Jena, wo er 1841 beim Mitbegründer der Urburschenschaft, Professor Jakob Fries, mit seiner Arbeit „Differenz der demokratischen und epikureischen Naturphilosophie" zum Dr. phil. promoviert.

Während dieser Zeit und auch später pflegt Marx engen Kontakt mit anderen großen Burschenschaftern, wie Karl Schapper, der Gießener Burschenschafter und „Vater der Europäischen Arbeiterbewegung", oder Hermann Becker, einem Bonner Burschenschafter und Mitglied im Bund der Kommunisten. Der Heidelberger Neckarbund Burschenschafter Johannes Miquel und der „Alte Breslauer" Burschenschafter Wilhelm Wolff, genannt „Kasematten Lupus", zählen zu seinen besten Freunden und Mitstreitern.

Ihm, dem großen Führer der Deutschen Arbeiterbewegung, widmet Marx im Jahre 1848 den ersten Band seines Hauptwerkes „Das Kapital". Der Corpsstudent Wilhelm Pieper, der Mitbegründer des Kösener S. C., übersetzt später in London die Werke von Karl Marx ins Englische.

Die Progreßbewegung

Fast parallel zu dieser revolutionären Entwicklung entsteht Ende der 30er Jahre an deutschen Universitäten eine neuartige studentische Bewegung, der Progreß.

Sein Ziel ist die Ausschaltung aller traditionellen Verbindungsformen. Alle trennenden Schranken zwischen Studierenden und dem einfachen Volk sollen niedergerissen werden.

Die Progreßbewegung fordert die Gleichheit und Freiheit des einzelnen Bürgers innerhalb und außerhalb der Studentenschaft, Freiheit des Lehrens und Lernens, Beseitigung aller Sonderrechte der Studenten und höheren Schichten und die Abschaffung des Duells.

Eine zwingend logische Folgerung dieser progressiven Forderungen ist die Abschaffung aller Verbindungsarten mit ihren traditionellen Abzeichen, Zirkeln, Farben, Trachten und Brauchtümern.

Damit schießt die an und für sich gutgemeinte Bewegung über das Ziel hinaus und schüttet gleichsam „das Kind mit dem Bade aus". Man unterschätzt den Wert der studentischen Tradition. Man weiß nicht, daß Tradition und Fortschritt keine Gegensätzlichkeiten sind, sondern sich in einer echten, gefestigten demokratischen Gesellschaft geradezu bedingen.

Ein fast abenteuerliches, vielfältiges und zerspaltenes Verbindungsleben beginnt.

Dies ist die Zeit der „Blasenbildung" in ihrer skurrilsten Form. Es gibt Verbindungen aus Nichtstudenten, Stammtischrunden und Alte-Herren-Zirkeln. Verbindungen aller Konfessionen, Mädchen- und Senioritaschaften entstehen.

Vielerorts gibt man sich betont ausländisch, am liebsten französisch. So entstehen Kreise, in denen der Gebrauch der deutschen Sprache verpönt ist.

Ein seichtes und vordergründig fröhliches Verbindungsleben löst die nationalen, liberalen, sozialen und hochschulpolitischen Ziele der Urburschenschaft ab.

Das Studentenwesen wird modern und progressiv und bringt damit die organisch gewachsenen Verbindungen, vor allem die Burschenschaften, in den Verruf des Altmodischen und somit Reaktionären.

Dieser Einfluß macht sich auch bei den Corps und Landsmannschaften bemerkbar. Um dem Vorwurf des „nicht zeitgemäßen" zu entgehen, kommt es zu heftigen Richtungskämpfen und Spaltungen.

Der Höhepunkt der Progreßbewegung findet in der klassischen Stadt aller studentischen Entwicklungen statt, in Jena. Die Burschenschaft auf dem Burgkeller spielt eine bedeutende Rolle. 1845 ändert sie ihren Namen und nennt sich fortan „Verbindung auf dem Burgkeller". Sie schafft das Fechten und Turnen ab, streicht alle Teilnahmeverpflichtungen an Verbindungsabenden und Kränzchen und nimmt Nichtakademiker und Nichtstudenten auf, die alle Band und Mütze tragen. Aus der „Burschenschaft auf dem Fürstenkeller" wird die spätere „Germania". Die „Burschenschaft auf dem Bären" gibt sich revolutionär, die Burschenschaft Teutonia extrem konservativ.

Die meisten dieser verschiedenartigen Verbindungen, Klubs, Vereine und Zirkel bestehen nur sehr kurzfristig. Einige neugegründete Verbindungen mit zukunftsorientiertem Programm und Gedankengut überleben jedoch kommende Zeiten.

Mißachtung und Vernachlässigung christlich-religiöser und sittlicher Werte, das abschreckend Seichte, das zum Selbstzweck gewordene Verbindungswesen führen 1844 zur Gründung des Wingolfbundes.

Mitbegründer ist der bereits 75jährige Ernst Moritz Arndt.

Der Wingolfbund wählt seinen Namen nach dem in der germanischen Mythologie benannten Saal in Walhall, der Wohnung der Walküren, und nach Klopstocks Freundschaftsode „Wingolf".

Er versteht sich als farbentragender, nichtfechtender, christlicher Lebensbund, der sich auf die Tradition der nach den Freiheitskriegen entstandenen christlich-religiösen Gemeinschaften und Studentenzirkeln beruft.

Der Bund fordert von seinen Mitgliedern ernsthaftes Streben nach christlicher Lebenseinstellung.

Die Wirren der Progreßzeit bringen demnach durchaus positive Aspekte für das zukünftige Studentenwesen mit sich.

Vor allem das Bewußtsein, Veränderungen im noch herrschenden System von Politik, Wirtschaft und Universitätsbetrieb herbeiführen zu müssen, hat sich wesentlich verstärkt.

So kommt es, daß die Wiener Akademische Legion gerade in dem Augenblick, zu dem Geschichte geschrieben wird, das Richtige tut und damit der schwelenden Gärung des Vormärzes zum Ausbruch der Revolution verhelfen kann.

1848 / 49

Der Sturm bricht los!

Die Völker kommen und läuten Sturm –
erwache, mein Volk, erwache!
Vom Kölner Dome zum Stephansturm
wird brausen die Rache, die Rache.

Die Glocken schweigen, die Pfaffen schrein
in ihren zertrümmerten Hallen;
den Heiligen wird der goldene Schein
vom zitternden Haupte fallen.

Das alles, das alles soll geschehen
in kommenden Frühlingstagen –
Herrgott, laß die Welt nicht untergehn,
eh die Nachtigallen schlagen!

Georg Herwegh, 1817 – 75
B. Patrioten Tübingen

Nach dem Scheitern der Aufstände in den dreißiger Jahren hoffte Herwegh auf eine neue Volkserhebung.

Auf seinem Grabstein in Liestal bei Basel steht:

„Von den Mächtigen verfolgt,
von den Knechten gehaßt,
von den meisten verkannt,
von den Seinen geliebt."

Schon längst haben sich mancherlei Sturmzeichen bemerkbar gemacht. Das Jahr 1844 bringt den Aufstand der verzweifelten und hungernden schlesischen Leinenweber. Preußisches Militär schlägt ihn erbarmungslos nieder.
Die allgemeine Not der Hungerjahre 1846 und 1847 fördert das Aufkommen vorsozialistischer und vorkommunistischer Bestrebungen.
Im Winter 1847/48 verschärft sich die wirtschaftliche Not der Massen; besonders in Wien gärt es in der wegen der hohen Inflation von Hunger und Elend betroffenen Arbeiter- und Handwerkerschaft.
Am 1. und 2. Januar 1848 beginnt in Mailand, Padua und Brescia ein Boykott österreichischer Tabakwaren, dem augenfälligsten Symbol der habsburgischen Herrschaft und Unterdrückung in Lombardo-Venezien. Dieser sogenannte „Zigarrenrummel" und die damit verbundenen Ausschreitungen werden von österreichischen Truppen blutig niedergeworfen. Am 22. Februar 1848 dankt König Louis Philipp von Frankreich ab, die Republik wird ausgerufen.
Diese Nachricht verbreitet sich im deutschen Raum wie ein Lauffeuer! Überall entsteht eine stürmische Bewegung. Man hält auch hier das Volk für fähig, das verrottete System abzuschaffen und die ersehnte Einheit mit einer freiheitlichen Verfassung aufzubauen.

Am 5. März treten in Heidelberg 51 liberale Männer zusammen.

„Burschen heraus!"

Unter Führung der Burschenschafter Heinrich von Gagern, Häusser, Soiron und Mathys wird ein Ausschuß eingesetzt. Dieser soll am 31. März, ohne den Bund oder irgendeine Regierung zu fragen, das sogenannte „Vorparlament" nach Frankfurt einberufen.
Bereits im Februar des Revolutionsjahres ist das „Kommunistische Manifest" des Landsmannschafters Karl Marx erschienen, ein Notwehrprogramm für die unterdrückten Massen, das diese aber noch nicht bewußt erreicht. Es endet mit den historisch gewordenen Sätzen:

„Proletarier haben nichts zu verlieren als ihre Ketten, Proletarier aller Länder vereinigt euch!"

Drei Jahrzehnte lang hat Fürst Metternich mit Polizeistaatsmethoden, Spitzelwesen und Zensur den nationalen Freiheitswillen der Deutschen niedergehalten.
Die Unfähigkeit der Fürsten, die Ausschaltung des Volkswillens, eine gesamteuropäische Wirtschaftskrise und die sich ständig verschlechternde soziale Lage der Arbeiter führen am 13. März in Wien zum Aufstand. Die Revolution des denkwürdigen Jahres 1848 hat begonnen.
Unter der Schwarz-Rot-Gold Trikolore der Burschenschaft kommt es vor dem niederösterreichischen Landhaus in Wien zur ersten Kundgebung. Einen Tag zuvor haben Mitglieder der Wiener Akademischen Legion eine Petition an den österreichischen Kaiser Ferdinand I. überreicht, worin

die Freiheit der Universitäten und der Presse gefordert werden.

Die Petition bleibt unbeantwortet.

Der Anführer der Wiener Akademischen Legion, der Arzt am Allgemeinen Krankenhaus Dr. Adolf Fischhof, dringt mit den Studenten, Bürgern und Arbeitern während einer Sitzung in den Landtag ein.

Er erläutert die Unzufriedenheit der Menschen.

Während immer mehr Arbeiter aus den Vorstädten Wiens zu den Demonstranten stoßen, verliest Max Goldner eine flammende Rede des ungarischen Oppositionsführers Lajos Kossuth. In dieser ist vom „erstickenden Dampf des tödlichen Windes, der aus den Bleikammern des Wiener Regierungssystemes alles niederdrückend, lähmend, vergiftend einherweht" die Rede.

Am Nachmittag kommt es zum ersten Zusammenstoß mit militärischen Einheiten. Es gibt die ersten Toten der Märzrevolution. In den Vorstädten stürmen Arbeiter Fabriken und zerstören in blinder Wut die Maschinen der „kapitalistischen Barone".

Gagern, Heinrich Freiherr von
*1799, † 1880

Staatskanzler Metternich – bereits 74jährig – tritt angesichts dieser Ereignisse zurück und flieht nach England.

Daraufhin ist der Kaiser am 15. März „zur Erfüllung der Wünsche unserer treuen Völker" gezwungen und verspricht die Einführung einer freiheitlichen Verfassung.

Am 18. März überschlagen sich auch in Berlin die Ereignisse. Eine Demonstration gegen die Arbeitslosigkeit, für die Pressefreiheit und für ein preußisches Parlament schlägt in einen offenen Aufstand um.

Barrikaden werden errichtet und von den Bürgern und Arbeitern unter der Führung von Waffenstudenten, insbesondere Burschenschaftern, gegen das anrückende Militär verteidigt.

König Friedrich Wilhelm IV. befiehlt schließlich den Abzug der Truppen. Am 21. März kommt er der burschenschaftlichen Forderung nach nationaler Einheit mit den Worten entgegen: „Preußen geht fortan in Deutschland auf."

Damit sind jedoch die untersten Schichten der Bevölkerung, die Arbeiter und Bauern, nicht zufrieden. Sie organisieren sich in gewerkschaftlichen und parteiähnlichen Vereinen zum ersten Mal als eigene bewußte Klasse.

Eine besondere Rolle spielen die Studenten. Zum einen entzünden sie, wie in Wien, als erste die Fackel des Aufstandes, zum anderen sind es die aus der deutschen Burschenschaft hervorgegangenen Männer, die geistig und agitatorisch an der Spitze der Revolution stehen.

Heinrich von Gagerns Aufruf aus Heidelberg an alle Persönlichkeiten Deutschlands, als Abgeordnete ihrer Umgebung nach Frankfurt am Main zu kommen, folgen am 30. März über fünfhundert Männer aus allen deutschen Landen.

In einer eindrucksvollen Feier zieht man in die für das Parlament bestimmte Paulskirche ein.

Der Revolutionär, Burschenschafter und Corpsstudent Friedrich Hecker.

Student der Wiener Akademischen Legion auf der Barrikade.

Die Versammlung besteht zu mehr als einem Drittel aus Burschenschaftern; nicht weniger als 118 Professoren sind unter den Mitgliedern.

Glänzende Namen finden sich unter den abgeordneten Burschenschaftern: Lorenz von Stein, Martens, Schüler, Karl Zittel, Briegleb, Rüder, O. von Wydenbrugk, Temme, Arnold Ruge, Julius Fröbel, Schlütter, Graf Reichenbach, C. Nauwerk, Ludwig Häusser, W. A. Trützschler, Schuselka, Robert von Mohl, Heckscher, Widermann, Mathy, von Biegeleben, Eisenmann, Wilhelm und Georg Beseler, Venedey, Max Duncker, Compes, Brackebusch, Leverkus, Börking, Fritz Müller, F. Peter Adams, J. P. Werner, L. Goetz, Goltz J. von Linde, Ludwig Arndts, Ernst von Lassaul, Peter Knoodt, Michelsen, Schwarz, Ziegert, Gustav Schwetzschke, Heinrich Laube, Wachsmuth, Karl Biedermann, A. von Zerzog, Hans von Raumer, von Rothenhahn, Adolf Barth, Paul Pfitzer, Fr. Römer, Pagenstecher, Lette, Hergenhahn, Peter Kaiser, Josef Kutzen, Rodbertus, Henkel, Blum, Heinrich und Ludwig Simon, Carl Vogt, Bernhardy, Hildenbrand, Nic. Schmitt, Gustav Gulden, Wirth, Karl Hagen, Titus, Carl Mayer, Ad. Schoder, Uhland sowie Jakob Grimm, Dahlmann, Waitz, Döllinger, Ernst Moritz Arndt, Friedrich Ludwig Jahn u. v. a.

Zu diesem Vorparlament hat der ebenfalls in Frankfurt tagende „Gesamtdeutsche Bundestag" der etablierten Fürsten sein Einverständnis erklärt. Aufgabe des Vorparlamentes soll die Bildung einer Deutschen Nationalversammlung sein, die wiederum eine einheitliche Deutsche Reichsverfassung ausarbeiten soll. Für viele scheint dieser Weg zu mühsam und zu langwierig. Bereits am 12. April 1848 rufen die beiden Waffenstudenten Friedrich Hecker und Gustav von Struve in Konstanz die „Republik" aus und fordern zum bewaffneten Kampf gegen die reaktionären Fürsten auf.

Hecker beginnt mit Freiwilligenscharen in Baden den Aufstand zur Verwirklichung der Sozialen Republik. Er wird von einer Gruppe deutscher Emigranten aus der Schweiz und Frankreich unterstützt. Man überschätzt aber noch immer die Zugkraft der Republikanischen Idee. Die Bevölkerung verhält sich zwar wohlwollend, jedoch passiv. Bereits nach wenigen Tagen unterliegen die Freischärler den regulären badischen und hessischen Truppen.

Friedrich Hecker flieht in die Schweiz und emigriert später wie hunderttausend Deutsche vor und nach ihm in die USA.

Derweilen fordert Gustav von Struve in geradezu prophetischer Eingebung im Frankfurter Vorparlament die Errichtung einer „Föderativen Republik" und die sofortige Übernahme der Vollzugsgewalt. Von diesen Forderungen ist das Vorparlament noch weit entfernt. Es steht kein einziger Mann als Exekutive bereit, kein einziger Soldat unter seinem Befehl, kein einziger Beamter unter seinem Eid.

Man versucht vielmehr, in „realistischer Einsicht" eine Neuordnung durch eine Vereinbarung mit den Fürsten zu erreichen.

Das Vorparlament berät Grundsätze zur Wahl und zur künftigen Deutschen Verfassung und setzt einen revolutionären Ausschluß für die Wahlvorbereitung ein.

Dieser arbeitet eng mit dem alten Bundestag und den Regierungen der Einzelstaaten zusammen, die sich wiederum beeilen, die Wahl zu legitimieren und Wahlgesetze zu erlassen. Politische Parteien in unserem Sinne existieren noch nicht. So sollen alle „Selbständigen" das Wahlrecht besitzen, was die deutschen Einzelstaaten sehr unterschiedlich interpretieren. Vielfach werden Arbeiter und Dienstboten von der Wahl ausgeschlossen.

Die Eröffnung der Nationalversammlung findet am 18. Mai 1848 statt. Am nächsten Tag übernimmt Heinrich von Gagern, der im Vormärz politisch kaltgestellt gewesen ist, die Präsidentschaft. In den ersten Sätzen seiner Rede beschwört er die Abgeordneten, „die Souveränität der Nation" und die gewaltige Verpflichtung, die darin liegt, zu bedenken. Er spricht von der Notwendigkeit und dem Recht, sich eine neue Verfassung zu geben.

Unter den Abgeordneten sind hervorragende Persönlichkeiten. Die meisten von ihnen sind Waffenstudenten. Es fehlt jedoch an politisch-parlamentarischer Erfahrung. Der Prozeß der politischen Gruppenbildung steht erst am Anfang; es gibt zunächst weder innerhalb noch außerhalb des Parlaments festumrissene Fraktionen und Parteien. Die Folge sind Hunderte von Petitionen, Anträgen und Wortmeldungen zu den einzelnen Verhandlungspunkten, die den zügigen Fortgang der Beratungen blockieren.

Die Grenzen zwischen den Fraktionen bleiben fließend. Die meisten Abgeordneten gehören politischen Klubs an, die sich regelmäßig in Frankfurter Gasthäusern treffen und sich nach diesen benennen.

Es zeichnen sich nach und nach drei Hauptströmungen ab.

Erstens die Vertreter der „Großdeutschen Lösung": Sie wollen die überkommene Form der deutschen Territorialstaaten soweit wie möglich beibehalten.

Dagegen stehen zweitens die Vertreter der „Kleindeutschen Lösung": Sie plädieren für einen eng zusammengeschlossenen Bund der deutschen Staaten ohne die Habsburger Vielvölkermonarchie, übersehen dabei, daß damit über sechs Millionen Deutsche in den österreichischen Erblanden vom neuzuschaffenden Staat ausgeschlossen würden. An der Spitze dieses Bundes soll als Erbkaiser der preußische König stehen.

Drittens gibt es die Gruppe der „Großdeutschen Republikaner". Sie wollen die Dynastien beseitigen und eine föderative Republik schaffen, in der nur wichtige Ressorts wie Verteidigung oder Außenpolitik von einer Zentralgewalt wahrgenommen werden.

Revolutionäre Arbeiter und Studenten in Baden, Frühjahr 1849.

Um die Versammlung trotz ihrer Gegensätze zu einer Entscheidung zu zwingen, versucht es Präsident Heinrich von Gagern mit der „Flucht nach vorn". Er schlägt der Nationalversammlung die Wahl eines Reichsverwesers vor. Gewählt wird der Habsburger Erzherzog Johann von Österreich. Er ist der Nationalversammlung nicht verantwortlich und wird von den Fürsten der Einzelstaaten anerkannt.

Der Erzherzog ist somit legitimer Nachfolger der alten Bundesversammlung, die ihre Kompetenzen auf den Reichsverweser überträgt.

Dieser Kompromiß mit den alten Mächten schafft für die Nationalversammlung jedoch zusätzliche Probleme. An der Spitze steht jetzt ein Mitglied des österreichischen Herrscherhauses. Damit wird die Entscheidung über die Zugehörigkeit des österreichischen Vielvölkerstaates zum künftigen deutschen Nationalstaat noch schwieriger. Vorerst richten sich jedoch große Erwartungen auf den Reichsverweser.

Die Ausarbeitung eines verbindlichen Katalogs von Menschen- und Bürgerrechten nach dem Vorbild der amerikanischen und französischen Revolution ist das erste Ziel der verfassungsgebenden Versammlung in der Paulskirche.

Noch während der Diskussion über die Grundrechte kommt es zu einer für das Schicksal der Nationalversammlung entscheidenden Krise. Die Herzogtümer Schleswig und Holstein haben sich der deutschen Revolution angeschlossen und sich gegen ihren Herrscher, den dänischen König, erhoben. Dieser will das nicht zum Deutschen Bund gehörige Schleswig in den dänischen Nationalstaat einverleiben. Die provisorische Revolutionsregierung der Herzogtümer ersucht den Bundestag um militärische Hilfe, die sie unter preußischem Oberkommando erhält. Die Deutsche Nationalversammlung nimmt

Erzherzog Johann von Österreich mit Schwarz-rot-goldenem Band.

sich des Kampfes der Schleswig-Holsteiner mit einem Enthusiasmus sondergleichen an. Dieser Kampf wird zum Kristallisationspunkt der deutschen Einheitsbestrebungen und zur Prestigefrage für die Nationalversammlung. Die Bundestruppen kämpfen unter preußischer Führung erfolgreich. Dennoch zwingt ausländischer Druck, der vor allem von England und Rußland ausgeht, Preußen zur Annahme eines Waffenstillstandes. Dieser wird im schwedischen Malmö ausgehandelt und geht zu Lasten der Schleswig-Holsteiner.

Die in Frankfurt tagende provisorische Zentralgewalt, die Rechtsnachfolgerin des alten Bundestages, in deren Namen dieser Krieg geführt wurde, wird bei den Waffenstillstandsverhandlungen einfach übergangen. Preußen opfert damit den nationalen Gedanken zugunsten seiner Interessen als europäische Macht.

Die junge deutsche Nationalversammlung gerät über dieses eigenmächtige Vorgehen Preußens in eine erste Krise.

Die gemäßigten und die radikalen Abgeordneten reagieren unterschiedlich. Tiefgreifende Differenzen treten deutlicher als je zuvor zutage. Von der Annahme oder der Ablehnung des Waffenstillstandes durch die Nationalversammlung hängt nicht nur das Wohl ganz Deutschlands ab. Die Annahme würde den Sieg Preußens über die deutsche Nationalversammlung, den Sieg eines Monarchen über das gesamtdeutsche Parlament bedeuten.

Die Ablehnung des Waffenstillstandes könnte dagegen die Entschlossenheit der Nationalversammlung bezeugen, sich gegen Preußen und auch gegen die europäischen Mächte durchzusetzen und damit den Weg der Vereinbarung mit den Fürsten zu verlassen.

In der turbulentesten Debatte seit ihrem Bestehen lehnt die Nationalversammlung am 5. September den Waffenstillstand ab. Doch ihr Unvermögen, auch Preußen zur Ablehnung des Waffenstillstands von Malmö zu bewegen, dokumentiert ihre Ohnmacht vor den etablierten Fürsten.

Am 16. September wird bei einer neuerlichen Abstimmung der Waffenstillstand doch noch akzeptiert. Dadurch tritt die Nationalversammlung auf die Seite Preußens und verliert deutlich an Ansehen. Für die Republikaner ist dies der Beweis, der Aussichtslosigkeit des gemäßigt-liberalen Kurses, die Fürsten auf dem Weg über Verhandlungen zum freiwilligen Verzicht auf einige Souveränitätsrechte zugunsten eines neuen Nationalstaates und eines parlamentarischen Systems zu bewegen.

Die Republikaner finden in der Bevölkerung immer mehr Anhänger. In stark besuchten Versammlungen der Arbeiter- und Demokratenvereine wird ihr geschlossener Auszug aus der Paulskirche oder die Auflösung der Nationalversammlung gefordert.

Die Lage verschärft sich.

Die Fürsten bieten nun preußisches und österreichisches Militär auf, um gegen die oppositionellen Bürger vorzugehen.

Während in der Paulskirche über die „Freiheit der Wissenschaft" debattiert wird, tobt draußen der Straßenkampf.

Als zwei gemäßigte Abgeordnete, Lichnowsky und Auerswald, ermordet werden, werden über die Stadt der Ausnahmezustand verhängt und die entstehenden Unruhen blutig niedergeschlagen.

Damit hat sich die Nationalversammlung, gewollt oder ungewollt, zum Verbündeten der alten Mächte gemacht, denen dieser Sieg auch letztlich zugute kommt.

Die Unruhen von Frankfurt greifen auf die mittel- und südwestdeutschen Staaten über. In Baden versucht der Waffenstudent Gustav von Struve den Putsch. Unter der Losung „Wohlstand, Bildung, Freiheit für alle!" ruft er am 21. September vom Lörracher Rathaus die „Deutsche soziale Republik" aus. Das Vermögen des Staates, der Kirche und der Monarchien soll eingezogen werden. Aber bereits fünf Tage später, am 26. September, werden die Revolutionäre bei Stauffen von der Übermacht der monarchistischen Truppen vernichtend geschlagen.

Auch in den nichtdeutschen Teilen der Habsburger Monarchie, vor allem in Ungarn und Italien, kommt es zu neuerlichen Unruhen. Lajos Kossuth plant eine Offensive zur Erringung der Unabhängigkeit Ungarns von den Habsburgern.

Am 5. Oktober verhindern die Waffenstudenten der „Wiener Akademischen Legion" zusammen mit der Bürgerwehr und den Arbeitern den Abmarsch der Truppen gegen die Ungarn. Die Minister und der österreichische Kaiser fliehen aus der Stadt. Wien ist in den Händen der Revolutionäre.

Vom Stephansdom weht das Schwarz-Rot-Gold der Revolution. Kriegsminister General Theodor Graf Baillet wird am 6. Oktober von Aufständischen ermordet.

Der Abgeordnete der provisorischen Frankfurter Zentralgewalt, der Republikaner Robert Blum, reist nach Wien, um seine Solidarität mit den Aufständischen zu bekunden.

Feldmarschall Fürst Windischgraetz, Befehlshaber der kaiserlichen Truppen, verhängt über Wien den Belagerungszustand. Er will der „Rotzbubenherrschaft", wie er die revolutionäre Bewegung wegen der Dominanz der Waffenstudenten nennt, ein Ende bereiten.

Am 31. Oktober erstürmt er mit 90 000 Mann die Donaumetropole.

Die Aufständischen leisten erbitterten Widerstand, der aber vergeblich ist.

Tausende Tote und schreckliche Verwüstungen sind die Bilanz der beinahe eine Woche dauernden Kämpfe und des Sieges der monarchistischen Reaktion über die Stadt.

Robert Blum wird ohne Rücksicht auf seine Immunität als Abgeordneter mit vielen anderen standrechtlich erschossen. Die Nationalversammlung protestiert nur matt.

Fürst Schwarzenberg, ein starrer Vertreter der absoluten Monarchie und des großösterreichischen Machtstaates, wird Ministerpräsident; der Reichstag wird aufgelöst und eine Verfassung aufgezwungen.

Die Revolution in den Habsburgerlanden ist gescheitert.

Beinahe gleichzeitig bricht in Berlin eine zweite revolutionäre Welle aus. Der äußere Anlaß ist die Ernennung des reaktionären Generalleutnants Brandenburg, eines Verwandten des Könighauses, zum Ministerpräsidenten. Er soll die „Konterrevolution" einleiten.

Fast einstimmig lehnt die preußische Nationalversammlung das Ministerium der Krone ab. Sie teilt dem König diesen Beschluß durch eine Deputation mit, der sie jedoch nicht zu Wort kommen läßt.

Die Berliner Bürgerwehr, die die bereits gewährten demokratischen Rechte sichern soll, greift nicht ein. Sie ist ihrer Aufgabe längst nicht mehr gewachsen. Im Gegenteil: nachdem sie bereits am 16. Oktober aufgebrachte hungernde Arbeiter beschossen hat, läßt sie am 10. November die Truppen von General Friedrich von Wrangel unbehindert in die Stadt einziehen. Am 12. November verhängt dieser den Belagerungszustand. Der Widerstand der demokratischen Gruppen wird brutal gebrochen. Die Monarchie bleibt Herr der Lage.

Die preußische Nationalversammlung wird gegen ihren Willen von Berlin in die Stadt Brandenburg verlegt. Den demokratischen Abgeordneten, die sich weigern, sperrt man die Versammlungslokale.

Die Reaktion beschließt eine Verfassung, die mit einer Reihe von Konzessionen das Bürgertum besänftigen soll. In Berlin erscheint die Broschüre „Gegen Demokraten helfen nur Soldaten".

Die Mehrheit des liberalen Bürgertums resigniert.

Die monarchistische Gegenrevolution hat auch in Preußen gesiegt.

Die politische Frage der deutschen Einheit wird zur Machtfrage zwischen Österreich und Preußen.

Der österreichische Fürst Schwarzenberg, der das kaiserliche Ministerium übernommen hat, will Österreich mit seinem gesamten Territorium und allen seinen Völkern gemeinsam mit den deutschen Staaten in einen „mitteleuropäischen Staatenbund" einbringen. Er erteilt also dem Frankfurter Verfassungsentwurf eine Absage.

Damit hätte Österreich einerseits unbestritten die Führungsrolle übernommen, andererseits aber Millionen von Menschen nichtdeutscher Nationalität weiterhin die ersehnte Freiheit und Eigenständigkeit in eigenen Staaten verweigert.

Dagegen steht die kleindeutsch-preußische Lösung: ein kleindeutscher Bundesstaat unter preußischer Führung, der später zu einem „Doppelbund" mit Österreich erweitert werden soll.

Es zeigt sich immer deutlicher, daß weder Preußen noch Österreich bereit sind, ihre Machtpolitik zugunsten der vom Volk erstrebten deutschen Einheit aufzugeben.

Heinrich von Gagern als neuer Ministerpräsident der provisorischen Zentralgewalt findet schließlich eine Mehrheit für sein „kleindeutsches Programm".

Am 20. Dezember 1848 zieht Erzherzog Johann, der die großdeutsche Lösung anstrebt, die Konsequenz; er tritt von seinem Amt als Reichsverweser zurück.

Damit ist das Schicksal des ersten gesamtdeutschen Parlaments so gut wie entschieden. Die Abgeordneten der Paulskirche tagen zwar weiter, aber sie diskutieren mehr denn je im politisch luftleeren Raum.

In der Debatte um das Reichsoberhaupt im Januar 1849 tritt die kleindeutsche Partei für ein preußisches Erbkaisertum ein.

Die Abgeordneten der Paulskirche sehen in diesem Schritt ihre letzte Chance. In einer verzweifelten Konzessionsbereitschaft hoffen sie, unter Preußens Führung nun doch noch ein Kleindeutschland zustande zu bringen, das mit Österreich durch eine Union verbunden ist.

Auch der preußische König Friedrich Wilhelm IV. hält noch im Januar 1849 einen solchen Bundesstaat für möglich. Aber die Habsburger reagieren schroff.

Schwarzenberg protestiert und lehnt das „kleindeutsche Programm" Gagerns rundweg ab. Nun scheut auch König Friedrich Wilhem IV. zurück. Er teilt dem Paulskirchenparlament mit, daß ein Bruch mit Wien nichts anderes bedeute als „grenzenloses Unheil".

Trotzdem verabschieden die Abgeordneten in Frankfurt am 28. März 1849 „die Verfassung des Deutschen Reiches". Die Beratungen haben beinahe ein dreiviertel Jahr gedauert. Die Artikel sind mustergültig für eine demokratische Gesellschaftordnung.

Alle Standesunterschiede und Vorrechte werden aufgehoben; Presse-, Glaubens- und Meinungsfeiheit sowie Freiheit der Person, der Berufswahl, der Forschung und Lehre werden garantiert.

Die deutschen Staaten sollen durch einen engeren Bund unter Preußens Führung geeint werden.

Der Reichstag soll sich aus dem „Staatenhaus", der ersten Kammer, und dem „Volkshaus" als zweiter Kammer zusammensetzen.

Notiz des Abgeordneten Jakob Grimm zur Einigung Deutschlands.

Robert Blum's Tod.

Der Politmord am Abgeordneten Robert Blum zeigt die Ohnmacht der Frankfurter Nationalversammlung.

Staatsoberhaupt wird ein erblicher Kaiser. Ihm steht das Recht zu, die Minister zu ernennen. Diese sind nicht ihm verantwortlich, sondern dem Reichstag. Der Kaiser besitzt kein absolutes, sondern nur ein suspensives Veto. Beharrt der Reichstag auf seinen Beschlüssen, dann hat der Monarch noch die Möglichkeit, das Volkshaus aufzulösen.

Ohne Zustimmung des Staatenhauses können keine Reichstagsbeschlüsse zustande kommen. Mit 290 Stimmen bei 248 Enthaltungen wählen die Abgeordneten den preußischen König zum erblichen Kaiser.

Als dieses Ergebnis in Wien bekannt wird, protestiert Fürst Schwarzenberg. Er verwahrt sich gegen jede Unterordnung Österreichs. Bereits die Auflösung des österreichischen Reichstages in Kremsier und das Aufzwingen einer zentralistischen Gesamtstaatsverfassung für das Habsburgerreich haben die großdeutschen Hoffnungen so gut wie zerstört.

Alles, was die Frankfurter Abgeordneten weiterhin unternehmen, sind nur noch hilflose Gesten der politischen Agonie. Sie ergreifen die Flucht nach vorn. Eine Delegation der Paulskirche, geführt von Präsident Eduard Simson, begibt sich nach Berlin zu König Friedrich Wilhelm IV. Von dessen Annahme der Würde eines Kaisers der Deutschen hängt das Wohl der Verfassung und des gesamten nationalen Einigungswerkes ab.

Die Brüskierung durch Österreich hat viele Großdeutsche auf das kleindeutsche Projekt eingestimmt. In jenen Tagen sieht sich Friedrich Wilhelm IV. den unterschiedlichsten Ratschlägen ausgesetzt. Viele drängen ihn zur Annahme der „Volkskrone", auch eine Abordnung von preußischen Junkern, unter ihnen pikanterweise Otto von Bismarck.

Am 2. April empfängt der König die Frankfurter Deputation.

Präsident Simson trägt dem König den

Beschluß der Frankfurter Nationalversammlung vor.

Der König verliest als Antwort einen längeren Text, in dem er seine Abscheu vor jenem „imaginären Reif", aus „Dreck und Letten gebacken", zum Ausdruck bringt.

Die Arroganz ist ungeheuerlich.

Mit Schmerz, Trauer und Zorn vernimmt die Deputation, in der sich Burschenschafter und Corpsstudenten wie der greise Ernst Moritz Arndt, Dahlmann, Raumer, Soiron, Mittermaier, Rießter und Biedermann befinden, die Worte des Hohenzollern. Die Delegation benötigt zwei Tage, die Absage des Königs zu verdauen.

Am 5. April teilt man dem König mit, man habe seine Ablehnung zur Kenntnis genommen. In den folgenden Wochen versucht die Nationalversammlung, die deutschen Regierungen in Einzelverhandlungen zur Annahme der Verfassung zu bewegen und Wahlen für das „Volkshaus" auszuschreiben. Alle Bemühungen sind vergeblich.

Das Volk jedoch denkt anders! „Die ganze Nation ist fest entschlossen, die Reichsverfassung durchzuführen ... Die Fürsten und ihre Kabinette verweigern der Reichsverfassung den Gehorsam. Sie sind Rebellen gegen den Willen und das Gesetz der Nation ..."

Überall in Deutschland versuchen Arbeiter-, Volks- und Vaterlandsvereine mit Petitionen, Pressekampagnen und Straßenversammlungen Druck auf ihre Regierungen auszuüben. Die Monarchie stellt sich taub! Aber das Volk ist bereit, notfalls mit Gewalt die neue Reichsverfassung zu verteidigen. In Sachsen, im Rheinland, in der Pfalz und in Baden schlägt die Agitation in offenen Aufstand um. In Dresden stürmt das Volk am 3. Mai 1849 das Zeughaus.

Der sächsische König flieht, eine provisorische Regierung wird eingesetzt. Für kurze Zeit ist die Volkssouveränität Wirklichkeit geworden.

Steckbrief.

Der unten etwas näher bezeichnete Königl. Capellmeister

Richard Wagner von hier ist wegen wesentlicher Theilnahme an der in hiesiger Stadt stattgefundenen aufrührerischen Bewegung zur Untersuchung zu ziehen, zur Zeit aber nicht zu erlangen gewesen. Es werden daher alle Polizeibehörden auf denselben aufmerksam gemacht und ersucht, Wagnern im Betretungsfalle zu verhaften und davon uns schleunigst Nachricht zu ertheilen.

Dresden, den 16. Mai 1849.
Die Stadt-Polizei-Deputation.
von Oppell.

Wagner ist 37—38 Jahre alt, mittler Statur, hat braunes Haar und trägt eine Brille.

Fahndungsplakat nach dem Revolutionär Richard Wagner. Er verbringt zwei Jahre im Exil in der Schweiz.

In der Dresdner Altstadt werden Barrikaden errichtet. Es kommt zum Kampf mit sächsichem und preußischem Militär. Sechs Tage halten die Revolutionäre, darunter auch der Leibziger Saxone Richard Wagner, dem Ansturm stand. Dann haben preußische Truppen die Lage wieder unter Kontrolle.

Am 5. April 1849 beruft Österreich seine Abgeordneten aus Frankfurt ab. Die letzten Zweifel sind nun beseitigt. Die Habsburger haben nie primär das Wohl ihrer Völker, sondern immer ihre eigene Machterhaltung im Sinne gehabt. Selbst die Situation der Jahre 1848/49, die Revolution und die Gärung in allen Teilen der Habsburgermonarchie kann die Fürsten nicht dazu bewegen, den Völkern ihre Unabhängigkeit zu geben. Eine Kurzsichtigkeit, die Jahrzehnte später für die Völker der Monarchie und Europas, ja des gesamten Erdballes, geradezu katastrophale Folgen haben sollte.

Trotz der Niederlage in Sachsen bricht der Aufstand nun in der Pfalz und in Baden aus. Demokratisch-republikanische Ideen prägen diesen Volkskrieg.

Zwischen dem 10. und 12. Mai meutern die badischen Truppen in den wichtigsten Festungen des Landes.

Die Rebellion ermutigt die demokratische Volksbewegung zum offenen Aufstand. Aber der Parlamentarismus resigniert.

Am 10. Mai legt Heinrich von Gagern die Ämter nieder.

In ihrer letzten Sitzung, der 230., beschließen sie, nach Stuttgart zu übersiedeln. Württemberg gehört zu den wenigen Staaten, deren Regierung die Versammlung noch akzeptiert. In Stuttgart finden sich noch rund hundert Abgeordnete im sogenannten Rumpfparlament zusammen. Bis zum 17. Juni setzt es seine Beratungen fort. Dann zieht die württembergische Regierung ihre Zustimmung zur Reichsverfassung zurück und annulliert damit die Anerkennung des Rumpfparlamentes. Sie verbietet Tagungen und setzt Kavallerie gegen den Zug der Abgeordneten zum Sitzungssaal im Rathaus ein.

Die letzten Vertreter des einzigen freigewählten, gesamtdeutschen Parlamentes, an ihrer Spitze „Deutschlands erster Dichter", der Burschenschafter Ludwig Uhland, werden vom Militär brutal auseinandergetrieben.

In Baden tobt noch der offene Kampf. Turnerstudenten und Schützenkompanien, Arbeiterbataillone und Legionäre aus Polen und Ungarn leisten den Bundestruppen unter dem Oberbefehl des späteren Kaisers Wilhelm I. erbitterten Widerstand. Militärische Desorganisation und politisches Zaudern führen schließlich zur Niederlage.

Rastatt, die letzte Festung der Aufständischen, fällt am 23. Juli 1849. Standrechtliche Erschießungen, Zuchthaus und Gefängnis für die Aufständischen sind das Ende.

Eine gewaltige Auswanderungswelle ist die Folge.

„Deutschlands beste Söhne und Töchter" verlassen für immer das Land. Deutschlands größte geistige und wirtschaftliche Potenz geht nach Übersee und stellt sich dort ganz in den Dienst der jungen Demokratie.

Die Reaktion hat noch einmal gesiegt. Eine historische Chance ist vertan.

Es dauert noch fast ein Menschenleben, bis das überkommene System der Fürsten zusammenbricht.

Die Epoche Bismarcks

Ehemaliges Bismarck Denkmal auf der Rudelsburg.

„Ein Corpsstudent macht Weltgeschichte!"

Auch nach der 1848er Revolution bleibt der Deutsche Bund bestehen. Zielbewußt geht Kanzler Schwarzenberg mit seinem Plan, den Bundestag und somit Österreichs Vorherrschaft wieder herzustellen, vor, um den preußischen Unionsbestrebungen entgegenzutreten. Am 1. September 1850 eröffnet er den alten Frankfurter Bundestag erneut, diesmal ohne die 22 Unionsstaaten. Der alte Zustand ist zurückgekehrt, auch Dänemark gehört erneut dem Deutschen Bund an – obwohl man sich mit diesem Staat offiziell noch im Kriegszustand befindet. Nicht nur Österreich möchte die reaktionären Zustände in ganz Deutschland wieder einführen und alle liberalen, nationalen und demokratischen Zugeständnisse rückgängig machen; auch viele deutsche Fürsten hegen diesen Wunsch. Der Stern des liberaleren Preußens scheint im Sinken begriffen zu sein.

Das Bestreben Österreichs, Preußen zu schwächen und aus dem Deutschen Bund zu drängen, um endlich seine Vormachtstellung in Deutschland uneingeschränkt ausüben zu können, muß zwangsläufig zur Konfrontation mit dem zweitgrößten deutschen Staat führen, der ebenfalls die Vorherrschaft anstrebt.

Der Dualismus

Das tragische und folgenschwere Scheitern des deutschen Einheits- und Freiheitsgedankens von 1848/49 bedeutet für die Burschenschaft erneute Verfolgung und Unterdrückung durch die Reaktion.

So vermag die Burschenschaft lange Jahre keinen einheitlichen Verband zu gründen. Zuerst reorganisieren sich die Corps. Sie gründen 1855 einen Verband auf der Grundlage der unbedingten Satisfaktion: den Kösener Senioren Convents Verband.

Die Burschenschaft bietet zu Beginn der 50er Jahre ein wenig erfreuliches Bild. Progreßzeit und Revolution haben tiefe Narben hinterlassen.

Die Regierungen und deren Abhängige, Offiziere, Beamte, Adel und Klerus sehen in der Burschenschaft eine demokratische, revolutionär-umstürzlerische Vereinigung, die ausgerottet werden muß.

Die Corps gelten dagegen als wahrhaft staatstragende studentische Verbindungen. Sie werden von den Behörden und deren oberen Leitern mehr oder weniger begünstigt.

Im Gegensatz dazu denken das Bürgertum, die kleinen Gewerbe- und Handeltreibenden sowie die Arbeiter wie die Burschenschaft. Sie wollen mehr Freiheiten und mehr soziale Gerechtigkeit. Sie sind die Träger des deutschen Einheits- und Freiheitsgedankens. Doch sind sie nach der gescheiterten Revolution in Hoffnungslosigkeit versunken.

Die schwarz-rot-goldenen Farben sind noch 1860 in den meisten deutschen Staaten verboten.

Anläßlich des hundertjährigen Geburtstages von Friedrich Schillers im Jahr 1859, der überall in Deutschland sowie in den deutschen Teilen Österreichs festlich begangen wird, erscheinen wieder die schwarz-rot-goldenen Farben. Die Regierungen sehen sich dadurch genötigt, ihr öffentliches Tragen zu dulden und auch gegen die Führung des Namens „Burschenschaft" keine Einwände zu erheben.

Die Rivalität zwischen Österreich und Preußen bleibt erhalten.

Preußen mobilisiert im Juni 1859 sechs Armeekorps und ist bereit, zugunsten Österreichs in den Krieg gegen Frankreich und Sardinien einzugreifen. Es will dies allerdings nicht unter der Führung Österreichs tun, sondern verlangt den Oberbefehl über seine eigenen und die beiden norddeutschen Bundeskorps. Im Fall eines Sieges stünde damit Preußen automatisch an der Spitze Deutschlands.

Das will Österreich um jeden Preis verhindern und opfert dafür im Frieden von Zürich lieber die Lombardei.

In Preußen ist man deswegen bestrebt, ein schlagkräftiges Heer unter Kriegsminister Roon zu schaffen. Dies stößt auf den Widerstand der liberalen Mehrheit des Abgeordnetenhauses.

Im September 1862 tritt der Corpsstudent Otto von Bismarck, ein grimmiger Gegner der Liberalen, als Ministerpräsident an die Spitze der preußischen Regierung. Gemeinsam mit Roon bringt er die Pläne Wilhelm I. zur Durchführung. Einen von Österreich vorgelegten Plan der Bundesreform, der Österreich die dauernde Führung gesichert hätte, bringt er durch Nichtteilnahme der preußischen Abgeordneten am Fürstentag in Frankfurt am Main im August 1863 zu Fall.

Das macht Bismarck für eine Weile zum meistgehaßten Mann von Kleinbürgertum und Burschenschaft. Allerdings hält dasselbe Jahr eine neue nationale Aufregung bereit und lenkt somit wieder von Bismarck ab.

Dänemark fordert am 18. November 1863 die Auflösung des Sonderstatus von Schleswig-Holstein. Es erhebt sich ein Sturm der Entrüstung. Die beiden deutschen Großmächte stellen einstweilen ihren Hader zurück und erzwingen 1864 gemeinsam den Sieg über Dänemark.

Nun verlangt Preußen die Angliederung der Herzogtümer an seinen Staat. Das gibt wieder Anlaß, die öffentliche Meinung gegen Bismarck und seine Politik aufzuwiegeln. Die unvermeidlich gewordene Auseinandersetzung der beiden deutschen Vormächte endet im Bruderkrieg von 1866. Der deutsche Bund, an seiner Spitze Österreich, führt Krieg gegen Preußen. Der Rivale soll entweder unterworfen oder ein für allemal aus dem Deutschen Bund gedrängt werden.

Bismarck und Moltke nach der Schlacht bei Königgrätz.

Corpsstudent Moritz Prinz von Schaumburg.

Corpsstudent Prinz Eitel.

Doch es kommt anders.

Noch bevor die anderen deutschen Staaten mobilisieren können, schlägt Preußen die Österreicher am 3. 7. 1866 bei dem böhmischen Königgrätz vernichtend. Preußen übernimmt die Führung im Deutschen Bund. Die Staaten akzeptieren dies letztlich. Nach der Schlacht bei Königgrätz zieht sich Österreich aus dem Deutschen Bund zurück und widmet sich ganz seinen fremdländischen Besitztümern im Osten und Südosten. Einer der verhängnisvollsten Irrtümer der Weltgeschichte, dessen Folgen noch heute nicht ausgestanden sind, hat begonnnen. Der Einheit des übrigen Deutschland ohne Österreich steht nun nichts mehr im Wege. Das ist jetzt jedermann klar und bringt auch einen Umschwung in der öffentlichen Meinung zugunsten Bismarcks mit sich.

Bismarck kann Frieden mit dem preußischen Landtag schließen, und auch in Bayern findet man jetzt Verständnis für seine Politik. In Österreich freilich herrscht Verbitterung in den Burschenschaften und bei den Deutschen. Preußen und Deutschland werden immer mehr eins; beider Schicksal ist nicht mehr voneinander zu trennen.

Bismarcks Impuls

Das Korporationsstudententum nimmt unter Bismarck einen gewaltigen Aufschwung. Vor allem Bismarcks Zugehörigkeit zum Corps Hannovera in Göttingen wirkt als Beispiel.

Jeder Student, der nur irgendwie kann, versucht Corpsstudent in seiner Universitätsstadt zu werden.

Diese Tatsache wiederum bedingt, daß sich die Corps ihre neuen Mitglieder aussuchen können. So kommt es, daß sich bald die meisten Studierenden aus dem Adel und dem gehobenen Bürgertum in den Corps befinden. Ihr Reichtum erlaubt den Erwerb der schönsten und teuersten Verbindungshäuser.

Die geistige Haltung und ihr Bewußtsein wird zunehmend elitär. Ein Corpsstudent ist vom „Stürmer", der traditionellen Sommermütze, bis zur echten Ledersohle ein „Herr".

Das Feinste, Teuerste und Beste vom Getränk bis zur Kleidung ist gerade gut genug. Der Umgang mit anderen Studenten erfolgt betont lässig und zuweilen arrogant. Die kleinste zweideutige Bemerkung wird

Corpsstudent Carl Eduard Herzog von Sachsen Weimar.

Corpsstudent Kronprinz Wilhelm II.

als Beleidigung aufgefaßt und mündet in einer Kontrahage, die schneidig ausgefochten wird.

Staatsdienst und Armee sind die Domänen der Corpselite und werden von ihnen zunehmend besetzt. Die höchsten Ämter sind bald alle in Händen der Corpsstudenten.

Bismarck notiert später voller Stolz:

„Ich würde, wenn ich wieder auf eine Universität käme, auch heute noch in ein Corps gehen. Man hält da einigermaßen zusammen. Kein Band hält so fest wie dieses."

Der französiche Korrespondent des „Figaro", Jules Huret, schreibt um die Jahrhundertwende etwas irritiert:

„Ich war bei der ‚Hannovera' zu Gaste, zu der seinerzeit Fürst Bismarck gehört hat. Der größte Raum des Hauses – der, in welchem man trinkt – heißt ‚Kneipsaal'. Von den Wänden prangen Silhouetten von allen Mitgliedern, die dem Corps seit dessen Bestehen angehört haben. Auch die von Bismarck, die man sofort an dem von roter, blau und gold betreßter Mütze gekrönten energischen Bulldoggenprofil erkennt.

Auf dem Kaminsims stehen Bronzestatuen von Wilhelm I., Bismarck und Moltke.

Zwischen Waffen, Wappenschildern, Stichen und Lithographien, die alle Wände schmükken, hängen hier und da große Pfeifen mit Porzellanköpfen und verschiedene ungeheure Hörner, aus denen die Studenten beim Wettrinken (?!) das Bier zu trinken pflegen (...)

Die ‚Coleur' ihrer Verbindung ist in ihren Augen etwas Heiliges. Sie begeistern sich ganz aufrichtig für Freundschaft unter ‚Coleurbrüdern', und für die Ehre ihrer Verbindung würden sie ohne Besinnen ihr Leben hingeben.

Ihren ganzen Idealismus legen sie in die erste Hingebung hinein..."

Die Burschenschaft wird von dieser Entwicklung überrollt. Sie ist von Mitgliederschwund bedroht, gilt als nicht staatstragend und wird von den Corps als etwas minderwertiges betrachtet. Jahrzehntelang haben die Burschenschafter die wenigen Höhen und vielen Tiefen der Bewegung mitgetragen. Sämtliche Versuche, neue Zustände in Deutschland zu schaffen, sind gescheitert. Ein durchaus menschliches Bedürfnis stellt sich ein. Zulange war man der Ausgestoßene, der Revoluzzer, der Querulant. Mit allen möglichen Gefängnissen, Kerkern und mit der bitteren Erfahrung der Emigration hat man Bekanntschaft gemacht.

Jetzt will man endlich als Anwalt, Arzt, Lehrer oder Priester dazugehören und Karriere machen. Und sich der Familie widmen!
Den meisten Verbindungen bleibt nur noch die Anpassung. Die Burschenschaft wird zum „Corps des kleinen Mannes" und zur Karikatur ihrer selbst.
Aus nationalen Forderungen werden „patriotische" Forderungen. Vom inneren Feind, dem Fürsten, wird zunehmend durch den äußeren Feind, dem „Franzmann", abgelenkt.
Ein weiterer Grund zur Aussöhnung mit Bismarck und seiner Politik sind die folgenden Ereignisse.
Am 19. Juli 1870 erklärt Frankreich Preußen den Krieg. Bismarck hat diesen Krieg nicht herbeigeführt, betrachtet ihn aber als Mittel zur Verwirklichung seiner „kleindeutschen" Einigungsbestrebungen.
Durch alle deutschen Staaten geht eine Welle der nationalen Begeisterung gegen Frankreich und für Preußen. Der Norddeutsche Bund zieht mit den süddeutschen Staaten gegen Frankreich. Drei deutsche Armeen marschieren unter Moltkes Oberbefehl gegen Westen. Nach Siegen bei Mars Latour und Gravelotte am 18. August 1870 gelingt es, das französische Heer in Metz einzuschließen. Das von Kaiser Napoleon II. geführte Ersatzheer wird bei Sedan eingeschlossen und muß am 1. September mit 108 000 Mann kapitulieren.
Der französische Kaiser wird gefangengenommen; in Frankreich wird die Republik ausgerufen.
Am 27. Oktober kapituliert die Festung Metz. Seit dem 19. September 1870 ist Paris eingeschlossen und muß sich am 28. Januar 1871 ergeben. Schon zehn Tage zuvor, am 18. Januar 1871, erfolgt auf französichem Boden ein umstrittener Akt „preußischer Selbstherrlichkeit": im Spiegelsaal von Versailles wird der preußische König zum deutschen Kaiser Wilhelm I. ausgerufen.

Das zweite Deutsche Reich ist gegründet. Die Diplomatie des Corpsstudenten Otto von Bismarck, später der „Eiserne Kanzler" genannt, hat ihr größtes Ziel erreicht: die kleindeutsche Lösung und den Ausschluß Österreichs.
Preußen hat Österreich endgültig in Deutschland abgelöst.
So werden auch nicht die schwarz-rot-goldenen Farben der gesamtdeutschen Einigung, sondern das Schwarz und Weiß der Hohenzollern mit dem Weiß und Rot der Freien- und Hansestädte zur schwarz-weiß-roten Fahne des Zweiten Deutschen Reiches verwoben.
Gleich nach dem deutsch-französichen Krieg gründet sich als Nachfolgeorganisation des schon seit Beginn des 19. Jahrhunderts bestehenden akademischen Gesangvereins die „Deutsche Sängerschaft".
Sie findet sich 1876 im „Rudelsburger Kartell Verband" (RKV) zusammen. 1894 erfolgt der Zusammenschluß der Gesangvereine der Technischen Hochschulen Hannover, Braunschweig und Dresden zum Trikartell. 1896 schließen sich in Dresden die farbentragenden Vereine zum „Deutschen Akademischen Sängerbund" (DASB) zusammen, dem 15 reichsdeutsche und sechs österreichische Vereine angehören.
Der „DASB" steht von Anfang an unter einem ungünstigen Stern. Die Fechtfrage bringt ständig Unruhe in den Bund. Vereine treten aus, treten wieder ein oder schließen sich anderen Verbindungen an.
Nach langen Verhandlungen kommt es erst 1901 in Berlin zu einem Neubeginn.
Der Name des neuen Bundes heißt „Chargierten Convent" (CC) und umfaßt 15 Vereine. Ab 1903 werde die Bundesfeste in Weimar abgehalten. Deshalb wird ab 1906 der Name in „Weimarer CC, Verband Deutscher Sängerschaften" und ab 1922 in „Deutsche Sängerschaft Weimarer CC", „DS" umbenannt.

124

Die Sängerschaft erfüllt eine wichtige kulturelle Funktion durch das Sammeln, Erhalten und Kultivieren des deutschen Liedgutes, das eine höhere Stufe der Sprache darstellt.

Ihren Reihen entstammen Männer wie Anton Bruckner mit seinen Symphonien neuen Stils oder der große Dirigent Furtwängler.

Als Reaktion auf das Verhalten der Burschenschaft und ihre politische Enthaltsamkeit gründet sich 1881 der Kyffhäuser Verband als bewußt reichs- und staatstragender „Verband der Vereine Deutscher Studenten" (VVDST).

Farbentragen und Mensurfechten werden abgelehnt.

Die Dynastie der Hohenzollern wird als die treibende Kraft Deutschlands und als „historische Entwicklung einer unerschöpflich weisen Waltung einer höheren Macht" angesehen.

In der Geschichtsschreibung wird diese Zeit oft ausschließlich als Zeit der Reaktion und des saturierten Studententums betrachtet. Gerade der Druck dieser Situation beflügelt jedoch eine große Zahl von Corporationsstudenten zu Taten in Technik, Kultur und Politik, die bis zum heutigen Tage nachwirken.

Mit der Industrialisierung entsteht in den Städten ein verarmtes Proletariat, in welchem die Werke von Karl Marx, die von zahlreichen Burschenschaftern beeinflußt sind, so etwa von Ludwig Feuerbach, immer mehr Geltung gewinnen.

Für die von der industriellen Entwicklung bedrohten sozialen Gruppen entstehen Selbsthilfeorganisationen.

Der Wingolfit Raiffeisen (Wingolf Bonn)

Gründung des II. Deutschen Reiches in Versailles.

gründet ländliche Darlehenskassen und Genossenschaften zum Schutz der kleinen Bauern und Handeltreibenden vor Ausbeutern und Zinswucherern.

Der Burschenschafter Schulze-Delitzsch (B. Alte Leipziger) gründet Kreditvereine für das Kleingewerbe.

Konsumvereine und erste Gewerkschaften entstehen.

Im christlich-sozialen Sinne wirkt besonders Emmanuel Wilhelm von Ketteler. Als Student im Corps „Guestphalia" in Göttingen ist er als „großartige Klinge, flotter Frauenheld und wackerer Trinker vor dem Herrn" bekannt. Bei einem Säbelduell wird ihm die Nasenspitze fast abgetrennt; bei der anschließenden Versöhnungskneipe reißt er sie sich zum Gaudium aller selbst weg. Sein Vater will ihn daraufhin enterben.

Als Bischof von Mainz versucht er, aus dem Christentum eine Antwort auf die sozialen Ungerechtigkeiten seiner Zeit zu finden. Er wird zum Begründer der „christlichen Soziallehre".

Der Breslauer „Raczek" Burschenschafter Ferdinand Lassalle gründet 1863 den „Allgemeinen Deutschen Arbeiterverein". Er fordert das allgemeine, gleiche Wahlrecht sowie staatlich unterstützte Produktionsgenossenschaften.

Seine unglückliche Liebe zu Helene von Dönniges ist der Anfang vom Ende des jungen Lebens Lassalles. Helenes konservative Familie lehnt Lassalle als Schwiegersohn ab. Er beleidigt daraufhin die neuadelige Familie zutiefst.

Der Corpsstudent von Racowitz duelliert sich mit dem Burschenschafter auf Pistolen. Im Morgengrauen des 18. August 1864 findet das Duell im Wäldchen Carrouge bei Genf

Tod des Burschenschafters Lassalle beim Pistolenduell.

statt. Lassalle, als guter Schütze bekannt, schießt daneben. Sein Kontrahent, der schlechtere Schütze, trifft ihn in die Hoden. Lassalle stirbt trotz intensiver ärztlicher Pflege in seinem Hotelzimmer in Genf am 31. August 1864 an Sepsis.

Mit seinem Tod erlischt die nationale Richtung der deutschen Arbeiterbewegung.

1886 erfindet der Stuttgarter Gottlieb Daimler vom Corps „Staufia" zusammen mit Carl Benz das Automobil.

Die Dimensionen im positiven und negativen für die gesamte Menschheit sind bis heute nicht abzusehen.

Von den weiteren großen Männern, die aus der Bismarck-Ära stammen, seien nur die Nobelpreisträger, die Corpsstudenten Ferdinand Braun und Emil von Behring oder die Burschenschafter Theodor Mommsen und Rudolf Eucken stellvertretend für viele genannt.

Die Exoten

Bismarcks Taten werden auch als großartige Leistung eines Corporationsstudenten gewertet. Er liefert einen Impuls, der mit dem gemeinsam erwachenden Nationalbewußtsein der Völker Europas zu einem gewaltigen Anstieg des Farbstudententums führt.

In der Schweiz, wo schon seit den 30er Jahren Studentenverbindungen bestehen, organisieren sich nun die Corporationen nach deutschem Vorbild in fechtenden und nichtfechtenden Verbindungen.

„Von Basel bis Czernowitz" entstehen auch jüdische Corps. Deren Mitglieder gelten als staatstragend, jüdisch-national und als schneidige Fechter. Vor allem im Raum der österreichischen Monarchie wird so manche blutige Kontrahage zwischen jüdischen und deutschen Waffenstudenten ausgefochten. Erst der aufkommende Nationalsozialismus, das Rassenprogramm Hitlers und dessen furchtbare Folgen bereiten ihrer Exi-

stenz ein Ende. Damit wird ein kleines Stück europäischer Studentenvielfalt brutal ausgerottet.

Im Baltikum gelangt das Farbstudententum bei allen in diesem Raum angesiedelten Völkern und Volksgruppen zur größten Blüte.

Theodor Herzl als Wiener Albe.

Von Dorpat über Riga, von Reval über St. Petersburg bis Moskau bestehen estnische, lettische, deutsche, russische, finnische, jüdische und polnische Corporationen „friedlich" nebeneinander.

Sogar ukrainische Studentenverbindungen, wie die „Zaporoze" und die „Czornomore", rumänische, wie die „Arboroasa", die „Dacia", die „Junimea", die „Bucovina" und die „Moldova" entstehen.

Auch sie sollen ein Opfer der geschichtlichen Ereignisse werden.

Bismarcks Entlassung. „Der Lotse geht von Bord". Karikatur im Londoner Punch.

Österreichs Studenten und der Nationalitätenkampf

Ähnlich verlaufen die Ereignisse im österreichischen Kaiserreich.

Als Frankreich 1870 Preußen den Krieg erklärt, spricht der französische Botschafter bei Kaiser Franz Joseph vor und versucht, diesen zum Kriegseintritt zu bewegen. Franz Joseph muß diese Frage mit seiner Regierung beraten und vertröstet den Franzosen auf den nächsten Tag. Der Kaiser will keinen Krieg gegen Preußen. In seiner Regierung aber erheben sich Stimmen, Rache für Königgrätz zu nehmen.

Am Abend desselben Tages organisieren die Wiener Burschenschafter einen großen Fakkelzug zur Hofburg, dem sich nahezu alle Studenten der Universität und viele Bürger anschließen. Eine Petition wird übergeben, in der der Kaiser beschworen wird, sich nicht in einen deutschen Bruderkrieg verwickeln zu lassen.

Als anderen Tags der französische Botschafter wieder erscheint, um die kaiserliche Antwort zu holen, ist auf Wunsch des Kaisers und unter dem Druck der Öffentlichkeit die Regierungsentscheidung gefallen. Der Kaiser weist das französische Ansinnen mit den Worten zurück:

„Vergessen Sie nicht, ich bin ein deutscher Fürst."

Nun wird Österreich wichtigster Bündnispartner des Bismarck'schen Zweiten Reiches.

Die Deutschen rücken zur Ordnungsmacht des Kontinents auf – sehr zum Mißfallen Englands, das traditionell keine europäische Vormacht neben sich duldet.

England, der alte Feind Frankreichs, wird nun seine Politik ändern und Frankreich zu seinem „Festlanddegen" gegen die Deutschen machen.

Im neugewählten Reichstag haben Bismarcks Gegner zum erstenmal die Mehrheit. Seine Entlassung am 20. März 1890 erfolgt allerdings in erster Linie aufgrund des persönlichen Gegensatzes zum jungen ehrgeizigen Kaiser Wilhelm II.

Bismarck zieht sich auf sein Gut Friedrichsruh vor den Toren Hamburgs zurück. Mit der täglichen Ration von zwei Litern burgenländischen Rotweines beginnt er mit der Aufarbeitung seiner Zeit, die jedoch noch nicht zu Ende ist und noch nach seinem Tod im Jahre 1898 geistig bis zum Ersten Weltkrieg andauert.

Einen Teil des alten revolutionären Geistes vermögen sich nur die Korporationen in Österreich zu bewahren.

Bereits 1859, als in Wien der 100. Geburtstag Schillers gefeiert wird, werden die schwarz-rot-goldenen Farben wieder gezeigt. Zu dieser Feier rufen nationalgesinnte Verbände auf. Die Feier wird zu einem großdeutschen Bekenntnis.

Unter dem Eindruck dieser Feier gründen Studenten der Universität Wien die Burschenschaft Olympia. Bald folgt Silesia Wien, gegründet von Akademikern, die aus dem Freundeskreis des Bauernbefreiers Hans Kudlich stammen. Die Neffen Kudlichs treten in die Silesia ein.

Rasch breitet sich nun die burschenschaftliche Bewegung aus: in Graz, Innsbruck, aber auch in Prag und Czernowitz entstehen deutsche Burschenschaften.

Auch die Corps blühen um diese Zeit auf. Das Corps Saxonia in Wien, das seit 1850 besteht, ist die älteste bis heute existierende Verbindung in Österreich.

Die Dominanz der Corps schwindet erst dahin, als nach dem Austritt Österreich aus dem Deutschen Bund im Jahre 1866 auch innerhalb der Studentenschaft verstärkt politische Probleme in den Mittelpunkt des Interesses treten.

Vor allem die Nationalitätenfrage der untergehenden Monarchie begünstigt die Entwicklung der Burschenschaft, da diese eine eindeutige deutsch-nationale Position bezieht, wogegen die früheren Corps eher apolitisch eingestellt sind.

Der Reichsabgeordnete Georg Ritter von Schönerer (AH der Burschenschaften Germania Innsbruck, Teutonia und Gothia Wien) sieht im österreichischen Staat das Deutschtum bedroht, da die Slawen zahlenmäßig stärker sind als die Deutschen.

Zwangsläufig werden seiner Ansicht nach die Slawen in absehbarer Zeit den Staat beherrschen, und die Eigenart dieses Staates wird slawisch werden. Schon gerät in gemischt besiedelten Gebieten wie Böhmen und Mähren sowie in Südslawien die deutsche Bevölkerung unter den Druck erwachenden slawischen Nationalbewußtseins, das rasch in Chauvinismus und Nationalitätenhaß umschlägt. In Prag werden die deutschen Burschenschafter auf dem Farbenbummel gewaltsam angegriffen.

Die tschechische Intelligenz spaltet sich in eine deutschfreundliche und in eine deutschfeindliche Richtung. Letztere gewinnt immer mehr an Boden.

1882 entwirft Schönerer das Linzer Pro-

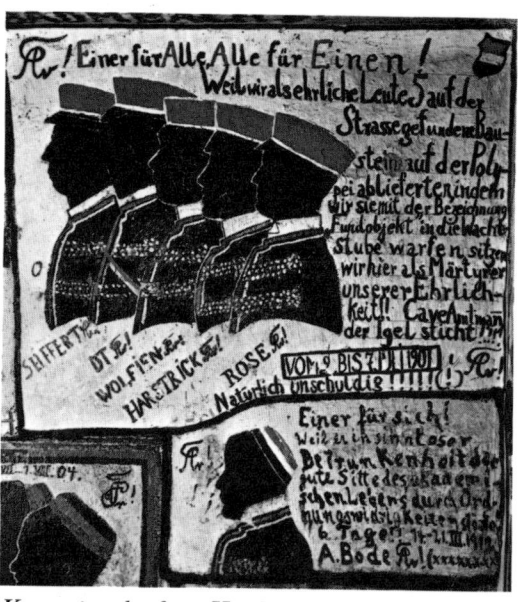

Karzerinschrift in Heidelberg.

129

Der Burschenschafter Hermann Bahr als Wiener Albe.

KARL ALEX·WILKE

„Wir heißen Euch hoffen!"

Goethe

Kein Ausspruch Goethes paßt besser für unsere Notzeit, als der. In ihm lebt gläubige Zuversicht auf die eigene Kraft, klingt Trost und Mahnung zugleich. Wahrworte sind es! Denn wenn wir Deutschen alle, ohne Unterschied des Alters, Standes und der Partei, einig bei der Schutzarbeit zusammenhelfen, können wir unsere Not wenden. Jedem Volksgenossen bietet die

Maisammlung

Zufolge Bewilligung der Nieder = Oesterreichischen Landes=Regierung finden die Straßensammlungen in Nieder = Oesterreich am **4. u. 5. Juni d. J. statt.**

Gelegenheit, für die Armsten unserer Brüder, für die Grenz= und Auslanddeutschen, einzutreten. — Helft! Die kleinste Gabe ist willkommen!

Zufolge Bewilligung der Nieder = Oesterreichischen Landes=Regierung finden die Straßensammlungen in Nieder = Oesterreich am **4. u. 5. Juni d. J. statt.**

Deutscher Schulverein Südmark
Wien, 8., Florianigasse 39

gramm, an dem auch der spätere Mitbegründer der Sozialdemokratie Victor Adler und der spätere Sozialdemokrat Pernerstorfer mitarbeiten.

Beide sind Mitglieder der Burschenschaft braune Arminia Wien. Schönerer fordert hinsichtlich der Nationalitätenfrage das Ausscheiden der Kronländer Galizien und Bukowina aus der Ländervertretung im Reichsrat.

Galizien und Bukowina sind fast zur Gänze nicht deutsch besiedelt; ihre Abgeordneten daher mehrheitlich nicht deutsch.

Die beiden Länder sollen eine Sonderstellung unter der Oberhoheit des Kaisers erhalten.

In Ungarn haben die Magyaren ohnehin schon eine eigene Verwaltung und ihr eigenes Parlament.

Victor Adler als brauner Armine.

Ungarn soll weiter mit Österreich verbunden bleiben, wobei der Kaiser in Personalunion auch die ungarische Krone trägt. Im verbleibenden Kleinösterreich haben die Deutschen dann die Mehrheit. Staatssprache soll deutsch sein.

In der Verfassung soll festgelegt werden, daß Österreich-Ungarn auf ewig im Bündnis mit dem Deutschen Reich steht.

Schönerer gelingt es aber nicht, eine entsprechende Massenbewegung zu schaffen. Dies bleibt seinen einstigen Mitarbeitern Victor Adler und Karl Lueger vorbehalten, die als die Gründerväter der beiden bis heute bestehenden Großparteien gelten.

Das Ende der Donaumonarchie ist von schweren Nationalitätenkämpfen begleitet. 1897 wird der Pole Badeni Ministerpräsident und erläßt eine Sprachenverordnung für Böhmen und Mähren, durch die nahezu alle Ämter und Behörden in den deutschen Landesteilen slawisiert würden.

Im Parlament laufen die Alldeutschen zusammen mit den Sozialdemokraten dagegen Sturm. In Prag und Wien demonstrieren die Studenten, angeführt von Burschenschaftern. Weite Teile der Bevölkerung schließen sich an, darunter auch viele Arbeiter.

Badeni muß zurücktreten, die Verordnungen werden aufgehoben.

Badeni wird von einem Burschenschafter, dem Reichstagsabgeordneten Wolf, beleidigt und kontrahiert. Sein Sekundant ist der Reichstagsabgeordnete und Burschenschafter Arthur Lemisch.

Das Problem ist damit aber noch nicht gelöst.

Das österreichisch-ungarische Kaiser- und Königreich unter Franz-Joseph I. besteht aus zwölf Nationen: 8,5 Mio Deutsche, 5,6 Mio Italiener, 5,2 Mio Ungarn, 6,3 Mio Tschechen und Slowaken, 2,2 Mio Serben, 2,7 Mio Rumänen.

Die Slawen drängen immer mehr nach Selbständigkeit und Souveränität. In allen slawischen Gebieten hat der panslawistische Gedanke mittlerweile um sich gegriffen: die Slawen wollen weg von der verhaßten Vormundschaft der Deutschen in ein großslawisches Reich.

Rußland sowie England stärken diese Bestrebungen.

Die Schüsse von Sarajewo, die 1914 den Ersten Weltkrieg auslösen, werden von einem Mitglied der panslawistischen Geheimorganisation „Schwarze Hand" abgefeuert, die mit Rußland in Verbindung steht.

Der Thronfolger Franz Ferdinand, der unter den Schüssen stirbt, hatte die Bedeutung der slawischen Frage erkannt. Seine Pläne waren auf einen staatsrechtlichen Ausgleich mit den Slawen gerichtet. Aus dem Dualismus sollte ein Trialismus werden. Dieser hätte sowohl den deutschen Interessen Rechnung getragen, als auch den Slawen die gewünschte politische und kulturelle Autonomie gebracht.

Der Ausbruch des Ersten Weltkrieges bedeutet das Ende der „saturierten" Phase in der Geschichte der deutschen Korporationen im Deutschen Reich.

Fast alle studierenden CVer Burschenschafter, Corpsstudenten und Vereinsstudenten werden eingezogen oder melden sich freiwillig. Die meisten Korporationen müssen ihre Tätigkeit einstellen bzw. können sie nur formal mit wenigen kriegsversehrten Mitgliedern aufrechterhalten.

Schulter an Schulter stehen deutsche Waffenstudenten aus dem Reich und der Habsburgermonarchie an allen Fronten. Der Blutzoll, den sie zu entrichten haben, ist fürchterlich.

Nationalitätenkrawall an der Wiener Universität.

Die Abwehrkämpfer

**Waffenstudenten kämpfen
in Kärnten, Oberschlesien
und im Baltikum**

*Wo Mannesmut und Frauentreu
die Heimat sich erstritt aufs neu,
wo man mit Blut die Grenze schrieb
und frei in Not und Tod verblieb,
hell jubelnd klingt's zur Bergeswand:
Das ist mein schönes Heimatland!*
                    Kärntner Landeshymne

Im November 1918 vollzieht sich mit dem Zusammenbruch der Österreichisch-Ungarischen Monarchie der letzte Akt der Auflösung jenes Habsburger Reiches, in dem einstmals die Sonne nicht unterging. Politische Kurzsichtigkeit und Starrheit des Kaiser-und Königreiches haben es versäumt, die Nationen des "Völkerkerkers" vor der Katastrophe des Ersten Weltkrieges in die Unabhängigkeit zu entlassen. Auf Kosten der deutschen Gebiete wird nun versucht, für die jungen Staaten ein größtmögliches Territorium abzustecken. Südmähren, Ödenburg, Südtirol, das Kanaltal, das Seetal, die Südsteiermark und Unterdrauburg werden vom deutschen Teil Österreichs abgetrennt.

Nun beschließt der Slowenische Landtag in Laibach (Ljubljana) den Zusammenschluß Sloweniens mit Kroatien und Serbien zum Königreich der SHS. Kärnten wird als altes slawisches Gebiet betrachtet und dessen Einverleibung gefordert.

Wien ist ohnmächtig und unfähig, die südslawischen Forderungen abzuweisen. Nichts scheint das mehrheitlich deutsche Kärnten vor dem Anschluß an den neuen slawischen Staat zu retten.

Aber man hat die Rechnung ohne den Wirt gemacht. Dieser heißt Dr. Arthur Lemisch, Alter Herr der Burschenschaften Tauriska zu Klagenfurt und Suevia Innsbruck und regierender Landesverweser Kärntens.

Im Herbst 1918 setzen sich die Kärntner Regimenter, die Gebirgsschützen 1, das Infanterieregiment 17 "Graf Khevenhüller", das Feldjägerbataillon 8 sowie die Freiwilligen Kärntner Schützen nach schweren bis in die letzten Tage vor dem Zusammenbruch sinnlos geführten Kämpfen halbverhungert und ohne Hoffnung von der italienischen Front ab.

Inzwischen haben die Südslawen, von den Siegermächten moralisch, finanziell und militärisch bestens unterstützt, ihren Einmarsch nach Kärnten begonnen. Widerstandslos kommen sie vorwärts. Bleiburg, Ferlach, Eisenkappel und Kühnsdorf werden besetzt. Verhandlungen des Kärntner Landesausschusses mit dem Kommandanten der SHS-Truppen, dem ehemals österreichischen Offizier und jetzigen jugoslawischen General Majster, in Marburg über eine Grenzfestsetzung verlaufen völlig ergebnislos.

Das Lavanttal bis Ettendorf und St. Paul werden besetzt.

Die menschlichen Schicksale in diesem Gebiet sind von seltener Tragik gekennzeichnet.

Die aus denselben Ergänzungsbezirken stammenden Mannschaften deutscher und slowenischer Volkszugehörigkeit in den Kärntner Regimentern, die durch vier Jahre gemeinsamer Not und gemeinsamen Kampfes zusammengeschweißt worden sind, stehen sich nun als Gegner gegenüber. So führt der SHS-Major Lavrič im Infanterieregiment 17 die erste Kompanie, der Burschenschafter Tschernig die zweite. Beide kennen sich bestens.

Die im gemischtsprachigen Gebiet bestehenden Bindungen durch Freundschaft und Verwandschaft gehen mitten durch Städte und Dörfer und selbst durch Familien.

Der sozialistische Staatssekretär Deutsch überbringt dem Kärntner Landesverweser Dr. Lemisch den Befehl der Wiener Regierung, den einrückenden SHS-Truppen keinen Widerstand entgegenzusetzen. Dies könnte die Aussichten Deutsch-Österreichs bei den kommenden Friedensverhandlungen beeinträchtigen.

Die Steirische Landesregierung ist diesem Befehl bereits gefolgt, worauf die Untersteiermark mit der beinahe reindeutschen Stadt Marburg besetzt wird.

Die österreichischen Truppen übergeben die Stadt kampflos an die Slawen; lediglich in Radkersburg handelt ein Leutnant, der Burschenschafter Dr. Willibald Brodmann, Alter Herr der Burschenschaft Frankonia-Graz, gegen diesen Befehl.

Dr. Brodmann
unserem unvergeßlichem „General Drauf" zum ehrenden Gedächtnis!

Das Heim, Haus und Hof unserer untersteirischen Bauern wäre nach dem Umsturz ein Opfer der damaligen feindlichen Gier geworden, hätte nicht Dr. Brodmann die „Heimwehr" geschaffen. Ein allbeliebter Arzt und Führer sammelte er mit seinen Anhängern, darunter in erster Linie die Brüder Probst, die wehrhaften Heimatschützer. Als er sich in Graz von der Landesregierung Hilfe erbat, da erlebte er die schwerste Enttäuschung. Von der Landesregierung verlassen, auf seine treuen Anhänger allein angewiesen, schaffte er als Kranker in der Nacht aus Feldbach Waffen her und rettete so seine Heimat.

Wir ehren in ihm den unvergeßlichen Führer, den Retter der Heimat.

———

Zur Erinnerung an die zehnjährige Befreiungsfeier in Mureck am 9. Mai 1929

Mit einer Handvoll bewaffneter Bauernburschen, unterstützt von sechzehn Grazer Burschenschaftern der Marcho-Teutonen, gelingt es ihm, die Südslawen über die Mur zurückzudrängen und diese Linie bis zum Abschluß der Friedensverhandlungen zu behaupten.

Dies ist bis heute die Grenze zu Jugoslawien. Radkersburg bleibt bei Österreich.

Die Chronik dieser Grazer Burschenschaft berichtet aus jenen Tagen:

„Als die Jugoslawen hörten, daß sich auf deutscher Seite Freiwillige zum Kampfe rüsteten und daß in Halbenrain eine Bauernversammlung mit dem Ziel der Werbung Freiwilliger stattfinden sollte, entsandten sie eine ihrer *Geiseln zu dieser Versammlung. Die Geisel sollte die Bauern vom Kampf abhalten und selbst wieder in die Gefangenschaft zurückkehren, ansonsten würde den anderen Geiseln Übles widerfahren. Dies war niemand geringerer als unser AH Dr. Kamniker, der von den Jugoslawen inhaftierte Bürgermeister der Stadt Radkersburg. Er war von den Jugoslawen zu dieser Versammlung gesandt worden, um zur Ruhe zu mahnen. Er aber sagte, die Bauern sollten im Kampf um ihre Freiheit und Heimat keine Rücksicht auf die Geiseln nehmen, sondern das tun, was ihre Pflicht sei."*

Oberst Hülgerth als Landesverteidigungskommandant sowie Leutnant Steinacher, ein Vereinsstudent, und Leutnant Fritz, ein Burschenschafter, organisieren in der Zwischenzeit in Kärnten die Verteidigung.

Freiwillige werden aufgerufen, zu den Waffen zu eilen.

Die erste planmäßige Abwehr setzt ein; in wenigen Tagen können die Jugoslawen zurückgeworfen werden.

Das Gebiet bis an die alten Landesgrenzen ist befreit.

Am 14. Januar 1919 sieht sich Laibach gezwungen, in einen Waffenstillstand einzuwilligen. Am 29. April wird dieser ohne Vorankündigung von den Jugoslawen gebrochen.

Jetzt rücken serbische Regimenter in erdrückender Übermacht wieder in Kärnten ein. Die schwachbewaffneten freiwilligen Verbände der Kärntner sind ihnen nicht gewachsen. Zu diesem Zeitpunkt wird aus dem ehemaligen Gegner Italien überraschend ein Verbündeter.

Obwohl sich Italien vorher Südtirol und das Kanaltal einverleibt hat, beobachtet es nun argwöhnisch den Vormarsch der Jugoslawen. Rom kann einen Gebietszuwachs des SHS-Staates und die dadurch gegebenen Grenzschwierigkeiten nicht dulden. Deshalb muß es die Unterbrechung der direkten Verbindung Wien-Rom notfalls militärisch verhindern. Die Italiener unterstützen im Raum Villach-Arnoldstein die Kärntner Abwehrkämpfer, die kurz zuvor noch ihre erbitterten Gegner an der österreichischen Südfront waren.

In Graz und Leoben bildet sich an den Universitäten die „Steirische Akademische Legion" die großenteils aus Waffenstudenten besteht. Sie öffnen Armeemagazine, kleiden sich ein, bewaffnen sich. In Sonderzügen wollen sie nach Kärnten kommen. Die Eisenbahner aber weigern sich, dem Befehl Wiens entsprechend, die Truppen zu befördern. Mit vorgehaltener Waffe erzwingen die Studenten die Abfahrt.

Die Truppe untersteht dem Kommando ehemaliger Leutnants der alten Armee, die nach dem Krieg wieder an die Universitäten zurückgekehrt sind und nun nochmals die Uniform angezogen haben.

Über dem grauen Rock tragen sie das Burschenband.

Aus Leoben ist die Burschenschaft „Leder" mit sämtlichen Aktiven, Inaktiven und zahlreichen jüngeren AH's dabei.

Auch von anderen Universitäten kommen Freiwillige und schließen sich den Steirern an. Ihr Kommando übernimmmt Hauptmann Oberegger vom Corps Joannea. Ihm zur Seite steht Oberleutnant Dosudil von der Burschenschaft Rhaetogermania.

Über den Einsatz der Grazer und Leobner Freiwilligen berichtet der ehemalige Landesrat Dr. Gustav Axmann aus Klagenfurt: *„Als nun am 29. April der Waffenstillstand einseitig von den Südslawen gebrochen, in Kärnten höchste Alarmstufe angeordnet wurde, erging an die steirischen Legionen der Ruf um Hilfe … Schon in Wolfsberg erreichte die von der Bevölkerung jubelnd begrüßte Legion eine telegraphische Aufforderung der steirischen Landesregierung zur Rückkehr in die Steiermark. Dieser Befehl wurde nicht befolgt. Die Legion operierte gemeinsam mit der in die-*

Freiwillige Korporationsstudenten beim Kärntner Abwehrkampf. B. Cruxia-Leoben.

sem Raume um Unterdrauburg eingesetzten Klagenfurter Soldatenwache, stieß im Drautal bis Mahrenberg und südwärts bis Windisch-Graz vor. In Mahrenberg erwartete sie ein als Bauer verkleideter Marburger, der mitteilte, daß alles vorbereitet sei, um beim Eintreffen der Legionen an der Befreiung mitzukämpfen. Die am 10. Mai 1919 in den Raum Windisch-Graz vorstoßende Leobner Legion, unterstützt von einem Kärntner Panzerzug, geriet in einen Hinterhalt ... Diese kurz als die Steirische Akademische Legion bezeichneten drei Legionen aus Graz, Leoben und Bruck a. d. Mur bestanden aus fronterfahrenen Offizieren, die, soweit sie Korporationen angehörten, über ihrer ordensgeschmückten Brust ihr Farbband trugen. Es war eine Elitetruppe, über die der Unterbefehlshaber des Abschnittes Lavanttal, Oberstleutnant Fürnschlief, schrieb: ‚Wer diese Studenten mit dem Farbband um die Brust gesehen hat, ihre Disziplin und ihr militärisches Auftreten, ihre Begeisterung für den Kärntner Freiheitskampf, die bedingungslose Annahme jeder ihnen gestellten Aufgabe, der hatte Gelegenheit, deutsche Hochschuljugend wertschätzen zu lernen ...' Und der Dank der steirischen Landesregierung – ich sage ausdrücklich Landesregierung – bestand nach der am 15. Mai 1919 erfolgten Rückkehr nach Graz in der Umstellung durch Militärpolizei und der Entwaffnung. Die bitterste Enttäuschung erlebte die in Wien von den Brüdern Freund, beide pennale Burschenschafter, aufgestellte Studentenkompanie. Ihr wurde das Abgehen nach Kärnten von den damaligen Machthabern unterbunden...“

In Leoben kommmt es in vorbildlicher Einigkeit zwischen Rektorat, Professorenschaft und korporierten Studenten am 3. Mai 1919 zur Aufstellung der „Leobner Akademischen Legion“, einer 250 Mann starken gutbewaffneten und disziplinierten Truppe. Das Kommando übernimmt Hauptmann Baumgartner vom Corps „Schacht“.

Der Rektor der Montanistischen Hochschule, Prof. Dr. Aubell, hält zum Abschied eine ergreifende Ansprache. Das Lied „Burschen heraus“ macht auf die Anwesenden einen tiefen Eindruck.

Kein Wehrgesetz, kein militärischer Zwang, sondern ihr freiwilliger Entschluß treibt diese Studenten nach Kärnten. Ihnen schließen sich noch sechzig Brucker Forstschüler an.

Im Lavanttal stoßen sie auf die Grazer Studentenlegion. Am 8. Mai rücken sie in den ihnen angewiesenen Raum ein, besetzen Unterdrauburg und sichern diesen Kampfabschnitt am rechten Drauufer gegen Osten in Richtung Marburg durch die Besetzung des Schlosses Buchenstein. Die Chronik der Burschenschaft „Leder“ berichtet über diesen Einsatz:

„Vormittags erfolgte die Abfahrt ins Lavanttal. Von den Kärntnern überall freundlichst begrüßt, erreichten wir nachmittags Lavamünd ... Die überaus freundliche Bevölkerung zeigte uns überall die Spuren des Kampfes ... Der Feind hatte mittlerweile unter dem Druck der Kärntner auch das jenseitige Drauufer geräumt.

Am 8. Mai fuhr das Bataillon nach Unterdrauburg. Der Großteil des Bataillons erhielt den Befehl, die Sicherungslinie drauabwärts (gegen Marburg) zu beziehen. Zwei Züge unserer Kompanie, darunter auch der Lederzug, sollten per Bahn gegen Windisch-Graz vorstoßen, da dort selbst jugoslawische Truppen und slowenische Bauern neuerlich eingedrungen waren und die dortigen Deutschen arg bedrohten ... Der Ort sollte daher unter unserem Schutze von den Deutschen evakuiert und diese per Bahn nach Unterdrauburg in Sicherheit gebracht werden ... Kaum hatten wir die Brücke über den Mißlingbach knapp vor dem letzten Wächterhäuschen vor Windisch-Graz überfahren, so erhielten wir von Süden aus zwei bis drei Maschinengewehren äußerst lebhaftes Feuer. Der Zug hielt sofort, alles sprang heraus und suchte sodann hinter dem Damme Deckung ...

Der Zug war mittlerweile zurückbefohlen worden; Prof. Granigg fuhr mit ihm nach Unterdrauburg zurück, um von dort Hilfe zu holen. Die Lage war kritisch.

Die Linie, welche wir hielten, war für die Verteidigung – wir konnten uns ja der feindlichen Überzahl wegen lediglich auf eine solche beschränken – entschieden ungünstig. Mit den vor Windisch-Graz in Kampf stehenden schwachen Abteilungen der Kärntner Volkswehr konnten wir keine Verbindung herstellen, und überdies begann der Infanterie – und hauptsächlich der Mg – Munition auszugehen, da der Zug mit der Munitionsreserve weggefahren war.

Als nun der Feind neue Maschinengewehre in Tätigkeit setzte und unseren Flügel gefährlich bedrohte, entschlossen wir uns, eine Verschiebung über den Bach gegen die Hügelkette vorzunehmen. Dies wurde planmäßig durchgeführt. Trotz der beträchtlichen Feuereinwirkung hatten wir bis zu dieser Verschiebung noch keine Verluste erlitten... am Abend des 12. Mai fand eine Vertretersitzung statt, in welcher über ein Weiterverbleiben des Bataillons an der Front beschlossen werden sollte. Dies war notwendig geworden, da es verlautete, die im slawischen Auslande zuständigen Bataillonsangehörigen müßten aus der Front herausgezogen werden; dadurch wäre das Bataillon auf einen praktisch sehr unbedeutenden Kampfstand herabgesunken. Überdies wäre es wohl nicht möglich gewesen, für die verhältnismäßig geringe Zahl der etwa verbleibenden deutschen Alpenländer die Zugeständnisse der Hochschule aufrechtzuerhalten. Die Vertretersitzung beschloß aus diesen und noch anderen Gründen, den Landesbefehlshaber um Her-

Steirische Waffenstudenten 1919.

ausziehung aus der Front zu bitten. Mit diesem Auftrage wurden zwei Vertreter nach Klagenfurt entsendet...

Wir hatten übrigens dem Lande Kärnten durch unser rasches Eingreifen gerade im kritischsten Zeitpunkt entschieden viel geholfen. Der Landesbefehlshaber sah uns nur schwer scheiden und bemühte sich, das Bataillon, von dessen innerem und äußerem Werte er überzeugt war, festzuhalten. Die Vertreter baten jedoch um Abtransport. Die Ablösung erfolgte am 13. Mai durch kärntnerische Heimwehr; die Bevölkerung sah uns ungern scheiden, da mit uns ihr Vertrauen auf die Erhaltung des Landes schwand... Und kamen gegen acht Uhr abends in dem zum Empfang festlich beflaggten und geschmückten Leoben an.

Wenn schon der Abschied herzlich war, so war der Empfang einfach großartig. Eine Menschenmenge, wie sie der Leobner Bahnhof wohl selten gesehen, erwartete mit Musik das Bataillon und geleitete es auf den reichbeflaggten Hauptplatz, wo es in Vertretung des Rektors von Prof. Brisker im Namen des Professorenkollegiums, vom Bürgermeister Murko namens der Stadt und vom Hörer Krön namens der zurückgebliebenen Kommilitonen begrüßt wurde..."

Am 15. Mai, also bereits nach wenigen Tagen, müssen die Leobner Studenten auf Befehl ihrer Landesregierung in die Steiermark zurückkehren.

Trotz ihres kurzen Einsatzes, den sie unfreiwillig beenden, bereitet ihnen die Leobner Bevölkerung einen herzlichen Empfang. Sie haben gezeigt, daß die akademische Jugend – wie immer wieder in der Geschichte – willens ist, Opfermut und Einsatzbereitschaft zu beweisen.

Ende Mai 1919 greifen neun serbische Regimenter mit 16 500 Mann die verbliebenen 2 700 Kärntner an. Am 6. Juni können sie Klagenfurt besetzen.

Der Leobner Ernst Löffler von der Burschenschaft „Leder", Oberleutnant und

Der Alpinate Kurt Plahna im Kärntner Abwehrkampf.
Er fiel zusammen mit Gottfried Stille vom KV Karantania.

Kommandant des Mg-Zuges, schildert seine Erlebnisse und Eindrücke wie folgt: *„Durch einen Feuerüberfall des von uns am 10. Mai 1919 auf dem Ottischnigberg südlich Unterdrauburg auf Kote 446 zur Rückendeckung der Buchensteinstellung eingesetzten Zweiten Mg-Zuges auf einen aus einer Lok und einem Waggon bestehenden jugoslawischen Waffentransport, der nördlich vom Bahnhof St. Johann gerade mit dem Ausladen beschäftigt war, wurde dieser unter Zurücklassung von mehreren Mgs samt Munition zum Rückzug gezwungen.*

Wie damals die für uns günstige militärische Lage versäumt wurde, beweist die Tatsache, daß sich die Kärntner bereiterklärt hatten, als Gegenleistung für eine steirische Waffenhilfe den Angriff auch südlich der Drau nach Untersteiermark Richtung Marburg vorzutragen. Dafür stellte der Landeskommandant von Kärnten, Oberst Hülgerth, die Bedingung, daß die Steirische Landesregierung unsere vereinten Operationen nördlich der Drau, wo sich noch vielfach SHS-Truppen bemerkbar machten, durch den Einsatz der Steirischen Volkswehr nach besten Kräften unterstützt. Die am 13. Mai von Unterdrauburg aus mit der Landesregierung von Steiermark telefonisch geführten Verhandlungen wurden von dieser in brüsker Form zurückgewiesen mit der Begründung, daß sie ebenso wie die Bundesregierung in Wien für die Bestimmung der zukünftigen Landesgrenzen nur die Entscheidung der Friedensverhandlungen in St. Germain als zuständig anerkenne und die Tätigkeit der Freischärler der österreichischen Hochschulen entschieden ablehne.

Sie drohte sogar, unserem Vormarsch bei Betreten steirischen Bodens die Steirische Volkswehr entgegenzusetzen. Dieses empörende Verhalten der Regierungen von Wien und Graz zusammmen mit der Intervention des tschechischen Konsulates Graz über Prag in Wien veranlaßte den Landeshauptmann von Kärnten, Oberst Hülgerth am 15. Mai schwe-

ren Herzens, das Leobner Studentenbataillon sofort aus seinem Kampfabschnitt herauszuziehen und über Klagenfurt nach Leoben zurückzuordern. Der Dank des Landes Kärnten für unsere brüderliche Hilfeleistung in harter Kriegsnot wurde nicht nur durch die uns gleichgesinnte österreichische Presse nach unserer Heimkehr zum Ausdruck gebracht, sondern noch durch die Verleihung des Kärntner Kreuzes an jeden Teilnehmer unseres Bataillons.“

Das Echo der Kämpfe in Kärnten macht auf die in Paris verhandelnden Ententemächte großen Eindruck. Die Forderungen der Südslawen gegenüber Kärnten werden nun angezweifelt.

Leutnant Fritz, AH der B. Arminia-Villach.

Eine alliierte Kontrollkommission wird nach Kärnten in Marsch gesetzt. Diese eruiert sehr genau die geographischen, wirtschaftlichen und völkischen Gegebenheiten in Kärnten, vor allem aber in dem von Jugoslawien besetzten Gebiet.

Am 2. September 1919 kommt die Kommission zum Beschluß, daß in Kärnten eine Volksabstimmung abgehalten werden müsse. Sie bestätigt „die Einheit des Klagenfurter Beckens in bezug auf Wirtschaft, Verkehr und die Karawanken als die naturgegebene Grenze von Kärnten".

Die Opfer des Abwehrkampfes sind demnach nicht umsonst gewesen.

Die Kärntner Volksabstimmung am 10. Oktober 1920

Am 16.7.1919 tritt für Österreich der Friede von St. Germain in Kraft, in dem das mit blutigen Opfern erkaufte Recht für die Volksabstimmung in Kärnten verankert ist. Nach Abzug der serbischen Truppen aus Klagenfurt ist das Land in eine Abstimmungszone A (das Gebiet südlich der Drau einschließlich Völkermarkt) und in eine Abstimmungszone B (Gebiet nördlich des Wörthersees, Klagenfurt bis zur Gurk) eingeteilt worden.

In der Zone A, die von serbischen Truppen und Zivilbehörden der Jugoslawen besetzt ist, wird die Bevölkerung mit Mitteln des Terrors, wirtschaftlichen Repressalien und vagen Versprechungen unter Druck gesetzt, um sie für die Stimmabgabe für den SHS-Staat zu gewinnen.

Den Abstimmungsforderungen entsprechend, hätte die Zone B abstimmen müssen, wenn sich die Zone A zu Jugoslawien bekannt hätte.

Gerade diese Mittel zeigen einen Vorgeschmack der Wirklichkeit, die das Gebiet bei einem Anschluß an Laibach zu erwarten

Der Vereinsstudent Hans Steinacher als Oberleutnant im Kärntner Abwehrkampf.

hatte. Die Folge ist eine ebenso verbissene wie gut organisierte, allerdings auch opferreiche Abwehr.

Durch die internationale Abstimmungskommission in Klagenfurt ist das Land in sechs Distrikte unterteilt. Dem internationalen Distriktsausschuß gehören je ein britischer, italienischer und französischer Offizier an, von denen der Italiener für Kärnten, der Franzose für die SHS Partei ergreift und nur der Engländer wirklich korrekt und neutral ist.

Um die Bevölkerung am Wahltag einzuschüchtern, ihren Gang zum Wahllokal zu verhindern und durch einen solchen Stimmenausfall die Wahl zu beeinflussen, stellt die SHS am Tag der Abstimmung, dem 10. Oktober 1920, in jedem Wahlort Prügelgarden auf.

Dieser Störungsabsicht wird von Kärntner Seite entgegengetreten. Wiederum werden unter anderem die Leobner Hochschüler mobilisiert, um Abwehrabteilungen gegen die SHS-Prügelgarden zu bilden. Die gesamte Leobner korporierte Studentenschaft fährt nach Klagenfurt. Die Verteilung der einzelnen Korporationen auf die Einsatzgebiete wird festgelegt.

Aus dem Bericht der Leobner Studentenschaft:

*„Die Schwierigkeit unserer Lage bestand darin, daß wir alle mit ,Interimsausweisen' versehen als Abstimmungsberechtigte in das Abstimmungsgebiet einmarschierten und jede Kon-*trolle dieser Ausweise sehr ungemütlich gewesen wäre.

Außerdem durften wir keinerlei Waffen besitzen, wogegen die SHS-Prügelgarden bestens bewaffnet waren.

Wir mußten daher auch bei Überschreitung der Demarkationslinie an der Gurk auf eine Visitierung gefaßt sein.

Um eine möglichst starke Abteilung vorzutäuschen, überschritten wir die Demarkationslinie mit lautem Gesang, waren aber wesentlich erleichtert, als dort überhaupt keine Kontrolle stattfand und kein Jugoslawe zu sehen war.

Nach kurzem Schlaf auf den Steinböden der Brauerei in Völkermarkt begann sofort die Verteilung der einzelnen Korporationen auf ihre Einsatzorte.

Unser Einsatzort war nördlich der Straße Klagenfurt-Völkermarkt das kleine Dorf St. Margarethen gemeinsam mit der Burschenschaft Leder; die ,Schachter' waren an der Draubrücke in Tainach eingeteilt.

Essenfassen der Waffenstudenten bei Unterdrauburg.

Kärntner = Bericht

der

Leobner Burschenschaft „Leder"

1919.

Im Selbstverlage der Leobner Burschenschaft „Leder".

Ehrung verdienter Abwehrkämpfer durch den Kärntner Landeshauptmann Wagner.

Am 10. Oktober besetzten wir schon um sechs Uhr morgens den uns zugewiesenen Raum und die Hauptanmarschwege.

In dem einzigen Gasthaus als Wahllokal ist die Wahlkommission mit der Wahlurne untergebracht. Nach Vorschrift sollten keinerlei Ansammlungen näher als 50 Meter vom Wahllokal geduldet werden, doch hielten sich die SHS-Prügelgarden keineswegs daran und waren willens, die Kärntner durch ihre drohende Haltung einzuschüchtern und vom Wahlgang abzuhalten.

Unsere Aufgabe bestand darin, die Anmarschwege ständig mit Propagandamaterial, das uns in ausreichender Menge zur Verfügung stand, zu bestreuen, herankommmende Wähler mit Wahlzetteln zu versorgen und ihnen durch unsere Anwesenheit für den Wahlgang das Gefühl der Sicherheit gegenüber den SHS-Prügelgarden zu geben. Jede der feindlichen Propagandagruppen, wir ebenso wie die SHS-Leute, hoben die gegnerischen Propagandazettel auf und vernichteten sie, streuten dafür die eigenen.

Aber schon gegen neun Uhr war den SHS-Leuten das Papier ausgegangen, wogegen bei uns im wahrsten Sinne des Wortes das Papier die Anmarschwege beherrschte, so als ob eine andere Partei überhaupt nicht bestünde.

Wir gingen immer in Gruppen zu zwei oder drei Mann, verständigten uns ständig durch unseren ‚Kouleurpfiff'. Dieses dauernde und von allen Seiten hörbare Pfeifsignal täuschte den SHS-Leuten eine weitaus größere Zahl von uns vor, als wir tatsächlich waren, und die Gegner zogen sich, sichtlich nervös und unsicher geworden, immer mehr zur Kirche zurück, von wo sie, von uns kaum bemerkt, verschwanden und sich gegen die Draubrücken zurückzogen."

Die Aktivitates der B. Freya und des C. Arminia in der Klagenfurter Studentenkompanie.

Den Einsatz der Gruppe Hans und Fritz Laier, Herbert Kurz, Deutsch, Maurer und Tschebull schildert der Bericht von Hans Laier. Darin heißt es:

„Wir waren im Gasthof des Herrn Rack, eines großen Landwirtes einquartiert, der ein tatkräftiger Führer dieser Gegend war. Die gemeinsame Aufgabe, die Liebe zu Heimat und Volkstum, schuf in den wenigen Tagen ein Vertrauen, welches sich sofort zwischen uns und den unter der Führung von Rack stehenden Bauernburschen der Umgebung anbahnte. Gegen Abend kamen unter dem Schutz der Dunkelheit an die 20 Bauernburschen, bewaffnet mit allerhand selbstgefertigten Schlag-, Stich- und Hiebwaffen, ein Anblick wie auf dem Bild Deffreggers ‚Das letzte Aufgebot'. Diese sehr erwünschten Verstärkungen wurden nun so eingeteilt, daß immer zwei Bundesbrüder mit sechs bis acht Einheimischen in drei Patrouillen eingesetzt werden konnten. Ihre Aufgabe bestand darin, die Bewohner der entlegenen Höfe und Häuser aufzusuchen, ihnen Mut zuzusprechen, Flug- und Stimmzettel zu verteilen und ihnen sicheres Geleit zum Wahllokal zu geben.

Von diesen drei Patrouillen mußte immer eine im Hof Racks bleiben, um diesen zu sichern, da in der Nacht vor der Abstimmung an der Scheune des Landwirtes ein Zettel angebracht wurde, der die Rache der SHS-Leute ankündigte, nach der Abstimmung den gesamten Besitz anzünden zu wollen.

Dank unseres Einsatzes, der den vorzeitigen Abzug der SHS-Prügelgarden veranlaßte, verlief der Wahltag vollkommen ruhig. Mit fortschreitender Zeit zeigte sich eine immer hoffnungsfrohere Stimmung in der Bevölkerung, da man im Ort St. Margarethen selbst erleben konnte, wie die Kärntner in hellen Scharen zur Wahl kamen; ihre Stimmentscheidung war offensichtlich eine Mehrheit der grünen Stimmzettel.

Der ganzen Bevölkerung hatte sich eine freudige und zuversichtliche Stimmung bemächtigt, konnte man doch schon in einzelnen Orten aus dem starken Besuch der Abstimmungslokale das für Kärnten positive Ergebnis erwarten.

Wir selbst wurden dann wiederum nach Völkermarkt zurückgezogen ... Am späten Nachmittag ging es per LKW zurück nach Klagenfurt. Als wir zur Einmündung der Straße von Tainach auf die Hauptstraße kamen, sahen wir unter schwerer serbischer Bewachung die ‚Schachter' heranmarschieren. Wir sprangen vom LKW und gingen, bewaffnet mit Stöcken, in Schwarmlinie gegen die Serben vor, mußten aber in dem Augenblick aufgeben, als Gendarmen, bestens bewaffnet, schußbereit in Deckung gingen. Ein weiteres Eingreifen unsererseits erübrigte sich aber, da die Gendarmen nunmehr die ‚Schachter' freigaben und selbst nach Süden abzogen. Die ‚Schachter' und andere in Tainach an der Draubrücke eingesetzte Gruppen hatten noch zum Abschluß die Wut der von ihrer offenkundigen Niederlage enttäuschten Prügelgarden über sich ergehen lassen müssen."

Ein ähnliches Erlebnis berichtet Tschernig, der nach einem ruhig verlaufenden Abstimmungstag im Raum Eisenkappel-Sittersdorf der Zone A am Heimmarsch in einem Hohlweg nahe Grafenstein mit seiner Abteilung von SHS-Leuten überfallen, gefangen und in einen Keller gesperrt wurde. Erst am Abend des nächsten Tages wird die Abteilung durch einen italienischen Abstimmungskommissar aus ihrem Gefängnis befreit.

Doch nichts kann nunmehr die freudige Stimmung der Kärntner Bevölkerung hemmen.

Das offizielle Abstimmungsergebnis wird am 13. Oktober 1920 auf dem Neuen Platz in Klagenfurt verkündet.

Das Ergebnis:

Abstimmungsberechtigte	39.291 (ges.)
für Kärnten und Östereich	22.025 (59 %)
für SHS	15.279 (41 %)

147

Durch dieses eindeutige Abstimmungsergebnis der Zone A erübrigt sich die Abstimmung in Zone B.

Nicht zuletzt ist es dem beispielhaften Einsatz der Studentenschaften und ihrer Helfer
zu verdanken, daß Kärnten dieses für sich
so erfolgreiche Ergebnis erzielen konnte.
Kärnten ist frei und ungeteilt, bis zum heutigen Zeitpunkt.

Teilnehmende Burschenschafter am Ab-
stimmungseinsatz:

Fritz Deutsche
Herbert Kurz
Fritz Laier
Hans Laier
Hubert Maurer
Helmut Weitzer
Bruno Westermeier
sowie Tschebull

Flugblatt des Corps Schacht-Leoben.

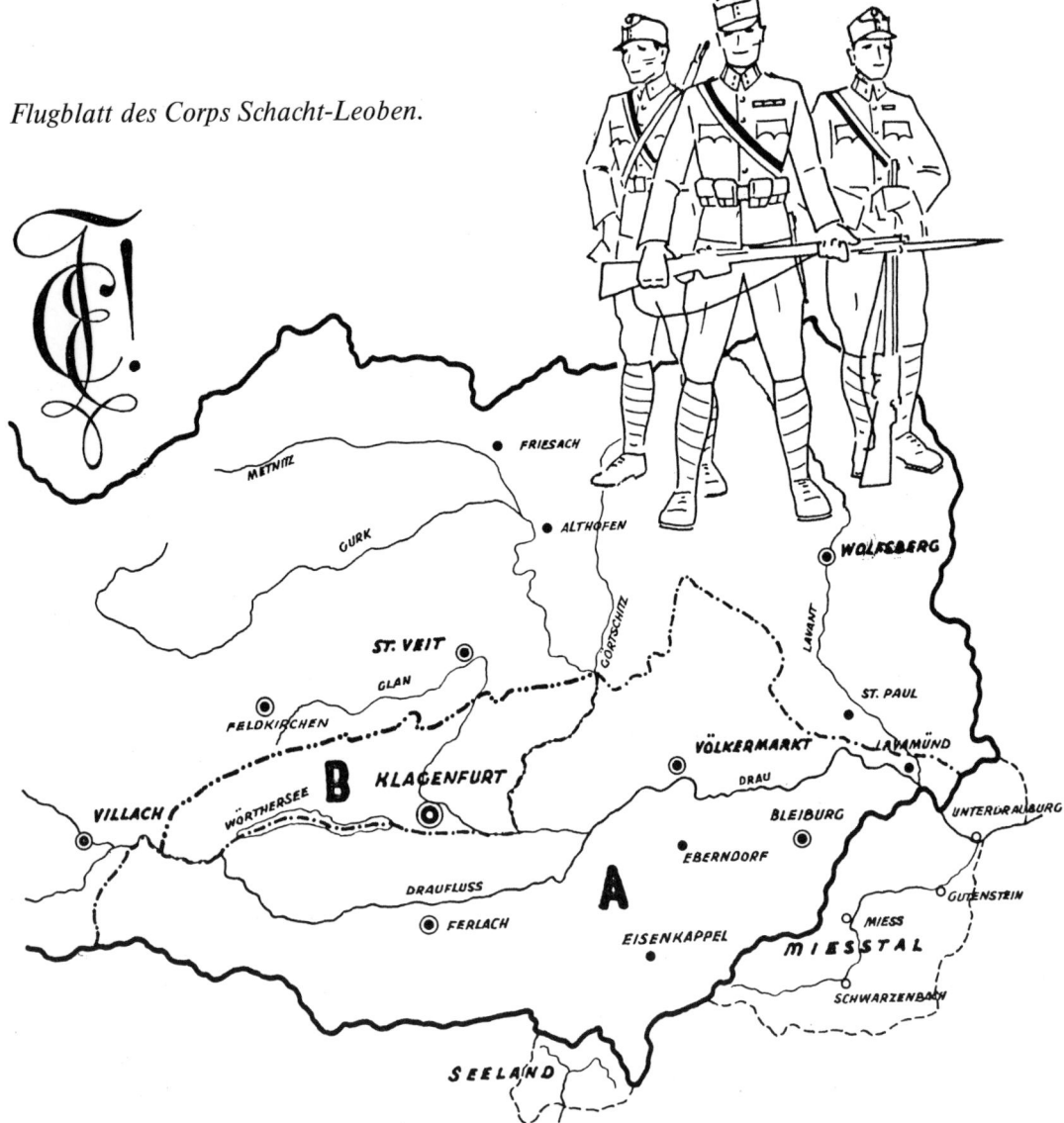

Die Revolution

September 1918. General Erich Ludendorff, eigentlicher deutscher Machthaber am Ende des Ersten Weltkrieges, erkennt, daß die militärische Lage Deutschlands aussichtslos und ein Waffenstillstand der einzige Ausweg ist. Er weiß, daß Monarchie und Adel ausgespielt haben.

Die Waffenstillstandsverhandlungen müssen dabei andere politische Kräfte führen, die von den Gegnern akzeptiert werden. Ludendorff plant den Sturz der ohnehin am Boden liegenden Kaisermacht und das Einsetzen einer parlamentarischen Regierung, die sich unverzüglich um einen Waffenstillstand bemühen soll.

Er bietet den Parteien an, was sie in ihren kühnsten Träumen nicht erwartet haben: volle Parlamentarisierung, ganze Macht. In tiefster Resignation beugt sich der Kaiser Ludendorffs Wünschen.

Am 3. Oktober 1918 erfahren die Deutschen, daß sie von nun an in einer parlamentarischen Demokratie leben. In der neuen Regierung unter dem Corpsstudenten Prinz Max von Baden als Reichskanzler haben Sozialdemokraten wie Philipp Scheidemann und Friedrich Ebert das Sagen. Die demokratische Regierung, die nach Wilsons Vierzehn-Punkte-Programm an die Möglichkeit eines raschen Waffenstillstands glaubt, wird enttäuscht. Die europäischen Alliierten wollen einen Sonderfrieden der USA mit Deutschland verhindern. In Paris wird über die Waffenstillstands- und Friedensbedingungen erbittert verhandelt. So wird noch über einen Monat weitergekämpft und gestorben. Dies führt zur Revolution in Deutschland.

Noch aber hat der Kaiser nicht abgedankt. Die Sozialdemokraten in der Regierung sind weniger an der Errichtung einer radikal-demokratischen Arbeiterherrschaft als vielmehr an der Festigung einer parlamentarisch gestützten, konstitutionellen Monarchie interessiert.

Am 4. November 1918 bricht in Kiel die Revolution aus. Matrosen der deutschen Hochseeflotte befreien ihre inhaftierten Kameraden, die sich geweigert haben, nach dem Waffenstillstandsgesuch zu einer großen Seeschlacht gegen England auszulaufen.

Arbeiter- und Soldatenräte werden gebildet. Am Abend des 4. November 1918 ist Kiel in der Hand von 4000 aufständischen Matrosen und Marinesoldaten. Von hier aus ziehen die Männer südwärts in das deutsche Kernland. Wohin sie auch kommen, schließen sich ihnen Soldaten der Garnisonen und Arbeiter aus den Fabriken an.

Überall bricht die bestehende Ordnung zusammen.

Am 5. November hat die Revolution Lübeck und Brunsbüttelkoog erfaßt, am 6. November Hamburg, Bremen, Wilhelmshaven, am 7. November Hannover, Oldenburg, Köln, am 8. November besitzt die Revolution die Kontrolle über alle westdeutschen Großstädte und greift über die Elbe nach Leipzig und Magdeburg. Der Kaiser dankt am 9. November ab und Scheidemann ruft die Republik aus. Der Sturz der alten Obrigkeit und ihr Ersatz durch eine neue Ordnung sind die Folge.

Doch die roten Matrosen, die glauben, für die neue sozialdemokratische Regierung revoltiert zu haben, werden eben von dieser Regierung gefürchtet.

Die SPD mit ihrem Vorsitzenden Friedrich Ebert will Ruhe und Ordnung, eine parlamentarisch gestützte Monarchie, Frieden und keine Revolution.

Noch bereiten die Matrosen dem SPD-Abgesandten Noske in Kiel einen triumphalen Empfang. Sie wissen nicht, daß die Regierung Oberst Reinhard vom 4. Garderegiment am 24. Dezember 1918 beauftragt, eine freiwillige Truppe zur Verstärkung der schwachen regierungstreuen Reichswehreinheiten aufzustellen. Dies ist der Beginn der Bildung zahlreicher Freikorps.

Ein böses Weihnachtsgeschenk für die Revolution!

Die SPD setzt beim Aufstellen dieser Korps auf die noch immer stark in den Frontkämpfern verwurzelten Vaterlandsgefühle einer Generation, die vom soldatischen Prinzip zusammengehalten wird und einem bedingunslosen Nationalismus anhängt. Sie aber hatte in den Schlachten des Krieges die Erfahrung des „Frontsozialismus" gemacht. Demnach sind die Freikorps keine Anhänger der alten, überkommenen monarchistischen Ordnung. Sie sind der Ausdruck einer stark heterogenen, revolutionären Gesinnung, die ein neues, vom sozialistischen Geist geprägtes Deutschland aufbauen will. Ob 1918 wirklich die Chance besteht, mit Hilfe einer Räterepublik in Deutschland den Sozialismus zu etablieren, soll hier offen bleiben. Sicher ist, daß ein Sozialismus deutscher Prägung, ein nationaler Sozialismus, also eine Republik der deutschen Arbeiter, Bauern und Soldaten nicht zum Nationalsozialismus Hitlerscher Prägung geführt hätte. Indem die SPD die Freikorps gegen die rote Revolution ihrer linkssozialistischen Genossen ins Feld schickt, gibt sie einen Anstoß zur späteren Tragödie Deutschlands.

Die sozialistische Revolution wird von ihren sozialdemokratischen Führern niedergeschlagen, ein Vorgang, der in der Weltgeschichte kaum seinesgleichen hat. Die Chance der Verbindung der nationalen und sozialen Frage in einer deutschen Revolution ist verpaßt.

Die monarchistischen Herrschaftsstrukturen werden später in kaum veränderter Form in die Republik von Weimar übernommen, die radikalen Linken der Möglichkeit einer nationalen Bewährung beraubt und

die Freikorps um ihren Frontsozialismus betrogen.

Diejenigen, die gemeinsam die national- und sozialrevolutionäre Umgestaltung Deutschlands hätten vornehmen können, werden Gegner. Die Revolution ist verraten. Einer der Programmpunkte der Urburschenschaft, daß „Deutsche niemals auf Deutsche schießen dürfen", ist durch die traurigen Umstände nicht erfüllt worden.

In den Reihen der Freikorps stehen auch die vorzeitig gealterten Jungen, die von der Schulbank und aus dem Hörsaal im Jahre 1914 freiwillig an die Front gezogen sind. Nach der Zerschlagung der Spartakistenfestungen im blutigen Bürgerkrieg von 1918 benutzt die Regierung Ebert sie, um die nun fließenden Grenzen im Osten des deutschen Reiches zu sichern.

Im März 1919 spielen die Freikorps nochmals die Rolle der Handlanger der Reichsregierung und schlagen den zweiten Spartakistenaufstand nieder.

Zum zweitenmal haben die Freikorps eine Republik gerettet, die ihnen nichts bedeutet und die ihnen auch keinen Dank erweist.

Kameraden! Genossen! Arbeiter!

Die Lawine ist im Rollen! Die Würfel sind gefallen! Jetzt gilt es, die Revolution zu einer wirklichen Revolution zu machen. Zu diesem Zweck muß sofort mit der Bildung der

Roten Garde

begonnen werden.

Kameraden! Genossen! Jetzt gilt es, die Diktatur des Proletariats zu errichten, an den Sozialismus zu verwirklichen. Dieses kann nur erreicht werden, wenn die Feinde der Revolution zu Boden geschlagen sind. Dazu brauchen wir eine starke „Rote Armee". Jeder waffenfähiger evolutionäre Proletarier muß bei ihrer Aufstellung mitwirken. Folgt dieser Parole!

Auf zum Kampf für eine wahre sozialistische Republik.

Es lebe die Rote Armee!

Es lebe die Weltrevolution!

Der Rote Soldatenbund.

Albert Leo Schlageter

Mittlerweile steht Deutschlands Grenze im Osten in hellen Flammen. Die ehemaligen zaristischen Provinzen im Baltikum haben sich zu selbständigen Staaten erklärt.
Die Rote Armee aber will diese Länder für das neue Sowjetrußland erhalten.
Am 29. Dezember 1918 hat der Chef der lettischen Regierung, Ulmanis, mit dem Deutschen Reich einen Vertrag geschlossen, der die Entsendung Freiwilliger in das Baltikum vorsieht. Ihnen wird die lettische Staatsbürgerschaft und Siedlungsland versprochen.
Die deutsche Regierung fürchtet das Ausufern „der roten Flut" und schickt die Freikorps. Die Verbände werden nach Kurland verlegt, wo sich eine große deutsche Minderheit befindet. Auch sie bildet nun deutsche Freikorps.
Hier begegnen wir zum erstenmal Albert Leo Schlageter aus Freiburg – einem Mann, dessen tragisches Schicksal stellvertretend für das zahlreicher junger Kämpfer und Studenten jener Zeit steht.
Als der Krieg ausbricht, ist Schlageter Student und Mitglied der CV Verbindung „Falkenstein zu Freiburg" – einer katholischen Studentenbewegung. Er kommt zu einem Artillerieregiment und wird wegen Tapferkeit vor dem Feind zum Leutnant befördert und mit dem Eisernen Kreuz erster und zweiter Klasse ausgezeichnet.
Am 23. Juni 1919 steht Schlageter mit einer Sturmbatterie im Verband des Freikorps Medem in Olai, nordöstlich von Riga.
An diesem Tag trifft im Gefechtsstand die Nachricht ein, daß Deutschland sich dem Druck in Versailles gebeugt, den Friedensvertrag unterzeichnet und sich auf unabsehbare Zeit den Bedingungen der Siegermächte unterworfen hat.
Der Freikorpskämpfer Ernst von Salomon schreibt in seinen Erinnerungen:
„Plötzlich stürzte Leutnant Kay in das Block-

Der CVer Albert Leo Schlageter als Freikorpskämpfer.

haus und stieß heraus: ‚Deutschland hat den Friedensvertrag unterschrieben.'
Einen Augenblick war alles still.
So still, daß der Raum fast dröhnte, als Schlageter aufstand. Er hielt die Klinke in der Hand und murmelte: ‚So, so, Deutschland hat also unterschrieben...'
Er hielt inne, blickte starr geradeaus und sagte dann, er hatte auf einmal einen bösen Ton in der Stimme:
‚Ich meine, was geht denn das schließlich uns an?'
Hieb die Tür ins Schloß und war draußen."
Die militärische und schließlich die politische Kapitulation Deutschlands in Versailles ist nicht die Kapitulation Schlageters. So kämpfen er und die Freikorps im Baltikum weiter, bis die Rote Armee aus dem Land gedrängt ist.
Die lettische Regierung bricht ihr gegebenes Versprechen auf Heimatrecht im Baltikum. Das Deutsche Reich befiehlt die Truppen nach Hause. Doch die letzten im Lande verbliebenen Freikorps kämpfen weiter, um die deutsche Bevölkerung des Baltikums vor dem Untergang zu retten.

Schlageters Batterie auf der Dünabrücke in Riga.

In diesem Kampf stürmt Schlageter mit seiner Sturmbatterie die Dünabrücke in Riga. Im feindlichen Feuer stürzt er vor der eigenen Infanterielinie voran und schießt eine Bresche in die feindliche Verteidigungslinie. Riga kann genommen werden.

Dort wartet die deutsche Bevölkerung auf ihre Liquidierung.

Als die Freikorpsmänner den Hof der Zitadelle stürmen, ist die Erschießung der Deutschen in vollem Gange. Im letzten Moment können Hunderte von Menschen gerettet werden.

Im Jahre 1921 befindet sich Albert Leo Schlageter im Verband des Freikorps Heinz in Oberschlesien.

Polen versucht, Teile Oberschlesiens vom Reich abzutrennen.

Im März 1921 findet unter alliierter Aufsicht eine Volksabstimmung statt, die mehr als 60 Prozent der Stimmen für Deutschland erbringt.

Polen akzeptiert dieses Abstimmungsergebnis jedoch nicht.

In der Nacht vom 2. auf den 3. Mai 1921 überqueren starke polnische Freiwilligenverbände die Grenze, und bald ist das ganze Gebiet in polnischer Hand.

In Berlin protestiert der künftige Minister Dr. Walther Rathenau in einer wohlgesetzten Rede. Ansonsten bleibt die Reichsregierung, gebremst durch die Ententemächte, untätig.

Ohne Befehl, ja gegen den Befehl der Reichsregierung, erobern die Freikorpskämpfer und die freiwilligen Studenten zwei Drittel des Gebietes von Oberschlesien zurück.

Ernst von Salomon hat als junger Freikorpskämpfer am Vortag schwerer Kämpfe den studentischen Übermut erlebt, als seine Studentenkompanie in Namslau ausgerechnet im „Braustübl" der Haselbach Brauerei einquartiert wird und dort Fässer voll Bier

Eberhard Wildermuth, Führer des Stuttgarter Studentenbataillons.

Otto Keinert, Adjutant im Stuttgarter Studentenbataillon.

vorfindet. In seinem Buch „Der Fragebogen" berichtet er:

„An jedem Tisch saß eine Gruppe, und jede war von der anderen leicht zu unterscheiden. Denn über zerschlissenen Joppen und Windjacken trugen die Studenten bunte Bänder in verschiedensten Farben. Es war ganz klar, die studentischen Verbindungen feierten angesichts des braunen schäumenden Bieres ihre fröhliche Urständ. Wer vorher Meldegänger oder Zugführer war, MG-Schütze oder Fahrer, war nun Erster Chargierter oder Fuchsmajor, die gesamte Hierarchie hatte sich verschoben und umgekehrt – der Kompanieführer war plötzlich der jüngste Fuchs seiner Verbindung und mußte auf Befehl des Küchenbullen ‚in die Kanne steigen'... Irgendeine studentische Celebrität schlug mit einem wahrhaftig plötzlich herbeigezauberten Schläger auf den Tisch und rief mit donnernder Stimme ‚Silentium'... Irgendwo wurde ein rauher Cantus angestimmt.

Tempora mutantur. O quae mutatio rerum! Hier saß der hohe Kösener SC, und dort saßen die Burschenschafter, die Landsmannschafter, die Sängerschaften, die Turnerschaften ... Sie teilten sich in schlagende und nicht schlagende Verbindungen, in farbentragende und nicht farbentragende, in katholische und protestantische, wer vorher Meier oder Schulze hieß, Medizin, Technik oder Philologie studierte, war plötzlich Germane oder Teutone, Borusse oder Normanne ...

In den Hallen des Bräus saß nicht mehr eine Kompanie des freiwilligen Selbstschutzes in Oberschlesien, es bot sich das verwirrende Bild des deutschen Universitäts- und Studentengeflechts, eines Bereiches von höchst eigener und komplizierter Art, von höchst sprießendem und hektischem Leben."

Wie eine Bombe schlägt im Januar 1923 die Nachricht von der Besetzung des Ruhrgebietes durch die Franzosen ein.

Zu schleppend sind für Paris die Reparationslieferungen an Kohle und Stahl, die das ausgehungerte, frierende, unterernährte Deutschland leistet.

General Degoutte richtet an der Ruhr ein Schreckensregiment auf. Senegalschützen und marokkanische Spahis halten die Bevölkerung im Zaum.

Auf streikende Arbeiter wird gefeuert. Nun rollen die Kohlenzüge wieder nach Frankreich, werden ganze Industrieanlagen zu Reparationszwecken demontiert und nach Frankreich verladen, während an der Ruhr das „Gespenst Hunger" umgeht.

Die Reichsregierung ruft zum passiven Widerstand gegen die Besetzer auf. Dieser wird mit Maschinengewehren unterdrückt. Den Rest besorgen Verhaftungskommandos, Standgerichte und Deportationen.

Insgesamt verhängt die Maschinerie der französischen Gerichtsbarkeit tausende von Jahren Gefängnis und Zwangsarbeit.

Die Verhaftungszentralen der französischen Militärpolizei werden zu Exekutionsstätten des Sadismus.

Karsamstag erschießen die Franzosen vierzehn demonstrierende Arbeiter in Essen, verwunden sechzig Arbeiter schwer.

Dr. Kurt von Bohlen-Halbach wird zusammen mit Mitgliedern des Direktoriums der Krupp-Werke, Meistern und Betriebsräten, unter Anklage des Komplottes gegen die Besatzungsmacht vor Gericht gestellt. Die Männer erhalten lange Haftstrafen.

Mittlerweile sind jene, die nie kapituliert haben, von Oberschlesien kommend an die Ruhr gegangen.

Heimlich von deutschen Dienststellen im nicht besetzten Gebiet mit Geld und falschen Pässen ausgerüstet, bauen der CVer Albert Leo Schlageter, der Freikorpsführer Hauenstein und viele andere alte „Baltikumer" und „Oberschlesier" eine Widerstandsorganisation auf. Bald fliegen Brükken in die Luft, werden Bahndämme zerstört. Die Repartationslieferungen

können kaum noch durchgeführt werden. Schlageter ist einer der erfolgreichsten Saboteure.

Ernst von Salomon zitiert in „Die Geächteten" einen Bericht der Kämpfer:

„Wir waren nur eine Handvoll. Wir kannten uns alle untereinander. Aus dem gesamten Reich kamen die aktivsten Gesellen, eine unerhört kämpferische Auslese, wilde Burschen darunter, alte Kämpfer der Front und des Nachkrieges, von denen jeder seine Probe schon bestanden hatte... Wir sprengten bei Hügel und Calcum, bei Überruhr, Königssteele und Duisburg. Wir strichen nächtens sprengstoffbeladen an den Strecken der Regiebahn entlang, wir räumten unangenehme Posten aus dem Wege, wir lagen hinter Schwellen, und die Scheinwerfer tasteten über unsere bewegungslosen Körper hinweg, wir hockten mit halben Leibe im Wasser, schossen uns mit den Patrouillen herum, wir lauerten stundenlang auf die Gelegenheit und schlugen uns durch heranbrausende Kolonnen, sobald die Sprengung hochgekracht war.

Wir brachten Kohle- und Transportzüge zur Entgleisung und versenkten einen Dampfer im Dortmund-Ems-Kanal und im Rhein-Herne-Kanal einen Kohlekahn."

Die deutsche Regierung ist vor den französischen Protesten und Drohungen in die Knie gegangen und hat die schützende Hand von den Widerstandskämpfern abgezogen.

Bald jagen deutsche Kriminalkommissare ebenso wie französische Behörden hinter den Attentätern her.

Durch Verrat sickern Name und Beschreibung von Albert Leo Schlageter durch. Sein Steckbrief steht im Berliner Fahndungsblatt der preußischen Regierung, die nun eng mit den Franzosen zusammenarbeitet.

Bezahlte Spitzel melden der französischen Sureté, daß Schlageter im Union-Hotel in Essen abgestiegen ist.

Am 8. April wird er verhaftet.

Am 8. Mai 1923 steht Schlageter vor dem französischen Militärgericht, zusammen mit sechs weiteren Kameraden.

In der Verhandlung erklären die Angeklagten, daß sie in Dutzenden von stundenlangen Vernehmungen mit Fäusten, Gummiknüppeln und Revolvern solange geschlagen wurden, bis sie ihre Geständnisse unterschrieben.

Das Gericht geht über diese Aussagen hinweg und verwirft sie als unwahr.

Schlageter wird zum Tode verurteilt, seine sechs Mitangeklagten erhalten Strafen zwischen fünf Jahren und lebenslänglich.

Am 25. Mai lehnt der französische Staatspräsident das Gnadengesuch ab, am 26. Mai erscheint der französische Staatsanwalt Dumoulin im Gefängnis, um Schlageter mitzuteilen, daß er eine Stunde später erschossen werde.

Schlageter, dem man kaum genügend Zeit läßt, um zu beichten, schreibt hastig einen Abschiedsbrief an seine Eltern:

„Liebe Eltern, nun trete ich bald meinen letzten Gang an. Ich werde noch beichten und kommunizieren. Also dann auf ein frohes Wiedersehen im Jenseits."

Von zwei Geistlichen begleitet, fährt Schlageter unter starker Bewachung hinaus zur Golzheimer Heide, wo die Exekution vorbereitet ist.

Schlageters Rechtsanwalt Dr. Sengstock berichtet später als Augenzeuge, daß der katholische Verbindungsstudent, praktizierender Christ, deutscher Offizier und Freikorpskämpfer Schlageter mit keinem Zucken seines Gesichtes die innere Erregung angesichts des bevorstehenden Todes wiedergegeben habe.

Schlageter wird nach Vorschrift des französischen Kriegsrechtes an einen Pfahl gebunden. Er bekommt eine Binde vor die Augen. Nun soll er am Pfahl entlang auf die Knie rutschen.

Notgeld der Stadt Bad Kösen.

Schlageter weigert sich, er will stehend sterben. Ein Sergeant drückt ihm von hinten die Knie durch, so verlangt es die französische Vorschrift.

Die Salve fällt, zerfetzt Schlageter die Brust. Noch röchelt er.

Der Fangschuß aus dem Revolver des Sergeantmajors beendet die schaurige Szene.

Heute ist Albert Leo Schlageter in Vergessenheit geraten.

Kein Denkmal erinnert an ihn. Kein Geschichtsbuch der Nachkriegszeit nennt seinen Namen.

Der Grund hierfür ist banal. Knapp ein Jahr vor seinem Tode auf der Golzheimer Heide war Schlageter Mitglied der frühen NSDAP geworden. Wie Millionen andere konnte er das spätere Ausmaß des Nationalsozialismus nicht erfassen und hielt die NSDAP für eine Freiheitsbewegung.

Dort, wo Schlageter am Pfahl starb, stehen heute Wohnblocks.

Ehrlicher haben es die Kommunisten gehalten, die erbitterten Gegner aus Bürgerkriegstagen.

Am 20. Juni 1923 richtete der sowjetische Politiker Karl Radek, der in Deutschland die Revolution von 1918 mitvorbereitet hatte, auf der Sitzung des erweiterten Exekutivkommitees der Kommunistischen Internationale (Komintern) in Moskau eine außerordentliche Rede an die Genossen.

Radek sprach über die preußischen Befreiungskriege und über Männer wie Gneisenau, Scharnhorst und Yorck, die zur Befreiung Deutschlands beigetragen hatten.

Dann ging er zur Gegenwart über und kam zu Schlageter:

„Wir sollen das Ende dieses Märtyrers des deutschen Nationalismus nicht totschweigen, wir sollen auch nicht nur mit einer Phrase darüber hinweggehen.

Schlageter, der mutige Kämpfer der Gegenrevolution, verdient, daß wir als Kämpfer der Revolution ihm die Ehre erweisen, die Ehrenmännern zukommt ... Wir sollen alles tun, damit Männer wie Schlageter, die bereit waren, im Interesse der Gemeinschaft in den Tod zu gehen, nicht umsonst gestorben sind, sondern einer besseren Zukunft der ganzen Menschheit erhalten bleiben."

Wartburgfest

18. Oktober 1935

Nach 120 Jahren Kampf für Freiheit, Ehre und Vaterland übergibt die Deutsche Burschenschaft ihre Burschenschaften, Fahne und Tradition dem Nationalsozialistischen Deutschen Studentenbund zu treuen Händen

„Freiwillige Selbstauflösung" der Burschenschaft.

Neubeginn

**Christliche Studenten prägen das Nachkriegsdeutschland
und Österreich**

Der KVer Konrad Adenauer bei der Verkündung des Grundgesetzes.

Für die meisten Corporationen sind die Wirren der Weimarer Republik, des österreichischen Ständestaates und der Hitlerzeit mit dem verlorenen Zweiten Weltkrieg nicht ohne Auswirkungen geblieben.

Viele Verbindungen existieren nicht mehr. Zahlreiche Corporationsformen können sich nicht reorganisieren. Sie scheinen nicht in die neue Zeit zu passen oder sehen keine Aufgabe mehr in ihr.

Durch ihre halbfreiwillige Selbstauflösung von 1935 und ihr Wohlwollen gegenüber dem Dritten Reich hat sich die Burschenschaft schwer geschadet.

Leichter haben es die Corps.

Viele ihrer Mitglieder waren im Widerstand gegen Hitler aktiv. Einige sind Hauptinitiatoren des 20. Juli 1944 gewesen. Die Corps können sich sehr schnell mit den neuen Gegebenheiten in den westlichen Besatzungszonen anfreunden. Fast ausnahmslos erhalten sie ihre Corpshäuser zurück oder werden entschädigt.

Für die christlichen Studenten beginnt die neue Zeit durchwegs als Befreiung und Aufbruch. Ihre bedingungslose Bejahung des Austro-faschistischen Systems der CVer Dollfuß und Schuschnigg ist vergessen. Ihre Alten Herren bevölkerten neben Sozialdemokraten und Kommunisten die Hitlerschen Konzentrationslager. Sie bieten sich daher gleich zu Beginn den Westalliierten als natürliche Ansprechpartner an.

MKV, CV und KVler prägen bis heute die politische Szene Österreichs und Westdeutschlands.

Konrad Adenauer

Alle Funktionsträger von NS-Organisationen werden 1945 in automatischen Arrest genommen.

Viele Waffenstudenten, vor allem Burschenschafter, sind darunter.

Beamte verlieren ihre Stellung, Versorgungs- und Pensionsansprüche. Alle Deutschen über 18 Jahre müssen einen Fragebogen ausfüllen, ohne den es keine Lebensmittelkarten, Ausweise oder Arbeit gibt.

Die Zugehörigkeit zu einer ehemaligen Studentenverbindung wird negativ bewertet.

Die „Entnazifizierung" und parallel dazu die „Reedukation", die Umerziehung zu friedlicher und demokratischer Gesinnung mit der „mehrjährigen Hungerstrafe" für alle Deutschen bei einer Tagesration von unter 1000 Kalorien beginnt.

Die Sterblichkeit bei Kindern durch Unterernährung steigt in erschreckendem Maße.

Demontage, Betriebs- und Produktionsverbote zerstören die ohnehin kriegsgeschwächte Wirtschaft.

Wirkungsvoll wird durch eigens geschaffene „Lizenzmedien" die Kollektiv- und Alleinkriegsschuld der Deutschen im Bewußtsein der Völker verankert.

Im Juni 1945 werden in der Sowjetzone, im Herbst in den Westzonen Parteien zugelassen. Ende 1945/Anfang 1946 entstehen CDU, CSU, SPD, KPD, FDP.

Am 21. April 1946 schließen sich in Berlin KPD und SPD der Sowjetzone zur SED zusammen.

Im August 1947 konstituiert sich zunächst der „Altherren-Bund des Kartellverbandes (KV) katholischer deutscher Studentenvereine".

1950 werden die Deutsche Burschenschaft (DB) und die Vereinigung Alter Burschenschafter (VAB) neu gegründet, ebenso der Verband Alter Corpsstudenten (VAC), der farbentragende Cartellverband katholischer deutscher Studentenverbindungen (CV) sowie der Convent Deutscher Akademikerverbände (CDA) als Dachverband der Altakademiker.

Im Jahre 1951 konstituieren sich wieder der Kösener Senioren Convents Verband (KSCV) und der Schwarzburgbund.

Im Coburger Convent (CC) schließen sich Landsmannschaften und Turnerschaften zusammen.

Der Convent Deutscher Korporationsverbände (CDK) wird als Dachverband von CC, KSCV, dem wiedergegründeten Miltenberger Ring und dem Weinheimer Senioren Convent (WSC) gebildet.

Seit dem Frühjahr 1950 dürfen wieder Mensuren geschlagen und bald darauf Fahnen und Farben getragen werden.

Über Deutschland und Österreich wird auf der Friedenskonferenz in Paris vom 29. Juli bis 15. Oktober 1946 und mehreren nachfolgenden Außenministerkonferenzen keine Einigung unter den Siegern erzielt. Am 12. Februar 1946 wird das Saargebiet von der französischen Zone abgetrennt und Frankreich wirtschaftlich und währungsmäßig angeschlossen. Im Herbst 1946 finden in den Westzonen Landtagswahlen statt.

USA und England legen ihre Zonen im Dezember 1946 zur Bizone zusammen, im März 1949 schließt Frankreich seine Zone zur Trizone an.

In den Westzonen wird aus den Länderregierungen ein Wirtschaftsrat und ein Staatsrat gebildet. In der Sowjetzone wird im September 1945 eine Bodenreform aller Ländereien über 100 Hektar eingeleitet, bei der rund drei Millionen Hektar an Kleinbauern vergeben werden.

Seit 1947 verschärft sich der Kalte Krieg zwischen West und Ost, und Deutschland wird für die Westmächte wieder interessant. Sie erlauben die längst fällige Währungsreform, die, vom Wirtschaftsrat unter Ludwig Erhard vorbereitet, am 20. Juni 1948 durchgeführt wird. Gleichzeitig wird gegen den Willen von SPD, Gewerkschaft und dem linken Flügel der CDU die Planwirtschaft beendet und die soziale Marktwirtschaft Ludwig Erhards eingeleitet. Die Sowjetzone führt die Währungsreform am 24. Juni 1948 durch. Als auch in den Westsektoren Berlins die

neue Westmark eingeführt wird, antwortet die UdSSR mit einer totalen Blockade der Stadt, die bis Mai 1949 dauert und nur durch die anglo-amerikanische Luftbrücke überstanden werden kann. Ab Dezember 1948 gibt es in West- und Ostberlin getrennte Magistrate und Verwaltungen.

Auf Weisung der Westmächte nimmt am 1. September 1948 der Parlamentarische Rat unter Vorsitz von Konrad Adenauer die Ausarbeitung des Grundgesetzes auf, das am 8. Mai 1949 verabschiedet wird und am 23. Mai 1949 verkündet wird und in Kraft tritt. Danach ist die Bundesrepublik Deutschland ein „demokratischer und sozialer Rechtsstaat mit förderativer Länderordnung".

Am 14. August 1949 finden die ersten Bundestagswahlen statt. Am 12. September wird Theodor Heuss (FDP) zum ersten Bundespräsidenten, am 15. September 1949 der KVer Konrad Adenauer (CDU) mit einer Stimme Mehrheit zum ersten Bundeskanzler gewählt.

Der Bundespräsident erklärt am 2. Mai 1952 das Deutschland-Lied mit allen drei Strophen zur Nationalhymne, Bundesfarben werden Schwarz-Rot-Gold.

Am 7. Oktober 1949 wird in Ostberlin die DDR gegründet mit Wilhelm Pieck als Präsident, Otto Grotewohl als Ministerpräsident und Walter Ulbricht, ab 1950 Parteisekretär, als Stellvertreter.

Hauptaufgaben der neuen Bundesregierung sind die Ankurbelung der noch immer durch Demontage zerstörten Wirtschaft, die Eingliederung der 13 Millionen Deutschen aus den ehemaligen Ostgebieten sowie der Wiederaufbau der zerbombten Städte.

Erst 1950 hört die Demontage in Westdeutschland auf. Im großen sozialen Werk des Lastenausgleichs wird der Vermögensverlust durch Kriegs- und Nachkriegseinwirkungen auf alle Westdeutschen verteilt. Die Besatzungskosten müssen von den einzelnen deutschen Gebieten getragen werden. Sie machen im Bundesetat 1951/52 allein 40 Prozent der Ausgaben aus.

Durch Betriebs-, Produktions- und Forschungsbeschränkungen von Seiten der Alliierten kann die Wirtschaft sich erst langsam erholen. Der Verlust aller deutschen Patente und Erfindungen an die Sieger stellt einen ungeheuren Rückschlag dar.

Der Korea-Krieg von 1950 bis 1953 verschärft den Kalten Krieg zwischen der UdSSR und den Vereinigten Staaten. Die Westmächte beginnen nun, Westdeutschland verstärkt in eine Wirtschafts- und Verteidigungsgemeinschaft einzubauen. Bundeskanzler Adenauer betreibt diesen Weg energisch gegen den Widerstand der SPD-Opposition.

1955 wird Westdeutschland in den Straßburger Europarat aufgenommen, dann in weitere westeuropäische Einrichtungen.

Im Oktober 1955 beginnt in Bonn das Amt Blank mit der Wiederaufrüstung des entmilitarisierten und umerzogenen Westdeutschlands im Rahmen der US-Politik gegen die UdSSR.

Dies ist die politische und wirtschaftliche Lage Westdeutschlands, als der katholische, durch seine KVer Studentenzeit tiefgeprägte Konrad Adenauer seine wohl größte Bewährungsprobe als Politiker zu bestehen hat.

Die Stalinnoten

Der Burschenschafter Dr. Michael Vogt schreibt in einem Aufsatz im Dezember 1985 in der Grazer „Aula - Stimmen zur Zeit", in dem er sich hauptsächlich auf die jahrelangen wissenschaftlichen Arbeiten des Innsbrucker Universitätsprofessors Dr. Rolf Steininger beruft:

„Im Frühjahr 1952 bestand - so der letzte Stand der wissenschaftlichen Forschung - eine reale politische Möglichkeit, ein wiederver-

einigtes und neutrales Gesamtdeutschland zu bekommen.

In zwei Noten, vom 10. März und 9. April 1952, übermittelte Stalin den Westmächten konkrete Vorschläge zur Lösung der deutschen Frage. In der Note vom 10. März 1952 heißt es unter der Überschrift Grundlage eines Friedensvertrages mit Deutschland u. a.:

1. Deutschland wird als einheitlicher Staat wiederhergestellt. Damit wird der Spaltung Deutschlands ein Ende gemacht, und das geeinte Deutschland gewinnt die Möglichkeit, sich als unabhängiger, demokratischer, friedliebender Staat zu entwickeln.

2. Sämtliche Streitkräfte der Besatzungsmächte müssen spätestens ein Jahr nach Inkrafttreten des Friedensvertrages aus Deutschland abgezogen werden.

3. Dem deutschen Volk müssen die demokratischen Rechte gewährleistet sein, damit alle unter deutscher Rechtsprechung stehenden Personen die Menschenrechte und die Grundfreiheiten genießen, einschließlich der Redefreiheit, der Pressefreiheit, des Rechts der freien Religionsausübung, der Freiheit der politischen Überzeugung und der Versammlungsfreiheit.

4. Deutschland verpflichtet sich, keinerlei Koalition oder Militärbündnisse einzugehen, die sich gegen irgendeinen Staat richten, der mit seinen Streitkräften am Krieg gegen Deutschland teilgenommen hat. Militärische Leitsätze:

1. Es wird Deutschland gestattet sein, eigene nationale Streitkräfte (Land-, Luft- und Seestreitkräfte) zu besitzen, die für die Verteidigung des Landes notwendig sind.

Ein in der Tat verlockendes Angebot, über dessen Ernsthaftigkeit seit nunmehr 30 Jahren gestritten wird. Dabei ging es um die Frage, ob es sich bei dem Angebot Stalins um ein bloßes Störmanöver gegen die bevorstehende militärische Westintegration der BRD in die damals geplante EVG (Europäische Verteidigungs

Gemeinschaft) handelte oder ob das Angebot ernst gemeint war.

Harald Rüddenklau stellt dazu richtig fest: ‚Den Streit konnte es aber nur deshalb geben, weil die Sowjet-Noten von den Westalliierten im Einvernehmen mit der Bundesregierung ohne Prüfung abgewiesen wurden.

Dabei ist die Auffassung derjenigen, die in allem nur ein großangelegtes Täuschungsmanöver Moskaus sahen, schon durch das Verhalten Bonns und der Westalliierten selbst widerlegt. Denn hätten sich nach Prüfung der sowjetischen Verhandlungsbereitschaft die Angebote als Finte herausgestellt, wäre die Westintegration um so berechtigter gewesen. In Wahrheit wollte man jedoch auf die Integration nicht verzichten und fürchtete geradezu, daß die Sowjetunion in der deutschen Frage zu ernsthaften Lösungen bereit sein könnte.‘

Aufgrund jüngster Forschungsergebnisse kommt der Innsbrucker Zeitgeschichtler Rolf Steininger zu dem Ergebnis:

‚Nimmt man alle Indizien zusammen, so kann wohl kaum ein Zweifel daran bestehen, daß Stalin im Frühjahr 1952 bereit war, Deutschland die Wiedervereinigung zuzugestehen. 1952 gab es eine Chance zur Wiedervereinigung – abgesehen von ein paar Neutralisten war aber im Westen niemand daran interessiert. Nach allem, was wir über die sowjetische Politik wissen, war das Angebot Stalins ernst gemeint.‘

Diese Ablehnung war eine historische Entscheidung, mit der Adenauer seine Politik schwer belastete. Nicht umsonst erwähnt er gerade dieses russische Angebot mit keinem Wort in seinen ‚Erinnerungen‘.

Adenauer hatte einmal zum französischen Ministerpräsidenten gesagt:

‚Wir sind bereit, die deutsche Wiedervereinigung zu opfern, wenn wir in ein starkes westliches Lager eintreten können. Vergessen Sie bitte nicht, daß ich der einzige deutsche Kanzler bin, der die Einheit Europas der Einheit seines eigenen Vaterlandes vorzieht.‘

Sein strategisches Konzept, von dem man nicht weiß, ob es wirklich ernst gemeint war, formuliert er so:

‚Wir wollen, daß der Westen so stark wird, daß er mit der Sowjetregierung in ein vernünftiges Gespräch kommen kann, und ich bin fest davon überzeugt, daß diese letzte sowjetrussische Note ein Beweis hierfür ist.

Wenn wir so fortfahren, wenn der Westen unter Einbeziehung der Vereinigten Staaten so stark ist, wie er stark sein muß, wenn er stärker ist als die Sowjetregierung, dann ist der Zeitpunkt gekommen, an dem die Sowjetregierung ihre Ohren öffnen wird. Das Ziel eines vernünftigen Gesprächs zwischen Westen und Osten aber wird sein: Sicherung des Friedens in Europa, Aufhören von unsinnigen Rüstungen, Wiedervereinigung Deutschlands in Freiheit und die Neuordnung im Osten.

Dann endlich wird die Welt nach all den vergangenen Jahrzehnten das erhalten, was sie dringend braucht: einen langen und sicheren Frieden.‘

Fassen wir zusammen: 1952 gab es eine Chance zur Wiedervereinigung – abgesehen von ein paar Neutralisten war aber im Westen niemand daran interessiert. Nach allem, was wir über die sowjetische Politik wissen, war das Angebot Stalins ernst gemeint. Da auch die Westmächte nach anfänglichem Zögern davon überzeugt waren, ist ihre Reaktion besonders interessant. Sie waren nicht bereit, diese ‚sehr gefährliche‘ Lösung mit einem neutralisierten Gesamtdeutschland zu akzeptieren, da dies zu große Risiken und Nachteile mit sich brachte. Die Westintegration der Bundesrepublik war für sie in jedem Fall die bessere Lösung, und die Teilung des Landes begünstigte diese Lösung, die im Frühjahr 1952 mit Nachdruck betrieben wurde, auch um vollendete Tatsachen zu schaffen.

Entsprechend lautete ihre Forderung: freie Wahlen und Handlungsfreiheit einer gesamtdeutschen Regierung.

Über den ersten Punkt hätte Stalin möglicher-

Weihnachtsgrüße aus dem Britischen Strafgefangenenlager Wolfsberg 1946. Von der Lagerleitung an einen Waffenstudenten zum Zeichnen in Auftrag gegeben.

weise mit sich reden lassen, der zweite war unannehmbar, denn damit wäre für ganz Deutschland das möglich geworden, was er mit seinem Angebot schon für die Bundesrepublik hatte verhindern wollen: die Integration in den Westen. So waren die Positionen von Ost und West von Anfang an unvereinbar.'

Über die Reaktion Adenauers und des Westens auf die Stalinnoten mag die Geschichte richten.

Die größte Leistung Konrad Adenauers ist wohl die Aussöhnung mit dem „Erbfeind" Frankreich und der Sowjetunion.

Am 8. September 1955 erklingt beim Besuche Adenauers in Moskau zum erstenmal die durch die Nazizeit schwer belastete Nationalhymne „Das Lied der Deutschen". Dem westdeutschen Bundeskanzler gelingt die Heimholung Hunderttausender deutscher Kriegsgefangener.

Diese hunderttausende Einzelschicksale werden die Erbauer des deutschen Wirtschaftswunders der späten 50er und 60er Jahre des 20. Jahrhunderts.

Heute zählt Konrad Adenauer zu den großen Europäern der Nachkriegszeit.

Bundeskanzler Julius Raab auf einem CVer Kommers.

Der Sonderfall Österreich

Sofort nach Beendigung des Zweiten Weltkrieges versucht das offizielle Österreich, sich als ein von Hitler okkupiertes Land darzustellen, das massiven Widerstand gegen den Nationalsozialismus geleistet habe und somit zu den Siegermächten zu zählen sei.

Der Versuch mißlingt.

Allzusehr sind den Alliierten noch die Hitler zujubelnden Massen in Erinnerung. Österreichs Zahl an Nationalsozialisten war überproportional hoch, sie zählten zu den kompromißlosesten und glühendsten Anhängern des Führers. Österreichs Soldaten füllten die Eliteregimenter der Wehrmacht und der Waffen-SS.

Österreichs Widerstand dagegen ist bedeutungslos. Er war keinesfalls kriegsentscheidend und „scheint sich hauptsächlich nach dem 8. Mai 1945 organisiert zu haben", wie es ein hoher britischer Offizier ironisch formulierte.

Das Land wird besetzt und in vier Besatzungszonen eingeteilt. Südtirol verbleibt bei Italien.

Aus den ersten Nationalratswahlen am 25. November 1945 geht die christliche „Österreichische Volkspartei" (ÖVP) als Siegerin hervor. Nur knapp dreieinhalb Millionen Österreicher sind wahlberechtigt; alle ehemaligen Nationalsozialisten sind ausgeschlossen.

Am 18. Dezember wird die Allparteienregierung aus Christlichsozialen, Sozialisten und einem Kommunisten aufgrund des Wahlresultates vom Alliierten Rat anerkannt.

Regierungschef, also Bundeskanzler, wird der CVer Nibelungia Wien, Leopold Figl. In seiner Regierungserklärung sagt der CVer unter anderem:

„Das Österreich von morgen wird ein neues, ein revolutionäres Österreich sein. Es wird von Grund auf umgestaltet...

Namens der neuen Regierung, die sich selbst als Vertreterin der kommenden Generation in diesem Staat fühlt, rufe ich die Jugend zum Neuaufbau Österreichs auf.

Wir wollen das neue, das junge Österreich, wir wollen euer Österreich bauen!"

Und Österreich beginnt mit dem Wiederaufbau des total zerstörten Landes. Hungernd und frierend leistet man – wie auch im Nachkriegsdeutschland – ein gewaltiges Aufbauwerk.

Die politische Situation der österreichischen Zweiten Republik stellt sich jedoch anders dar.

Im Gegensatz zum ebenfalls aufgeteilten Deutschland – in dem die Besatzungszonen schließlich zur Teilung und zur Gründung zweier Republiken führen – kommt es in Österreich dank der geschickten Politik Figls nicht zur Spaltung des Landes.

Und nicht nur das.

Schon bald nach der Überwindung der größten Schwierigkeiten beginnt die Regierung Figl mit der politischen Offensive zur „Befreiung Österreichs von den Befreiern".

Der harte Weg zum Österreichischen Staatsvertrag beginnt. Nach dem Tod des sowjetischen Parteichefs Josef Stalin betreibt die Sowjetunion eine flexiblere Außenpolitik. Als Fortschritt auf dem Weg zum Staatsvertrag gelten u. a. die Erleichterungen, die in der sowjetischen Besatzungszone erfolgen. Am 8. Juni 1953 stellen die Russen die Kontrollen an der Zonengrenze ein, am 30. Juli verzichtet die UdSSR auf Bezahlung der Besatzungskosten.

Am 12. August hebt sie die Zensur innerhalb ihrer Zone auf und gibt am 1. Oktober 178 von ihr besetzte Gebäude frei.

Im April 1953 ist auf die Regierung Figl dessen Cartellbruder Julius Raab vom CV Nibelungia-Wien als Bundeskanzler gefolgt.

Als Gegenleistung für die Besatzungserleichterung geht Raab von der Präferenz für die Westmächte ab und bemüht sich um ein besseres Verhältnis zur Sowjetunion. Antisowjetische Äußerungen und Stellungnahmen werden eingeschränkt. Der Osthandel wird liberalisiert.

Eine Diskussion über Österreichs zukünftige Neutralität setzt ein, da die Sowjetunion einen Anschluß Österreichs an die deutsche Bundesrepublik fürchtet.

Die Sowjets erkennen jene strategisch wichtige Lage, die sich durch einen neutralen Keil aus der Schweiz und Österreich ergibt, um die neugegründete Nato zu spalten.

Raab signalisiert seine Bereitschaft, auf österreichischem Staatsgebiet keine militärischen Basen fremder Staaten zuzulassen, keine Militärbündnisse abzuschließen und

Köhler Karikatur: Figl zu Raab: „Noch aamol die Reblaus, dann sans waach die Russen!"

sich von einseitigen politischen Bindungen fernzuhalten.

Vom 25. Januar bis 18. Februar 1954 verhandeln auf der Berliner Außenministerkonferenz die vier alliierten Mächte gemeinsam über den österreichischen Staatsvertrag. Zum erstenmal nimmt der „Nibelunge" Figl, mittlerweile österreichischer Außenminister, an der Konferenz als gleichberechtigter Partner teil.

Die Westmächte zeigen sich über Österreichs Annäherung an die Sowjetunion verstimmt. Die Russen wiederum wollen jeden Anschluß Österreichs an die Bundesrepublik verhindern, auch einen wirtschaftlichen. Die Westmächte befürchten, daß die Neutralität ein Machtvakuum in Europa bedeuten müsse. Die Verhandlungen scheitern.

Erst Anfang 1955 schöpft man in Wien neue Hoffnung. Der sowjetische Außenminister Molotow spricht in einer Rede „von der Sicherung der österreichischen Unabhängigkeit" und deutet die Möglichkeit an, mit Österreich einen Staatsvertrag abzuschließen. Bundeskanzler Julius Raab wird nach Moskau eingeladen.

Es wird verhandelt.

Am 15. April 1955 gelingt der entscheidende Durchbruch. Überglücklich erklärt Raab nach seiner Rückkehr nach Wien: „Wir werden frei sein!" Frei werden auch die letzten Kriegsgefangenen, die nun heimkehren dürfen.

Anfang Mai wird bei einem Botschaftertreffen in Wien volle Übereinstimmung erzielt. Auf Antrag Figls wird die Streichung einer Textstelle in der Präambel vorgenommen, in der von einer Kriegsschuld Österreichs die Rede ist. Der Weg zum Staatsvertrag ist geebnet.

Am 15. Mai 1955, um 11.30 Uhr, wird im Marmorsaal des Wiener Schlosses Belvedere der Österreichische Staatsvertrag mit den vier Siegermächten unterzeichnet. Später spricht man nur zu gern davon, daß der trinkfeste Figl einen Gutteil zum Gelingen beigetragen hätte, indem er bei unzähligen „Heurigen"-Wein-Besuchen seine sowjetischen Besatzungsfreunde unter den Tisch getrunken und somit ihre Achtung errungen habe.

Die Separatnation

Nach zehn Jahren Besatzung ist Österreich frei. Die beiden CVer Figl und Raab haben ihr Lebenswerk abgeschlossen und die Souveränität der Zweiten Republik hergestellt, allerdings nicht ohne Einschränkungen und Bedingungen.

Neben der qualitativen Beschränkung der Bewaffnung des neuen Bundesheeres ist es wohl der Ausstieg Österreichs aus der deutschen Volks- und Kulturnation, der nicht nur von den Alliierten verlangt, sondern auch vom offiziellen Österreich längst betrieben wird.

Der österreichische Historiker Andreas Mölzer vom Corps Vandalia-Graz schreibt in einem Aufsatz in der Grazer „Aula — Stimmen zur Zeit, 3/86" unter anderem:

„,Es kennzeichnet die Deutschen', schrieb Friedrich Nietzsche, ,daß bei ihnen die Frage, was ist deutsch, niemals ausstirbt.' So viele Antworten auf diese Frage auch gegeben wurden, so oft wurde sie doch immer aufs Neue aufgeworfen. Mancher Teil der Nation glaubte allerdings, jenem dem deutschen Schicksal offenbar zwingend innewohnenden Zug ins Tragische entfliehen zu können, indem er seine Identität leugnete, sich der identitätsheischenden Frage ,was ist deutsch' einfach nicht mehr stellte.

So auch Österreich: Land und Volk zwischen Bodensee und Neusiedlersee erlagen — wohl weniger bewußt und freiwillig, als von den einstigen Kriegsgegnern fremdbestimmt und von willfährigen politischen und publizistischen Kräften manipuliert — der Versuchung, aus

Parlament in Wien.

ihrer Geschichte, aus ihrer Identität auszusteigen.

Um den damit zwangsweise verbundenen Versuch, sich als autochtone Nation zu konstruieren, abzustützen, wurde der Begriff ‚deutsch‘, angewandt auf Österreich und die Österreicher, stigmatisiert, in den Bereich der historisch-politischen Kriminalität verbannt.

Während in der Bonner Republik ebenso wie in der DDR seit einigen Jahren eine Art von nationaler Gärung stattfindet, die aus eben jener Frage, was denn eigentlich deutsch sei, wo die deutschen Interessen, die deutschen Chancen lägen, ihre Brisanz bezieht, scheint dazu aus Österreich nur Unverständnis, Ablehnung und allzu vordergründiges Unbehagen zu kommen. Und jene wenigen Stimmen – der Autor dieser Betrachtung darf sich selbst, wie die Zeitschrift Aula dazu zählen –, die sich der nationalen, der deutschen Problematik stellen, werden mit dem obligaten Hinweis auf den „Dämon“ Hitler, auf Rassenwahn und Völkermord gewissermaßen als Ketzer wider die Staatsraison der Zweiten Republik aus der „Gemeinschaft der Gläubigen“ verbannt. Was denn ihr „deutsches Bekenntnis“ – um in konfessionellen Kategorien weiterzusprechen – eigentlich bedeutet, soll und darf nicht diskutiert werden.

Dennoch sei an dieser Stelle der Versuch einer diesbezüglichen Standortbestimmung gewagt. Seit gut 100 Jahren lautet die Parole der Nationalen in Österreich: „Wir sind auch Deutsche.“ Das paradoxe dieses Mottos liegt darin, daß man ein ethnisch-kulturelles Faktum – Faktum für die breite Mehrheit der Österreicher zumindest bis 1945 – glaubte betonen zu müssen.

Der damit zum Ausdruck gebrachte nationale Minderwertigkeitskomplex ist um so seltsamer, als Österreich bis 1866 den Anspruch auf die Vorherrschaft in Deutschland erhoben hatte und die Deutschen der Alpen-, Donau- und Sudetenländer sich als habsburgische Untertanen legitimerweise als der hervorragendste Träger der alten römisch-deutschen Reichsidee betrachten durften.

Die Verdrängung der habsburgischen Erbländer aus dem Deutschen Bund und der rasante

168

Aufstieg des Bismarck-Reiches und dessen ebenso dynamische wie oberflächliche Vereinnahmung des Begriffes ‚deutsch‘ bedingten wohl die Entstehung dieses Minderwertigkeitsgefühles.

Die einigermaßen unkritische Ablehnung der Donaumonarchie, sowie die Glorifizierung der Hohenzollern und ihres neuen Reiches durch den radikaleren Teil des deutsch-nationalen Lagers taten ein übriges.

Diesem mangelnden nationalen Selbstwertgefühl der deutschen Österreicher entsprach seitens der ‚Reichsdeutschen‘ bald eine gehörige Portion Herablassung gegenüber dem ‚Kamerad Schnürschuh‘, der da in einem halbbalkanisierten Vielvölkerstaat dieselbe Muttersprache sein eigen nannte.

Diese völlig ungerechtfertige Geringschätzung gegenüber den Alpen- und Sudetendeutschen äußerte sich während des Ersten Weltkrieges im Mißtrauen hinsichtlich der Zuverlässigkeit der k. u. k.-Armee, fand ihre Fortsetzung im herablassenden Mitleid für die ‚nicht lebensfähige‘ Erste Republik und gipfelte im katastrophalen Fehlverhalten jener reichsdeutschen Organe, die die ‚Alpen- und Donaugaue‘ nach dem Anschluß nahezu in Kolonialmanier auf Vordermann bringen wollten.

Daß dieses österreichische Minderwertigkeitsgefühl und die damit verbundene kritiklose Glorifizierung Preußen-Deutschlands nach der apokalyptischen Niederlage des von Berlin aus geschaffenen Großdeutschland in sein Gegenteil umschlug, ist wenig verwunderlich. Ein übriges tat die bereits erwähnte Behandlung der Österreicher nach dem Anschluß.

Die Herrschaft Gauleiter Bürkels – im österreichischen Volksmund bissig Bierleiter Gaukel genannt – und jene Baldur von Schirachs sagte nicht einmal den alten österreichischen Nationalsozialisten zu. Keineswegs zu Unrecht sahen die Apologeten einer eigenständigen ‚österreichischen Nation‘ diese Entwicklung als den Schlüssel für das Entstehen eines neuen Österreichbewußtseins an.

Das politische Selbstverständnis der österreichischen Zweiten Republik gründet sich nicht zuletzt auch auf ein neuerworbenes wirtschaftliches Selbstbewußtsein.

Zwischen 1918 und 1938 galt es als stärkstes ‚realpolitisches‘ Argument für den Anschluß an das Reich, daß Restösterreich schon aus rein ökonomischen Gründen als nicht lebensfähig betrachtet wurde.

Hermann Oncken etwa sah in der Rückkehr zur großdeutschen Idee ein Hauptergebnis des Ersten Weltkrieges. Im Jahre 1921 schrieb er: ‚Großdeutschland ist jetzt möglich geworden, weil der österreichische Hausstaat nicht mehr existiert, und es ist nötig geworden, weil Deutsch-Österreich allein nicht leben kann... also auf die Vereinigung mit dem Deutschen Reich angewiesen ist.‘

Im völligen Gegensatz dazu mehrte sich nach 1945 und stärker noch nach dem Abschluß des Staatsvertrages von 1955 die sozusagen staatstragende Überzeugung, daß Österreich auch als ökonomische Gemeinschaft sehr wohl lebensfähig und deshalb seine Existenz als souveräner Staat auch aus Gründen dieser Art in keiner Weise in Frage zu stellen sei.

Obwohl Österreichs Wirtschaft spätestens seit Beginn der 50er Jahre ihre alten historischen Verflechtungen mit dem bundesdeutschen Raum wieder aufnahm und in steter, wenn auch meist ein wenig nachhinkender Entwicklung alle Bewegungen der Bundesrepublik Deutschland nachvollzog, blieb der Glaube an die selbständige ökonomische Lebensfähigkeit des Landes ein unantastbares Dogma der österreichischen Politik.

Und dies aus gutem Grund, verbietet doch der Staatsvertrag ausdrücklich jedwede, auch ökonomische Vereinigung mit Deutschland.

Dennoch wurde es zur stillschweigend akzeptierten Tatsache, daß die Bundesrepublik Deutschland mit Abstand Österreichs wichtigster Handelspartner wurde, daß der zentrale Faktor im wirtschaftlichen Gedeihen der Alpenrepublik, der Fremdenverkehr nämlich, *fast vollständig vom bundesdeutschen Gast abhängt und daß schließlich auch der österreichische Schilling in währungspolitischer Hinsicht geradezu sklavisch an die Deutsche Mark gebunden ist.*

Erst in jüngster Zeit wurden dazu kritische Stimmen laut, die darauf hinwiesen, daß diese Abhängigkeit Österreichs von Westdeutschland geradezu ungesund und überdies neutralitätspolitisch gefärlich sei.

Soweit diese Kritik aus Österreich selbst kommt, mag der Anlaß dafür in der Tatsache liegen, daß man in den letzten Jahren eben nicht mehr nur den Aufschwung der bundesdeutschen Wirtschaft nachvollzieht, sondern in logischer Zwangsläufigkeit auch deren Krisenerscheinungen.

Im Ausland gibt Moskau immer wieder warnende bis drohende Töne von sich.

Im Sommer 1984 griff der Kreml die engen Wirtschaftsbeziehungen zwischen Wien und Bonn heftig an, indem er von einem ,ökonomischen Anschluß' sprach, der da auf kaltem Wege vollzogen werde.

Und bereits im Herbst des Jahres 1970 beschuldigte das sowjetische Blatt ,Komsomolskaja Prawda' Österreich, einen ,stillen Anschluß' an die Bundesrepublik zu dulden.

Gleichzeitig wurde Wien vor ,gefährlichen Folgen' gewarnt, wenn es versuche, ,den Staatsvertrag zu revidieren'.

Nun, von einem Willen zur Revision des Staatsvertrages kann in Österreich keine Rede sein.

Wohl aber dringt es derzeit langsam ins Bewußtsein der Österreicher, daß die alpenländische Volkswirtschaft in so hohem Maße mit den beiden anderen deutschen Staaten, besonders natürlich mit Westdeutschland, verflochten ist, daß man von einer gewissermaßen autarken Lebensfähigkeit des Landes kaum sprechen kann.

Und wirkliche Alternativen zu dieser deutsch-österreichischen Wirtschaftsverflechtung gibt es nicht.

Man stelle sich vor, die Alpenrepublik wäre statt dessen mit dem ebenfalls benachbarten Italien oder mit Jugoslawien in derartiger Weise verbunden. An die Stelle der nach wie vor relativ stabilen ökonomischen Lage müßten Chaos und Krise, Dauerstreiks und schwerste Versorgungsmängel treten. Abgesehen davon aber erzwingen die ethnischen, historischen und kulturellen Gemeinsamkeiten aller Deutschen – auch wenn sie in drei voneinander separierten Republiken leben – offenbar ein Zusammenwirken im Bereich der Wirtschaft. Der österreichische Vizekanzler und Handelsminister während der rot-blauen Koalition, Norbert Steger, Parteivorsitzender der national-liberalen FPÖ, Alter Herr der Universitätssängerschaft Barden zu Wien, bestätigt dies, als er 1985 in einer westdeutschen Zeitung schreibt:

,Gemeinsame Kultur und gemeinsame Geschichte finden weitgehend auch ihre Widerspiegelung in der Wirtschaft.'

Was das kulturelle Selbstbewußtsein Österreichs betrifft, so ist die Einbindung in das gesamtdeutsche Geistesleben, historisch wie gegenwärtig, nur zu deutlich.

Mozart, Beethoven und Brahms als die Glanzlichter österreichischen Musiklebens darzustellen, ohne sich bewußt zu machen, daß Mozart aus dem reichsunmittelbaren Fürstentum des Primas Germaniae, des Salzburger Erzbischofs also, daß Beethoven aus Bonn und Brahms aus Hamburg stammten, wäre schlichtweg einfältig.

Was schließlich die Fähigkeit zur eigenständigen und unabhängigen Lösung der politischen und sozialen Probleme betrifft, so stellt dies den wohl wesentlichsten Punkt des neuen Österreichbewußtseins dar: Die Menschen zwischen Bodensee und Neusiedlersee haben sich vom Traum der Großmacht, von jenem eines Donaugroßstaates ebenso wie von jenem eines Großdeutschlands, abgewandt und akzeptieren den Kleinstaat.

Die Kleinräumigkeit des eigenen Staatswesens

Karikatur aus Aula, Graz.

bedingt ein hohes Maß an Überschaubarkeit der politischen Abläufe und ermöglicht eine direktere Teilnahme der Bevölkerung an den Entscheidungsprozessen. Der Kleinstaat vermag dem Menschen in höherem Maße Heimat zu sein, als dies ein zentralistischer Großstaat sein könnte.

Aus dieser weitgehenden Akzeptanz der Zweiten Republik als Kleinstaat aber eine Abkoppelung von der deutschen Nation als grenzüberschreitender ethnischer und kultureller Einheit abzuleiten, ist durch nichts gerechtfertigt.

Ganz im Gegenteil bedingt diese kulturnationale Einheit mit der Gesamtnation sowie die unverrückbare geopolitische Lage in zwingender Eigengesetzlichkeit ein hohes Maß an wirtschaftlicher und politischer Zusammenarbeit mit den anderen deutschen Staaten.

Insgesamt bietet somit dieses nach 1945 entstandene neue Österreich-Bewußtsein den Alpendeutschen die Chance, mit einem neuen Selbstwertgefühl, unabhängig und doch eingebunden, ihren Anteil am gesamtdeutschen Schicksal anzunehmen.

Die Österreicher sind also nicht irgendein Teil der Nation, sie sind vielmehr historisch so dominant, daß sich dies hin zur natürlichen Eigenstaatlichkeit – im Rahmen einer weiterexistierenden, grenzüberschreitenden deutschen Volks-und Kulturgemeinschaft, versteht sich – entwickelt hat.

Sich als Deutscher zu bekennen, heißt für den Österreicher vor allem einmal, sich selbst, die eigene Identität in Geschichte und Gegenwart zu erkennen.

Wenn man von den Angehörigen ethnischer Minderheiten wie den Kärntner Slowenen und den Burgenländer Kroaten absieht, dürfte die große Mehrzahl der Österreicher gegen die Feststellung ihrer deutschen Identität kaum etwas einzuwenden haben.

Die Realitäten des gemeinsamen geschlossenen Siedlungsgebietes, der gemeinsamen Sprache und der engen soziokulturellen Verflechtung können vernünftigerweise nur akzeptiert werden.

Wenn die Österreicher überdies erkennen würden, daß die solcherart existente gesamtdeutsche Gemeinsamkeit weder Einfluß auf eine positive staatsbürgerliche Gesinnung gegenüber der Republik hat, noch in irgendeiner Weise mit irgendwelchen Ideologien der Vergangenheit – etwa jener des Nationalsozialismus – in Zusammenhang gebracht werden kann, würde ihnen ein bewußtes Bekenntnis zur deutschen Kultur- und Volksgemeinschaft wohl in keiner Weise bedenklich erscheinen.

Schlagartig müßte dem politisch bewußteren Teil der Bevölkerung klar werden, daß diese Leugnung der eigenen deutschen Identität die Wurzel für jenen Opportunismus bildete, die krebsartig wuchernd zum eigentlichen Übel der Zweiten Republik wurde.

Sich zur deutschen Nation zu bekennen, heißt für den Österreicher also, selbstbewußt um die eigene Geschichte und um die eigene Kultur zu wissen.

Es bedeutet eine loyale Staatsgesinnung gegenüber der Republik und tiefe Heimatverbundenheit – verbunden mit jenem weiten Horizont, der in selbstverständlicher Gemeinschaft mit allen Deutschen und in der Verantwortung für die diversen Volksgruppen auf das weitere Mitteleuropa im Südosten verweist. Es bedeutet staatsbürgerliche Loyalität, den selbstlosen Willen zum Dienst an der Gemeinschaft sowie die Toleranz gegenüber politisch Andersgesinnten und gegenüber anderen Völkern und Volksgruppen."

„Skandalrepublik!?"

„Jene Haltung, die sich nach 1945 – sei es, um den Siegern gefällig zu sein, sei es, um innenpolitische Gegner zu kompromittieren – in der opportunistischen Distanzierung von der eigenen ethnisch-kulturellen Gemeinschaft äußerte, konnte in der Folge nur die Basis für eine äußerst fragwürdige Staatsgesinnung bilden.

§§-Diss.
„Die
Reichsidee
bei Konstantin
von Frantz"
K.Waldheim 1944
SA

Aula, Graz.

Warum sollten jene Kräfte, die ihr Volk verleugnen, nicht auch ihren Staat preisgeben?

Warum sollten jene Kräfte, die sich in der unmittelbaren Nachkriegszeit bei den alliierten Siegern um kleiner Vorteile willen anbiederten, nicht fähig sein, sich in der Zukunft auch bedenkenlos mit diversen anderen Institutionen oder Machthabern zu arrangieren?"

Soweit der „Vandale" Mölzer in seinem Aufsatz.

Mit zunehmendem Wohlstand Österreichs scheint noch ein weiteres österreichisches Selbstverständnis Platz zu greifen. Wer es einrichten kann, betrachtet die „Nation" immer stärker als Selbstbedienungsladen. Unterschlagung, Steuerhinterziehung und Betrug werden als Kavaliersdelikte angesehen und gehören zur Tagesordnung.

Durch die Verschärfung der wirtschaftlichen Lage tritt immer mehr die Unfähigkeit jener zutage, die ihre Posten eher dem jeweils nützlichen Parteibuch als ihrer Tüchtigkeit zu verdanken haben.

Der Kampf um Posten und Einfluß zwischen den beiden Großparteien verschärft sich.

Seit 1970 ist die Volkspartei und somit der Cartellverband von der Regierungsbeteiligung ausgeschlossen.

Nur zu verständlich ist daher das Bemühen der Politiker der Österreichischen Volkspartei — die fast ausnahmslos dem österreichischen Cartellverband angehören —, die sozialistische Regierung und später die rotblaue Koalition aus SPÖ und FPÖ abzulösen.

Möglichkeiten gibt es viele, doch keine kann genützt werden.

Machtkämpfe und Intrigen innerhalb der ÖVP verhindern stets den Sieg über die Sozialisten.

Skandale und Millionenbetrügereien mehren sich, aber auch hier kann der Hebel nicht angesetzt werden, da man meist selbst durch die proportionale Besetzung von Posten, Ämtern und Aufsichtsratsitzen mit verwickelt ist.

Als Ergebnis der Nationalratswahlen von 1983 tritt der große alte Mann der SPÖ, Dr. Bruno Kreisky, zurück.

Ihm folgt die kleine Koalition unter Dr. Fred Sinowatz. Vizekanzler wird Dr. Norbert Steger von der Universitätssängerschaft Barden zu Wien. Sein Leibbursch, Dr. Friedhelm Frischenschlager, wird mit dem undankbaren Amt des Verteidigungsministers betraut. Als Staatssekretär zieht der Burschenschafter Dr. Mario Ferrari-Brunnenfeld von der Burschenschaft Styria-Graz in das Kabinett ein.

Frischenschlager scheint das schwächste Glied in der Koalitionskette zu sein. Auf ihn, den Sängerschafter, konzentrieren sich die Angriffe der CVer.

Der Händedruck mit einem Mann, den Frischenschlager noch nie zuvor gesehen hat und von dem lediglich bekannt ist, daß er der letzte österreichische Kriegsgefangene in Italien sei, bringt Frischenschlager in seine größte politische und menschliche Krise.

Major Walter Reder erfuhr nach dem Krieg, daß in Italien ein Haftbefehl gegen ihn vorliege. Freiwillig begibt er sich aus alliierter Gefangenschaft nach Bologna. Von einem Militärgericht wird Reder wegen Kriegsverbrechen im Städtchen Marzabotto zum Tode verurteilt.

Reder legt gegen dieses Urteil Berufung ein. Er fühlt sich unschuldig.

Vor dem obersten Militärgerichtshof in Rom wird das Urteil von Bologna aufgehoben und für nichtig erklärt. Reder wird vom Vorwurf des Kriegsverbrechens ausdrücklich freigesprochen. Seine Offiziersehre wird ihm wieder zuerkannt. Die politischen Umstände bedingen jedoch, daß Reder als Symbolfigur des Hitlerregimes weiterhin in Haft bleibt.

Soweit die historischen Tatsachen.

174

Seit diesem Zeitpunkt setzen sich hohe österreichische Persönlichkeiten aus Politik und Geistesleben für Reders Freilassung ein. Jeder österreichische Bundespräsident, jeder Kardinal, jeder Bischof, viele Lokalpolitiker, unter ihnen der Klagenfurter Bürgermeister, der MKV er Rudolfinia-Graz, Hofrat Leopold Guggenberger intervenieren für Reders Freilassung bei den italienischen Behörden oder besuchen ihn in seinem Gefängnis.

Im Frühjahr 1985 wird Reder entlassen und mit einer italienischen Militärmaschine nach Graz überstellt.

Der österreichische Verteidigungsminister Frischenschlager überwacht den Transport und begrüßt alle Ankommenden, also Reders militärische Begleiter und diesen selbst, wie unter Mitteleuropäern üblich, mit Handschlag.

Begierig melden Österreichs bürgerliche Medien diesen Skandal. Die Politiker der Volkspartei sehen darin die einmalige politische Chance einer Koalitions- und somit Regierungskrise.

Vergessen sind die Skandale um das neue „Allgemeine Krankenhaus" (AKH), um die „Wohnbau Ost", um den ehemaligen SP-Finanzminister Androsch, der Schildbürgerstreich mit der Atomruine Zwentendorf, um nur einige stellvertretrend für viele Dutzende zu nennen, die den einfachen österreichischen Steuerzahler mit Milliardenbeträgen belasten. Jetzt wird der Handschlag zum völligen Unverständnis des kleinen Mannes zum „größten Skandal der Zweiten Republik".

Mit dem Wort „Kriegsverbrecher" wird sehr leichtsinnig umgegangen. Noch weiß man jedoch nicht, welchen Bumerang man hier geworfen hat. Interessanterweise sind es gerade jene christlich-konservativen Kreise, die die Begriffe Toleranz, Nächstenliebe und Verzeihen auf ihre Fahnen geschrieben haben, die sich nun päpstlicher als der Papst

gebärden und das italienische Urteil über Reder nicht zur Kenntnis nehmen.

Die Regierungskrise findet nicht statt. Die Volkspartei kann kein politisches Kapital daraus schlagen.

Frischenschlager ist diesem Druck jedoch nicht gewachsen und entschuldigt sich öffentlich für seinen Fehltritt, worauf er um so mehr angegriffen wird.

Nur der Kärntner FP-Landesrat Dr. Jörg Haider von der Burschenschaft Silvania zu Wien bleibt hart und nennt die Heimholung Reders einen Humanitätsakt.

Wütende Attacken auf den nichtkonformen, unorthodoxen Freiheitlichen sind die Folge.

Der Reder-Skandal würde sicher noch andauern, wär er nicht durch einen neuen, für die österreichische Wirtschaft schwerwiegenden Skandal abgelöst worden: Der österreichische „Weinskandal".

Billig verschnittener Wein wird mit dem Frostschutzmittel Glykol zu „bestem" Qualitätswein verpanscht. Auf Jahre hinaus ist Österreichs Weinbau ruiniert.

Dem Weinskandal folgt der VÖEST-Skandal.

Die verstaatlichten „Vereinigten Österreichischen Edelstahlwerke" in Linz erleiden durch schlechtes Wirtschaften Milliardenverluste. Hand in Hand dazu geht der „Intertrading-Skandal".

Amateure mit schwachen Nerven spekulieren im internationalen Ölgeschäft und verlieren Milliarden österreichische Schilling. Bezahlen muß der Steuerzahler.

Dieser Skandal wird durch einen neuen, den „Bundesländer-Skandal", abgelöst.

In der „schwarzen" Bundesländer-Versicherung fließen hunderte Millionen Schilling in „einer seltsamen Art von Nächstenliebe" von Cartellbruder zu Cartellbruder.

Nach Auffliegen des Skandals ziehen einige CVer die Konsequenzen und begehen Selbstmord.

Die Vergangenheit kehrt wieder.

Im Frühjahr 1986 sind in Österreich Bundespräsidentenwahlen angesetzt. Die christliche Österreichische Volkspartei (ÖVP) nennt Dr. Kurt Waldheim von der katholischen Studentenverbindung „Comagena" zu Tulln als ihren Kandidaten. Der Diplomat Waldheim ist 1956 österreichischer Gesandter in Kanada, 1964 Botschafter bei der UNO, 1966 österreichischer Außenminister und von 1972 bis 1982 Generalsekretär der Vereinten Nationen (UNO) in New York.

Auch der Vereinsstudent vom VDST in Innsbruck, Primarius Dr. Otto Scrinzi, bewirbt sich um eine Kandidatur. Er zählt im politischen Spektrum zur äußeren Rechten Österreichs. Grund genug, ihn in die Nähe von Nationalsozialismus und Faschismus zu rücken.

Was nun folgt, ist zurecht als ein Witz der Weltgeschichte zu bezeichnen. Ein Wiener Kabarettist bringt den „Kandidaten" offen mit nationalsozialistischen Verbrechen in Verbindung.

Der Vereinsstudent klagt, bekommt aber nicht recht, da sich der Kabarettist damit verteidigt, daß er Scrinzi nicht gemeint habe. Die Grazer „Aula – Stimmen zur Zeit" veröffentlicht daraufhin eine Karikatur mit der Unterschrift: „Den Scrinzi hat er nicht gemeint, da bleibt nur einer, wie uns scheint."

Man spielt damit auf Waldheims Vergangenheit während des Krieges und auf seine Doktorarbeit aus dem Jahre 1944 an und geht davon aus, dies sei eine allgemein bekannte, aber eben weiter nicht dramatische Tatsache. Niemand ahnt, welche Lawine damit losgetreten worden ist.

Ein Wiener Magazin recherchiert weiter, läßt Waldheims „Wehrstammkarte" ausheben und bringt einen großaufgemachten

„Ich habe im Krieg nichts anderes getan als Hunderttausende andere Österreicher, nämlich, meine Pflicht als Soldat erfüllt."

Bei den Versammlungen und Treffen mit Kurt Waldheim ist das Interesse der Besucher natürlich groß: Was sagt er selbst zu der Welle ungeheurer Verdächtigungen? „Sie können sich vorstellen, daß ich in der letzten Zeit viel erlebt habe", kommt er in seiner Rede auf diesen Punkt. „Sehen Sie, alle diese Vorwürfe, an denen nichts Wahres dran ist, gehören zu einer Verleumdungskampagne, die dazu dient, meine Person herabzusetzen."

„Ich werde das überleben", zeigt sich Kurt Waldheim optimistisch, „ich habe in den zehn Jahren als Generalsekretär der Vereinten Nationen gelernt, viel auszuhalten. Außerdem bin ich praktizierender Katholik – das hat mir meine Mutter mitgegeben –, und das hat mir in diesen Tagen sehr geholfen.

Zu den Vorwürfen möchte ich nur sagen: Ich war weder bei der NSDAP noch bei einer ihrer Organisationen – im Gegenteil. Ich bin nur als Student bei einer Reitergruppe mitgeritten. Und was meine Soldatenzeit betrifft – ich habe damals nichts anderes getan als Hunderttausende andere Österreicher auch, nämlich, meine Pflicht als Soldat erfüllt."

ÖVP – Wahlbroschüre 1986

Artikel als Sensationsbericht über Waldheims Kriegsvergangenheit.

Nun reagieren jüdische Gruppen in New York. Sie glauben, endlich ein Mittel in der

Hand zu haben, um mit dem für sie ungeliebten UNO-Generalsekretär und dessen Araber- und Dritte-Weltfreundlichkeit abrechnen zu können.

Waldheim wird mit Kriegsverbrechen in Verbindung gebracht.

In der ÖVP ist man bestürzt.

Schon mehren sich Stimmen in CVer Kreisen, daß Waldheim untragbar geworden sei. Aber es ist zu spät: Zu viele Millionen sind bereits als Werbemittel für den katholischen Pennalstudenten Waldheim in den Wahlkampf geflossen.

Der Großteil der österreichischen Bevölkerung ist über die Einmischung aus New York und Tel Aviv empört; eine ungeheure Solidarisierungswelle setzt ein.

Ein Alter Herr einer Wiener CV-Verbindung spricht offen aus:

„Wir lassen uns von Leuten, die sich heutzutage aufführen, als wären sie der Weltgendarm, die fremde Länder besetzen und bombardieren, nicht der ‚Kriegsverbrechen' beschuldigen, die ein kleiner, verwundeter Oberleutnant vor über vierzig Jahren auf Grund seiner Stellung als Verbindungsoffizier gar nicht gemacht haben kann."

Die ÖVP merkt, daß die Angriffe Waldheim nicht schaden, sondern ihn im Gegenteil in den Augen einer ganzen Generation — die sich ebenfalls angegriffen fühlt — nur menschlich sympathischer werden läßt.

„Jetzt erst recht!" oder „Wir Österreicher wählen, wen wir wollen!" heißen die Parolen.

Mit einer erheblichen Portion Genugtuung und Schadenfreude registriert man nicht nur in nationalen Studentenzirkeln, wie dieselben Personen und Kreise, die noch vor einem Jahr mit dem Wort „Kriegsverbrecher" und Vokabeln wie „unbelehrbare Ehemalige" wütend um sich warfen, ihre Meinung nun revidieren müssen. „Man hat eben nur seine Pflicht getan." „Nicht jeder, der damals dabei war, ist ein böser Naziver-

brecher gewesen.", „Und überhaupt, jetzt nach über vierzig Jahren…"

Der ÖVP-Generalsekretär, der CVer Michael Graff, spricht sogar von „den ehrenlosen Gesellen des jüdischen Weltkongresses".

Diese sind plötzlich zum Unterschied von früher „völlig unbedeutend".

Ostern 1986 erfolgen die bisher schwerwiegendsten Anschuldigungen gegen den katholischen Kandidaten.

Die angeblichen Beweise, die vorgelegt werden, sind dürftig und können niemanden von der angeblichen Schuld Waldheims überzeugen.

Am Karfreitag ist die Passion des katholischen Verbindungsstudenten zwar noch nicht zu Ende, aber der Sieg Waldheims zum neuen österreichischen Bundespräsidenten steht so gut wie fest. Auch das letzte sonst immer wirksame Argument gegen Waldheim, er und die ÖVP betrieben „Antisemitismus", greift bei Herrn und Frau Österreicher nicht.

Im Gegenteil: Bereits im ersten Wahlgang am 4. Mai 1986 wechseln etwa 130 000 potentielle „Scrinzi-Wähler" zu Waldheim. Im zweiten Wahlgang sind es alle und noch eine Menge anderer Wähler, die die Hetze gegen den neuen österreichischen Bundespräsidenten anwidert.

Waldheim erringt den größten Sieg eines Bundespräsidenten der Zweiten Republik. Er löst Bundespräsident Dr. Rudolf Kirchschläger, MKW Waldmark Horn, ab.

Mit Waldheim siegt auch die ÖVP. SPÖ-Bundeskanzler Dr. Fred Sinowatz tritt zurück.

Der erste Schritt auf dem Weg zur neuerlichen Machtbeteiligung des Cartellverbandes an einer zukünftigen Regierung ist getan.

Die westliche Welt reagiert mit Wutgeheul! Jetzt werden alle Waldheimwähler als Nazis beschimpft. Der Antisemitismus in Österreich wird damit geradezu provoziert und kultiviert.

Interessant ist in diesem Zusammenhang das Verhalten derer, die Waldheims „Kriegsverbrechen" wohl am ehesten interessieren müßte: Die Jugoslawen reagieren nicht auf die gegen Waldheim erhobenen Vorwürfe.

Aus Österreichs südlichem Nachbarland kommen keine bösen Töne.

Der Osten benimmt sich nach der Wahl Waldheims zum österreichischen Bundespräsidenten, wie es sich zwischen befreundeten souveränen Staaten geziemt. Als einer der ersten Gratulanten stellen sich DDR-Staatsratsvorsitzender Erich Honekker und der Generalsekretär der KPdSU Michail Gorbatschow ein.

Für die übrige Welt aber bleiben Waldheim und die Österreicher jenes seltsame Völkchen hinter den sieben Bergen, von dessen Gesinnung schon der große Satiriker Erich Kästner schrieb:

„Ich habe mich hingegeben,
doch nur, weil ich gemußt!
Und daß der Hitler ein Nazi war –
das hab' ich nicht gewußt!"

Dr. Kurt Waldheim neuer Bundespräsident Österreichs

Wien (ADN). Dr. Kurt Waldheim ist am Sonntag zum neuen Bundespräsidenten der Republik Österreich gewählt worden. Er erhielt nach dem vorläufigen Endergebnis 53,9 Prozent der abgegebenen Stimmen. Seine Kandidatur war von der Österreichischen Volkspartei (ÖVP) unterstützt worden. Für Dr. Kurt Steyrer, den Kandidaten der Sozialistischen Partei Österreichs (SPÖ), wurden 46,1 Prozent der Stimmen abgegeben. Damit wird Dr. Waldheim für die kommenden sechs Jahre Nachfolger von Dr. Rudolf Kirchschläger.

★

Dr. Kurt Waldheim wurde am 21. Dezember 1918 in Sankt Andrä-Wördern in Niederösterreich als Sohn eines Lehrers geboren. Er stu-dierte an der Universität Wien, wo er zum Doktor der Rechte promovierte, und an der Wiener Konsular-Akademie. Seine diplomatische Laufbahn begann er 1945. Von 1948 bis 1955 war er an der österreichischen Botschaft in Paris und als Leiter der Personalabteilung im Außenministerium tätig. 1955 wurde er Ständiger Beobachter Österreichs bei der UNO. Nach der Aufnahme des Landes in die Weltorganisation im selben Jahr leitete er die dortige österreichische Vertretung. 1956 bis 1964 übernahm Dr. Waldheim weitere außenpolitische Aufgaben. Bis 1968 war er dann erneut Ständiger Vertreter Österreichs bei der UNO. In dieser Zeit führte Kurt Waldheim den Vorsitz des Ausschusses für die friedliche Nutzung des Weltraums. Von 1968 bis 1970 war Waldheim Bundesminister für Auswärtige Angelegenheiten Österreichs. Zum Generalsekretär der Vereinten Nationen wurde er Ende 1971 gewählt. 1976 wurde er für eine weitere fünfjährige Amtsperiode bestätigt. Ab 1982 war er unter anderem Sonderbeauftragter des österreichischen Außenministeriums.

Dr. Kurt Waldheim ist verheiratet und Vater eines Sohnes und zweier Töchter.

AUS: „NEUES DEUTSCHLAND" 9.6.1986

Gratulation Erich Honeckers an Präsidenten Österreichs

Staatstelegramm nach Wien zur Wahl Dr. Kurt Waldheims

Reaktionen auf die Waldheimwahl in West und Ost.

Die Bumser

Corporationsstudenten und der „Südtiroler Terrorismus"

Verhaftete Burschenschafter in Südtirol.

Am 26. April 1915 unterzeichnet Italien in London einen Geheimvertrag mit den Mächten der Entente. Darin werden Rom alle gewünschten Gebietszuwächse einschließlich des deutschen Teiles Südtirols versprochen, sollte Italien bis zum 24. Mai Österreich angreifen.

Am 4. Mai 1915 kündigt Italien den Dreibund mit Österreich-Ungarn und dem Deutschen Reich auf.

Am 23. Mai 1915 erklärt Italien der k.u.k.-Monarchie Österreich-Ungarn den Krieg.

Mehr als 600 000 junge Italiener müssen für diesen Sinneswandel ihr Leben lassen. Sie sterben, ohne auch nur einen Meter Tiroler Gebietes erobert zu haben.

Erst nach dem Waffenstillstand im November 1918 kann Italien den südlichen Teil Tirols bis zum Brenner okkupieren. Im Unterschied zu den Kärntnern wehren sich die Tiroler nicht. Sie glauben noch immer, daß es sich um eine kurzfristige, vorübergehende Maßnahme handelt. Sie täuschen sich furchtbar!

Genau am 10. Oktober 1920, an dem Kärnten nach Abwehrkampf und Volksabstimmung frei und ungeteilt bleibt, annektiert Italien offiziell Südtirol.

Für die deutsche Bevölkerung dieses Landes beginnt ein beispielloser Leidensweg über Jahrzehnte.

Zwischen Mussolini und Hitler

Umgehend wird mit der Italianisierung des Landes begonnen. Die deutschen „Barbari" werden zur rechtlosen Minderheit in ihrer eigenen Heimat.

Schon bevor Mussolini mit seinen „Schwarzhemden" an die Macht kommt, beginnt Südtirols schrecklichste Zeit. Der Gebrauch der deutschen Sprache wird verboten. Sämtliche Orts- und Flurnamen werden ins Italienische übersetzt, die Menschen müssen ihre deutschen Namen ablegen.

Sogar Grabsteine werden romanisiert, deutsche Zeitungen werden eingestellt, der deutsche Schul- und Religionsunterricht verboten.

Faschistenhorden ziehen durch das Land, um die letzten deutschen Widerständler mit Prügel eines Besseren zu belehren.

Am 24. April 1921 überfällt in Bozen eine mit Totschlägern, Pistolen und Handgranaten bewaffnete Faschistenbande einen Trachtenfestzug der Südtiroler.

Der Lehrer Franz Innerhofer will einen achtjährigen Jungen in Sicherheit bringen und fällt unter den Schüssen der Faschisten. Handgranaten explodieren in der Menge, aus der italienischen „Banco di Napoli" wird auf die Südtiroler geschossen, 48 Schwerverwundete bleiben zurück.

Die faschistischen Täter werden von einer Ehrengarde der italienischen Garnison und von Carabinieri zum Zug begleitet und abgeschoben.

Anklage wird nicht erhoben!

Mussolini übernimmt offen die Verantwortung für diese Gewalttat und schreibt in der Faschisten-Zeitung „Il popolo d'Italia":

„Wenn die Deutschen verprügelt und zertrampelt werden müssen, um Vernunft anzunehmen, wohlan, wir sind bereit! Viele Italiener sind auf dieses Geschäft trainiert!"

Am 2. Oktober 1922 ist Bozen Schauplatz der Generalprobe der faschistischen Machtergreifung.

Tausende „Schwarzhemden" aus ganz Italien fallen in die Stadt ein. Sie besetzen Schulen, zersprengen den Gemeinderat und mißhandeln den Bürgermeister Dr. Parathoner. Dutzende Verletzte liegen auf den Straßen. Der Anführer der Faschistenbande, der spätere Staatssekretär Francesco Giunta, brüstet sich noch 1957 (!) dieser Gewalttaten.

Faschistendenkmal in Bozen.

In der Zeitschrift „Il Pensiero Nazionale" schreibt er unter anderem:

„Mussolini gab mir 1922 freie Hand, und ich kehrte mit 3000 Schwarzhemden zurück (nach Bozen), innerhalb von 24 Stunden wehte unsere Fahne über dem Rathaus. Es ist heute nicht an der Zeit, über eine faschistische Expedition nachzudenken, aber man könnte einen Haufen Partisanen hinaufschicken (nach Südtirol), von denen mehr als einer das System noch kennt..."

Am 12. Juli 1926 kommt es in Anwesenheit des italienischen Königs Viktor Emanuel III. und fast der gesamten faschistischen Parteiprominenz zu einem unglaublichen Akt von Hohn und Größenwahn gegenüber der deutschen Bevölkerung Südtirols.

Genau an der Stelle, wo das in seinem Rohbau bereits fertiggestellte Ehrenmal der Kaiserjäger hätte errichtet werden sollen, wird der Grundstein für das heute noch stehende faschistische „Siegesdenkmal" gelegt. Es ist mit dem vor Arroganz strotzenden Spruch geschmückt:

„Zeuge hier an den Grenzen des Vaterlandes, von hier aus haben wir die anderen (die Barbaren) durch Sprache, Gesetze und Künste kultiviert!"

Zur Italienisierung gehört auch die Entfernung der deutschen Zeugnisse Südtirols.

Am 5. Juli 1933 wird in Bozen der Laurin-Brunnen, der den Sieg Dietrichs von Bern über den Zwergenkönig Laurin darstellt, von den Faschisten zerstört.

Am 24. März 1935 wird das 1889 eingeweihte Denkmal des Minnesängers Walther von der Vogelweide geschliffen. Es sollte, hart an der Sprachgrenze, die Zugehörigkeit Südtirols zur deutschen Kulturnation bekunden.

In den 30er Jahren beginnt Mussolini, eine

Die CVer Bundeskanzler Figl und Außenminister Gruber, bei der Entgegennahme von hunderttausenden Unterschriften, für den Wiederanschluß Südtirols an Österreich.

weitere Strategie gegenüber den Südtirolern anzuwenden: die „Conquista del Suolo", die Eroberung von Grund und Boden. Zu diesem Zweck wird mit dem Aufbau einer staatlich geförderten Industriezone begonnen. Eine Welle der Einwanderung aus dem Süden Italiens setzt ein. Für sein unheilvolles Bündnis mit Hitler hat sich der italienische Diktator als Preis die Aussiedelung der deutschgesinnten Südtiroler ausbedungen, und Hitler, sonst peinlich darauf bedacht, alles, was nur irgendwie „deutsch" ist, „heim ins Reich" zu bringen, läßt dieses Verbrechen an dem seit 1200 Jahren deutschen Land und seiner Bevölkerung zu.

Zunächst ist Ostpreußen, dann Polen für die Unglücklichen als neue Heimat ausersehen. In Berlin faßt man die Krim ins Auge, aber auch Südkärnten, wo man mittlerweile bereits über 300 slowenische Familien zwangsausgesiedelt hat. Der Sturz Mussolinis, der Wechsel Italiens ins andere Lager im Jahre 1943 und die Kriegsereignisse machen diesem schaurigen Experiment ein Ende.

Das Gruber-De Gasperi-Abkommen

Auch nach dem Sieg über den Faschismus im Jahre 1945 gibt es für Südtirol keine Demokratie.

Rom erklärt, die „vornazistischen Zustände" wiederherstellen zu wollen, und führt unter diesem Titel alle faschistischen Unterdrückungsgesetze wieder ein.

Besonders glücklos agiert der neue österreichische Außenminister Karl Gruber bei den Südtirolverhandlungen in Paris.

Gruber ist der Sohn eines sozialistischen Arbeiters und während seiner Jugend bei den Roten Falken tätig. Nach der Niederschlagung des sozialdemokratischen Februaraufstandes gegen Dollfuß im Jahr 1934

wechselt er auf die Seite des Ständestaates. Er wird Mitglied einer katholischen Studentenverbindung. Während des Krieges ist er vom Wehrdienst befreit und arbeitet bei AEG-Telefunken in Berlin, wo er als Elektroingenieur maßgeblich an der Entwicklung kriegsbedeutender elektronischer Geräte beteiligt ist. In der Endphase des Krieges nimmt er über Liechtenstein Kontakt mit den Westalliierten auf.

Am 9. April 1945 kommt Gruber nach Innsbruck. Dort wird er schnell zum Führer einer Widerstandgruppe, die sich auf den Machtwechsel vorbereitet, um sich den Alliierten als Vertreter des gesamten Tirols zu präsentieren.

Unter ihnen ist der letzte Abgeordnete Südtirols im Parlament Deutsch-Österreichs, der CVer Reut-Nicolussi, Professor in Innsbruck. Er flüchtet vor den italienischen Faschisten nach Nordtirol. In seinem Buch „Tirol unterm Beil" beschreibt er anklagend die Zustände in Südtirol während der Faschistenzeit.

Der Tiroler Kreis der patriotischen Widerständler will allerdings eine andere Südtirolpolitik, als sie Gruber als Außenminister der Regierung des CVers Figl betreibt oder betreiben kann.

Bei den Verhandlungen um Südtirol in Paris versucht Österreich die Alliierten davon zu überzeugen, daß dieses Land nicht Mitstreiter Hitlers, sondern dessen erstes Opfer war, also nun zu den Siegermächten zu zählen sei.

Die Alliierten reagieren darauf mit Spott und Hohn. Grubers Spielraum ist von vornherein begrenzt. Sein italienischer Kollege De Gasperi hat mit seiner Darstellung mehr Glück. Italiens Lagerwechsel im Jahre 1943 fällt bei den Siegern deutlich ins Gewicht. Allgemein wird demnach Italiens Wunsch nach Beibehaltung Südtirols im italienischen Staatsverband unterstützt.

Die Verhandlungen drehen sich daher nicht

mehr um eine Wiedervereinigung Tirols, sondern lediglich um mehr oder weniger Autonomie für Südtirol.

Ohne Zustimmung des Ministerrates und des österreichischen Bundeskanzlers Figl beendet Gruber seine Verhandlungen mit De Gasperi in Paris im Jahr 1946.

Der Pariser Vertrag hat einen entscheidenden Schwachpunkt zum Nachteil der deutschen Südtiroler: es gibt in diesem Vertrag keine Festlegung der Autonomiegrenzen.

Italien dehnt daher dieses Autonomiepaket auf die Region des Trentino aus, so daß die Südtiroler zur Minderheit in Trient-Südtirol werden.

Es bedeutet außerdem, daß die Mehrheit der Bevölkerung, also die Italiener, bei den Abstimmungen auf die Autonomiebestrebungen „verzichten", wodurch die den deutschen Südtirolern versprochene Autonomie nicht zum Tragen kommt.

In jenen Tagen gibt es niemanden, an den sich der geschundene und getretene Deutsche in Südtirol um Hilfe wenden kann.

Südtirol wird zu einem Dorado für Faschisten, die den teilweise grausamen Säuberungen in den italienischen Provinzen entgehen wollen.

Hier in Bozen fragt man nicht nach der politischen Vergangenheit. Hier ist jeder willkommen, der die Anzahl der Italiener vermehrt und die der verhaßten Deutschen vermindert.

Bald amtieren bei Polizei, Gericht und Ämtern wieder jene Faschisten, die bereits unter Mussolini dort waren. Nur sind sie jetzt im Rang gestiegen. Die staatliche Verwaltung in der Provinz Bozen wird gewaltig aufgebläht, muß man doch die Brüder aus dem Süden unterbringen. Ihnen baut man Volkswohungen, gefördert mit Südtiroler Steuergeldern; ihnen allein sind die Arbeitsplätze in den Industriezonen von Bozen und Meran vorbehalten, die zum

Zwecke der Überfremdung des Landes auf fruchtbarstem Obstanbaugebiet – dieses wird enteignet – angelegt werden.

In Südtirol tritt wieder das alte faschistische Strafrecht mit seinen Paragraphen in Kraft, wonach ein Südtiroler ins Gefängnis wandert, sollte er auch nur eine Tiroler Fahne auf seinem Haus hissen.

Er gerät auch ins Gefängnis, wenn er öffentlich auch nur ein Wort der Kritik an Italien übt. Dann klagt ihn Oberstaatsanwalt Dell Antonio wegen „Schmähung der italienischen Nation" an. Bereits unter Mussolini war Dell Antonio Staatsanwalt, und er hat bereits damals dasselbe Gesetz gegen dieselben Leute angewandt.

Im Jahre 1918 befinden sich in Südtirol drei Prozent Italiener, im Jahre 1953 sind es bereits 33,5 Prozent, und es läßt sich errechnen, daß die Südtiroler ab 1970 eine Minderheit sein werden.

Am 15. Oktober 1957 kündigt der italienische Arbeitsminister Togni den Bau von weiteren 5000 Wohneinheiten in Bozen für neu zuwandernde Italiener an.

Der deutsche Volkspriester Kanonikus Gamper hat bereits 1953 in der Tageszeitung „Dolomiten" gewarnt:

„Es ist ein Todesmarsch, auf dem wir Südtiroler uns befinden, wenn nicht noch in letzter Stunde Rettung kommt."

Nun protestiert das Volk mit einer Großkundgebung.

Die für Bozen angemeldete Versammlung wird verboten. Die italienische Armee, die das 4. Armeekorps im Land stationiert hat, läßt Panzer, Artillerie und Maschinengewehre postieren.

Die Südtiroler weichen auf Schloß Sigmundskron aus. 40 000 Menschen kommen dort zusammen und fordern die Selbstbestimmung.

Die parteiamtliche Forderung der Südtiroler Volkspartei bescheidet sich mit der Forderung nach Autonomie, wie sie im Abkommen des Jahres 1946 – dem Pariser Vertrag – vereinbart, aber nie durchgeführt worden ist.

Der Protest hilft nicht.

Im Jahre 1961 bringen drei italienische Parlamentsabgeordnete einen Gesetzesantrag ein, der in erster Lesung angenommen wird und nun noch der Bestätigung durch die Zweite Kammer bedarf, um zum gültigen Gesetz zu werden.

Dieses Gesetz sieht die Ausbürgerung und Landesverweisung von Südtirolern auf dem Verwaltungsweg vor, wenn diese sich als „unzuverlässige Staatsbürger" erweisen.

Nun ist das Maß voll.

Als die UNO Österreich und Italien zu friedlichen Verhandlungen auffordert, sich die beiden Außenminister dreimal an verschiedenen Orten treffen und der italienische Minister jedesmal mit Hohn erklärt, daß es in der Sache selbst nichts zu verhandeln gäbe, erscheint die erste Flammenschrift an der Wand.

Kanonikus Michael Gamper.

Der „B.A.S."

Bereits im Jahre 1959, im Anschluß an den Landesfestzug anläßlich der 150-Jahrfeiern zu Ehren von Andreas Hofers Abwehrkampf, wird in Innsbruck der „Befreiungsausschuß Südtirol" gegründet.

Einer der führenden Köpfe ist der CVer Alois Oberhammer, Landesrat der Österreichischen Volkspartei im Tiroler Landtag.

Der CV stellt zahlreiche weitere Politiker und Persönlichkeiten im „B.A.S.", auch einige Waffenstudenten, hauptsächlich Burschenschafter der Wiener Olympen und der Innsbrucker Brixen. Ziel ist die Änderung der gegen Menschenrechte und Völkerrecht verstoßenden Zustände in Südtirol.

Da bisherige Verhandlungen mit Italien zu keinem greifbaren Ergebnis geführt haben, müssen andere Mittel angewendet werden, um Italien Zugeständnisse abzuringen. Das bedeutet Gewalt und Illegalität.

Ein Strategiekonzept wird ausgearbeitet, Waffen und Sprengstoff werden erworben. Kleine Gruppen trainieren in unzugänglichem Gelände in den Tiroler und Bayrischen Alpen den Kleinkrieg und das Überleben im feindlichen Gebiet.

Zu Beginn des Jahres 1961 ist man einsatzbereit.

Als Auftakt der folgenden Aktionen fliegt am 31. Januar 1961 in Waidbruck ein immer noch stehendes Mussolinidenkmal in die Luft. Die Welt horcht auf und ist erstaunt: im Nachkriegsitalien stehen noch Faschistendenkmäler!

Am Tiroler Landesfeiertag, dem „Herz Jesu Sonntag" am 11. Juni 1961, beginnt in Südtirol der Kampf des „B.A.S.". Man will der Welt demonstrieren, daß das Land an der Grenze seiner Leidensfähigkeit angelangt ist.

In dieser Nacht werden nach einem genau ausgearbeiteten Plan über vierzig Hochspannungsmasten in die Luft gesprengt. Die

Mussollinidenkmal in Waidbruck vor und nach der Sprengung.

Stromversorgung Südtirols bricht zusammen. Um die Reaktion darauf zu erkunden, befindet sich ein Corpsstudent in Bozen. Er schildert die Situation so:

„Gewaltige Donnerschläge rissen die Bevölkerung aus dem Schlaf, dann brach plötzlich die Stromversorgung zusammen. In der ganzen Stadt war es stockdunkel. Neue Donnerschläge ertönten, und ihr Echo hallte vielfach im Talkessel wider.

Eineinhalb Stunden dauerte insgesamt das unheimliche Gedröhne, immer wieder von hallenden Detonationen in der Nähe unterbrochen. Nun wurde die Stadt auch von taghellen Blitzen erleuchtet, die von den Bergeshöhen her die Straßen und Gassen in gleißendes Licht tauchten. Es war dies das Aufblitzen der Explosionsstellen.

Einzelne Masten sah man im Feuer der Detonationen in die Luft steigen, wobei man den Eindruck hatte, daß ihr unteres Ende sich glutrot verfärbte. Zeitweise war die Nacht auch minutenlang erleuchtet, vor allem in Richtung Oberau. Es sah so aus, als ob große Scheinwerfer zur akustischen Begleitung von Donnergetöse in Tätigkeit seien. In Wirklichkeit handelte es sich um große blitzartige Entladungen, die auftraten, wenn die Hochspannungskabel der fallenden Masten den Boden berührten."

Die italienischen Sicherheitskräfte scheinen wie gelähmt. Sie ziehen sich in ihre Kasernen und auf ihre Posten zurück, verschließen alle Tore.

Zur selben Zeit stürzen verstörte Italiener aus den für sie neu erbauten Siedlungen. Sie tragen Hausrat und Bettwäsche mit sich und versuchen, Einlaß in die Kasernenareale der Carabinierilegion und des 4. Armeekorps zu bekommen.

Die Menschen sind in ihrer Panik davon überzeugt, „daß Österreich mit Heeresmacht über den Brenner gekommen sei, um sein abgetrenntes Land Südtirol wieder heimzuholen und alle Freveltaten der Vergangenheit zu rächen".

Die Anschläge der nächsten Tage steigern diese Panik noch.

Täglich verlassen nun Hunderte von italienischen Zuwanderern Südtirol.

Jetzt reagiert das offizielle Italien.

Der christdemokratische Innenminister Mario Scelba läßt am 16. Juni 1961 ein 40 000 Mann starkes Militärkontingent nach Südtirol verlegen. Straßensperren werden errichtet, Sandsackstellungen aufgebaut, Biwaklager angelegt. Bald sind jeder Strommast, jede Bahnlinie, jede Carabinieristation, ja beinahe jeder Baum und jeder Busch militärisch bewacht.

Trotzdem werden Nacht für Nacht weitere Hochspannungsmasten in die Luft gesprengt. Die italienischen Posten feuern zumeist ungezielt aus ihren Verschanzungen in die Nacht, ohne dabei zu treffen. Sie schießen zwei junge Südtiroler, denen sie zufällig begegnen, völlig grundlos und offenbar in Panik, nieder. Beide sterben.

Innenminister Mario Scelba versammelt in der Zwischenzeit auf dem Monte Bondone bei Trient in einer ehemaligen österreichischen Kasernenanlage Folterspezialisten zu näherer Unterweisung. Sie erhalten dort den letzten Schliff in der Verhörtechnik.

Am 18. Juni 1961 instruiert der Minister persönlich in Bozen die Kommandeure dieser Sondereinheit.

Der verhörende Carabinierileutnant Vilardo brüstet sich später vor dem politischen Häftling Martin Koch aus Bozen:

„Scelba hat gesagt, wenn Ihr einen von diesen Dinamitardi erwischt, könnt ihr mit ihm nach Belieben verfahren."

Am 19. Juni 1961 informiert Scelba seine Kollegen im römischen Ministerrat über die von ihm verfügten Maßnahmen und erklärt:

„Die Regierung hat in dieser Situation die Pflicht, nicht tolerant zu sein."

Am 28. Juni 1961 gibt der österreichische Staatssekretär Dr. Gschnitzer der Presse bekannt, daß den italienischen Soldaten 20 000 Lire und 14 Tage Sonderurlaub für jeden erschossenen „Dinamitardo" versprochen worden sind. Am 29. Juni treffen die Spitzen der militärischen und polizeilichen Behörden in Südtirol zu abschließenden Gesprächen ein. Am 10. Juli 1961 denunziert der für die profaschistische Tageszeitung arbeitende Journalist Benno Steiner, dem die eigenen Landsleute nur noch mit Verachtung begegnen, den Südtiroler Schützenoffizier Franz Muther aus Laas, der den Carabinieri als Patriot bekannt ist, als mutmaßlichen Attentäter.

Muther wird verhaftet und in der Carabinierikaserne Meran auf schreckliche Weise gefoltert.

Zugleich mit Muther werden nach vorbereiteten Listen bis zum 22. Juli 1961 etwa 67 Südtiroler festgenommen. Bald steigt die Anzahl der Verhafteten auf über Hundert an. Unter ihnen befindet sich auch der Generalsekretär der Südtiroler Volkspartei Dr. Hans Stanek.

Beinahe alle Verhafteten werden aufs schwerste mißhandelt. Anton Gostner und Franz Höfler erliegen der Folter.

Gegenüber der Öffentlichkeit verschleiern die Carabinieri, daß sie die bekanntesten Patrioten nach vorbereiteten Verhaftungslisten ausheben und festsetzen.

Sie behaupten, daß der nach der offenbar bestellten Denunziation Benno Steiners verhaftete Franz Muther die Namen seiner Mitverschworenen preisgegeben habe.

Italienische Truppen in Kampfausrüstung in Südtirol.

Österreichs Reaktion

Als die Beteiligung österreichischer Corporationsstudenten am Tiroler Widerstand bekannt wird, verkündet der Pressesprecher der römischen Regierung, daß es sich hier um eine „pangermanistische Verschwörung unverbesserlicher Neonazis" handle.

In Rom hat man von Anfang an erkannt, welche Gefahr im Bündnis zwischen den Südtiroler Bauernburschen und jungen Intellektuellen österreichischer und bayerischer Universitäten liegt.

Auch für die österreichische Bundesregierung sind die Ereignisse in Südtirol ausgesprochen unbequem. Sie gefährden die guten Beziehungen zu dem südlichen Nachbarn. Da die österreichische Bevölkerung aber mit den „Bumsern" in Südtirol sympathisiert, wird ihr Kampf als „nazistischer Anschlag" auf den europäischen Frieden bezeichnet. Die Verwicklung der nationalen Waffenstudenten paßt dazu bestens in das Bild.

Was folgt, ist eine Groteske der Geschichte. Die einzigen echten antifaschistischen Kämpfer werden nach dem Zweiten Weltkrieg selbst zu Faschisten und somit zu Verbrechern abgestempelt. Den Anfang macht jene Presse, die längst jeder nationalen Regung auf studentischer Seite abhold ist – darunter auch die vom Gründer der österreichischen Sozialdemokratie, dem Burschenschafter der Braunen Arminia in Wien, Victor Adler, gegründete Arbeiterzeitung.

Die italienische These von der „Naziverschwörung" wird ungeprüft begeistert übernommen. Für die Medien steht die Gleichung „Burschenschafter gleich Nazi gleich Faschist" unverrückbar fest.

In der Regierung wird über ein generelles Verbot der gesamten Burschenschaft nachgedacht. Aber nur die Wiener akademische Burschenschaft Olympia gibt Anlaß zu ihrer vereinsbehördlichen Auflösung.

Faschistendenkmal in Bozen.

Grund dafür ist eine am Konvent beschlossene „Zwangsumlage für inhaftierte Südtiroler". Da diese Zwangsumlage nicht in den Statuten der Verbindung verankert ist, verbietet der sozialdemokratische Innenminister Afritsch die „Olympen" wegen Statutenüberschreitung.

Nicht nur Burschenschafter, sondern auch CV-Studenten, wie zum Beispiel der Chef des Nordtiroler Lawinenwarndienstes Dr. Otto Schimpp, Mitglied der katholischen CV-Verbindung Alpinia, werden zu Faschisten gestempelt.

Als die italienischen Behörden merken, daß sie trotz großen Militäraufgebotes die Gewaltakte in Südtirol nicht unterbinden können, beginnen sie, auf Wien Druck auszuüben.

Das österreichische Bundesheer wird zur Überwachung der Brennergrenze eingesetzt, um das Überwechseln vom „Terroristen" zu verhindern. Der Einsatz endet jedoch in einer Blamage.

Die jungen Soldaten zeigen offen Sympathie für ihre „Tiroler Kollegen" und verhindern keineswegs deren Aktivitäten. Ein junger Wiener Corpsstudent ist damals bei diesen Einsätzen in Tirol als Leutnant dabei. Er erinnert sich:

„Wir hatten Befehl, sämtliche verdächtigen Personen und Autos zu kontrollieren. Dabei wurden wir wiederum von Beamten der Staatspolizei in zivilen Fahrzeugen kontrolliert. Per Funk und Geheimcode unterrichteten wir uns gegenseitig vom Auftauchen solcher Fahrzeuge. Sie wurden von uns gestoppt, die Insassen wurden mit vorgehaltenem Sturmgewehr zum Aussteigen gezwungen. Sie mußten sich mit erhobenen Armen auf die Straße knien. Dann erst kontrollierten wir genüßlich lange ihre Ausweispapiere. Sie wurden von uns richtig schikaniert, und zwar immer wieder, von Posten zu Posten, bis sie es vorzogen, uns nicht mehr zu belästigen. Wir haben uns dann auf die Erstürmung verschiedener bewirtschafteter Almhütten und Gasthäuser sowie auf das Erobern der Kellnerinnen spezialisiert!"

Der Einsatz des Bundesheeres muß abgebrochen werden. Trotz Haft, Folter, Tod und Verurteilungen zu schwersten Strafen gelingt es den italienischen Sicherheitskräften nicht, die Anschlagswelle zu beenden.

Erst die Autonomieverhandlungen von 1969 und das Autonomiepaket bewirken, daß der Untergrundkampf aufhört.

Von nun an werden die Auseinandersetzungen mit friedlichen Mitteln weitergeführt. Rom hat mittlerweile die Menschenrechtsakte unterzeichnet, so daß das öffentliche Eintreten für die Selbstbestimmung nicht mehr gerichtlich verfolgt werden kann.

Die Südtirolkämpfer, von italienischer und österreichischer Presse einst als „Nazisten" beschimpft, werde vom Landeshauptmann und Südtiroler Volkspartei-SVP-Parteiobmann Dr. Silvius Magnago auf der Landesversammlung der Südtiroler Volkspartei 1976 offiziell rehabilitiert: Die Attentäter hätten als Idealisten gehandelt und einen „bedeutenden Beitrag zur Erreichung einer besseren Autonomie für Südtirol" geleistet. Silvius Magnago erklärt weiter:

„Es muß festgestellt werden, daß Italien bis dahin die Existenz einer Südtirolfrage praktisch immer in Abrede gestellt hatte, auf dem Standpunkt stand, der Pariser Vertrag sei bereits erfüllt und sich geweigert hatte, wenn man von ergebnislosen Gesprächen absieht, mit Österreich in konkrete Verhandlungen einzutreten."

Die Leiterin der Südtirolabteilung der Nordtiroler Landesregierung, Frau Hofrat Dr. Viktoria Stadlmayer bezeichnet 1964 in einem Aufsatz die Anschläge und ihre Folgen als „die Wende" in der politischen Entwicklung Südtirols.

Der österreichische Justizminister Dr. Harald Ofner spricht schließlich am 11. Mai 1984 auf einem Großkommers die Rehabilitation der Innsbrucker schlagenden Korporationen aus. Er erklärt auf dem Tiroler Freiheitskommers in Gegenwart des österreichischen Nationalratspräsidenten Dr. Stix, zahlreicher Nord- und Südtiroler Politprominenz und mehr als 2500 Teilnehmern:

„Wer in seiner Verzweiflung für die Freiheit seines Volkes kämpft, ist unseres Verständnisses

sicher. Wer seine bürgerliche Existenz, den ruhigen Abend im Kreise seiner Familie, seine Gesundheit, sein Leben dafür aufs Spiel setzt, verdient unseren Respekt. Und wir richten uns darauf ein, zu warten, bis Haß und Hohn der Gegner der Gerechtigkeit der Beurteilung aus der Warte zeitlichen Abstandes zur Gänze gewichen sein werden. Und wir freuen uns und fühlen uns bestätigt, wenn wir Jahre nach den Taten aus berufenem Munde hören können, daß sie mitgeholfen haben, eine Wende – eine erste Wende – herbeizuführen, daß dem Wollen und dem Handeln der Verfolgten und Geschmähten auch noch Erfolg beschieden gewesen ist. Darin erkennen wir einmal mehr die Kraft der Geschichte, die Dinge aus der Parteien Zank und Hader ins rechte Licht zu rükken. Und nehmen dieses Erkennen zum Anlaß, nicht nachzulassen in unserem Bemühen,

unserem Volke und unserer Heimat mit allen Kräften zu dienen und uns von kleinen Geistern – und mögen sie noch so mächtig sein – nicht irre machen zu lassen. Das geloben wir an diesem heutigen Ehrentage. Und wir richten an die Verantwortlichen jenseits des Brenner die Bitte und den Appell, es genug sein zu lassen mit rechtlichen Konsequenzen welcher Art immer aus der Zeit der heißen Sechzigerjahre. Gestraft, gesühnt, ausgesperrt ist genug worden. Die Geschichte gebietet hier einen deutlichen, einen eindeutigen Schlußstrich zu ziehen."

Die Frage, wieviel Mitglieder von Studentenverbindungen an der „Feuernacht" des Jahres 1961 und auch bei späteren Anschlägen teilgenommen haben, ist bis zum heutigen Zeitpunkt nicht beantwortet.

Die ehemaligen Attentäter schweigen darüber.

Bekannt ist nur, wieviel Coleurstudenten in verschiedenen Prozessen in Österreich, Italien und in der Bundesrepublik angeklagt sind.

In Österreich:
11 Burschenschafter aus Österreich
1 österreichischer Corpsstudent
1 österreichischer Pennäler

In Italien:
4 Burschenschafter aus der Bundesrepublik
4 Burschenschafter aus Österreich
1 österreichischer Pennäler
1 Angehöriger einer österreichischen MKV-Verbindung

Des weiteren in Abwesenheit:
mehr als 13 österreichische Burschenschafter
mehr als 3 Mitglieder österreichischer CV-Verbindungen.

In der Bundesrepublik Deutschland:
2 Burschenschafter aus Österreich

Landeshauptmann Silvius Magnago.

191

Gegen zahlreiche weitere Waffenstudenten und katholische Verbindungsstudenten wird ermittelt, ohne daß jedoch Anklage erhoben wird. Das Verfahren gegen zwei bayerische Burschenschafter dauert 18 (!) Jahre. In den österreichischen Prozessen bekennen sich die Angeklagten zu ihren Taten, ohne dabei Südtiroler Mitverschworene namentlich preiszugeben. Sie rechtfertigen ihr Vorgehen damit, daß in Südtirol übergesetzlicher Notstand geherrscht habe und sie in Nothilfe für die in Notwehr befindlichen Südtiroler Landsleute gehandelt hätten.

Österreichische Schöffen und Geschworene sprechen die Angeklagten in drei Prozessen in Graz und Linz frei.

Über die unglücklichen Südtiroler verhängen italienische Schwurgerichte in etlichen Prozessen insgesamt mehr als tausend Jahre Gefängnis.

Heute befindet sich keiner der Attentäter der Sechzigerjahre mehr in italienischen Gefängnissen. Die „Paket-Autonomie" von 1969 bringt ihre Entlassung nach zum Teil mehr als neunjähriger Haft. Einige von ihnen kehren mit schwersten Gesundheitsschäden heim.

Permanente Regierungskrisen Italiens verzögern bis weit in die 80er Jahre die volle Erfüllung des Autonomiepaketes für Südtirol.

Der Gebrauch der deutschen Sprache bei Ämtern und Behörden wird nur zögernd eingeführt.

Wie zum Hohn grüßt noch immer Mussolini vom Bozener Finanzamt.

Noch immer prangt der chauvinistische Spruch vom schwerbewachten Faschistendenkmal:

„...von hier aus haben wir die anderen durch Sprache, Gesetze und Künste kultiviert."

Lakonischer Kommentar eines ehemaligen CVer Südtirolaktivisten:

„Dafür haben wir ihnen damals gezeigt, was für eine Sprache wir sprechen, welche Naturgesetze wir verstehen und welche Künste wir in Tirol beherrschen!"

Aus: Aula, Graz.

Korošci smo – Kärntner samma!

Die Pennalien und der Kärntner Ortstafelkonflikt

„Wo man mit Blut die Grenze schrieb und treu in Not und Tod verblieb…"
Strophe aus dem Kärntner Heimatlied

Festzug Österreichischer Corporationsstudenten 1970, anläßlich 50 Jahre Volksabstimmung in Kärnten, in Klagenfurt.

Die auf österreichischem Territorium neben der deutschen Mehrheit siedelnden Minderheiten, die Slowenen in Kärnten und die Kroaten und Magyaren im Burgenland, genießen seit Abschluß des österreichischen Staatsvertrages von 1955 besondere Minderheitenrechte. Im Artikel sieben dieses Staatsvertrages werden den Slowenen, Kroaten und Magyaren ausdrücklich die Aufstellung von zweisprachigen Ortstafeln und eine angemessene Anzahl von öffentlichen Schulen zugesichert. Aber weder zu Zeiten der Großen Koalition, noch zur Zeit der schwarzen Alleinregierung wagt man, diese Auflagen einzulösen.

Zu Beginn der siebziger Jahre kommt die sozialistische Regierung Kreisky an die Macht. In Kärnten regierten die Sozialdemokraten bereits seit 1945. Der Aufstellung von zweisprachigen Ortstafeln scheint nichts mehr im Weg zu stehen. Man vergißt allerdings dabei jenes schwebende Volkstum der „Windischen", die es offiziell gar nicht gibt.

Die Kärntner Urangst

Die Slowenen, die heute in drei Staaten siedeln, nämlich in Jugoslawien, Italien und Österreich, haben erst im vorigen Jahrhundert ihre Schriftsprache erhalten. Im slowenischen Mutterland, also südlich der Karawankengrenze, kann sich diese Sprache naturgemäß schneller und besser durchsetzen als im italienischen Friaul und im kärntnerischen Gailtal, Rosental, Jauntal, um den Wörthersee und in der Gegend um Völkermarkt.

So ergibt sich zwangsläufig eine gewisse sprachliche Entfremdung zwischen den südlich und nördlich der Karawanken siedelnden slawischen Bewohnern. Die geschichtlichen Ereignisse seit 1918 haben noch die Slowenen und die sogenannten Windischen weiter entfremdet (siehe die Abwehrkämpfe).

Diese Windischen aber sind es nun, die dem neuen Ortstafelgesetz, das der Österreichische Nationalrat am 6. Juli 1962 beschließt, mit äußerster Skepsis gegenüberstehen. Seit jeher waren sie Spielball zwischen den Machtinteressen der Deutschen und der Slowenen. Sie fordern daher die Aufstellung von zweisprachigen Ortstafeln im besagten Gebiet von der vorherigen Abhaltung einer sogenannten „Minderheitenfeststellung" abhängig zu machen. Gelten soll dabei das sogenannte „Bekenntnisprinzip".

Über dieses Bekenntnisprinzip gibt es seit langer Zeit harte Auseinandersetzungen in Kärnten.

Die Slowenenfunktionäre fordern die generelle Aufstellung von zweisprachigen topografischen Aufschriften im gemischtsprachigen Gebiet. Dieses Gebiet wäre, ginge es nach Meinung der Slowenenführung, fast identisch mit jenem Teil Kärntens, der in der Geschichte dieses Jahrhunderts bereits zweimal von südslawischen Truppen besetzt und dessen Annexion gefordert wurde. (Titos Anspruch auf Südkärnten wurde bis 1948 offiziell aufrecht erhalten!) Jeder Kärntner, der sich einer slowenischen Mundart, nämlich des „Windischen", als Umgangssprache bedient, muß als Slowene gelten. Auch alle anderen „germanisierten" Kärntner mit ursprünglich slowenischen Namen sind als Angehörige der Minderheit zu zählen.

Die Betroffenen, nämlich die Windischen, wie sie sich selbst nennen, lehnen diese Pläne strikt ab.

Nach dem Kärntner Abwehrkampf haben sie sich bei der Volksabstimmung am 10. Oktober 1920 mehrheitlich für die neue Republik Deutschösterreich entschieden. Während der Hitlerzeit wird ihnen ihre Umgangssprache untersagt und sie somit ihrer Identität beraubt.

Unter der Parole: „Der Kärntner spricht

Deutsch!" werden sie „zwangsgermanisiert".

Die Windischen dienen mehr oder weniger freiwillig in Hitlers Wehrmacht. Tausende kehren nie zurück.

Nach dem Krieg kommen die Partisanen. Für die Windischen beginnt ein neuer Leidensweg. Man wirft ihnen vor, als Slawen nicht gegen Hitler und für den Anschluß ihrer Heimat an Jugoslawien gekämpft zu haben. Viele Hunderte werden verschleppt, bestialisch ermordet und in Massengräbern verscharrt.

Jetzt, vor der Aufstellung der „slowenischen" Ortstafeln, fürchten diese Windischen erneut, zwischen die Mühlsteine der Politik zu geraten. Eine generelle Aufstellung von zweisprachigen topografischen Aufschriften im gemischtsprachigen Gebiet würde eine Kenntlichmachung eines angeblichen „Slowenischen Kärntens" bedeuten. Dies könnte eventuell erneute Gebietsforderungen Jugoslawiens bedeuten, meinen sie.

Die Stimmung der Windischen in Kärnten ist gereizt. Nur zu gut wissen sie aus der jüngsten Geschichte, wie oft die Anzahl der Slowenen bzw. der slowenischen Ortstafeln, ja sogar der slowenischen Grabsteine dazu benutzt wurde und als Argument diente, diesen Teil Kärntens von Österreich abzutrennen. Die alliierte Kommission, die 1918 bis 1920 im Kärntner Abwehrkampf den Waffenstillstand und später die Volksabstimmung überwachte, hatte bekanntlich genau auf diese Tatsachen geachtet.

Bei einem Ernteeinsatz in den Ferien 1972 im Kärntner Unterland werden die jungen Aktiven der Burschenschaften Alpina und Tauriska zu Klagenfurt zum erstenmal mit dieser „Kärntner Urangst" konfrontiert. Bewußt erleben sie nun die Problematik der Minderheit an Ort und Stelle.

Man kann bereits ahnen, daß es bei der Aufstellung der zweisprachigen Ortstafeln und Hinweisschilder zu Unmutsäußerungen kommen wird, sollte die betroffene Bevölkerung zuvor nicht die Möglichkeit zur demokratischen Willensäußerung erhalten. Diese sollte sich in einer Minderheitenfeststellung manifestieren. Das heißt: nur dort sollen diese Orts- und Hinweistafeln aufgestellt werden, wo sich die Bevölkerung mit einem gewissen Prozentsatz bewußt zur slowenischen Volksgruppe bekennt.

Im Frühherbst 1972 treffen sich inaktive und aktive Mitglieder der Alpinaten, der Freyonen, der Taurisken, der Gothen und des Corps Markomannia in einer Klagenfurter Wohnung bei einem Alten Herrn der Burschenschaft Tauriska. Da vor allem die inaktiven Burschen und jungen Alten Herren den verschiedensten politischen Parteien angehören, kommt man zu dem Beschluß, innerhalb dieser Parteien seinen jeweiligen Einfluß geltend zu machen und eine Minderheitenfeststellung vor Aufstellung der zweisprachigen Ortstafeln zu fordern. Diese Minderheitenfeststellung soll endlich Klarheit darüber schaffen, wo jene Kärntner siedeln, die sich bewußt zur slowenischen Minderheit bekennen.

Sie soll weiterhin darüber Aufschluß geben, wie stark diese Minderheit wirklich in Kärnten ist. Die Slowenenführung, die in zwei Vereinen organisiert ist, nämlich in einem sozialistisch bis kommunistischen und nachweislich Tito-freundlichen Verein und in einem christlichen, eher der österreichischen Volkspartei zuzuzählenden Verein, hat immer wieder die verschiedensten Zahlen über die Stärke der in Kärnten beheimateten Slowenen abgegeben. Diese schwanken laut Aussage der Slowenenfunktionäre zwischen 75 000 und über 150 000 Kärntner Slowenen.

Sollten diese Zahlen den Tatsachen entsprechen, würde dies bei einer Einwohnerzahl Kärntens von etwa 500 000 Einwohnern bedeuten, daß die slowenische Minderheit

30 Prozent der Kärntner Bevölkerung beträgt. Dies hieße, daß die Minderheit weit größeren Anspruch auf die Zuweisung von zweisprachigen Ortstafeln und öffentlichen Schulen haben müßte, als im Ortstafelgesetz bzw. im österreichischen Staatsvertrag vorgesehen ist.

Offensichtlich zählt die Slowenenführung auch die Windischen zu ihrer Volksgruppe sowie alle jenen deutschen Kärntner, die slowenische Namen tragen. Dies jedoch widerspricht dem demokratischen Recht auf freies Bekenntnis. Die sozialistische Partei, die auf einen Großteil der Kärntner Slowenen als Wähler angewiesen ist, lehnt daher die geforderte Minderheitenfeststellung kategorisch ab.

Die Volkspartei, die ebenfalls mit einem Teil des Kärntner slowenisch-christlichen Wählerpotentials rechnet, verhält sich abwartend. Lediglich die Kärntner Freiheitliche Partei, seit jeher deutschnational orientiert, stellt sich voll hinter die burschenschaftlichen Forderungen. Sie weiß, daß sie auf slowenischer Seite keine Wählerstimmen verlieren kann.

Wo sich die Bevölkerung zur slowenischen Volksgruppe bekennt, soll mehr geschehen. Nicht nur die Ortstafeln und Hinweisschilder sollen aufgestellt und die nötigen Schulen geschaffen werden. Alle öffentlichen Gebäude wie Feuerwehr und Gemeindehäuser, Gerichte, Bahnhöfe oder Bushaltestellen sollen zweisprachig beschriftet werden. Die slowenische Sprache soll amtlich verwendet werden können, was bedeutet, daß diese Posten von Beamten besetzt werden müßten, die die slowenische Sprache beherrschen, also Angehörige der Minderheit sind.

Nach einer derartigen Willenskundgebung wären einerseits die Anschlußbestrebungen gewisser Kreise an Jugoslawien, andererseits aber auch die geplante Ortstafeldemontagen nicht mehr gerechtfertigt.

Die Slowenen argumentieren mit der Tatsache, daß im österreichischen Staatsvertrag niemals von einer vorher abzuhaltenden Minderheitenfeststellung die Rede ist. Sie fordern vielmehr, unabhängig von der Stärke der Kärntner Slowenen die Aufstellung zweisprachiger Ortstafeln im gesamten Gebiet der damaligen Zone A. Sie verlangen als „Minimalforderung" die Aufstellung der zweisprachigen topografischen Ortstafeln in 800 Ortschaften.

Selbstverständlich wäre die Anzahl der vorhandenen zweisprachigen Schulen in Kärnten zu gering. Ein zweites Slowenisches Gymnasium in Villach oder Hermagor müßte errichtet werden. Auch befürchtet man, daß sich bei einer derartigen optischen Größe die Ansprüche von radikalen Slowenen und deren Führern ins Unermeßliche steigern könnte. Diese Angst umschreiben später Kommentatoren mit der Kärntner „Urangst".

Die Zweisprachigen

In den letzten Septembertagen 1972 werden im Kärntner Unterland die ersten zweisprachigen Ortsschilder angebracht. Die Chronologie der weiteren Ereignisse ist gespenstisch und in der Geschichte der Zweiten Republik in Österreich bisher geradezu unvorstellbar.

Die kaum aufgestellten Ortstafeln werden in einer Nacht-und-Nebel-Aktion von Unbekannten entfernt. Der Kärntner Landeshauptmann Sima von der SPÖ reagiert scharf. Er verstärkt die Exekutive in den Gemeinden. Diese Gendarmeriebeamten sollen verhindern, daß es bei der geplanten Großaufstellung der zweisprachigen Ortstafeln nochmals zu solchen Ereignissen kommt. Scharfe Kritik übt Sima an „jenen Hintermännern, die die Hetze betreiben und zu den eigentlichen Schuldigen der Störaktion zählen".

Bekanntmachung

Die Jugoslawische Armee ist in Kärnten eingerückt, um das Land ein für alle mal von den Nazi-Verbrechern zu säubern und um der gesamten slowenischen und österreichischen Bevölkerung die wahre Volksdemokratie, Freiheit und Wohlstand im neuen siegreichen und starken Groß-Jugoslawien zu gewährleisten.

Der volle Sieg und die Befreiung sind das Resultat eines jahrelangen Kampfes in Kärnten, den jugoslawische Partisanen-Einheiten, einzig und allein auf die eigenen Kräfte gestützt, für die gemeinsame Sache der Alliierten, für den Sieg über Hitlerdeutschland führten und das Ergebnis der alliierten Hilfe, die das Tito-Jugoslawien vor allem von seiten der Sowjet-Union, Englands und Amerikas erhalten hat.

Wir geben bekannt, daß im ganzen Gebiet des befreiten Kärntens die Militärgewalt der Jugoslawischen Armee, die durch das Kommando der Kärntner Militärzone vertreten ist, errichtet wurde. Diesem Kommando sind die Kommandostellen der Städte sowie die Befehlsstellen der Partisanenwachen untergeordnet.

Die Bevölkerung sowie alle Organe unserer Behörden haben unserer Wehrmacht jegliche Hilfe zu leisten und alle ergangenen Erlässe bedingungslos zu befolgen.

Tod dem Faschismus - Freiheit dem Volke!

Kommando der Kärntner Militärzone:

Kommandant Major KEMEC EGON - BORUT e. h.

Celovec, am 12. Mai 1945.

Auch die Bundesregierung in Wien verurteilt die Störaktionen. Sie wendet sich „gegen jeden Versuch, das im Parlament von einer qualifizierten Mehrheit beschlossene Ortstafelgesetz einer Neubehandlung zuzuführen". Der Abgeordnetenklub betont, „daß der Großteil der Kärntner Bevölkerung nicht verstehen würde, wenn eine durch den Staatsvertrag auferlegte Verpflichtung für Null und Nichtig erklärt und damit das friedliche Zusammenleben der Volksgruppen neuerlich Belastungen ausgesetzt werden sollte".

Auch die „Liga der Menschenrechte" in Wien verteidigt das Ortstafelgesetz. Landeshauptmann Sima wird aufgefordert, die Anbringung von zweisprachigen topografischen Aufschriften in den Gebieten Kärntens mit slowenischer oder gemischter Bevölkerung konsequent weiterzuverfolgen. Es wird jedoch nicht gesagt, was man unter einem gemischtsprachigen Gebiet versteht und wo dieses genau liegen soll. In der Nacht vom zweiten auf den dritten Oktober 1972 werden daraufhin bei Schwabeck Anti-Sima-Parolen auf den Asphalt gemalt. Flugzettel des Kärntner Heimatdienstes, der das Ortstafelgesetz aus völkischen Überlegungen seit jeher ablehnt, tauchen auf, auf denen massive Kritik am Kärntner Landeshauptmann geübt wird.

Am Dienstag, dem 3. Oktober, kommt es bei Tage zur offenen Demontage von zweisprachigen Ortstafeln in St. Veit im Jauntal und in Grabelsdorf. Es sind junge Windische, die mit der Anbringung der Ortstafeln ohne vorhergegangene Minderheitenfeststellung nicht einverstanden sind.

Den Gendarmen, die die zweisprachigen Tafeln bewachen, rufen sie „Korošci smo! Kärntner samma!" zu. Immer wieder, bis die Beamten resignierend zur Seite weichen.

Sie singen das Kärntner Heimatlied und reißen vor den Augen der Gendarmeriebeamten die Ortstafeln um. Sima läßt nach diesen Zwischenfällen Gendarmeriebeamte aus der Steiermark und aus Oberösterreich nach Kärnten kommen. Sie sollen die passiv agierenden Kärntner Beamten ablösen bzw. „auf Vordermann bringen".

Diese fremden Gendarmen werden jedoch von ihren Kärntner Kollegen sofort „zur Ordnung" gerufen. Die Beamten sind in der Bevölkerung bestens integriert und in den betroffenen Ortschaften zu Hause. Sie kennen die Stimmung nur zu gut.

Sie wissen, daß es bei eventuellen Zusammenstößen mit Verletzten zu einem Bürgerkrieg kommen könnte. Zu sehr sind knapp vor dem 10. Oktober, dem Kärntner Landesfeiertag, der zum Gedenken an den Kärntner Abwehrkampf von 1918 bis 1920 und die siegreiche Volksabstimmung vom 10. Oktober 1920 jährlich abgehalten wird, die Emotionen aufgeladen.

Am Mittwoch, dem 4. Oktober 1972, wird im Bezirk Klagenfurt mit der Aufstellung zweisprachiger Ortstafeln und Wegweiser begonnen. Aber auch die Befürworter der Ortstafeln, allen voran die Slowenen, sind mit diesen nicht zufrieden. Zu oft sind die Bezeichnungen der Orte unrichtig oder fehlerhaft geschrieben.

Als die Unzufriedenheit allgemein bekannt wird, nehmen auch die österreichische Volkspartei und mit ihr zahlreiche Ange-

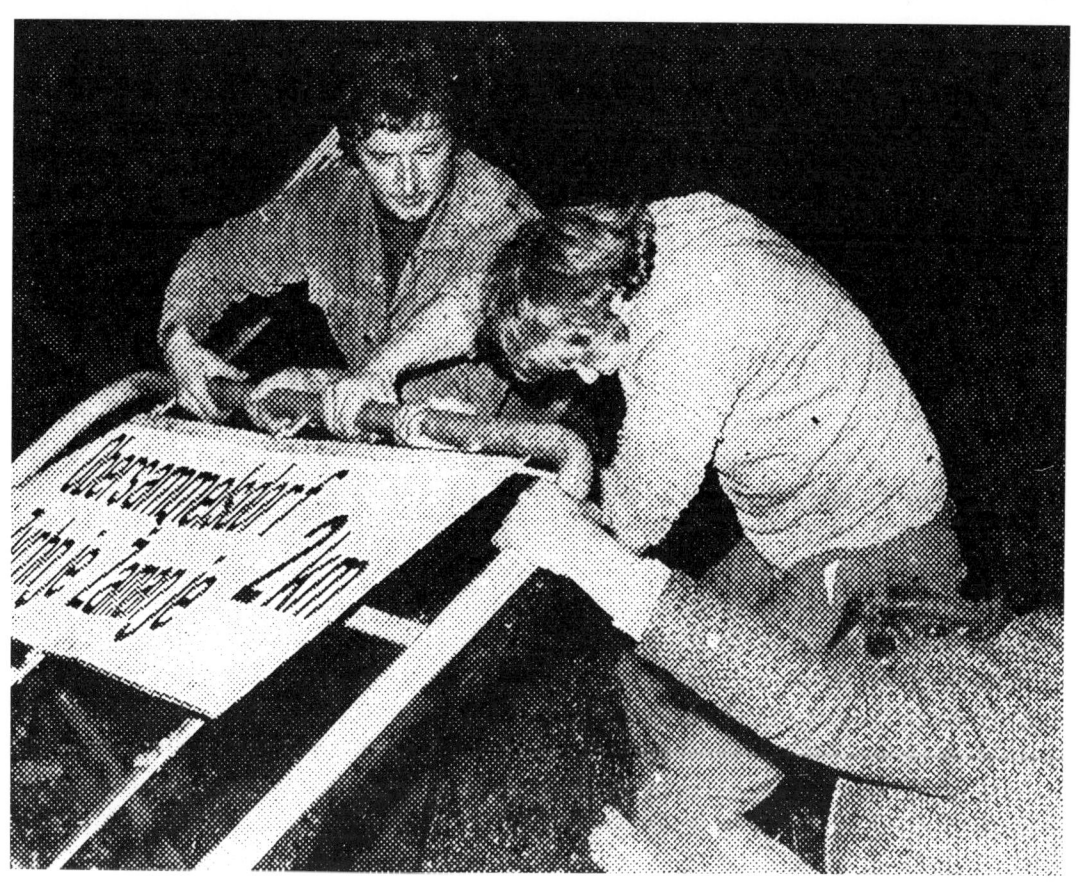

hörige des Mittelschülerkartellverbandes (MKV) und des Cartellverbandes (CV), gegen die Anbringung der zweisprachigen Ortstafeln, gegen den Landeshauptmann Sima und gegen die österreichische Bundesregierung unter Kreisky Stellung. Der Bundeskanzler Dr. Bruno Kreisky reagiert scharf und wendet sich gegen die „unverbesserlichen und uneinsichtigen Elemente" in Kärnten. Die Regierung werde nicht kapitulieren. Es handele sich lediglich um eine lokale Erscheinung, die durch Ausdauer, Geduld und Toleranz überwunden werden müsse.

Eine Wiener Tageszeitung läßt ihren Kolumnisten jene folgenschweren Sätze schreiben, in denen es heißt, daß es sich in Kärnten bei den „Ortstafelstürmern" nur um eine handvoll „Lausbuben" handle, die ihrem Staat Österreich einen schlechten Dienst erweisen. Indirekt werden diese Lausbuben in die Nähe von Faschismus und Neonazismus gerückt.

Aber diesmal wirkt das altbewährte Rezept nicht. Die deutsche Bevölkerung Kärntens und die Windischen stehen wie ein Mann hinter der Forderung nach Minderheitenfeststellung, um das latent schwelende „Slowenenproblem" endlich und ein für allemal einer gerechten Lösung zuzuführen. In Wien ist man irritiert. Die paar „neonazistischen Kärntner Lausbuben" lehren die Wiener langsam das Gruseln. Das Wort von den „Wilden jenseits des Semmerings" macht die Runde.

Am Freitag, dem 6. Oktober 1972, reagiert zum erstenmal das offizielle Slowenien. Aus Laibach (Ljubljana) heißt es: „Beunruhigung und Besorgnis über zunehmende Aktivitäten nationalistischer deutscher Elemente in Kärnten gegen die slowenische Minderheit. Diese nehmen bereits die Form von Massenterror an und drohen die jugoslawisch-österreichischen Beziehungen zu beeinträchtigen". Den österreichischen Behörden wird Unschlüssigkeit vorgeworfen, die unverständlich erscheint. In einem an die österreichische Bundesregierung gerichteten Schreiben werden die österreichischen Behörden aufgefordert, diesem Terror entgegenzutreten und der slowenischen Minderheit im Sinne des Artikel 7 des österreichischen Staatsvertrages die zugestandenen Rechte zu gewährleisten.

Die Minderheitenfeststellung

Am Samstag, dem 7. Oktober, leitet die Freiheitliche Partei Kärntens ein Volksbegehren zur demokratischen und geheimen Minderheitenfeststellung ein. Diese Minderheitenfeststellung soll Klarheit schaffen und Ruhe und Ordnung im Lande sicherstellen. Es wird das Bekenntnisprinzip gefordert.

Die FPÖ ist die einzige Partei, die die burschenschaftlichen Forderungen voll unterstützt. Die Burschenschaften, allen voran die Alpinaten und Taurisken aus Klagenfurt, organisieren in einer Art Schneeballsystem eine Unterschriftensammlung zur Unterstützung dieses Volksbegehrens. In wenigen Stunden werden viele Zehntausend Unterschriften in ganz Kärnten gesammelt.

In der Kärntner Tageszeitung erscheint daraufhin am Sonntag, dem 8. Oktober 1972, ein Kommentar, in dem es unter anderem heißt:

„Das Ortstafelgesetz, das Anfang Juli 1972 vom österreichischen Nationalrat beschlossen wurde, erscheint den Herren von der FPÖ wert, umgestoßen zu werden. Nun ist das Ortstafelgesetz kein gewöhnliches Gesetz, sondern es ‚erfüllt' einen Artikel des österreichischen Staatsvertrages ... Denn immerhin verdankt Österreich diesem Staatsvertrag seine volle Freiheit, seine Souveränität und die Unantastbarkeit seiner Grenzen ... Wenn man schon gegen harmlose zweisprachige Ortstafeln und Hinweisschilder so gewaltig vorgeht, welchen

Terror müßte erst eine Minderheitenfeststellung auslösen? Die Kärntner im Unterland würden sich in zwei Lager spalten ... Der Riß ginge durch Familien und zerstörte Freundschaften."
Der Kommentator vergißt dabei, daß eine geheime Minderheitenfeststellung einer geheimen Wahl gleichzusetzen ist.

Und weiter schreibt der Kommentator:
„Ein Volksbegehren hierfür einzuleiten, kann also nur so verstanden werden, daß die FPÖ einen Propagandaschlager für die vor der Tür stehenden Gemeinderatswahlen in Kärnten sucht."

Am Sonntag, dem 8. Oktober, spricht Sima vor etwa dreihundert SP Funktionären aus dem Bezirk St. Veit. Diese sind mit ihrer Führung unzufrieden. Sima gebraucht den längst untauglichen Vergleich mit den Zuständen in Südtirol. Dort, sagt er, sei keine Minderheitenfeststellung erfolgt. Weiterhin kritisiert Sima, daß seit der Neubesetzung der FPÖ in Kärnten durch den Feldkirchner Bürgermeister Huber als Landesobmann in der FPÖ ein deutlicher Rechtsdruck zu verspüren sei. Offenbar, meint Sima, versuche die FPÖ, die Nationalfaschisten als FPÖ-Wähler zu ködern. Sima weist auch darauf hin, daß sich die Kärntner SPÖ von den slowenischen Extremisten gelöst habe.

Kärntens Trauma sei es, daß das Gebiet zweimal von jugoslawischen Truppen besetzt gewesen sei. Dieses Trauma nützten Drahtzieher aus, um den Ortstafelsturm auszulösen.

Dies sei ein gefährliches Spiel mit dem Feuer. Er appeliere an die Vernunft und Toleranz der Bevölkerung. In Wien spricht etwa zur gleichen Zeit Bundeskanzler Kreisky ähnliche Worte. Er bekräftigt, daß die Ortstafeln wieder aufgestellt würden.

Aber weder in Kärnten noch in Wien ist man fähig, den Willensausdruck der Kärntner Bevölkerung zu verstehen. Angriffe gegen

Alpinaten und Taurisken beim „Unterschriftensammeln" in Klagenfurt.

die SPÖ werden als Taktik der anderen Parteien gewertet. Das tiefere Problem der Kärntner Urangst bleibt unverstanden. Am 8. Oktober kommt es zum erstenmal zu slowenischen Gegenaktionen, und auch sie richten sich in aller Linie gegen Sima – allerdings wegen seiner weichen Haltung gegenüber den sogenannten Faschisten.

In Klagenfurt-Süd und in Maria Saal werden die Ortstafeln überschmiert und mit den slowenischen Bezeichnungen versehen. Auf der Keutschacher Bundesstraße werden Anti-Sima-Parolen angebracht. In St. Stefan bei Globasbitz, in St. Michael ob Bleiburg, in Unterdorf, in Oberdorf

BISTRA GLAVA

NAŠA ZAČET- NICA

SE UČI SLOVENSKO

Slowenische Werbung:
„Ein kluger Kopf lernt Slowenisch".

bei Neuhaus und in Hart bei Arnoldstein und Freibach kommt es zu Schmierereien auf den Ortstafeln. Bei Ruden wird ein Personalkraftwagen, der am Rückfenster einen Aufkleber mit den Worten „Es gibt kein slowenisch Kärnten" angebracht hat, von fünf Autos gestoppt.

Diese tragen Marburger Kennzeichen, und die Insassen nehmen eine drohende Haltung gegen die Kärntner ein. Erst als andere Autos dazukommen, wird die Straße geräumt. An öffentlichen Gebäuden, Gemeindeverwaltungen, Gebäuden der freiwilligen Feuerwehr und Genossenschaftsgebäuden werden Parolen angebracht wie „Tod dem Faschismus" oder „Es lebe slowenisch Kärnten" oder „Artikel 7 unser Recht".

In Ludmannsdorf werden sogar selbstgefertigte slowenischsprachige Ortstafeln angebracht. Die Sprecher der slowenischen Volksgruppe, besser der beiden slowenischen Vereine, wollen das Kärntner Minderheitenproblem vor den Internationalen Gerichtshof bringen. Desweiteren drohen sie, die Problematik dem Straßburger Europarat vorzutragen und die Signatarmächte des österreichischen Staatsvertrages gemäß Artikel 35 anzurufen.

Auch ersuchen sie die jugoslawischen Bundesbehörden, sie in diesen Schritten zu unterstützen. Damit gießen die Slowenenvertreter wiederum Öl ins Feuer. Die Emotionen schlagen hoch. Die Stimmung ist bis zum äußersten gereizt.

Der Kommentar einer Kärntner Tageszeitung nennt die Vorfälle „eine gelenkte Aktion einer kleinen Minderheit, einer fehlgeleiteten Gruppe mit einer Handvoll Hintermännern".

Diese „Lausbuben" und diese kleine Minderheit lehrt in den nächsten Tagen die Bundesregierung und die Kärntner Landesbehörden das Fürchten. In einer gewaltigen Demonstration, an der sich gleichsam alle

Mit der slowenischen Bezeichnung beschmierte Tafel in Unterkärnten.

Gruppen der Kärntner Bevölkerung beteiligen, kommt es zur Demontage sämtlicher aufgestellter zweisprachiger Ortstafeln und Hinweisschilder im Kärntner Unterland. Bis zum 10. Oktober, dem Landesfeiertag, stehen im gesamten Südkärntner Raum keine Ortstafeln mehr.

Der 10. Oktober

Am Vorabend des 10. Oktober erlebt das Kärntner Unterland ein gespenstisches Schauspiel, das die Regierenden nie wieder vergessen sollten. Im Gemeindegebiet von Ludmannsdorf, Köttmannsdorf und St. Jakob im Rosental entsteht am Abend eine Kolonne von mehr als hundert Autos mit demonstrierenden jungen Kärntnern. Der Zug begibt sich durch das Rosental in Richtung Rosegg bei Velden am Wörther See.

Unterwegs werden die letzten Ortstafeln demontiert und dem Gendarmerieposten Rosegg übergeben.

Knapp nach 23 Uhr ist die Autokolonne, inzwischen auf einige Hundert Wagen angewachsen, nach Klagenfurt unterwegs.

Man vereint sich mit Demonstranten aus Klagenfurt.

Unter lautem Hupen, voraus mehrere Autos mit den Kärntner gold-rot-weißen Fahnen, und eskortiert von Polizeiautos mit hohen Polizeioffizieren, bewegt sich der Zug zur Kärntner Landesregierung.

In den ersten Autos sitzen Burschenschafter der Alpinaten, Taurisken, Freyonen und Gothen.

Um Mitternacht stößt, aus dem Rosental kommend, ein weiterer Autokonvoi zu den Demonstranten. Vor der Kärntner Landesregierung laden die Insassen ihre mitgebrachten Ortstafeln ab, singen das Kärntner Heimatlied und zerstreuen sich bald. Plötzlich wird den Polizeibehörden aus dem Raum Völkermarkt das Anrollen einer neuen Autokolonne gemeldet. Mehr als zweihundert Wagen sind um zwei Uhr morgens in Klagenfurt eingetroffen. Sie sammeln sich am Neuen Platz in der Wiesbadener Straße und am Heiligen-Geist-Platz. Dort werden die Autos geparkt.

Das Kärntner Heimatlied singend marschiert man zum Landhaushof. Dann ertönen Sprechchöre und Unmutsäußerungen gegen den Landeshauptmann Hans Sima. Erst gegen drei Uhr morgens, nach einer Fahrt durch die Klagenfurter Innenstadt, bei der es zu Hupkonzerten kommt, zerstreut sich der Spuk.

Dies sollte jedoch erst der Anfang sein. Am 10. Oktober besucht der Kärntner Landeshauptmann Sima, wie jedes Jahr, den Friedhof Annabichl bei Klagenfurt, um beim Abwehrkämpferdenkmal Kränze niederzulegen. Nur ein Großaufgebot von Polizei kann die Feier gewährleisten und Sima vor tätlichen Angriffen aus der Bevölkerung schützen.

Am Abend blockieren mehrere Hundert Unterkärntner, darunter viele Junglehrer des ÖVP Lehrbundes, den Neuen Platz in Klagenfurt mit ihren Autos. Massiv wird eine Minderheitenfeststellung gefordert und Landeshauptmann Sima als „Heimatverräter" beschimpft. Die Stimmung ist aufs äußerste gespannt.

Private Schlägereien zwischen Slowenen und Deutschen, die sonst in jedem Gasthaus vorkommen, werden plötzlich zum Politikum.

In einen solchen Zwischenfall sind bei einer „10. Oktoberfeier" auch einige junge Burschenschafter verwickelt. Eine Gruppe von Alpinaten und Taurisken hat sich in einem kleinen Gasthaus am Radsberg bei Klagenfurt eingefunden, um mit der Bevölkerung den 10. Oktober zu begehen.

Einige versöhnliche Reden werden gehalten und Kärntner Lieder gesungen. Die Stimmung ist auf dem Höhepunkt, als man bemerkt, daß die vor dem Gasthaus abgestellten Autos demoliert wurden. Scheibenwischer sind verbogen oder abgerissen worden, Reifen aufgeschlitzt und Scheinwerfer eingeschlagen. Als die Burschen in der Dunkelheit ins Freie stürzen, werden sie mit faustgroßen Steinen beworfen. Ein Alpinate und der Wirtssohn werden so schwer verletzt, daß sie mit der Ambulanz ins Landeskrankenhaus Klagenfurt eingeliefert werden müssen.

Die Täter entkommen unerkannt. Das Wort von den „Heimatverrätern" macht die Runde.

Am Sonntag, dem 15. Oktober 1972, kommt es am Alten Platz in Klagenfurt zu einer disziplinierten Massendemonstration, an der mehrere Zehntausend Kärntner teilnehmen. Mit Nachdruck verlangen sie die demokratische und geheime Feststellung der Kärntner Minderheit.

Während es in der Landeshauptstadt also wie erwähnt in der Nacht zum 10. Oktober keinerlei Ausschreitungen gab, wurden auf dem Land doch vereinzelt Raufereien ausgetragen. So beispielsweise in der Ortschaft Schwarz' (Gemeinde Radsberg). Hier beschädigten Unbekannte vor einem Gasthaus die abgestellten Autos einiger Teilnehmer an einer Abstimmungsfeier. Als sich die Autobesitzer mit den mutmaßlichen Tätern daraufhin in Handgreiflichkeiten einließen, erlitt der Klagenfurter Student Leo Besser dabei Verletzungen, die so bedenklich waren, daß er in das Klagenfurter Landeskrankenhaus eingeliefert werden mußte. Auch sein Kamerad, der Gastwirtssohn Franz Uschounig, wurde durch einen Steinwurf verletzt.

Aus der „Kärntner Tageszeitung".

Bei der Kundgebung am Alten Platz wird außerdem gefordert, die Aufstellung zweisprachiger Ortstafeln solange aufzuschieben, bis das Ortstafelgesetz geändert ist.

Am Dienstag, dem 17. Oktober, schreibt ein Kommentator in der Kärntner Tageszeitung: „Es ist kein kleines Grüppchen Irregeleiteter mehr, das hinter der Antiortstafelbewegung steht...."

Sonntag war es die eher belanglose Frage der zweisprachigen Ortsaufschriften, an der sich rund zehntausend Kärntner erhitzen... Wieviele werden es sein, wenn wieder einmal ein „Führer mit seinen Parolen und Phrasen die Massen in einer gravierenden Frage aufruft?"

Am 18. Oktober 1972 kommt es im österreichischen Parlament zu tumultartigen Szenen über die Frage des Kärntner Ortstafelgesetzes.

In St. Kanzian am Klopeiner See wird am 16. Oktober um 21.30 Uhr, ein Sprengstoffanschlag gegen einen Hochspannungsmasten durchgeführt.

In dieser Situation hat die Kärntner Landesregierung sogar recht, wenn sie zu diesem

Aus der „Kärntner Tageszeitung".

Zeitpunkt kein Volksbegehren zur Ermittlung einer geheimen Minderheitenfeststellung zulassen will.

Jetzt ist es zu spät. Die Mehrheit der Deutsch-Kärntner ist mobilisiert.

Nun fordert man erst recht die geheime Minderheitenfeststellung.

Die Haltung der Kärntner Bevölkerung ruft wiederum jene berufsmäßigen Antifaschisten auf den Plan, die seit jeher behaupten, in Kärnten gäbe es einen nazistisch-faschistischen Ungeist.

Eine Wochenzeitung schreibt in ihrem Kommentar: „Und damit steht klar, wenn die Exekutive und Justiz nicht mit rigoroser Schärfe und Außerachtlassung jeder unnötigen Milde durchgreift und dem Spuk ein Ende bereitet ... wird keine Ruhe eintreten."

Die Umstände in Kärnten völlig verkennend, hetzt man damit gleichsam zum Bürgerkrieg.

Am Mittwoch, dem 18. Oktober, erhält Landeshauptmann Sima erstmals eine Bombendrohung.

Am Dienstag, dem 24. Oktober 1972, kommt es zur ersten Massendemonstration in Laibach. Über 60000 Demonstranten fordern die Freiheit der Kärntner Slowenen.

Am Mittwoch, dem 25. Oktober, kommt es zu einer anonymen Morddrohung gegen Landeshauptmann Sima.

Am Freitag, dem 27. Oktober, ruft die Kirche in Kärnten zum Bündnis zwischen Deutschen und Slowenen auf.

Kreisky, Sima & Co.

Am Samstag, dem 28. Oktober, kommt Bundeskanzler Kreisky nach Klagenfurt. In einer Versammlung vor über 2000 sozialistischen Funktionären nennt er sein 5-Punkte Programm:

1. Die Bürgermeister der betroffenen Gemeinden werden zur Aussprache nach Wien eingeladen.

2. Die Gegner der zweisprachigen Ortstafeln werden zu einer Studienreise in europäische Gebiete eingeladen, die das Problem bereits gelöst haben.

3. Die zweisprachigen Ortstafeln sollen in Zukunft mit den Bundes- und Landesfarben gekennzeichnet werden.

4. Die Größe der slowenischen Tafelaufschrift soll variabel sein.

5. Es wird geprüft, inwieweit die Volkszählung von 1971 für die Erfüllung des Ortstafelgesetzes herangezogen werden kann.

Kreisky und Sima werden mit einem Pfeifkonzert empfangen.

Ortstafeln werden vor die Arbeiterkammer geworfen. Trompetenlärm und lautstarke Unmutsäußerungen stören den Ablauf von Kreiskys Ausführungen. Unzufriedene Funktionäre unterbrechen den Bundeskanzler ständig durch Zwischenrufe.

Beim Verlassen der Arbeiterkammer in Klagenfurt erlebt Kreisky seine wohl bittersten Stunden als Bundeskanzler. Er wird von einer aufgebrachten Menschenmenge empfangen, bespuckt und tätlich bedroht.

Nur massiver Einsatz der Exekutive kann das Schlimmste verhindern. In einem Brief lädt die Burschenschaft Tauriska Kreisky zu einem Besuch in das Unterland ein. Man will dem Bundeskanzler an Ort und Stelle vor Augen führen, wie die Situation in Kärnten tatsächlich ist. Kreisky lehnt ab.

Am Sonntag, dem 29. Oktober, erlebt Landeshauptmann Sima in Völkermarkt seine schwersten Stunden. In einer Rede vor ausgewähltem Publikum muß er seine gesetzten Taten verteidigen und entschuldigen.

Seine Rede wird zu einem menschlich erschütternden Dokument.

„So wie jeder weiß, daß ich mich zum deutschen Volkstum bekenne, so weiß auch jeder, daß es absurd ist, anzunehmen, das Ortstafelgesetz fördere die Slowenisierung Kärntens."

Sima sagte, er sei nach dem Kriege 2000 km auf Krücken nach Hause gewandert, um

beim Aufbau Kärntens dabeizusein. „Heute bin ich in der Heimat ein Verräter. Als mich vor zwei Jahren die slowenischen Studenten schmähten, war ich der Nazi Sima."
Beim Verlassen des Gebäudes werden Sima und seine Gemahlin mit faulen Eiern und faulem Obst beworfen.
Es kommt zu größeren Unmutsäußerungen der Bevölkerung.
Anfang November 1972 spielt Kreisky erstmals mit dem Gedanken, die Ortstafeln erst später wieder aufzustellen und eventuell doch eine Art der Minderheitenfeststellung durchführen zu lassen.
Aus Belgrad kommen am 9. November scharfe Töne. „Falls Österreich es verabsäumt, die Rechte der jugoslawischen Minderheiten zu verwirklichen, würde Jugoslawien ernste Schritte unternehmen."
Belgrad fordert das Verbot aller nationalistisch-chauvinistischen Organisationen in Kärnten. Gemeint sind natürlich die Deutschnationalen.

Am Freitag, dem 10. November, findet im Konzerthaus Klagenfurt eine sogenannte Ortstafeldiskussion mit Außenminister Dr. Rudolf Kirchschläger statt.
Landesrat Leopold Wagner leitet die Diskussion. Niemand weiß zu diesem Zeitpunkt, daß er bald der nächste Landeshauptmann sein wird. Allgemein kommt bei der Diskussion der Unmut der Anwesenden gegenüber der sozialistischen Führung auf Bundes- und Landesebene zum Ausdruck.
Der Außenminister und spätere österreichische Bundespräsident, der MKVer Dr. Rudolf Kirchschläger, der in seiner Jugend bei der Studentenverbindung Waldmark zu Horn aktiv war, verwahrt sich gegen die Anschuldigungen des Auslandes. „Wir als Österreicher", betont Kirchschläger unter donnerndem Applaus, „lassen uns vom Ausland weder Chauvinisten noch etwas anderes nennen. Wenn die Urangst einmal überwunden ist", schließt Dr. Kirchschläger, „dann sollten wir uns der blühenden Min-

Landeshauptmann Sima in Völkermarkt.

derheit ebenso freuen, wie wir uns schließlich auch über den Weiterbestand der deutschen Minderheit in Südtirol freuen."

Auch auf dieser Diskussion wie bei späteren
in Ferlach und anderen Städten, an denen
Kirchschläger teilnimmt, wird vehement
die Minderheitenfeststellung gefordert.

*Der MKVer Rudolf Kirchschläger
als Außenminister in Ferlach.*

Die Kneipe in Gallizien

Bis weit in den November 1972 stehen die
jungen Alpinaten und Taurisken, unterstützt von einigen MKVern, den Babenber-
gern und Grals, an ihrem Stand in der
Fußgängerzone, Ecke Neuer Platz in Klagenfurt. Sie sammeln viele tausend Unterschriften. Die Anteilnahme der Bevölkerung ist rührend. Man bringt den in der
Kälte Stehenden heißen Tee und heiße
Kastanien und spricht viele lobende Worte.
Junge Windische, Mitglieder der Landjugend Gallizien in Unterkärnten, nehmen
mit der Burschenschaft Tauriska Kontakt
auf und laden diese ein, gemeinsam einen
Heimatabend zu gestalten.

Dieser soll zur Aufklärung und Information
der im gemischtsprachigen Gebiet wohnen-
den Bevölkerung dienen. Die Burschenschaft soll außerdem die Möglichkeit erhalten, sich als Korporation vorzustellen und
bestehende Vorurteile abzubauen.

Dieser Heimatabend, beziehungsweise die
Monatskneipe der Taurisken, findet am 26.
November 1972 im Gasthof Zenkl bei den
berühmten Wildensteiner Wasserfällen der
Gemeinde Gallizien statt. Der große Saal
des Gasthauses ist überfüllt. Unter den Einheimischen, die gekommen sind, befinden
sich viele Slowenen. Nur die Neugierde hat
sie zu der Veranstaltung dieser exotischen,
als rechtsradikal und neofaschistisch ver-
schrienen Burschenschafter getrieben. Die
Zeremonie der burschenschaftlichen
Kneipe, gepaart mit den traditionellen
Bräuchen des Heimatabends, ergibt eine
völlig neue und stimmungsvolle Atmo-
sphäre.

Burschenlieder erklingen neben slowenischen und deutschen Kärntnerliedern, dargebracht vom örtlichen Gesangverein. Die
Stimmung ist großartig. In ihren Reden
betonen die Sprecher der Landjugend und
der Burschenschaft übereinstimmend, daß
eine geplante Minderheitenfeststellung
nur in geheimer und demokratischer Weise
und nicht zum Nachteil der slowenischen
Volksgruppe erfolgen soll.

Angesichts der Redefreiheit melden sich
einige Slowenen zu Wort. In ihren Ausführungen spiegelt sich zutiefst die Sorge
um die Zukunft ihrer Volksgruppe wider.
Sie befürchten, durch eine „Viehzählung",
wie sie es nennen, noch weiter in ihrer
völkischen Substanz dezimiert zu werden.
In dieser emotionsgeladenen Situation
würden viele Slowenen es nicht wagen,
sich zu ihrer Volksgruppe zu bekennen.

Immer wieder wird ein Satz aus einer Zeitschrift des „Kärntner Heimatdienstes"
zitiert. In diesem „Ruf der Heimat" vom

Oktober 1970 standen die kryptischen Worte: „Die Geschichte hat in Kärnten noch keinen Schlußstrich gezogen. Sie zieht ihn unter zwei Völkern nur, wenn eines von ihnen nicht mehr besteht."

Diese Aussage wird als Aufruf zum Genocid, zum Völkermord an der slowenischen Volksgruppe, gewertet. Eine Schwächung der Minderheit würde die deutschnational-chauvinistischen Kreise ermutigen, ihren Volkstumskampf gegen die Slowenen noch zu verstärken.

Dann melden sich die Windischen zu Wort. Man kritisiert die slowenische Funktionärsschicht. Diese habe es nicht verstanden, die Volksgruppe als loyale österreichische Staatsbürger in der Öffentlichkeit zu präsentieren. Statt dessen berufe man sich auf die Partisanentradition, wohlwissend, daß gerade dies bei den Deutschkärntnern

böses Blut mache. Jedermann wisse doch, daß die Partisanen zwar gegen den Faschismus, aber für die Abtretung des Kärntner Unterlandes gekämpft hätten. Niemand denke an jene vielen Zehntausend Slowenen, die von den eigenen Landsleuten, nämlich den Partisanen, wegen ihrer politischen oder religiösen Gesinnung grausam ermordet wurden. Sich dieser Identität zu besinnen, wäre wohl der bessere Weg, um als staatstragende österreichische Staatsbürger anerkannt zu werden.

Hautnah erleben nun die jungen Burschenschafter aus der Landeshauptstadt den permanenten Volkstumskampf des gemischtsprachigen Gebietes. Es wird ihnen bewußt, wie verhältnismäßig wenig sie bisher von der Kärntner Volkstumsproblematik gewußt haben, obwohl sie nur wenige Kilometer entfernt leben. Jetzt verstehen sie auch

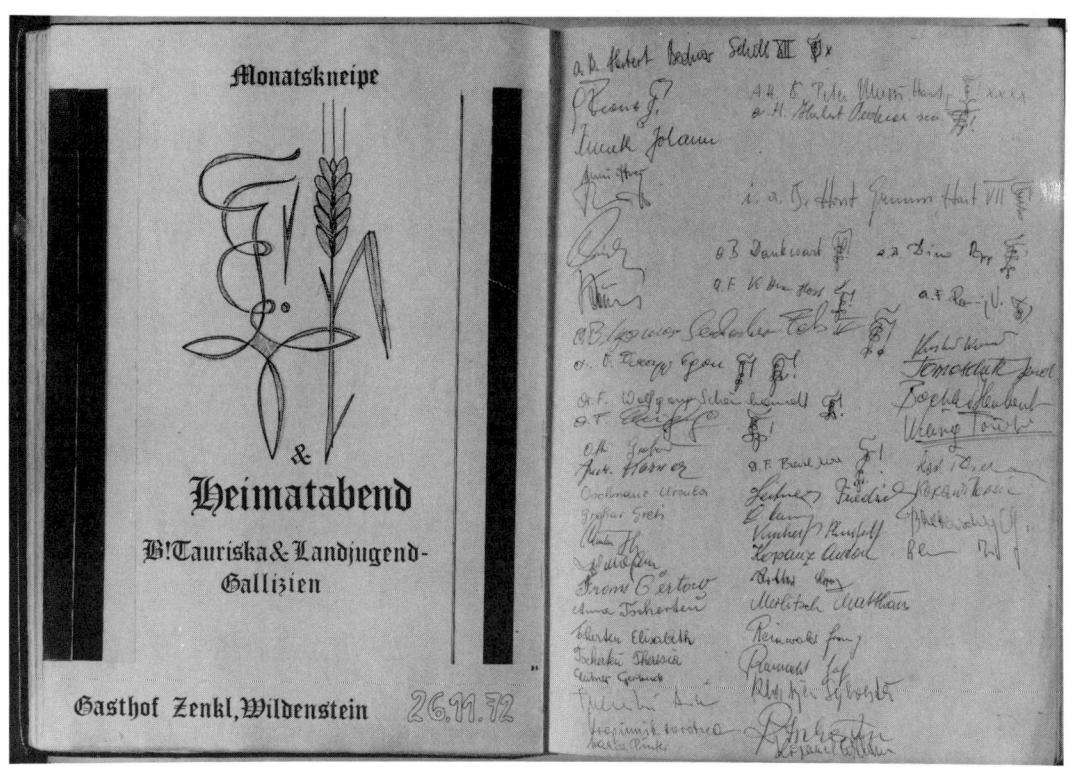

Seite aus dem Tauriskenkneipbuch.

die völlige Verständnislosigkeit der Wiener Bundesbehörden in punkto Minderheitenpolitik.

Slowenische und deutsche Lieder erklingen und schaffen, mit dem gemeinsam gesungenen Kärntner Heimatlied, einen versöhnlichen und stimmungsvollen Ausklang des offiziellen Teils des Abends. Trotz harter Diskussionen geht es anschließend noch hoch her. Dauerhafte Freundschaften werden geschlossen und so mancher „Herr Student" bekommt vom guten slowenischen „Hausgebrannten" mehr kredenzt, als er vertragen kann.

Zu spät

Nach den Erfahrungen im Unterland stellen die Burschenschafter das Sammeln von Unterschriften ein. Antislowenische oder chauvinistische Vereine und Organisationen haben inzwischen längst die demokratischen Forderungen zu Kampfparolen gegen die slowenische Volksgruppe umfunktioniert. Nun sind die Politiker an der Reihe. Diese mögen die Konsequenzen aus den Ereignissen der letzten Monate ziehen. Sie aber verharren auf erstarrten Positionen.

Mit dem Winter kommt auch die politische Eiszeit. Als Tito vom faschistischen Terror in Kärnten spricht, verhärten sich die Fronten noch mehr.

In Südkärnten fällt Schnee auf die leeren Ortstafelständer.

Am 25. März sind in Kärnten Gemeinderatswahlen angesetzt. Erdrutschartig verliert die sozialistische Partei Stimmen und Mandate, in manchen Gemeinden bis zu 20 Prozent. Wären in diesem Augenblick Landtagswahlen, die Sozialisten stünden vor einer Katastrophe.

Die großen Sieger sind die Kärntner Freiheitlichen. Ihre konsequente deutschnationale Haltung während des „Ortstafelkonfliktes" bringt ihnen einen noch nie

dagewesenen Stimmenzuwachs. In der Landeshauptstadt Klagenfurt verlieren die Sozialisten ihren traditionellen Bürgermeistersitz an den MKVer, den Rudolfiner Hofrat Leopold Guggenberger von der ÖVP. Die Freiheitlichen können ihre Mannschaft im Klagenfurter Rathaus verdoppeln.

Hunderte Parteiaustritte aus der Sozialistischen Partei und die Einbuße tausender Leser der sozialistischen „Kärntner Tageszeitung" sind für die Kärntner Sozialdemokratie ein schwerer Schlag, von dem sie sich nur sehr langsam und mühevoll erholen sollten.

Die „KTZ", die Kärntner Tageszeitung, sinkt auflagemäßig vom ersten – weit abgeschlagen – auf den zweiten Platz ab. „Soweit daneben", sagt später ein Redakteur, „wie damals, sind wir noch nie gelegen."

Für die meisten sogenannten „Windischen" ist der Schock des Ortstafelkonfliktes zu groß. Sie steigen aus ihrem „schwebenden Volkstum" aus. Die „Windischen" existieren gleichsam nicht mehr. Da sie nicht Slowenen sein wollen und nicht Deutsche sein können oder dürfen, ziehen sie es vor, in der 1965 neugeschaffenen und für alle unverbindlichen „Österreichischen Nation" aufzugehen. Wieder ist ein kleines Stück „Österreichisches Europa" endgültig verschwunden.

Die Slowenen treten die Flucht nach vorn an und bekennen sich nun ebenfalls zur „Österreichischen Nation". Sie müssen sich dafür von den verschiedensten Seiten höhnisch vorwerfen lassen, daß sie nun ohnehin keine Ortstafeln und Schulen mehr brauchen, da diese „Österreichische Nation" ja schließlich deutsch spreche.

Daraufhin steigen auch viele Slowenen aus ihrer Volksgruppe aus oder radikalisieren sich.

Infolge dieser Auswirkungen muß Landeshauptmann Sima seinen Rücktritt nehmen. Ihm folgt der allseits beliebte Lehrer und

Historiker, Landesrat Leopold Wagner von der SPÖ als Landeshauptmann.

Trotz des massiven Drucks der Kärntner Unterschriftenaktion beschließt die Regierung erst Jahre später und nur halbherzig, eine Art Minderheitenfeststellung als Grundlage zur Aufstellung zweisprachiger Ortstafeln vorzunehmen. Am 14. November 1976 kommt es zur „Geheimen Erhebung der Muttersprache".

Mit der Parole: „Wir lassen uns nicht zählen!" boykottieren die Slowenenführer diese Abstimmung und schaden damit ihrem Volkstum wiederum selbst. Sie nehmen bewußt in Kauf, daß nur in Ortschaften mit einem gewissen Prozentsatz slowenischer Einwohner Ortstafeln aufgestellt werden, um die tatsächliche Stärke der slowenischen Volksgruppe weiterhin verschleiern und ihre angestammte Märtyrerrolle auch in Zukunft spielen zu können.

Heute stehen in nur wenigen Orten des Kärntner Unterlandes zweisprachige Ortstafeln. Diese spiegeln die wirkliche Anzahl der Slowenen in Kärnten nicht wider. Die gerechten, demokratischen und für alle zumutbaren Forderungen der Kärntner Burschenschafter aus dem Jahre 1972 scheinen ein für allemal mutwillig vertan zu sein.

Gesprengtes Partisanendenkmal in Unterkärnten.

Gaudeamus in der DDR

Burschen ohne Band und Mütze

Auferstanden aus Ruinen,
Und der Zukunft zugewandt,
Laß uns dir zum Guten dienen,
Deutschland, einig Vaterland!
Nationalhymne der DDR

Schon bald nach ihrer Gründung erkennt die Deutsche Demokratische Republik, daß die Bürger eines sozialistischen Staates mehr benötigen als Güter des täglichen Bedarfes in ausreichender Menge.

Auch die Bereitstellung von Luxusgütern wie Autos, Kameras oder Fernsehgeräten kann die Menschen nicht allein für den neuen Staat begeistern. Erst die Aufarbeitung der eigenen Geschichte bringt Identität und Zugehörigkeitsgefühl.

Die 1815 in Jena gegründete, antifeudalistische und revolutionäre Burschenschaft spielt dabei eine wesentliche Rolle.

Im Zuge der Recherchen, die Geschichte des Corporationswesen in ihrer Gesamtheit aufzuarbeiten, haben die beiden Autoren dieses Buches mit Prof. Dr. Günter Steiger in Jena Kontakt aufgenommen.

Die anfängliche Skepsis der beiden Burschenschafter westlicher Prägung gegenüber den etwas unheimlich anmutenden östlichen Aufarbeitungsversuchen burschenschaftlicher Tradition schwindet bald. Erstaunen und leichte Betroffenheit wechseln einander ab, als man an Ort und Stelle nach und nach erkennt, welch gigantische „burschenschaftliche" Leistung hier vollbracht wurde und noch immer wird. Einer Arbeit, von der man so gut wie nichts wußte. Das perfekte Wissen des Professors um burschenschaftliche Tradition, Geschichte und Personen beschämt ein wenig.

Der Arroganz westlichen „Alleinvertretungsanspruches" ist tiefer Respekt gefolgt. Die gemeinsamen Berührungspunkte und Perspektiven ergeben sich geradezu zwangsläufig.

Auch Professor Steiger erkennt, daß die beiden Burschen aus dem fernen Süden nicht unbedingt dem Ideal eines reaktionären dekadenten Burschenschafters aus Kaisers Zeiten entsprechen.

Eine fruchtbare Zusammenarbeit beginnt. Nach mehreren Reisen nach Jena und vielen Gesprächen ergibt sich ein für uns völlig neuer historischer Aspekt aus dem Blickwinkel des Jenaer Professors und der DDR-Geschichtsschreibung:

Die Erinnerung an die alte Burschenschaft der Jahre 1815 bis 1819 bzw. der Zeit des Vormärz bis 1848 hat in der DDR stets eine besondere Rolle gespielt. Dabei wurde die Geschichte der Burschenschaft stets als ein Bestandteil der deutschen Nationalgeschichte betrachtet, weniger als ein Bestandteil der Corporationsgeschichte.

Von Anfang an wurde deutlich getrennt zwischen der Entwicklung der Burschenschaft in ihrer revolutionären Phase bis 1848 / 49 und ihrer späteren, vor allem seit 1871 verlaufenden Entwicklung, die sich in Übereinstimmung mit dem deutschen Imperialismus sah und als „völkische" schlagende Verbindung schließlich zu einem Vorläufer des Faschismus wurde, so daß es 1935 nur konsequent war, daß die Burschenschaft als einzige Studentenorganisation in den NSdStB übernommen wurde.

Die besondere Bedeutung der Burschenschaftsgeschichte (im folgenden ist damit stets die Geschichte 1815 bis 1848 gemeint) bei der Entwicklung der DDR und der Herausbildung eines marxistischen Geschichtsbildes nach 1945 hatte und hat vor allem zwei Gründe:

Die Burschenschaftsgeschichte war Nationalgeschichte, und die DDR bzw. ihre führende Kraft, die SED, führte bis in die sechziger Jahre einen hartnäckigen Kampf, um die staatliche Einheit der Nation zu erhalten und eine neue antifaschistisch-demokratische (bzw. antiimperialistische) Gesellschaft auf der Grundlage eines Staates in Deutschland aufzubauen. (Man ging 1945 noch nicht von einem zukünftig geteilten Deutschland aus.)

Bei diesem Ringen um die Einheit der Nation - Losung in den fünfziger Jahren: „Deutsche an einen Tisch" - spielte natürlich die Erinnerung an die alte Burschenschaft und deren Einheitsstreben (Losung 1817: „Ein Deutschland ist, soll sein und bleiben") eine bedeutende Rolle. Sie wurde zum Fakt der Besinnung und führte auch zur Fragestellung, welchen sozialen Charakter das neue Deutschland haben solle.

Dabei ergab sich vor allem bei den jungen Menschen und FDJ-Studenten der fünfziger Jahre folgende Erkenntnis:

So wie die jungen Menschen der Zeit des Wartburgfestes 1817 ein neues national und sozial anderes, fortschrittliches Deutschland forderten (damals die richtige Perspektive eines antifeudal-bürgerlichen Nationalstaates als Alternative zur feudalen Zersplitterung des Vormärz), so müssen wir – lernend aus dieser Vergangenheit – ebenfalls ein neues, der Zukunft zugewandtes Deutschland fordern und aufbauen.

Unter den Bedingungen neuer Tage kann dies nur ein antifaschistisch (bzw. antiimperialistisch)-demokratischer Nationalstaat sein, der seinen sozialen Charakter nach sozialistische Züge tragen muß und wird.

Dieser Staat ist im Kampf gegen den sich nach 1945 in der BRD konstituierenden und regenerierenden Imperialismus zu führen – notfalls(!) auch, wenn die staatliche Einheit nicht zu halten ist, auf dem Boden und vom Boden eines neuen sozialistischen Staates, der DDR, allein. Die alte Burschenschaft ist von der Geschichtsschreibung der Marxisten bei aller historisch bedingten kritischen Einschätzung von Anfang an stets als eine bedeutende Erscheinung der Deutschen Geschichte gewürdigt worden.

Der junge Engels hatte die Burschenschaft als revolutionäres Element betrachtet, Franz Mehring sie in seiner deutschen Geschichte als revolutionäre „Vorhut" bezeichnet, um die sich noch „kein Heer" sammelte und sammeln konnte.

Hinzu kam, daß die Anfänge der revolutionären Arbeiterbewegung enge Verbindungen zum revolutionären Flügel der alten Burschenschaft aufwiesen, die etwa bei den Lebensschicksalen Karl Follens, Karl Schappers oder Wilhelm Wolffs besonders deutlich waren.

Und schließlich war man sich in Kreisen der SED in der DDR von Anfang an klar, daß die alten Farben der kämpfenden, revolutionären Demokratie von 1848 – Schwarz-Rot-Gold –, die zu den neuen Farben des ersten Arbeiter- und Bauernstaates proklamiert wurden, die Farben der alten Burschenschaft gewesen sind.

Auf diesem großen historisch-politischen und geistigen Hintergrund (also letztlich den Bemühungen um ein neues, fortschrittliches Deutschland, aufbauend auf den Trümmern von 1945 und das geistig-imperialistische Erbe überwindend) ist die Beschäftigung mit der Burschenschaftsgeschichte in der DDR zu sehen.

Höhepunkte dieser Entwicklung von nationaler Repräsentanz waren die 1952 (anläßlich des 135. Jahrestages des Wartburgfestes von 1817) und 1955 auf der Wartburg durchgeführten nationalen Manifestationen von Studenten und Universitäten der DDR (mit Gästen von westdeutschen Universitäten), die zu leidenschaftlichen Protestdemonstrationen gegen die sich abzeichnende westdeutsche Remilitarisierung wurden und zur Schaffung eines friedliebenden deutschen Nationalstaates aufriefen.

Zur Rolle Jenas und der Wartburg:

Ein gewissermaßen subjektiver Faktor bei dieser Entwicklung war die Tatsache, daß die Wartburg und Jena, also die beiden wichtigsten historischen Stätten der Burschenschaftsgeschichte des Vormärz, auf dem Territorium der DDR lagen. Das war Vermächtnis, Ansporn und Verpflichtung zugleich.

Die Wartburg ist unmittelbar nach 1945, vor allem aber seit den fünfziger Jahren, mehrfach und gründlich restauriert worden (zuletzt im Luther-Jahr 1983).

Sie war und wird als nationales Denkmal der DDR hoch gewürdigt. Nach 1945 wurde das goldene Kreuz, das die Nazis entfernt hatten, wieder auf dem Turm angebracht; das Restauratorenkollektiv der Wartbug 1983 erhielt die höchste wissenschaftliche Auszeichnung der DDR, den „Nationalpreis".

Im Hauptsaal der Wartburg, in dem 1817 die Feierlichkeiten stattfanden, hängt für jeden Besucher gut sichtbar eine originalgetreue Kopie der Jenaer Burschenschaftsfahne des Jahres 1816, die 1817 zum Symbol des Wartburgfestes wurde.

Auf der Grundlage der skizzierten politischen Entwicklung der DDR begann seit Beginn der fünfziger Jahre eine intensive geistig-wissenschaftliche Aufbereitung des burschenschaftlichen Erbes. '

Zwar wurden in der DDR weder Corps noch Burschenschaften wieder eingeführt und statt dessen die FDJ zum alleinigen Interessenvertreter der studentischen Jugend erhoben, aber die neuen Studenten, die jetzt zu ca. 60 Prozent aus der Arbeiterklasse und der werktätigen Bauernschaft kamen und zum Großteil auch Kriegsteilnehmer gewesen waren, stellten ihre neuen Fragen an die Geschichte und dabei speziell auch an die Burschenschaftsgeschichte, denn die Generation von 1815 war auch durch ein Kriegserlebnis gegangen.

Bei der Beschäftigung mit der alten Burschenschaft kamen viele Studenten zu begrifflicher und gesellschaftlicher Klarheit. Sie erkannten, daß und wie sie von den Nazis verführt und „verheizt" worden waren, sie also ein schlechtes Soldatentum verkörpert hatten – ganz im Gegensatz zu den alten Burschenschaften, die für die geehrteste Sache, die Befreiung des Vaterlandes vor fremder Unterdrückung, gekämpft hatten (also einen gerechten nationalen Befreiungskrieg führten. In diesem Zusammenhang sah dann später auch mancher die Parallele zum gerechten nationalen Befrei-

ungskampf des vietnamesischen Volkes gegen die USA, zog Vergleiche zur deutschen Situation 1813 / 15 und der der Vietnamesen). So wurden gerade durch die Besinnung auf die alte Burschenschaft auch neue soldatische Werte erkannt. Hinzu kam, daß diese Besinnung zur Erkenntnis der einstmals engen deutsch-russischen Waffenbrüderschaft führte und daß die deutschen Burschenschaftsstudenten des Vormärz in ihrer Frontstellung gegen den Absolutismus in vielem den Dekabristen Rußlands vergleichbar seien.

Solche Überlegungen ergeben natürlich eine ganz andere, aus der Geschichte gewonnene Einsicht gegenüber der Sowjetunion bzw. Rußland. Sie helfen, einen Grundzug der Politik der DDR – die deutsch-sowjetische Freundschaft – zu stärken.

Es liegt auf der Hand, daß die geistige Neubesinnung in bezug auf die Burschenschaftsgeschichte vor allem von Jena ausging.

Die Jenaer Universität und ihre FDJ-Studenten waren deshalb auch der Initiator, Einlader und Organisator der drei großen Wartburgfeste nach 1945: der bereits erwähnten Manifestationen von 1952 und 1955 sowie des Wartburgfestes des Jahres 1967 – des 150. Jahrestages von 1817.

Auf diesem bisher bedeutendsten Wartburgfest nach 1945 hielt einer der profiliertesten Politiker der DDR, Professor Kurt Hager, Mitglied des Politbüros und Sekretär des ZK der SED, die Festansprache und zwar – August Daniel von Binzers Wort aufgreifend und in die Gegenwart transponierend – unter der Überschrift: „Wir haben gebauet ein stattliches Haus".

Diese Rede wurde 1967 in der Reihe der Jenaer Universität „Jenaer Reden und Schriften" gedruckt.

Sie faßt außer den unmittelbaren politischen Aussagen zur nationalen Frage 1967 und zum Kampf um den Frieden auch die von der Geschichtsschreibung der DDR in den zurückliegenden Jahren erarbeiteten grundsätzlichen Positionen zur Bewertung der Burschenschaft zusammen.

Die Erarbeitung eines neuen Geschichtsbildes zur Geschichte der Burschenschaft setzte in Jena bereits unmittelbar nach 1945 ein. Es war dies ein Verdienst vor allem der beiden antifaschistisch-bürgerlichen Professoren Karl Griewank und Friedrich Schneider sowie des ersten sozialistischen Rektors der Universität (ab 1948), Otto Schwarz, der ein warmes Verhältnis zu den Traditionen der Jenaer Universität besaß.

Friedrich Schneider, selbst ehemaliger aktiver Burschenschafter (Jenaer und Wiener Burschenschaft, ca. 1919), machte seine Studenten vor allem mit der lokalbezogenen Jenaer Burschenschaftsgeschichte der Zeit des Vormärz bekannt und sorgte dafür, daß das durch den Zweiten Weltkrieg stark in Mitleidenschaft gezogene Burschenschaftsdenkmal von 1883, der sogenannte „Urbursche", vom ehemaligen Jenaer „Eichplatz" umgesetzt wurde und seinen heutigen würdigen Standort vor der Universität gegenüber dem „Bären" erhielt.

Karl Griewank – einer der bedeutendsten deutschen bürgerlichen Historiker unseres Jahrhunderts zur Geschichte der europäischen Revolutionen und des Revolutionsbegriffs – veröffentlichte 1948 zur Jahrhundertfeier der Revolution eine bis zur Gegenwart grundlegend gewordene Schrift, „Deutsche Studenten und Universitäten in der Revolution von 1848", in der erstmals nach 1945 in Jena neue demokratische Geschichtspositionen zur Frage des Ver-

Die renovierte Wartburg in Eisenach.

hältnisses der Studenten zur Revolution propagiert bzw. abgesteckt wurden.

1952 / 53 (in Vorbereitung bzw. Durchführung des Wartburgfestes von 1952) führt Griewank Spezialseminare zur Geschichte der Wartburgfeste und der Burschenschaft durch. Einer seiner engsten Schüler und Teilnehmer war der stud. phil. Günter Steiger, der sich in der Zukunft auf die Erforschung der Geschichte der „Urburschenschaft" konzentrierte. Karl Griewank war es auch, der 1952 in dem wissenschaftlichen Institut der Universität Jena im Ergebnis eines Vortrages die erste zusammenfassende Gesamtwürdigung der alten Burschenschaft unter dem Aspekt einer demokratischen Geschichtsbetrachtung veröffentlichte.

1952 erscheint die erste Quellenedition zur Geschichte des Wartburgfestes von 1817, die Günter Steiger als Ergebnis der Griewank-Seminare im Auftrage der FDJ-Leitung der Universität Jena als Festbeitrag zur 135-Jahr-Feier des Wartburgfestes veröffentlichte.

Wenige Jahre später, anläßlich der 400-Jahr-Feier der Universität Jena 1958, erscheint dann in der DDR die erste, aus den Quellen neu erarbeitete Gesamtgeschichte der Jenaer Burschenschaft des Vormärz, und zwar das Kapitel in der ersten marxistischen Universitätsgeschichte auf deutschem Boden, der von dem damaligen Direktor des Historischen Institutes der Universität Jena, Prof. Max Steinmetz, herausgegebenen „Geschichte der Universität Jena 1548 / 58 – 1958, zwei Bände, Jena 1958 / 1962".

In den nächsten Jahren wird in Jena eifrig an der Erforschung der Geschichte der Urburschenschaft weitergearbeitet. Durch eine Anzahl von Diplom- und Doktorarbeiten kann man Einzelfragen und bestimmte Fragenkomplexe klären.

Ihre zusammenfassenden Ergebnisse (auf denen dann, wie erwähnt, die Rede von Prof. Hager auf der Wartburg aufbaut) werden vor allem in drei Werken propagiert:

1. In einer von deutschen (DDR) und polnischen Historikern bzw. ehemaligen Burschenschaftern geschriebenen Zeitschrift „Student und Nation" (ein Heft des wissenschaftlichen Institutes der Friedrich-Schiller-Universität Jena), erschienen 1965 anläßlich der 150-Jahr-Feier der Gründung der Jenaer Burschenschaft (1815).

In diesem Band werden anhand von ausgewählten Einzelkomplexen die grundsätzlichen Fragen des Verhältnisses von „Student und Nation" unter marxistischer Sicht sowie Probleme der Geschichte der Burschenschaft bis in das 20. Jahrhundert behandelt.

2. In einem Buch des Jenaer Sportwissenschaftlers und Historikers Prof. Dr. Willi Schröder, „Burschenturner im Kampf um Einheit und Freiheit", erschienen im Sportverlag der DDR 1967.

In diesem mit der höchsten sportwissenschaftlichen Auszeichnung der DDR, dem Guts Muths-Preis, geehrten, ebenfalls aus einer Jenaer Habilitationsschrift hervorgegangenen Buch, wird erstmals aus den Archivquellen heraus speziell der linke Flügel der Urburschenschaft (Gießener „Schwarze" oder „Unbedingte" um Karl Follen) und dessen Verhältnis zur Turnbewegung von Friedrich Ludwig Jahn aus marxistischer Sicht gewürdigt. Das Buch fand breite internationale Anerkennung.

3. In einem ebenfalls 1967 zur 150-Jahr-Feier des Wartburgfestes erschienenen Band von Günter Steiger, „Aufbruch, Urburschenschaft und Wartburgfest", Leipzig, Urania-Verlag 1967.

In diesem Werk faßt der Autor seine aus umfangreichen Archivstudien in beiden deutschen Staaten gewonnenen Ergebnisse (darunter auch persönlich freundschaftliche Kontakte und Gespräche mit den beiden Nestoren der bürgerlich-konservativen burschenschaftlichen Geschichtsschreibung, den Professoren Paul Wentzcke und Harry Gerber, beide Frankfurt / Main) zu einer Gesamtschau des Wartburgfestes und der Urburschenschaft zusammen.

Das Werk findet, obwohl es zunächst von burschenschaftlicher Seite der BRD aus politischen Gründen scharf angegriffen wird (Peter Kaupp), sehr bald breite internationale Anerkennung und gilt bereits heute als eine Art marxistischer „burschenschaftlicher Klassiker".

Die grundsätzlichen Einschätzungen des Wartburgfestes, der Urburschenschaft, des Verhältnisses von Sand zu Kotzebue, sowie der Tragik von Karl Follen als eines „Revolutionärs ohne Revolution" wird in Ost und West anerkannt.

Nachdem bis zur Mitte bzw. dem Ende der sechziger Jahre durch diese und zahlreiche weitere Arbeiten das geistig-wissenschaftliche Fundament des Geschichtsverhältnisses zur alten Burschenschaft gelegt worden war, begann man zu Beginn der siebziger Jahre in Jena mit einer großzügigen und systematischen Restaurierung und Rekonstruktion der materiellen Zeugnisse und Denkmäler der Burschenschaft, die zum Teil als Ergebnis des Zweiten Weltkrieges bzw. durch ihr Alter erhebliche Beschädigungen aufweisen.

Nachdem bereits in der Mitte der sechziger Jahre (anläßlich der 150-Jahr-Feier der Gründung der Jenaer Burschenschaft, 1965) das wertvolle Original der Jenaer Burschenschaftsfahne von 1816 restauriert und vor dem Zerfall gerettet worden war (Stadtmuseum Jena), wurde 1972 im Auftrag der 1970 geschaffenen Kustodie der Universität (Leiter bis 1980 Professor Dr. Günter Steiger) das große berühmte Gemälde von Ferdinand Hodler aus dem Jahre 1908 „Aufbruch der Jenaer Studenten 1813" generalrestauriert (Institut für Denkmalpflege der DDR, Restaurationswerkstatt, Arbeitsstelle Erfurt). Das Bild war im Zweiten Weltkrieg

zusammengerollt in feuchten Kellerräumen gelagert worden und befand sich 1945 in einem ans „Sterben" grenzenden Zustand. Das Bild schmückt heute die Aula der Universität, wo es nach 1945 anstelle eines früheren Fürstenbildes angebracht worden ist, und gilt zurecht als eines der kostbarsten Kunstwerke der Universität.

Im Jahrzehnt zwischen 1970 und 1980 wurden ferner sämtliche Denkmäler an Jenas schönster Straße, der „Goethe-Allee", restauriert.

Diese Straße, die die Jenaer auch ihre „Via triumphalis" nennen, ist – eine Einmaligkeit in Europa – als „Triumphstraße" des 19. Jahrhunderts von zahlreichen Professorendenkmälern geschmückt (einmalig insofern, als hier nicht, wie bei anderen „Triumphstraßen" üblich, Fürsten- oder Offiziersdenkmäler stehen, sondern Denkmäler für Männer des Geistes und der Wissenschaft).

Ein Großteil dieser Persönlichkeiten sind Männer, deren Leben mit der Burschenschaft eng verbunden waren.

Restauriert wurde durch die Jenaer Universität (Kustodie):

a.) das erwähnte Burschenschaftsdenkmal des „Urburschen" (1883 von Adolph von Donndorf).

Als Restaurator wurde (sehr schwierige Arbeiten an carrarischem Marmor, starke Zerstörung der Plastik) einer der damals besten DDR-Restauratoren von Plastiken, der Dresdner Akademische Bildhauer Werner Hempel (†) gewonnen, der u. a. auch durch Restaurationsarbeiten am Dresdener Zwinger international bekannt geworden ist.

Werner Hempel schuf auch eine Kopie des stark zerstörten und neu aufgebauten Sockels des

b.) Denkmals von Jakob Friedrich Fries, Teilnehmer am Wartburgfest von 1817, Förderer der Burschenschaft und späterer Mitgutachter der Doktorarbeit von Karl Marx in Jena (1841).

Ferner wurden restauriert an der Goethe-Allee die Denkmäler für

c.) Professor Lorenz Oken (Teilnehmer am Wartburgfest),

d.) Fritz Reuter (1832 / 33 Student in Jena, ältestes deutsches Reuter-Denkmal),

e.) Karl von Haase, Leipziger und Tübinger Burschenschaftsstudent, Häftling auf dem Hohen Asperg, später bedeutender Kirchenhistoriker in Jena (1800 – 1890).

Zu Höhepunkten in der studentischen Arbeit zur Pflege Jenaer Burschenschaftsstätten gestalteten sich mehrere Arbeitseinsätze von Studenten: So wurden in den Semesterferien die Gräber von Heinrich Luden, Jakob Friedrich Fries und des bedeutenden Urburschenschafters Herrmann Scheidler wiederhergestellt. Wichtigste sichtbare Zeugnisse der burschen-schaftlichen Erbepflege in Jena wurden jedoch zwei neue Kunstwerke:

1974 schuf die Universität Jena (Kustodie) eine Gedenkstätte für den stud. theol. und Progreßburschenschafter F. Lange, der als konsequenter Republikaner 1848 eine deutsche demokratische Republik gefordert hatte und 1849 an den Folgen der Kerkerhaft starb. Ein Gedicht auf seinen Tod von dem österreichischen demokratischen Dichter Rollet ist in Steigers Buch „Ich würde doch nach Jena gehn" ab zweiter Auflage abgedruckt.

1983 – anläßlich der 425-Jahr-Feier der Universität – läßt die Universität auf Anregung der Sektion Geschichte (Sektionsdirektor Prof. Dr. Siegfried Schmidt) an der „Via triumphalis" (Goethe-Allee) ein Denkmal für den Förderer der Burschenschaft und

Fahne der Urburschenschaft im Festsaal der Wartburg.

LORENZ OKEN
1779 — 1851
BEDEUTENDER
NATURWISSENSCHAFTLER
BÜRGERLICHER DEMOKRAT
1807–1819 PROF. IN JENA
EMIGRANT
1833 ERSTER REKTOR

Okendenkmal in Jena.

des Turnwesens, den Historiker Prof. Heinrich Luden, errichten mit einer Inschrift am Sockel aus Ludens Vorlesungen von 1816: „Die Völker bekommen keine Rechte, die sie sich nicht nehmen." Schöpfer dieses sehr qualitätvollen Denkmals (Stein / Bronze) ist einer der international bekanntesten Bildhauer der DDR, Jo Jastram (Rostock), der u. a. das erste Marxdenkmal auf afrikanischem Boden schuf (Addis Abeba / Äthiopien, 1984).

Und schließlich hat die Universität auf Anregung von Professor Günter Steiger vor wenigen Jahren (1984) auch dem slowakischen Nationaldichter und Jenaer Studenten der Jahre 1817 bis 1819, Jàn Kollàr, eine Gedenkstätte errichtet. Jàn Kollàr war Teilnehmer des Wartburgfestes von 1817, und seine Erlebnisse mit der Jenaer Burschenschaft wurden in starkem Maße für ihn ideologiebildend.

Das Denkmal für Kollàr, von tschechischen und slowakischen Gästen oft besucht, befindet sich im historischen Kern des alten Städtchens Lobeda bei Jena, in unmittelbarer Nähe des historischen Pfarrhauses, wo Kollàr seine spätere Frau Friederike Schmidt kennenlernte, die als Minà (Geliebte) das Urbild der „Tochter der Slava" in Kollàrs großem slowakischen Nationalepos „Slavy dcera" geworden ist.

Zu den bisherigen Restaurationsarbeiten (zu denen zum Beispiel noch die Restaurierung erheblicher Teile des handschriftlichen Nachlasses von Fries in der Handschriftenabteilung der Universitätsbibliothek Jena zu rechnen wäre) kommen große historische Feierstunden in Würdigungen durch die Jenaer Universität.

Außer den genannten Wartburgfesten gibt es in Jena spezielle Gedenkfeiern anläßlich des 150. Jahrestages der Gründung der

Gedenkstätte an die Schlacht bei Auerstedt in Jena.

GAUDEAMUS IGITUR

Laßt uns fröhlich sein

Historische Studentenlieder
Zusammengestellt,
bearbeitet und kommentiert
von Günter Steiger
und Hans-Joachim Ludwig

Jena, 21.6.1986

1986
VEB Deutscher Verlag für Musik
Leipzig

Jenaer Studentenleben,
»Saalepartie unterhalb des Jenzig«
– Ausschnitt –

Innenseite des Jenaer Studentenliederbuches. Wegen des großen Interesses in der Studenten-
schaft, ist die erste Auflage von 40000 Exemplaren sofort vergriffen.

Jenaer Burschenschaft 1965 sowie des 170. Jahrestages 1985.

Zur Feierstunde 1965 spricht der Rektor der Karl-Marx Universität Leipzig, Magnifizent Meyer, alter Jenaer Burschenschafter. 1985 hält Prof. Steiger die Festrede. Beide Male finden die Feierlichkeiten in der Aula der Universität mit dem berühmten Hodler-Gemälde statt.

Mit der Erweiterung des Erbe-Verständnisses in der DDR, das in den letzten Jahren bewußt und verstärkt das gesamte Erbe der Deutschen Geschichte umfaßt, ist auch hinsichtlich der Studentengeschichte vieles ins Blickfeld der Aufmerksamkeit gerückt wor-

den. Stärker als bisher wird in der DDR über die politische Geschichte der Burschenschaft – die allerdings Schwerpunkt bleiben wird – hinaus auch die allgemeine Kulturgeschichte des Studentenlebens gesehen werden. Auf diese Seite der Burschenschaftsgeschichte weist Professor Steiger in seiner Rede zur 170-Jahr-Feier 1985 besonders hin. Ausdruck der interessanten neuen Tendenz ist zum Beispiel, daß 1984 in der DDR zur größten Überraschung vieler westlicher Beobachter die erste spezielle Schallplatte mit Studentenliedern erschien, gesungen von einem Professoren-Chor, der jeder Deutschen Sängerschaft voll zur Ehre gereichen

Denkmal der Burschenschaft in Eisenach vor der Restaurierung 1986.

Grabstein für drei ertrunkene Jenaer Germanen am Friedhof Golmsdorf an der Saale. (Namenstafeln bei Restaurierung).

würde. Vom „Gaudeamus" über die „Rudelsburg" und „In Jene lebt sichs bene" bis zur „Lindenwirtin", von „Kurfürst Friedrich" über „Die Gedanken sind frei" bis Binzers „Wir hatten gebauet" findet sich darauf alles, was in Korporationskreisen gut und gern gesungen wird. Zwei Jahre später, 1986, erschien auch das erste (bereits zu Ehren der 425-Jahr-Feier der Universität Jena 1983 im Manuskript fertiggestellte) „Kommersbuch" der DDR unter dem Titel „Gaudeamus igitur – laßt uns fröhlich sein", zusammengestellt von Günter Steiger und dem Jenaer Universitätsmusikdirektor Hans-Joachim Ludwig.

Dieses anläßlich der 750-Jahr-Feier Jenas erschienene, dem Stadtjubiläum gewidmete Büchlein (VEB Deutscher Verlag für Musik, Leipzig) umfaßt fünfzig der schönsten historischen Studenten- und Burschenschaftslieder und ist speziell für gesellige Stunden in den FDJ-Studentenklubs der Hochschulen der DDR gedacht. Die mit 45 Tausend Exemplaren hergestellte Auflage war – ein Zeichen des großen Interesses und Echos in der DDR – bereits binnen weniger Tage beim Verlag vergriffen.

Auf Grund der geschilderten historischen Entwicklung der intensiven Aufbereitung des burschenschaftlichen Erbes und der burschenschaftlichen Geschichte in der DDR ist auch in Zukunft mit weiteren Aktivitäten zu rechnen.

Speziell die zahlreichen Jubiläen in den achtziger und neunziger Jahren (1987 170. Jahrestag des Wartburgfestes, 1988 170. Jahrestag der Gründung der allgemeinen Deutschen Burschenschaft in Jena 1818 – danach die 175. Jahrestage: 1990 Jenaer Burschenschaft, 1992 Wartburgfest, 1993 Allgemeine Deutsche Burschenschaft) werden zweifellos neue wissenschaftliche Publikationen, Gedenkfeiern und Wartburgtreffen der Jugend der DDR mitsichbringen. Auch an weitere Restaurationsarbeiten ist gedacht, so in Jena vor allem an die Restaurierung des historischen Gebäudes der „Tanne", der Gründungsstätte der Jenaer Burschenschaft 1815, die im späten 19. Jahrhundert umgebaut wurde und wieder auf den alten Zustand der Zeit Goethes und der Burschenschaft zurückgeführt werden soll. Soweit die historische Aufbereitung der Deutschen sowie der Burschenschaftsgeschichte aus dem heutigen Jena.

Stoßt an ... Jena lebe!

Der progressive dynamische Professor Steiger faßt einen waghalsigen Entschluß. Er lädt die beiden Autoren dieses Buches offiziell zum „Gaudeamus igitur" nach Jena ein, einer literarisch-musikalischen Soiree zu Ehren der 750-Jahr-Feier der Stadt an der Saale am 21. Juni 1986.

Zu dritt folgen wir der Einladung des Professors.

Unter der Landestracht, dem Kärntner Anzug, tragen wir das schwarz-rot-goldene Burschenband – nicht als Anmaßung oder gar als Provokation, sondern als Zeichen des Respektes und der Hochachtung der ehrwürdigen Jenaer Universität gegenüber, in deren Aula dieses Fest stattfindet. Das schwarz-rot-goldene Band soll außerdem als Ausdruck der revolutionären urburschenschaftlichen Gesinnung der drei Burschen aus Österreich verstanden werden.

Der Abend wird zum unvergeßlichen Erlebnis.

Beschämt und gerührt nehmen wir zur Kenntnis, daß hier Kultur und deutsche Tradition vermittelt werden, wie es anderswo kaum noch möglich ist, ohne von sogenannten „fortschrittlichen Kräften" gestört zu werden.

Man erkennt, daß diese „Burschenschafter" ein Erbe am Leben erhalten haben und verwalten, daß zu Hause der allgemeinen Geschichtslosigkeit und Verhöhnung geopfert wurde. Unbegreiflicherweise, wie man sich eingestehen muß.

Die vorgetragene burschenschaftliche Dichtung von Daniel Binzer über Gustav Schwab, Theodor Körner, Ernst Moritz Arndt bis Fritz Reuter hinterläßt ein unbeschreibliches Gefühl der Hochstimmung.

Burschenlieder, gesungen von Professoren und dem ausgezeichneten Studentenchor, begeistern das Publikum und die geladenen Gäste und lassen das Fest zu einem unvergleichlichen Höhepunkt werden.

Der Dank des Publikums an die Veranstalter ist ein frenetischer Applaus, der nicht zu enden wollen scheint...

Stunden später, als er mit den drei Kärntnern bei einem guten Glas Wein zusammensitzt, ist die Spannung des Abends deutlich aus dem Gesicht des Professors gewichen.

Alles hat bestens geklappt. Die Gäste aus dem Süden, dessen ist er sicher, wissen seine Arbeit mit Freude zu würdigen. Ein altes Lied kommt uns in den Sinn:

„In Jene lebt sichs bene".

Professoren und Studenten nach dem „Gaudeamus" am 21. Juni 1986.

Farbcartoon anläßlich des „Gaudeamus in der DDR, das Schiff der Revoluzzer". Mit Karikaturen berühmter Waffenstudenten, sowie der katholischen Studenten Raab und Adenauer. Zeichnung Horst Grimm.

Aufbruch ins Jahr 2000

Die deutschen Korporationen zwischen Tradition und Fortschritt.

Die Korporationen, Lebensbünde von Studierenden und Absolventen, sind eine ausschließlich deutsche Erscheinung. Einzig an den Hohen Schulen des deutschen Kulturraumes konnten sie sich in ihrer unverwechselbaren Eigenart entwickeln, nur dort gibt es sie heute noch.

Die zeitweiligen, indessen längst im Dunkel der Geschichte versunkenen Nachahmungen durch slawische und jüdische Studenten waren ebenso nur im Wirkungsbereich deutscher Kultur möglich. Jene Korporationen, die dereinst zwischen Riga und Czernowitz existiert haben, waren nur der Beweis für die Prägekraft deutschen Geisteslebens, das bis zur Katastrophe des Zweiten Weltkrieges weit in den Osten des Kontinents auszustrahlen vermochte. Die Existenz von Korporationen in überseeischen Ländern, etwa die von Burschenschaften in Chile, die von Corps in den USA, ist ebenso als Fernwirkung des deutschen Bildungswesens zu verstehen und wird hauptsächlich von deutschstämmigen Studenten getragen.

Die Korporationen sind also deutsche Korporationen; ihre historische Entwicklung wie ihre gegenwärtige und zukünftige Daseinsberechtigung sind in den Rahmen

Aufbruch der Jenaer Studenten 1813. Gemälde von Ferdinand Hodler in der Aula der Friedrich-Schiller-Universität Jena.

der deutschen Nation eingebunden, unlösbar mit dem politischen und kulturellen Geschick dieser Nation verknüpft. Der daraus resultierende Schluß kann nur lauten, daß Sinn und Zweck der Korporationen eben ein „nationaler" ist.

Die letzten von gestern...

Der typisch deutsche Student von einst war korporiert. Die Geschichte des alten Abendlandes war in erster Linie durch eine reiche und bunte Vielfalt von ethnischen und kulturellen, von nationalen und regionalen, von ständischen und sozialen Gliederungen gekennzeichnet. Nur zu logisch war es also, daß die intellektuelle und wissenschaftliche Elite eines Volkes, die Schüler und Lehrer der Hohen Schulen eben, eigenständige Lebensformen mit unverwechselbaren Sitten und Gebräuchen, mit eigenem ständischen Ehrenkodex entwickelte.

Der farbentragende und Mensuren schlagende Student war der Archetypus dieser ständischen Lebensform an den deutschen Hochschulen. In der Zeit zwischen der Französischen Revolution und der Kulturrevolution der 60er Jahre unseres Jahrhunderts prägte er – wenn auch kaum in numerischer Hinsicht – das Erscheinungsbild der deutschen Studentenschaft.

Eine geradezu verwirrende Vielfalt von Korporationstypen – politisch oder konfessionell orientierte, rein gesellig-gesellschaftliche sowie solche, die einem speziellen Zweck dienten, der Pflege des Liedgutes, dem Turnen etc. – fügte sich zu jenem Bild der bunten Mützen, der „Schläger" - bewährten Chargierten, der mit „Schmissen" gezierten Gesichter zusammen, das das Studentenleben zwischen Königsberg und Graz, zwischen Heidelberg und Prag ausmachte.

In geistiger Hinsicht waren diese Korporationen sowohl von den liberalen und sozial-

revolutionären Gedanken geprägt, wie sie seit der Französischen Revolution nachwirken, als auch von der humanistischen Ethik, dem Idealismus der deutschen Klassik und der gemütvollen Schwärmerei der deutschen Romantik. Liberaler Freiheitsdrang, soziale Verantwortung oder radikaldemokratische Ambitionen fanden sich ebenso wie nationaler Einheitswille und polyglotte Völkerliebe.

Daß sich zu diesen freisinnigen Anfängen in der weiteren Entwicklung auch konfessionelle Unduldsamkeit, chauvinistischer Hurrapatriotismus und spießbürgerlicher Untertanengeist, ja in der Zwischenkriegszeit sogar die Anfälligkeit für autoritäre und totalitäre Denkkategorien gesellten, muß als Irrweg der Korporationsgeschichte angeprangert werden. Letzlich entsprachen diese Tendenzen aber nur Entwicklungen, von denen das deutsche – wenn nicht das europäische – Bürgertum insgesamt erfaßt war.

Die großen Unterschiede in den ideellen Zielsetzungen, in der politischen Ausrichtung sowie die häufig erbitterten Auseinandersetzungen zwischen den diversen Korporationsverbänden können nicht vergessen lassen, daß allen deutschen Korporationen zweierlei gemeinsam war und ist: das korporative Element und ihre spezifisch deutsche Eigenart. Der klerikale Cartellverband als kämpferischer Exponent des Katholizismus, die Deutsche Burschenschaft in ihrer nationalliberalen Tradition und die Kösener Corps mit ihrem elitär gesellschaftlichen Anspruch trennt sehr viel und dabei manch Grundsätzliches. Gemeinsam ist ihnen aber, daß sie sich in Kleingruppen organisieren, die intern demokratisch strukturiert sind, lebenslange Freundschaft pflegen und durch traditionelle Symbolik verbunden sind. Neben dieser soziologischen Komponente ist es der gemeinsame nationale Rahmen des deut-

Rudelsburg und Saaleck um 1840.

schen Kulturraumes, in dem sie ihre politischen, konfessionellen und gesellschaftlichen Ambitionen zu verwirklichen trachten.

Diese korporationsstudentische Dominanz an den deutschen Hochschulen ist noch vor dem Zweiten Weltkrieg durch das NS-Regime zwangsweise unterbunden worden. Nach einem kräftigen Wiederaufleben in den 50er Jahren bedeuteten die kulturrevolutionären 60er Jahre mit ihren egalitären Tendenzen und der gnadenlosen Nivellierung durch die Massenuniversität eine tiefgreifende Zäsur in der Korporationsgeschichte: In quantitativer Hinsicht wurden die Korporationsstudenten zu einer kaum ins Gewicht fallenden Minderheit. In qualitativer Hinsicht gelten sie, die durch nahezu zwei Jahrhunderte als typisch deutsche Ausformung des Studenten angesehen wurden, als Exoten mit „ewiggestriger" Gesinnung und skurrilen, antiquierten Gebräuchen.

... oder die ersten von morgen?

Aber auch diesen gravierenden Schnitt in ihrer Entwicklung scheinen die deutschen Korporationen zu überleben. Die Karlsbader Beschlüsse der Metternich'schen Reaktion, die Demagogenverfolgung und das Scheitern der ganz wesentlich von ihnen initiierten 48er Revolution haben diese Korporationen ebenso überdauert wie ihre Instrumentalisierung als akademische Kaderschmiede der Bourgeoisie im wilhelminischen Deutschland und ihren Mißbrauch sowie die erzwungene „freiwillige Selbstauflösung" in den 30er Jahren durch das NS-Regime. Während der Neomarxismus des SDS und der APO aus dem Jahre 1968 längst zum toten Objekt der Zeitgeschichtsforschung geworden ist, gibt es die Korporationen nach wie vor. Damit gehören einzelne Korporationen sowie die diversen Korporationsverbände nach den Religionsgemeinschaften zu den ältesten Institutionen des deutschen Sprachraumes. Welcher Verein, welche Vereinigung kann hierzulande schon auf eine kontinuierliche Geschichte von nahezu 200 Jahren zurückblicken, wie es etwa das Corps Onoldia in Erlangen kann?

Tradition allein ist allerdings längst keine Garantie, um in Zukunft bestehen zu können. Wenn die studentischen Korporationen nicht zu spätbürgerlichen Protektionsvereinen und versnobten Pflegestätten unverbindlicher Geselligkeit verkommen wollen, werden sie ihre Existenz und ihre Ziele mit neuer Sinnhaftigkeit auszufüllen haben.

Wer nun glauben sollte, man müsse dazu die alte Hülle mit neuen Inhalten füllen, irrt allerdings. Vielmehr gilt es, die alten Inhalte mit neuer Kraft aufzugreifen und den Gegebenheiten der Gegenwart und Zukunft gemäß zu erneuern.

Man nehme etwa den alten Wahlspruch der Deutschen Burschenschaft – „Ehre, Freiheit, Vaterland" –, was könnte er nicht alles bedeuten?

Handelte es sich beim Begriff Ehre dereinst um das Bemühen, den sozialen und individuellen Status des akademischen Bürgers, des Studenten eben, notfalls mit der scharfen Klinge in der Hand zu wahren, so kann es heute dabei nur um das Eintreten für Menschenwürde, die eigene wie die des Mitmenschen, gehen.

Lag der Sinn der Freiheit früher im Kampf für Konstitution und Bürgerrecht gegen den spätfeudalen Absolutismus von Thron und Altar, so kann er heute nur im Eintreten für individuelle wie nationale Selbstbestimmung im Inneren des Staatsgefüges wie nach außen hin bestehen. Wer heute von Freiheit spricht, müßte sich ebenso gegen die Doppelhegemonie der beiden Supermächte über das alte Europa, gegen die gewaltsame Trennung der Deutschen durch

Denkmal des Urburschenschafters von Dondorff. Heute vor der Universität in Jena.

Beton, Minen und Stacheldraht wie gegen die unkontrollierte Herrschaft anonymer und bürokratischer Institutionen über den einzelnen Bürger wenden.

Und schließlich der Begriff Vaterland. Er ist im Zuge des tragischen Verlaufes der jüngeren deutschen Geschichte ebenso maßlos verherrlicht worden, wie er heute mancherorts maßlos verteufelt wird. Und dennoch, die Frage der nationalen Identität, das Faktum des einigenden Sprachbandes, die Suche nach Verwurzelung, nach Heimat in der zunehmenden Entfremdung einer industriell und elektronisch geprägten Gesellschaft – all dies verweist wieder auf das Vaterland, auf die Nation.

Das Vaterland als politisches Ziel, als korporatives Ideal hat am Anfang des 20. Jahrhunderts naturgemäß einen anderen Charakter, andere Dimensionen als in den Freiheitskriegen oder im Jahre 1848.

Kämpfte die burschenschaftliche Linke im Vormärz für die gesamtdeutsche Republik, standen die bourgeois gewordenen Korporationen im wilhelminischen Zeitalter für deutsches Großmachtstreben und ihre Nachkommen in den 20er Jahren für die deutsche Einheit in einem großdeutschen Nationalstaat, so muß die Zielrichtung heute realistischerweise anders aussehen: Wer heute vom „Vaterland" spricht und dabei das Territorium und die Menschen der ganzen deutschen Nation im Auge hat, kann nicht mehr in den herkömmlichen Kategorien der deutschen Einheit denken. Er wird sich vielmehr jener Variante deutschen staatlichen Seins entsinnen müssen, die in vielfältiger Realisierung dieser Nation ihren Ausdruck gefunden hatte und heute wieder findet. Eine möglichst fruchtbringende Koexistenz mehrerer deutscher Staaten verschiedener gesellschaftlicher und ideologischer Systeme könnte dem Begriff Vaterland durchaus gerecht werden, wenn, ja wenn hierbei die Freiheit der Menschen und die Einheit des geistigen Lebens der Nation gesichert wären. Bis dorthin aber ist noch ein weiter Weg.

Gerade darin könnte aber eine Chance für die Korporationen liegen: Als steter und kompromißloser Mahner aufzutreten für Einigkeit und Recht und Freiheit aller Menschen deutscher Zunge, über alle Staats- und Systemgrenzen hinweg. Der Korporationsstudent, der in der Bundesrepublik das Vaterland auf sein Panier geschrieben hat, wird also in erster Linie einmal für das Bewußtsein eintreten müssen, daß Deutschland mehr ist als nur die BRD. Er wird sich gegen die schrankenlose Unterwerfung unter den amerikanischen Kultur-Imperialismus ebenso wenden müssen wie gegen die machtpolitische Instrumentalisierung deutschen Territoriums zur bloßen Raketenabschußrampe ohne jedes Mitspracherecht. Er wird jenen Tendenzen, die die Nation zugunsten verschwommener Europahoffnungen verleugnen, ebenso Paroli bieten müssen wie jener schleichenden Entwicklung, die mittels Masseneinwanderung eine Brasilianisierung Mitteleuropas mit sich brächte. Und vor all dem müßte er wissen, daß er als Bürger des größten und stärksten deutschen Staates ein hohes Maß Verantwortung für jene Deutschen trägt, die – wie etwa die Volksdeutschen in den diversen Ostblockstaaten oder die Südtiroler – materieller und politischer Willkür ausgesetzt sind.

Der Korporationsstudent in Österreich ist sui generis – als Angehöriger einer deutschen Korporation – bereits eine lebende Anklage gegen die große Lebenslüge der zweiten österreichischen Republik. Den allzu opportunistischen Ausstieg aus der deutschen Geschichte und der deutschen Verantwortung, den die „österreichische Nation" nach 1945 so mir nichts dir nichts vollziehen wollte und die damit verbundene Lebenslüge stellt eben jener in Frage, der sich weiter als Deutscher bekennt. Was schließlich die DDR betrifft, so ist es erstaunlich, wie vorbehaltlos man dort in den letzten Jahren daran gegangen ist, die deutsche Geschichte aufzuarbeiten. Selbst der vorgegebene ideologische Filter hinderte die DDR-Historiker nicht, auch an die Geschichte der Korporationen durchaus konstruktiv heranzutreten. All dies kann allerdings nichts daran ändern, daß der SED-Staat die freiheitlich-demokratische Nagelprobe bislang nicht bestehen konnte. Plakativ gesprochen könnte man sagen, erst wenn die DDR-Behörden das Selbstvertrauen besäßen, korporationsähnliche studentische Vereinigungen – etwa mit urburschenschaftlichen Grundsätzen – zu dulden, dürfte der erste deutsche Arbeiter- und Bauernstaat den Vorwurf der Unfreiheit von sich weisen.

Die deutschen Korporationen aber können, ja müssen bei der so gegebenen Problematik weiterleben und weiterkämpfen. Sie werden sicherlich nie mehr eine quantitative Dominanz im akademischen Leben ausüben, sie werden auch qualitativ kaum mehr behaupten können, die besten Männer hervorzubringen. Sie werden aber in ideeller Hinsicht eine Elite bleiben (oder wieder werden müssen?), da es mit ihnen an nahezu allen höheren Bildungsinstituten des deutschen Sprachraumes – vielleicht auch dereinst wieder der DDR – kleine Gruppen von Männern gibt, deren Freundschaftsbund der Erhaltung der eigenen kulturellen Identität und dem Recht und der Freiheit des ganzen Volkes weiht.

Andreas Mölzer
Corps Vandalia-Graz

Persönlichkeiten aus der Corporationsgeschichte

Betrachtet man das deutsche Corporationsstudententum aus personengeschichtlicher Sicht, bietet sich ein faszinierendes Panorama der jüngeren deutschen Geschichte dar; Philosophen und Revolutionäre, Kirchenfürsten und Soldaten, Dichter und Forscher scheinen hier auf. Es gab Täter unter ihnen, jedoch auch Opfer. Männer, die schrecklich gescheitert sind und solche, deren Leben ideale Erfüllung fand. Viele von ihnen bestimmten entscheidend die Geschichte Deutschlands und auch Europas mit.

Die Auswahl der in diesem Buch aufgeführten Personen kann nicht vollständig sein. Bild- und Datenmaterial konnten oft nur unter sehr schwierigen Umständen beschafft werden. Der Personenteil soll daher bei etwaigen Neuauflagen erweitert werden.

Wir bitten unsere Leser uns dahingehend zu unterstützen und sind für Hinweise dankbar.

Achilles, Alexander Georg
* 1833, † 1900

C. Neoborussia-Halle 1853

Reichsgerichtsrat 1881,
BGB-Kommentator

Adenauer, Konrad
* 1876, † 1967

KV Saxonia-München, Brisgovia-Freiburg
Arminia-Bonn, E. d. Suevia-Köln
E. d. Askania-Burgundia-Berlin
E. d. Guestphalia-Berlin.

Politiker (CDU), 1917–33 OB von Köln, Mitglied der Zentrumspartei, trat nach 1. Weltkrieg
für ein autonomes Rheinland innerhalb des
Deutschen Reiches ein, 1920–23 preuß. Staatsrat, Mitbegr. d. CDU 1945, bis 1966 Parteivorsitzender, 1949–63 Bundeskanzler, 1951–55
gleichzeitig Außenminister.

Adickes, Franz
* 1846, † 1915

B. Allemannia-Heidelberg 1864

Bürgermeister von Dortmund, OB von Altona
und OB von Frankfurt/Main, bahnbrechender
Vorkämpfer für bessere und gesündere Lebens-
verhältnisse besonders der Arbeiterschaft,
Förderer von Industrie, Handel und Verkehr,
Gründer der deutschen Luftfahrtgesellschaft,
durch die „Lex Adickes" (Umlegung von
Grundstücken usw.) Mitbegründer der Frankfurter Universität.

Adler, Victor
*1852, †1918

B. braune Arminia-Wien 1870

Mitschöpfer des „Linzer Programms" 1882,
sein Lebenswerk war die Einigung d. österr.
Proletariats u. d. Gründung der einheitlichen
Sozialdemokratischen Arbeiterpartei Österreichs, aus politischen Gründen 17mal verurteilt, Reichsratsabgeordneter, 1918 in der
provis. Regierung der Republik Deutsch-Österreich Staatssekretär des Äußeren, vertrat mit
Nachdruck den Anschluß Deutschösterreichs
an d. Deutsche Reich.

Aegidi, Ludwig Karl James
*1825, †1901

B. Hochhemia-Königsberg 1842
B. Walhalla-Heidelberg 1843
B. Albingia-Heidelberg 1844
B. Hannovera-Göttingen 1853
B. Bubenruthia-Erlangen 1858

1848 Führer der Berliner stud. Jugend, 1850 – 53
Schriftleiter der „Konstitutionellen Zeitung",
1853 Privatdozent in Göttingen, 1856 Entzug
der Venia legendi, 1867 Mitgl. d. Reichstages,
Gründer d. Freikonservativen Partei, 1871
wirkl. Legationsrat, Vortragender Rat im Auswärtigen Amt, 1877 Professor in Berlin.

Agassiz, Jean Louis
*1807, †1873

B. Helvetia-München 1829

Zoologe, Paläontologe und Geologe. Entwickelte eine bahnbrechende Theorie über die
Vereisung Europas (Eiszeitenforschung). Über-
siedlung nach Amerika 1846, führender Naturforscher an der Harvard-Universität, begründet
in Cambridge 1860 das erste Amerik. Museum
für vergleichende Zoologie.

Albrecht, Florian
* 1870, † 1944

B. Teutonia-Wien 1892

Arzt und Dichter.

Angerer, Albin
* 1885, † 1979

C. Teutonia-Marburg,
C. Moenania

Arzt, Studentenhistoriker. Leiter der Archive
und Sammlungen des KSCV.

Ansorge, Karl
* 1887, † 1945

B. Rhenania-Wien

Prager Pennalburschenschafter, Schriftsteller,
Hauptschriftleiter und Chef des Pressebüros in
Prag, Organisator und Führer im Kampf um
die pennale Freiheit.

Apold, Anton
* 1877, † 1950

B. Cruxia-Leoben

Generaldirektor der österreichischen Alpine Montangesellschaft

Argelander, Friederich
* 1799, † 1875

Alte Königsberger Burschenschaft 1817

Astronom in Königsberg, Abo, Helsingfors und Bonn. Begründer der Astronomie der beweglichen Sterne.

Arlt, Ferdinand Ritter von
* 1812, † 1887

Akademische Verbindung Austria (Mitbegründer 1863) AGV Wien 1869, Lese- und Redehalle d. Deutschen Studenten in Prag und Wien 1850.

Bedeutender österreichischer Augenarzt, Professor in Wien, lieferte den Nachweis, daß die Kurzsichtigkeit in der Regel auf Verlängerung des Bulbus beruhe. Hervorragender Operateur und guter Lehrer.

Arndt, Ernst Moritz
* 1769, † 1860

Vorkämpfer der burschenschaftlichen Idee, studierte in Greifswald und Jena Geschichte u. ev. Theologie. Nach der preuß. Niederlage 1806 schließt er sich dem Frh. v. Stein an. Russisches Exil 1812. Dichter u. Komponist vieler Studenten- u. Vaterlandslieder. 1818 Prof. f. Geschichte Bonn. 1820 als Demagoge verfolgt u. suspendiert. 1840 von preuß. König Wilhelm VI. rehabilitiert. 1848 deut. Nationalvers. Frankfurt, Mitglied d. „Kaiserdeputation" 1849 Mitbegründer d. Wingolf.

Auerbach, Berthold
* 1812, † 1882

B. Feuerreiter-Tübingen 1832

1832 als Burschenschafter inhaftiert. Dichter und Schriftsteller, Verfechter der jüdischen Emanzipation, schrieb die „Schwarzwälder Dorfgeschichten".

Aufseß, Hans von
* 1801, † 1872

B. alte Erlanger, gehörte zu den Gründern der „Allgemeinen dt. Burschenschaft" zu Erlangen C. Concordia-Erlangen 1822.

Historiker. Sammlung wurde der Grundstock des von ihm ins Leben gerufenen Germanischen Nationalmuseums in Nürnberg, dessen erster Direktor er war.

Bahr, Hermann
*1863, †1934

B. Albia-Wien 1881

Lektor d. S. Fischer Verlages, Freier Schrift-
steller – Wien, Mitherausgeber „Die Zeit",
Theaterkritiker, Regisseur b. Reinhardt, Berlin.
Literaturkritiker, Dramaturg am Wiener Burg-
theater. Werke: Zur Kritik der Moderne,
Die Überwindung d. Naturalismus, Die Mutter,
Theater, Das Tschaperl, Der Krampus, Der
Meister, Ringelspiel, Das Konzert, Wienerin-
nen, Die Kinder, Expressionismus, Selbstbild-
nis.

Bäke, Franz
*1898, †1978

B. Germania-Würzburg 1919

Träger des Eichenlaubs mit Schwertern zum
Ritterkreuz des Eisernen Kreuzes.

Bamberger, Ludwig
*1832, †1899

B. Walhalla-Heidelberg 1843

Führer d. 1848er Bewegung in Mainz, radikal-
republikan. u. unitar. Publizist, Volksredner u.
demokrat. Organisator, 1848 Frankfurter Vor-
parlamente, Teilnahme a. d. pfälzischen Erhebung 1849, Flucht in die Schweiz, England,
Holland u. Frankreich, zu Zuchthaus und zum
Tode verurteilt, Mainzer Zollparlament, 1870
Berater Bismarcks im Hauptquartier, später
Gegner Bismarcks, Reichstagsabgeordneter.

Bareuther, Ernst
* 1838, † 1905

B. Teutonia-Prag 1898

1871 Landtagsabgeordneter, 1873 Reichsratsabgeordneter, Mitbegründer d. Deutschen Vereins für Böhmen. Kämpfte für d. Festlegung d. deutschen Staatssprache und für d. administrative Trennung in Böhmen; schloß sich d. Vereinigten Linken an, dann d. Fortschrittsklub, dessen Mitbegründer er war, 1898 dem Alldeutschen Verband unter Schönerer, strebte enge wirtschaftliche und politische Beziehungen zu Deutschland an.

Barth, Hermann Freiherr von
* 1845, † 1876

C. Franconia-München 1863

Paläontologe, Geologe. Afrikaforscher und Alpinist. Bestieg als einer der ersten allein die Gipfel der Hochalpen.

Barthelmeß, Richard
* 1820, † 1884

C. Onoldia-Erlangen 1839,
C. Moenania-Würzburg 1840.

Arzt, „hochgradiger" Freimaurer.

Bassermann, Ernst
* 1856, † 1917

C. Suevia-Heidelberg
C. Lusatia-Breslau.

Fraktionsvorsitzender der Nationalliberalen
Partei im Reichstag.

Bauer, Erich
* 1887, † 1970

C. Rhenania-Tübingen,
C. Lusatia-Leipzig,
C. Borussia-Halle

Jurist. Vorsitzender der Historischen Kommission; – der Gutachterkommission des Vereins
für corpsstudentische Geschichtsforschung.

Bauer, Karl Friedrich
* 1890, † 1978

B. Bubenreuther-Erlangen 1909

Chirurg und Begründer des Krebsforschungs-
zentrums der Universität Heidelberg.

243

Baumbach, Rudolf
* 1840, † 1905

L. Thuringia-Leipzig 1860

Bibliothekar, Lyriker, Epiker. Dichter des Burschenschafterliedes „Schwört bei dieser blanken Wehre", vieler Studentenlieder: „Keinen Tropfen im Becher mehr", „Hoch auf dem gelben Wagen", „Was die Welt morgen bringt" u. a. Werke: „Lieder eines fahrenden Gesell", „Horand und Hilde", „Frau Holde", „Von der Landstraße", „Spielmannslieder", „Der Pate des Todes", „Aus der Jugendzeit".

Becher, Alfred Julius
* 1803, † 1848

B. alte Berliner, Heidelberger und Göttinger 1820/22

Musikkritiker. Prof. d. Musikwissenschaft in Haag u. London. 1845 kam er, mit der Führung eines Prozesses betraut, nach Wien, widmete sich hier zunächst ganz d. Kunst u. wirkte durch scharfe Kritik belebend auf d. damaligen Wiener Musikbetrieb. 1848 begann er sich polit. zu betätigen, redigierte d. Blatt „Der Radikale" u. gehörte zu d. führenden Köpfen d. Wiener Revol. n. d. Erstürmung Wiens standrechtl. erschossen.

Beck, Karl Isidor
* 1817, † 1879

B. alte Leipziger 1838

Medizinstudium, unstetes Wanderleben, stand als Lyriker und Epiker dem „Jungen Deutschland" und einem revolutionären Sozialismus nahe. Eindrucksvolle Schilderungen von Ungarns Landschaft u. Volkstum. Schrieb d. Text zum Straußwalzer „An der schönen blauen Donau". Werke: Janko der ungarische Roßhirt, Gedichte 1844.

Berger, Hans
† 1873, † 1941

B. Arminia auf dem Burgkeller-Jena 1893

Psychiater in Jena, Entdecker des Elektro-
encephalogramms des Menschen (EEG).
Konnte den ihm zugedachten Nobelpreis nicht
in Empfang nehmen, da dessen Annahme seit
1936 in Deutschland verboten war.

Behring, Emil von
* 1854, † 1917

C. Suevo-Borussia Hamburg 1874

Professor der Medizin in Marburg, Entdecker
des Heilserums gegen Diphterie und Wund-
starrkrampf. Erhielt 1901 den Nobelpreis für
Medizin.

Benningsen, Rudolf von
* 1824, † 1902

C. Hannovera-Göttingen,
C. Vandalia-Heidelberg.

Führender Nationalliberaler. 1859 Vorsitzender
des Deutschen Nationalvereins. Seit 1867 im
Reichstag und Abgeordnetenhaus.

Beseler, Georg von
* 1809, † 1888

Alte Kieler Burschenschaft 1827

Advokat in Kiel, Verweigerung des Homagial-
eides für den König von Dänemark, Germa-
nist, Jurist und Rechtshistoriker in Basel,
Rostock, Greifswald und Berlin.
Schöpfer der Genossenschaftstheorie, Politiker,
Frankfurter Nationalversammlung 1848,
Reichstagsabgeordneter, Mitglied und Vizeprä-
sident des preußischen Herrenhauses.

Beseler, Wilhelm Hartwig
* 1806, † 1884

B. Kiel und Heidelberg 1823/24

Advokat in Schleswig-Holstein, seit dem Sän-
gerfest 1844 einer der führenden Vorkämpfer
für das Deutschtum in Schleswig-Holstein,
1846 Präsident der schlesw. Ständeversamm-
lung, 1848 Präsident der provis. Regierung von
Schleswig-Holstein, Frankfurter Nationalversammlung, Vizepräsident des Plenums
(Erbkaiserlicher), 1849-51 Statthalter d. Herzogtümer, 1860 Kurator der Universität in Bonn.

Bibl, Victor
* 1870, † 1947

C. Symposion-Wien

Professor für neuere Geschichte in Wien.

246

Biedermann, Karl
*1812, † 1901

B. Leipzig 1830

Professor f. Staatswissenschaften in Leipzig. Schriftleiter der „Deutschen Allgemeinen Zeitung", unentwegter Vorkämpfer der deutschen Einheit unter Führung Preußens. 1848 Frankfurter Vorparlament, 50er Ausschuß, Nationalversammlung (Erbkaiserlicher), 1. Vizepräsident, Mitglied d. Kaiserdeputation, 1871 Reichsabgeordneter (national-liberal), Vorkämpfer der Arbeitsschulbewegung.

Bierbaum, Otto Julius
*1865, † 1910

C. Thuringia-Leipzig

Lyriker und Erzähler, Bühnenleiter, Mitherausgeber der „Insel". Werke: „Erlebte Gedichte", „Studentenbeichten", „Aus beiden Lagern", „Lobetanz", „Die Schlangendame", „Der bunte Vogel", „Stilpe", „Gugeline", „Pan im Busch", „Irrgarten der Liebe", „Stella und Antonie", „Das seidene Buch", „Prinz Kuckuck", „Der Musenkrieg", „Die Päpstin", „Fortuna", „Briefe an Gemma" u. a.

Billroth, Theodor
*1829, † 1894

AGV Wien EM.

Universitätsprofessor in Wien 1867. Bahnbrechend auf dem Gebiet der Eingeweide-Chirurgie (erste Magenresektion) und bei Kehlkopf-Operationen. Fand eine neue Narkoseform und gründete das „Rudolfinerhaus".

Binzer, August Daniel von
*1793, †1868

B. alte Jenaer 1818

Urburschenschafter, Komponist vieler Studentenlieder; Teilnehmer am Wartburgfest. Nach seiner Flucht neue Heimat im Salzkammergut.

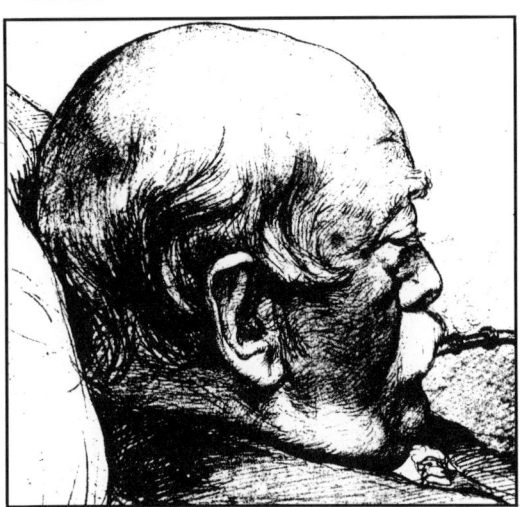

Bismarck, Otto Fürst von
*1815, †1898

C. Hannovera-Göttingen.

Preuß. Ministerpräsident und deutscher Reichskanzler. 1845 Abgeordneter im sächsischen Provinziallandtag. 1847 Mitglied des Vereinigten Landtags in Preußen. 1862 Gesandter in Petersburg. 1866 Gründung des Norddeutschen Bundes. 1867 Reichskanzler, gleichzeitig Minister des Auswärtigen und ab 1880 für Handel und Gewerbe. 1890 Entlassung als Reichskanzler.

Bitzius, Gotthelf-Jeremias
*1797, †1854

Zofingia-Bern 1819,
Mitstifter der Zofingia.

Pfarrer in Lützelflüh/Bern, Volksschriftsteller, Begründer des deutschsprachigen Bauernromans. Werke: „Uli der Knecht", 1846, „Erlebnisse eines Schuldenbauers" 1854.

Blind, Karl
* 1826, † 1907

B. Neckarbund-Heidelberg.

Demokr. Politiker, badischer Revolutionär.
Nach dem „Struveputsch" gefangen. Haft in
den Rastatter Kasematten, in der Mairevolu-
tion 1849 befreit. Emigrant in London im Kreis
von Karl Marx. Bedeutendster Vertreter des
Deutschtums in England. Tritt mit Überzeugung für seine republ. und soz. Ideale ein.
Religionsgeschichtl. und anthropol. Studien,
die zu Veröffentl. mit betont deutschen Ein-
stellungen führten.

Blum, Robert
* 1807, † 1848

B. Germania-Leipzig EM 1839

Revolutionär, 1848 Vorparlament, dessen Vizepräsident, 50er Ausschuß, Frankfurter Nationalversammlung (Führer d. gem. Linken), am
12.10.1848 zusammen mit J. Fröbel zur Über-
bringung einer Sympathieadresse nach d. aufständischen Wien geschickt, ohne Rücksicht
auf seine Immunität als Abgeordneter verhaftet, standrechtlich verurteilt und erschossen.

Blunck, Hans Friedrich
* 1888, † 1961

B. Teutonia-Kiel 1907
B. Allemannia-Heidelberg 1908

Regierungsrat, Syndikus d. Universität Ham-
burg, Präsident d. Reichsschrifttumskammer,
1935 freier Schriftsteller, Lyriker, Erzähler u.
Dramatiker. Werke: „Anfangsklage", „Nord-
mark", „Feuer im Nebel", „Der Ritt gegen
Morgen", „Totentanz", „Sturm überm Land",
„Werdendes Volk", „Stelling Rotkinnsohn", „Die
Frau im Tal", „Der Wanderer", „Kampf der
Gestirne", „Gewalt über das Feuer", „Volks-
wende", „Sagen", u.v.m.

Bockum-Dolffs, Florens von
* 1802, † 1899

B. alte Heidelberger 1822

1867 – 1884 Reichstagsabgeordneter. Er gründete 1861 d. zwischen d. Fortschrittspartei u. d. gemäßigten Liberalen stehende Fraktion „Bockum-Dolffs", später „linkes Zentrum", die auf dem Höhepunkt des Heereskonflikts mit 110 Abgeordneten (1863) d. nächst d. Fortschrittspartei stärkste Fraktion des Hauses bildete. Seine Fraktion ging 1866 zumeist in der Nationalliberalen Partei auf.

Bodmann, Heinrich Freiherr von und zu
* 1851, † 1929

B. Teutonia-Freiburg 1869,
B. Arminia-Berlin 1871.

1904 Ministerialdirektor und stellvertretender Bundesratsbevollmächtigter in Berlin, 1907 Minister des Inneren, 1917 Staatsminister u. zugleich Präsident des Staatsministeriums, besondere Aufmerksamkeit widmete er dem Ausbau der Wasserwege des Landes u. d. Schiffbarmachung des Oberrheins.

Bolz, Eugen
* 1881, † 1944

CV Guestfalia-Tübingen

Deutscher Jurist und Politker, Justizminister 1919 – 1923, Innenminister 1923 – 1933, Staatspräsident von Württemberg 1928 – 1933, Widerstandskämpfer. Verhaftet und hingerichtet 1944.

Bombig, Paul
* 1901, † 1986

B. Silesia-Wien
p. B. Freya-Klagenfurt
1919 pennaler Wehrhafter Verein

1919 befehligte Bombig die Maschinengewehr-
abteilung der Studentenkompanie (im Alter
von 17 Jahren), deren Mannschaft von Freya
gestellt wurde.

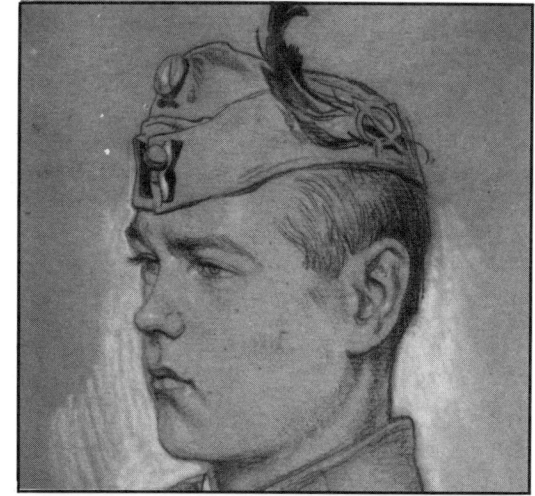

Borst, Max
* 1869, † 1946

B. Arminia-Würzburg

Prof. in Köln 1904, ab 1910 in München, Mitglied d. Bayr. Akademie der Wissenschaften.
Bedeutender Krebsforscher, arbeitete ferner
über die Pathologie der Entwicklung und des
Wachstums.

Bosch, Carl
* 1874, † 1940

B. Cimbria-Berlin 1894

1899 Chemiker in der BASF, 1935 Vorsitzender
des Aufsichts- und Verwaltungsrates der
IG-Farben. 1937 Präsident d. Kaiser-Wilhelm-
Gesellschaft. 1913 Entwicklung des technischen
Verfahrens der Ammoniakgewinnung. 1931
Nobelpreis für Chemie.

Brandsch, Rudolf
* 1880, † 1953

B. Arminia-Marburg 1898
B. Teutonia-Czernowitz, EM 1920 wegen seiner
Verdienste um das südostdeutsche Volkstum

Rumäniendeutscher Politiker und Staatsmann,
1910–1918 Abgeordneter im ungarischen,
1919–1933 im rumänischen Parlament.

Brassert, Hermann
* 1820, † 1901

B. Ruperta-Heidelberg 1842
B. Fridericia-Bonn 1844

Preußischer Berghauptmann und Schöpfer des
preußischen Bergrechts.

Braun, Friedrich Edler von
* 1863, † 1923

B. Bubenreuther-Erlangen 1881

1909 im Innenministerium Förderer der landwirtschaftlichen Forschung, im 1. Weltkrieg
eine der maßgeblichen Persönlichkeiten in der
deutschen Ernährungswissenschaft, nahm an
den Waffenstillstandsverhandlungen in Spa teil
und leistete den Forderungen der Entente
nachdrücklich Widerstand, 1920 Präsident des
Reichswirtschaftrates, Reichstagsabgeordnerter
(Deutschnationale Volkspartei).

Braun, Karl Ferdinand
* 1850, † 1918

C. Teutonia-Marburg.

Fernsehpionier, Nobelpreis 1909 gemeinsam
mit Maconi. Konstruierte das nach ihm
benannte Elektrometer und 1897 die
Braunsche Röhre.

Brehm, Alfred
* 1829, † 1884

C. Saxonia-Jena

Naturforscher und Schriftsteller. Bereiste
Afrika, Sibirien, Skandinavien und Spanien.
1863 Direktor des zoologischen Gartens in
Hamburg, später Gründer und Leiter des
Berliner Aquariums.

Breitenecker, Leopold
* 1902, † 1981

B. Markomannia-Wien 1920

Berühmter Gerichtsmediziner in Wien.

Breitner, Burkhart
* 1884, † 1956

C. Vandalia-Graz.

Professor für Chirurgie, Innsbruck. Wirkte 1912 als Chirurg im Balkankrieg, von 1914 – 20 in russ. Kriegsgefangenschaft (Engel von Sibirien), Romane, Novellen, Dramen, Kriegstagebuch, Essays. Werke: „Heilige Nacht", „Die Flucht", „Fremdenlegion", „Sonja", „Für die Farben", „Treibeis", „Blick auf Japan", „Asiatischer Spiegel", „Über das ärztliche Ethos bei Paracelsus" u. a.

Breslau, Harry
* 1848, † 1926

B. Brunsviga-Göttingen 1866

Historiker in Berlin und Straßburg

Brinz, Alois Ritter von
* 1820, † 1887

C. Suevia-München 1837
C. Franconia-Prag

Rektor, Reichsrat der Krone Böhmens, Geheimer Rat, Professor in Prag 1857, im Wiener Reichsrat erklärte er 1861: „Ich bin berufen, römisches Recht in Prag zu lesen, und ich habe mir nun noch einen zweiten Beruf geschaffen, altes deutsches Recht dort zu verteidigen". In Anerkennung dieses verdienstvollen Wirkens in den Adelsstand erhoben.

Brodmann, Willibald
* 1889, † 1922

B. Frankonia-Graz 1903

Arzt, Begründer und Führer des steirischen
Grenzschutzes 1918, Retter der Stadt
Radkersburg.

Bruch, Max
* 1838, † 1920

AGV Wien

Professor, Komponist und Dirigent.
Werke: „Frithjof", „Odysseus", „Lied von der
Glocke", Vier Violinkonzerte (darunter das berühmte in g-moll), Konzert für Cello und Orchester u. a.

Bruckner, Anton
* 1824, † 1896

AGV Wien EM 1889
Kath. deutsche Studentenverbindung Austria
Wien.

Komponist, einer der bedeutendsten schöpfe-
risch gestaltenden Sinfoniker nach Beethoven,
Professor für Orgel und Komposition in Wien.
Werke: 9 Sinfonien, 3 große Messen, Männer-
chöre mit und ohne Orchester u. a.

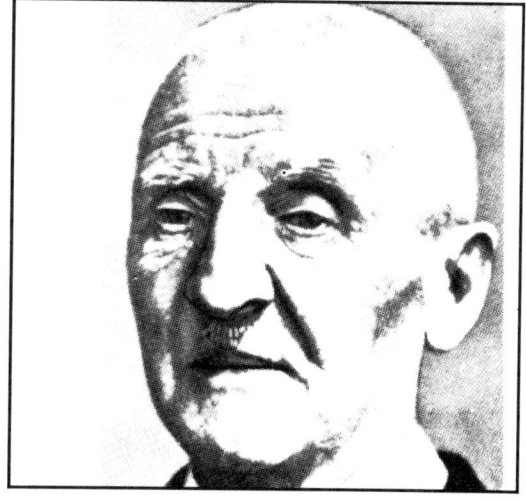

Brücke, Ernst Wilhelm von
* 1819, † 1982

AGV Wien

Professor für Physiologie.

Brüggemann, Karl Friedrich
* 1810, † 1887

alte Bonner Burschenschaft 1829
alte Frankonia-Heidelberg 1831

Redner beim Hambacher Fest 1832, zum Tode
verurteilt.
1836 zu lebenslanger Festung begnadigt, 1840
aus der Haft in Posen entlassen, Mitarbeiter
der „Rheinischen Zeitung", Nationalökonom,
Chefredakteur der „Kölnischen Zeitung".

Brüning, Heinrich
* 1885, † 1970

CV Münster

Politiker, Geschäftsführer des Christlichen
Deutschen Gewerkschaftsbunds 1920, Reichstagsabgeordneter 1924, Mitglied des preußischen Landtags 1928 – 1929, Finanzpolitiker,
1930-32 Reichskanzler der Weimarer Republik.
Nach Ablehnung der Notverordnungen durch
den Reichstag löste er diesen 1930 auf. Bekämpfte vergeblich das Ermächtigungsgesetz
und mußte als letzter Vorsitzender 1933 die
Zentrumspartei auflösen.

Brzesowsky, Karl Freiherr von
*1855, † 1945

B. Bruna Sudetia-Wien 1875

Polizeipräsident von Wien 1907 – 1914. 1911 geadelt, 1914 in den Freiherrnstand erhoben.

Buber, Martin
*1878, † 1965

Zion. Verbindung Maccabaea-Prag EM.

Jüdischer Religionsphilosoph, 1938 – 51 Prof. an der Uni. Jerusalem, Interpret des Chassidismus, Vertreter eines (unpolitischen) Zionismus. Schuf mit Rosenzweig eine neue Übersetzung des Alten Testaments, die in deutscher Sprache die Ausdruckskraft des hebräischen Textes bewahrt.

Buchner, Karl Friedrich August
*1800, † 1872

B. Gießener Schwarze

Hofgerichtsadvokat, Justizrat, Komponist, Liederdichter („Willkommen hier, viel liebe Brüder").

Büchner, Georg
* 1813, † 1837

B. Germania-Gießen 1831

Dt. Dramatiker, stud. in Straßburg u. Giessen Medizin, Naturwissenschaften, Geschichte und Philosophie, gehörte 1833 zum Kreis der Frankfurter Wachenstürmer, gründete mit Ludwig Weidig 1834 die geheime „Gesellschaft für Menschenrechte", zwecks Umsturzes der Adelsreaktion. Flugschrift „Der Hessische Landbote". Flucht in die Schweiz. Werke: „Dantons Tod, Woyzeck, Leonce u. Lena". Privatdozent Zürich.

Burckhard, Max Eugen
* 1854, † 1912

B. Silesia-Wien 1872

Theaterdirektor, Schriftsteller u. Privatrechtler. 1890–98 Direktor des Burgtheaters, ab 1898 Rat des Verwaltungsgerichtshofs. Verfasser von Komödien: „Die Bürgermeisterwahl", Romane: „Gottfried Wunderlich" 1906, „Die Insel der Seligen" 1908, Erzählungen und Essays.

Burckhardt, Jacob
* 1818, † 1897

Zofingia-Basel 1838

Professor für Kunstgeschichte an der ETH Zürich, Begründer der systematischen Kunstgeschichte, Kulturhistoriker an der Universität in Basel.

Busson, Paul
*1873, † 1924

C. Joannea-Graz
C. Schacht-Leoben.

Schriftsteller in Wien. Schrieb u. a. „Die Wiedergeburt des Melchior Dronte".

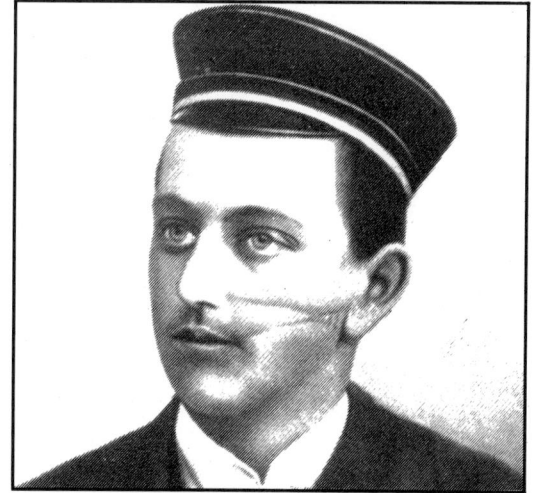

Busson, Felix
*1874, † 1953

C. Joannea-Graz,
C. Schacht-Leoben EM

Generalsekretär im Dienste der österreichischen Alpinen Montangesellschaft. Verfasser des „Ritterlichen Ehrenschutzes" (Graz 1907), der die bisher allgemein angewendeten „Regeln des Duells" von Franz von Bolgár ersetzte.

Cantor, Moritz Benedikt
*1829, † 1920

Alte Leipziger Burschenschaft 1849

Mathematiker und Mathematikhistoriker in Heidelberg. Erster Professor für Geschichte der Mathematik. Mitherausgeber der „Zeitschrift für Mathematik und Physik". Abhandlungen zur Geschichte der Mathematik. Verfasser des Standardwerks: „Vorlesung über Geschichte der Mathematik" (4 Bände).

Carové, Friedrich Wilhelm
* 1789, † 1852

B. alte Heidelberger (Gründer)

Wartburgredner, 1816 in Heidelberg, folgte er 1818 Hegel nach Berlin, dort als Repetent Hegels tätig. Mußte seine Tätigkeit 1819 aufgeben, weil nicht habilitiert. Später in Breslau habilitiert, im Zuge der Demagogenverfolgung mußte er die Lehrtätigkeit als Privatdozent ganz aufgeben. Privatlehrer in Frankfurt/Main und Heidelberg.

Christian, Hans
* 1902, † 1950

B. Teutonia-Wien

Bedeutender österreichischer Jurist.

Christomannos, Theodor
* 1854, † 1911

C. Gothia-Innsbruck
Corps Lusatia-Leipzig

Jurist, Tiroler Landtagsabgeordneter, Historiker, Botaniker, Mineraloge, Schriftsteller. Erbauer der Dolomitenstraße von Bozen nach Toblach.

Chvostek, Franz
* 1864, † 1944

B. Olympia-Wien

1911 Prof. in Wien, zahlreiche Abhandlungen:
Über die Kasuistik der Herzfehler, Morbus
Addison, Das Krankheitsbild d. Tetanie, 1917
große Monographie über d. Basedowsche
Krankheit. Er bereicherte die Konstitutions-
forschung und Erbpathologie, schrieb über
Gasstoffwechsel, über d. Chlorose, über d.
paroxysmale Hämoglobinurie u. elimentäre
Albumosurie. Sein Verdienst war d. Einbau d.
Neurologie in d. Innere Medizin.

Closs, Gustav Adolf
* 1865, † 1938

C. Franconia-Tübingen 1882

Jurist, Kunst- und Historienmaler, Dichter, bed.
Heraldiker. Gemälde: „Verbrennungsszene
vom Wartburgfest".

Crailsheim, Fedor Freiherr von
* 1820, † 1885

C. Onoldia-Erlangen

Jurist, Landrichter 1856.

Curtman, Wilhelm
* 1831, † 1893

C. Teutonia-Gießen 1851,
C. Rhenania-Heidelberg 1852.

Sprachforscher, Latinist.

Czermak, Johann Nepomuk
* 1828, † 1873

B. alte Arminia-Wien 1847

Bedeutender österreichischer Physiologe.

Daimler, Gottlieb
* 1834, † 1900

C. Stauffia-Stuttgart.

Ingenieur und Fabrikant. Neben Benz der
Schöpfer des modernen Kraftwagens.
1890 Gründung der „Daimler-Motoren-Gesell-
schaft", die sich 1926 mit Benz zur Daimler-
Benz AG vereinigte.

262

Dalwigk, Carl Friedrich Reinhard
Freiherr von und zu Lichtenfels
*1802, † 1880

Alte Göttinger Burschenschaft 1822,
B. Germania-Gießen 1823

Hessischer Politiker, 1850 Außenminister, reak-
tionärer Politiker (System Metternich), gestützt
auf die kath. Kirche bekämpfte er die starke
parlamentarische Stellung von Liberalismus
und Nationalverein durch Wahlbeeinflussung
u. scharfe Kontrolle von Presse u. Vereinen.
Großdt. Tendenz. Rücktritt am 6. April 1871 auf
Druck Bismarcks.

Demmer, Fritz
*1884, † 1967

C. Symposion-Wien

Professor für Chirurgie in Wien, Ritterkreuz d.
Franz-Josef-Ordens.

Derschatta, Julius Edler von Standhalt
*1852, † 1924

B. Arminia-Graz 1870

Reichstagsabgeordneter, Mitbegründer u. Obmann d. Deutschen Schulvereins „Südmark",
Obmann d. Deutschen Volkspartei, 1906–08
Eisenbahnminister im Ministerium Beck, vollendete die Verstaatlichung der österr. Eisenbahnen, Präsident des österr. Lloyd.

Detmold, Johann Hermann
* 1809, † 1856

B. Göttingen 1825

Advokat in Hannover, bekannter Schriftsteller und Satiriker, 1838 Mitglied des hannoverschen Landtages, wegen Widerstands gegen die neue Verfassung 1843 zu Gefängnis und Geldstrafe verurteilt. 1848 Frankfurter Nationalversammlung, 1849 Reichsjustizminister, Ministerpräsident. 1850 hannoverscher Bevollmächtigter bei der Bundeszentralkommission, dann Bundestagsgesandter.

Dietrich, Hermann
* 1879, † 1954

B. Arminia-Straßburg 1897

Reichsminister für Ernährung und Landwirtschaft 1928–1930, dann 1930 Reichswirtschafts- und bis 1932 Reichsfinanzminister, gleichzeitig Vizekanzler.

Dinghofer, Franz
* 1873, † 1956

B. Ostmark-Graz 1893

Altbürgermeister und Ehrenbürger der Stadt Linz, Vizekanzler, Justizminister, 1. Präsident des Obersten Gerichtshofes, Abgeordneter des Landtages und des Reichsrates.

Doblhoff-Dier, Anton Freiherr von
* 1800, † 1872

Burschenschaftlicher Kreis Wien 1819

Agrarpolitiker und Pionier der Einführung der Dränage in Österreich. Kämpfte für die Abschaffung des Zehnten und der Frondienste, 1848 Minister für Ackerbau im Ministerium Pillersdorf, im Juni 1848 vom Kaiser mit der Bildung einer Regierung beauftragt, in dem er das Innenministerium innehatte, dann Gesandter in Den Haag, nach Rückkehr 1861 widmete er sich der Entwicklung der Landwirtschaft.

Dolezal, Eduard
* 1862, † 1955

B. Eisen-Wien

1899 Prof. in Leoben, 1905 – 30 in Wien, 1907 gründete er die „Österr. Gesellschaft für Photogrammetrie" – 1910 Intern. Gesellschaft f. Photogrammetrie, 1911 Beirat Unterrichts- u. Finanzministerium. Geodätischer Unterricht vorbildlich f. viele Staaten d. Welt. Leiter der „Österr. Zeitschrift f. Vermessungswesen", Präsident d. österr. Kommission f. Intern. Erdmessung. Anteil an d. Umwandlung d. Bergakademie in d. Montanistische Hochschule 1904.

Dollfuß, Engelbert
* 1892, † 1934

MKV Amelungia-Innsbruck.
CV Germania-Berlin, Babenberg-Graz, Austria-Innsbruck, Rheno-Juavia-Salzburg, Aargau- Amelungia- Austria- Bajuvaria-Danubia- Marco-Danubia- Nordgau-Norica- Pflug-Rudolfina-Welfia-Wien.

1932 – 34 Bundeskanzler, beseitigte im Februar 1934 das parlamentarische System und errichtete den Ständestaat.
Spitzname: „Millimeternich"

Dornier, Claudius
* 1884, † 1969

C. Guestphalia-München

Gründer der Flugzeugwerft in Friedrichshafen am Bodensee (1914). Hier wurden u. a. die Ganzmetallgroßflugzeuge und die Flugboote Dornier-Wal (1922) oder die Do-X (1929) entwickelt.

Dossenbach, Albert
* 1891, † 1917

B. Alemannia-Freiburg 1910

Jagdflieger und Träger des Pour le Mérite.

Droz, Numa
* 1844, † 1899

Zofingia-Freising EM 1884.

Lehrer, Staatsrat und Ständerat in Freising, Direktor der internationalen Eisenbahnbusse in Bern.

Duden, Konrad
* 1829, † 1911

B. Alte Germania-Bonn 1846

Gymnasiallehrer u. Direktor in Soest, Schleiz u. Bad Hersfeld. Trat für eine Vereinheitlichung d. Rechtschreibung ein. Vollständiges orthographisches Wörterbuch der deutschen Sprache 1880. Wegbereiter der dt. Einheitsrechtschreibung. „Der Duden".

Dumreicher, Armand Freiherr von
* 1845, † 1908

B. Silesia-Wien 1863

Politiker, trat für eine Vereinheitlichung der österr. und reichsdt. Universitäten ein, organisierte d. gewerbliche Erziehung – 1882 bereits 10 Staatsgewerbschulen, diesen Fachschulen schlossen sich mustergültige Fortbildungsschulen an. Schriften: „Über d. französ. Nationalwohlstand als Werk der Erziehung", „Zur Frage d. Erziehung d. industriellen Klassen in Österreich".

Duncker, Max
* 1811, † 1886

B. Bonn 1830

1837 zu 7 Jahren Festung verurteilt, auf 6 Monate herabgesetzt, Professor für polit. Geschichte in Halle und Tübingen, 1848 Frankfurter Nationalversammlung. 1849 in der zweiten Kammer, 1850 Erfurter Parlament, 2. Präsident d. Gothaer Vers. 1859 Leiter der Zentralpressstelle im preuß. Staatsministerium, preuß. Abgeordnetenhaus, 1861 vortragender Rat u. polit. Berater d. Kronprinzen, schuf i. Auftrag Bismarcks d. Entwurf für die dt. Bundesverfassung.

Dürre, Christian Eduard Leopold
* 1796, † 1879

B. Jenaer 1815

Turner, Schüler Friedrich Ludwig Jahns in Berlin, Mitinitiator des Wartburgfestes 1817 und der „Reaktionssymbolverbrennung" am Wartenberg.

Eberhard, Ernst Hans
* 1866, † 1945

C. Hamonia-Hamburg 1886.

Philosoph, Studentenhistoriker.

Eger, Ferdinand
* 1868, † 1948

B. Carniola-Graz 1887

Volkstumspolitiker, 1906 Wahlrechtsreform – Bildung eines eigenen Wahlbezirks für die Gottscheer-Sprachinsel mit ihren 25000 Deutschen in 180 Orten. 1907 selbständiges dt. Gymnasium in Laibach, 1908 Ernennung eines dt. Landschulinspektors. Obmann des Deutschen Volksrates in Krain, 1908–18 Mitglied des Krainer Landtages.

Egger, Rudolf
* 1882, † 1969

L. Kärnten-Wien.

Historiker und Archäologe, Professor und Ordinarius für römische Geschichte und Altertumskunde (1929 – 45) in Wien, Mitglied des Archäologischen Institutes in Wien. Initiator und Leiter der Ausgrabungen auf dem Magdalensberg 1949 – 1968. Zahlreiche Publikationen.

Ehlers, Otto Ehrenfried
* 1855, † 1895

C. Vandalia-Heidelberg 1875,
C. Franconia-Jena 1876.

Forscher und Schriftsteller. Werke: „Im Osten Asiens", „Im Sattel durch Indochina", „An Indiens Fürstenhöfen", „Soma – Perle der Südsee", „Kornähren der Poesie". Bei seiner letzten Expedition im Jahre 1895 verschollen.

Eichendorff, Joseph Freiherr von
* 1788, † 1857

Orden der Unitisten zu Halle 1805.

Bedeutender deutscher Dichter. Seine Lieder und Romanzen sind von unnachahmlichem Zauber. Bedeutendste novellistische Schöpfung: „Aus dem Leben eines Taugenichts".

Eisenmann, Gottfried
* 1795, † 1862

B. Würzburg 1818 (Mitbegründer)

Freiwillig im Feldzug 1814, Teilnehmer am Wartburgfest, als Mitglied des „Jünglingsbundes" 1825 verhaftet, 13-monatige Untersuchungshaft in München, Arzt in Würzburg, politischer Publizist und medizinischer Schriftsteller, 1832 Teilnehmer am Hambacher Fest, erneut verhaftet, 4 Jahre U-Haft, 1836 wegen Hochverrats und Majestätsbeleidigung lebenslänglich verurteilt, 1847 begnadigt, 1848 Vorparlament, Nationalversammlung.

Emin Pascha, Eduard Schnitzer
* 1840, † 1892

B. Arminia-Breslau 1858

1865 Quarantänearzt in türk. Diensten, ging 1875 nach Khartum, Militärarzt, in politischer Mission nach Bunyoro u. Buganda. 1878 Gouverneur im ägypt. Sudan. Beim Madi-Aufstand in Isolierung, am 29. April 1888 durch eine brit. Expedition unter Stanley befreit. Exped. in d. dt. Gebiete südl. u. entlang d. Victoriasees bis zum Albertsee. Unterwerfung von Ugogo, Unjamwesi u. Tabora.
Von arabischen Sklavenhändlern ermordet.

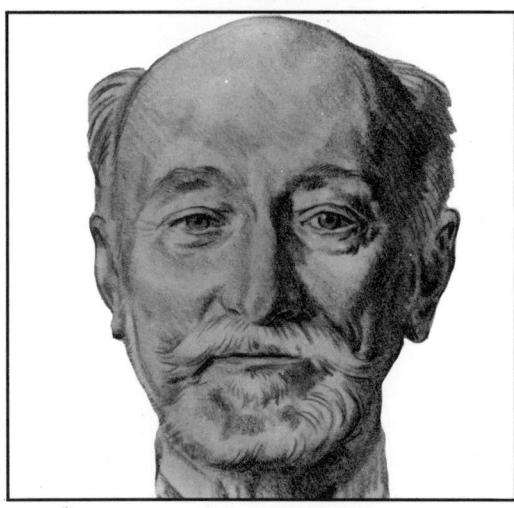

Empergers, Friedrich Edler von
* 1862, † 1942

B. Teutonia-Prag 1878
B. Albia-Wien 1881
B. Arminia-Graz

Bautechniker u. Politiker, 1890 – 95 beratender Ingenieur in d. USA. 1926 – 28 Präsident des Eisenbetonausschusses. Die von ihm begründete Zeitschrift „Beton u. Eisen" galt seither als führendes Organ d. Technik. Nach seinen Plänen wurden in der ganzen Welt Eisenbetonbrücken, Wolkenkratzer, Untergrundbahnen, Eisenbahnschwellen, Stahlbetonschiffe, uvm. konstruiert. Viele wissenschaftliche Veröffentlichungen.

Enderes, Bruno Ritter von
* 1871, † 1934

B. Teutonia-Wien 1889

Bauleiter der elektrischen Eisenbahn Trient-
Male', 1909 Generaldirektor d. Aussig-Teplitzer
Eisenbahn. 1919 Unterstaatssekretär.
Sein Wirken gewann durch seine Arbeiten in
internationalen Eisenbahnverbänden, dem
damals die deutschen, österreichischen, ungarischen und niederländischen Eisenbahnen
angehörten, internationale Bedeutung.

Erdmannsdörffer, Bernhard
* 1833, † 1901

B. Teutonia-Jena 1852
B. Allemannia-Heidelberg 1886

1861 Privatdozent Berlin, 1863 Lehrer an der
Kriegsakademie, 1869 außerordentlicher Professor a. d. Universität in Greifswald, Breslau,
u. als Nachfolger Heinrich von Treitschkes in
Heidelberg. Werk: „Deutsche Geschichte vom
Westfälischen Frieden bis zum Regierungs-
antritt Friedrich des Großen".

Escher, Alfred
* 1819, † 1882

Zofingia-Zürich 1837

Kantonsrat, Erziehungsrat, Regierungsrat, Gesandter der eidgenössischen Tagsatzung 1848,
Nationalrat 1848 – 1882, Direktor der Nordost-
bahn 1855 – 1878, Gotthardbahn 1871 – 1878, bedeutender liberaler Staatsmann.

Eucken, Rudolf
* 1846, † 1926

B. Frisia-Göttingen 1863

1871 Professor in Basel, 1874 in Jena, 1908 Nobelpreis für Literatur, beschäftigte sich mit Aristoteles, später Vertreter der Neuidealistischen Philosophie „Schöpferischer Aktivismus". Werke: „Geschichte u. Kritik d. Grundbegriffe d. Gegenwart", „G. d. philosoph. Terminologie", „Die Einheit des Geisteslebens in Bewußtsein u. Tat der Menschheit", „Die Lebensanschauungen d. großen Denker".

Eulen, Siegfried Emmo
* 1890, † 1945

B. Teutonia-Freiburg 1909

Begründer und Vorsitzender des Volksbundes Deutsche Kriegsgräberfürsorge.

Exner, Wilhelm
* 1842, † 1931

B. Olympia-Wien 1859

Technologe und Politiker in Wien, Begründer des technischen Mittelschulwesens in Österreich.

Fabricius, Wilhelm
* 1857, † 1942

C. Starkenburgia-Gießen
C. Guestphalia-Jena
C. Teutonia- und Guestphalia-Marburg

Geschichtsforscher und Korporationspolitiker, Schriftsteller („Akad. Monatshefte", „Die deutschen Corps".)

Fallersleben, August Heinrich Hoffmann von
* 1798, † 1874

Alte Göttinger Burschenschaft 1816
Alte Bonner Burschenschaft 1819

Germanist, Dichter, Forscher, Professor in Breslau, 1842 entlassen und des Landes verwiesen. Dichtete auf der Insel Helgoland „Das Lied der Deutschen". Neben seiner polit. Lyrik, viele sangbare Lieder und Kinderlieder: „Alle Vöglein sind schon da", „Kuckuck", u.v.m.

Faulhaber, Michael
* 1869, † 1952

CV Aenania-München

Priester 1892, Bischof von Speyer 1911, Erzbischof von Freising und München 1917, Kardinal 1921.

273

Federer, Heinrich
* 1866, † 1928

Schweizer Studentenverein Luzern 1888

Kaplan, Redakteur, Schriftsteller in Zürich.

Feuerbach, Ludwig Andreas
* 1804, † 1872

B. alte Heidelberger 1822

Philosoph, Schüler Hegels, 1824 Berlin, 1828 Dozent in Erlangen, mit seiner Theologiekritik befindet er sich im Kontext linkshegelianischer Kritik der Theologie, Religion ist die Projezierung des Wesens des Menschen in eine seiner Verfügung enthobene Sphäre. Die Theologie gehört so dem Selbsterkenntnisprozeß an. Für Marx u. Engels bedeutsam. Werke: „Geschichte der neueren Philosophie", „Das Wesen d. Christentums", uvm.

Ficker, Julius Ritter von Feldhaus
* 1826, † 1902

B. Frankonia-Bonn 1845

Historiker u. Rechtshistoriker in Bonn u. Innsbruck. Gründer d. Innsbrucker Historikerschule. Auffindung d. Reichsarchivs Heinrich VII. in Pisa und von Urkunden zur Geschichte des Rom-Zuges Ludwigs von Bayern veranlaßten ihn zu tiefgreifenden Forschungen über die ältere dt. Reichsverfassung. Werke: „Vom Reichsfürstenstande", „Das dt. Kaiserreich in seinen nationalen u. universalen Beziehungen", uvm.

Figl, Leopold
* 1902, † 1965

MKV Nibelungia-St. Pölten, Herulia-Thuskonia-, Guelfia- u.v.m. CV Norica-Danubia-, Alpenland-, Amelungia-, Austria-, Bajuvaria-, Babenberg-, Welfia-, Rudolfina-, Bavaria-, Franco-, Bavaria-Wien u.v.m.

Landeshauptmann von Niederösterreich, Bundeskanzler, Erster Präsident des Nationalrates, Bundesminister für Auswärtige Angelegenheiten.

Fischer, Alois
* 1796, † 1883

B. alte Wiener 1819

Statthalter von Oberösterreich.

Fischer, Hans
* 1881, † 1945

B. Alemannia-Marburg 1899
B. Alemannia-Stuttgart

Chemiker, Prof. in Innsbruck, Wien, München. Konstitutionsaufklärung und Synthese der Porphyrine. 1929 gelang ihm d. Synthese des Hämins. Hierfür und für seine Forschungen über das Chlorophyll erhielt er 1930 den Nobelpreis für Chemie.

Fischer, Kuno
* 1824, † 1907

B. alte Leipziger 1844
B. Germania-Leipzig

Philosoph, 1856 Prof. in Jena, 1872 in Heidelberg. Werke: „System der Logik und Methaphysik oder Wissenschaftslehre", 1852 – 1909, „G. d. neueren Philosophie" (8 Bände) 1852 – 1892, Einflußreicher Beitrag zur phil. Geschichtsschreibung, die hist. Entwicklung d. P. als Prozeß fortschreitender Selbsterkenntnis des menschlichen Geistes verstehend. Wichtige Impulse für den Neukantianismus, uvm.

Fischer, Wilhelm
* 1846, † 1932

B. Stiria-Graz 1864

Direktor der Steirischen Landesbibliothek in Graz. Vertreter einer realist.-impressionist. Heimatkunst, der in seinen „Grazer Novellen" 1894 zu eigenem Stil und eigener Aussagekraft fand.

Flemming, Walther
* 1843, † 1905

B. Germania-Tübingen 1862

1873 Prof. in Prag, 1876 – 1901 in Kiel. Ihm gelang eine weitgehende Klärung der Abläufe und Strukturen bei der Zellteilung, deren grundsätzliche Gleichartigkeit bei Pflanzen und Tieren er betonte. Er prägte die Begriffe Mithose, Chromatin und Achromatin und verbesserte die histologische Färbe- und Konservierungstechnik.

Flex, Walter
* 1887, † 1917

B. Bubenreuther-Erlangen 1906

Vaterländischer Dichter, galt bei der Jugendbewegung in und nach dem Ersten Weltkrieg
(„Der Wanderer zwischen beiden Welten") als
Symbol des frühvollendeten dichterischen Ge-
nius.

Fliedner, Theodor
* 1800, † 1864

B. Germania-Gießen 1818

Theologe und Begründer der weiblichen
Diakonie in der evangelischen Kirche.

Follen, Karl
* 1794, † 1840

B. Teutonia-, Germania-, Ehrenspiegel-,
Schwarzer-Gießen
1814/16 Urburschenschafter

1814/16 Urburschenschafter, nimmt als Freiwilliger an den Befreiungskriegen teil u. gründet
1815 in Gießen eine Burschenschaft u. den Ge-
heimbund der „Gießener Schwarzen". Nach
dem Wartburgfest lehrt er in Jena. Nach Sands
Tat Flucht in d. Schweiz, 1824 in USA. Professur in Harvard verliert er wegen seines Kampfes um die Abschaffung der Sklaverei. Pfarrer
in Lexington.

Forrer, Ludwig
* 1845, † 1921

Zofingia-Zürich 1863

Jurist, radikaler Politiker, Kantonsrat in Zürich 1870, Nationalrat 1873, Bundesrat 1902, Bundespräsident der Schweiz von 1906 – 1912, Schöpfer des Kranken- und Unfallversicherungsgesetzes.

Förster, Heinrich
* 1799, † 1881

B. alte Breslauer 1817

Fürstbischof von Breslau, Kanzelredner.

Freiligrath, Ferdinand
* 1810, † 1876

Zofingia-Zürich

Revolutionärer politischer Lyriker, Schöpfer exotischer Balladen, auch Übersetzer aus dem Französischen und Englischen.

Freud, Sigmund
* 1856, † 1939

Leseverein der deutschen Studenten in Wien

Begründer der Psychoanalyse und damit
Schöpfer der Grundlagen der modernen
Tiefenpsychologie und Psychotherapie. Als
Neurologe gab er auch den Anstoß zur Ent-
wicklung der Lokalanästhesie.

Freytag, Gustav
* 1816, † 1895

C. Borussia-Breslau 1834

Journalist, Schriftsteller, Politiker, 1839 Privat-
dozent in Breslau, 1848 Leiter der Leipziger
Wochenschrift „Die Grenzboten", 1867 – 70
Nationalliberaler Abgeordneter im Norddeut-
schen Reichstag. Werke: „Die Journalisten",
„Soll und Haben", „Bilder aus der deutschen
Vergangenheit", „Die Ahnen" u. a.

Friedjung, Heinrich
* 1851, † 1920

B. Germania-Prag 1869

Historiker, Verfasser d. sog. „Linzer Programms"
gemeinsam mit V. Adler, E. Pernerstorfer
und Georg v. Schönerer, Herausgeber d.
„Deutschen Wochenschrift" und Schriftleiter
der „Deutschen Zeitung", Wiener Gemeinderat,
Mitglied d. österr. Akademie der Wissenschaften. Werke: „Der Kampf um die Vorherrschaft in Deutschland 1859 – 1866", „Österreich
von 1848 – 1860", „Zeitalter des Imperialismus
1884 – 1914".

Friedländer, Max
*1829, † 1872

B. Raczeks-Breslau

Journalist. 1864 gründete er mit M. Etienne u. E. Werthner die „Neue Freie Presse", die bald das bedeutendste Blatt d. Monarchie wurde u. verfassungsgetreu, deutsch-konstitutionell eingestellt war. F. selbst redigierte das Feuilleton, zog bedeutende schriftstellerische Kräfte heran, schuf d. Rubrik „Economist" und stellte damit den volkswirtschaftlichen Teil d. Blattes auf eine neue Grundlage.

Friesen, Friedrich Karl
*1784, † 1814

burschenschaftlicher Wegbereiter

Turnpädagoge, wirkte ab 1808 als Lehrer am Plamannschen Institut in Berlin und mit F. L. Jahn 1811 – 12 auf dem Turnplatz in d. Hasenheide. Verfaßte mit Jahn eine Druckschrift über d. Einrichtung einer Burschenschaft. Fiel 1814 als Lützows Adjutant. Friesens Leben und Tod wurden verherrlicht von F. L. Jahn, E. M. Arndt, M. von Schenkendorf, K. L. Immermann und Elfriede von Mühlenfels.

Furrer, Jonas
*1805, † 1861

Zofingia-Zürich 1822

Jurist, Bürgermeister von Zürich, Bundesrat 1848 – 1861.

Furtwängler, Wilhelm
* 1886, † 1954

S. Arion-Leipzig EM 1922

Dirigent, Generalmusikdirektor, 1922 Nachfolger Nikischs am Leipziger Gewandhaus und Dirigent der Berliner Philharmoniker. Als Komponist trat er wenig in die Öffentlichkeit. Ab 1928 auch Dirigent der Wiener Philharmoniker.

Gagern, Friedrich Freiherr von
* 1794, † 1848

B. Teutonia-Heidelberg 1814

Niederländ. General, 1848 Kommandeur der badischen mobilen Truppen zur Niederwerfung des badischen Aufstandes Heckers, fiel bei dem ersten Gefecht auf der Scheideck bei Kandern am 20. April 1848.

Gagern, Max Freiherr von
* 1810, † 1889

B. Heidelberg 1828

Professor der Geschichte in Bonn, 1843 nassauischer Legationsrat, 1848 Frankfurter Vorparlament, Vertrauensrat der Bundesversammlung (nass. Vorsitzender), Nationalversammlung, Unterstaatssekretär im Reichsaußenministerium, Kommissar für Schleswig-Holstein, seit 1855 im österreichischen Staatsdienst, Hof- und Ministerialrat, Leiter des handelspolitischen Departements im Ministerium des Äußeren in Wien.

Geibel, Emanuel von
* 1815, † 1884

B. Ruländer-Bonn 1834

1838 Hofmeister d. russ. Gesandten in Athen, später Gymnasiallehrer in Lübeck, national-konservative Gesinnung, offizieller und gefeierter Lyriker der dt. Einigungsbestrebungen unter preuß. Führung. Bezieht seit 1842 von Friedrich Wilhelm IV. eine Pension. 1852 von Max. II. von Bayern nach München berufen. Führer des dortigen Dichterkreises. Seit 1868 in Lübeck. „Der Mai ist gekommen" uvm.

Geiger, Hans
* 1882, † 1945

B. Bubenreuther-Erlangen 1901

Professor für Physik in Kiel, Tübingen und Berlin-Charlottenburg.
Erfinder des „Geigerzählers".

Geramb, Viktor Ritter von
* 1884, † 1958

AGV Graz

Erster Inhaber eines Lehrstuhles für Deutsche Volkskunde (Universität Graz).

Gerbl, Franz-Lorenz
* 1830, † 1857

CV München

Gründete katholische Schülervereine 1850,
Gründer der Aenania 1851. Priester 1855.

Gerlach, Otto
* 1894, † 1963

C. Hasso-Borussia

Jurist, Historiker, Genealoge. Herausgeber der
Neuauflage der Kösener Corpslisten.

Giebisch, Hans
* 1888, † 1966

B. Alania-Wien 1906

Dichter.

Gierke, Otto von
* 1841, † 1921

B. Allemannia-Heidelberg 1858

Jurist und Rechtshistoriker in Breslau, Heidelberg und Berlin. Einer der führendsten Deutschrechtler seiner Zeit. Hauptwerke: „Das dt. Genossenschaftsrecht", „Deutsches Privatrecht".

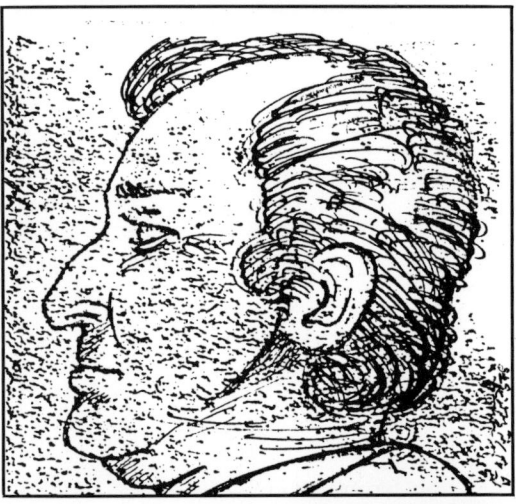

Goethe, August von
* 1789, † 1830

C. Guestphalia-Heidelberg 1808

Sohn Johann Wolfgang von Goethes. Ausgedehnte Studienreisen durch Europa. Früher Tod in Rom.

Goetz, Ferdinand
* 1826, † 1915

B. Kochei-Leipzig 1846
B. Germania-Leipzig

Politiker und Vorsitzender der Deutschen Turnerschaft. Leitete 1858-64 die „Deutsche Turnzeitung". Seit 1860 Herausgeber des „Handbuches d. deutschen Turnerschaft".

Gorup, Ferdinand Freiherr von Besanez
*1855, †1929

B. Teutonia-Wien 1876

Jurist, dem Hoflager Kaiser Franz Josefs in Schönbrunn, Lainz u. Ischl zugeteilt, begleitete den Kaiser nach Berlin, Stettin, Bukarest, Sinaja und Petersburg. G. führte d. Erhebungen im Zusammenhang mit d. Tode von Kronprinz Rudolf. Engster Vertrauter vom Kaiser. 1901 Zentralinspektor der Sicherheitswache, 1914 – 17 Polizeipräsident von Wien.

Gottschall, Rudolf von
*1823, †1909

B. Raczeks-Breslau 1843
B. Hochhemia-Königsberg 1841

Lyriker, Dramatiker, Erzähler, Kritiker und Literaturhistoriker, Schriftsteller. Anhänger des „Jungen Deutschland", Betätigung in der liberalen Partei, später national-konservativ. 1865 – 88 Herausgeber d. „Blätter für Literarische Unterhaltung". Herausgeber der Monatsschrift „Unsere Zeit". Werke: „Lieder der Gegenwart", „Ulrich v. Hutten", „Barrikadenlieder", „Pitt u. Fox", Schillerbiographie u. v. m.

Graebe, Carl
*1841, †1927

B. Teutonia-Karlsruhe

Chemiker u. Professor in Königsberg 1870–77, Genf 1878–1906, entwickelte zusammen mit Karl Liebermann ein Synthese des Farbstoffes Alizarin. Analyse der Pflanzenfarbstoffe.

Gredler, Andreas Freiherr von
* 1801, † 1870

B. Libera Germania-Innsbruck 1823

Nahm 1848 an der Wiener Revolution teil. Advokat in Wien. 1848 Frankfurter Nationalversammlung, 1863 Tiroler Landtag, Wiener Reichstag, Verwaltungsrat der österreichischen Creditanstalt.

Griepenkerl, Christian
* 1839, † 1916

Athenaia-Wien.

Maler.

Grillparzer, Franz
* 1791, † 1872

Redehalle der Deutschen Studenten in Prag
EM 1866

Größter österr. Dichter, Dramatiker, Lyriker, Novellist. Seine Dramen nehmen ihre Stoffe aus der griechischen Sage u. der österr. Geschichte u. zeigen meist klassizistische Form. Werke: „Sappho", „Ahnfrau", „König Ottokars Glück und Ende", „Ein treuer Diener seines Herrn", „Des Meeres u. d. Liebe Wellen", „Der arme Spielmann", „Traum ein Leben", „Weh dem, der lügt" u.v.m.

Grimm, Ferdinand von
* 1869, † 1948

B. Ostmark-Wien

Vorstand des Präsidialbüros, 1917 Sektionschef.
In der Republik Deutsch-Österreich 1918–19
Unterstaatssekretär für Finanzen, 1920–21
Finanzminister, bis 1931 Ministerialdirektor.
Seit 1921 war er Präsident der Kreditanstalt für
öffentliche Arbeiten und Unternehmungen.

Grimschitz, Bruno
* 1892, † 1964

L. Kärnten zu Wien

1938 Direktor der österreichischen Galerie,
1941 Prof. für Geschichte der Baukunst an der
Technischen Hochschule in Wien, 1947 frei-
schaffender Kunstschriftsteller. Werke: „Die
österr. Zeichnung im 19. Jahrhundert", „Die
Wiener Ringstraße", „Wiener Barockpaläste".

Groos, Fritz
* 1889, † 1971

C. Hassia-Gießen zu Mainz

Arzt, Genealoge, Studentenhistoriker.

Gudden, Aloys Bernhard von
* 1824, † 1886

B. Friderica-Bonn
B. Franconia-Bonn 1845

Psychiatrischer Arzt v. Ludwig II. von Bayern.

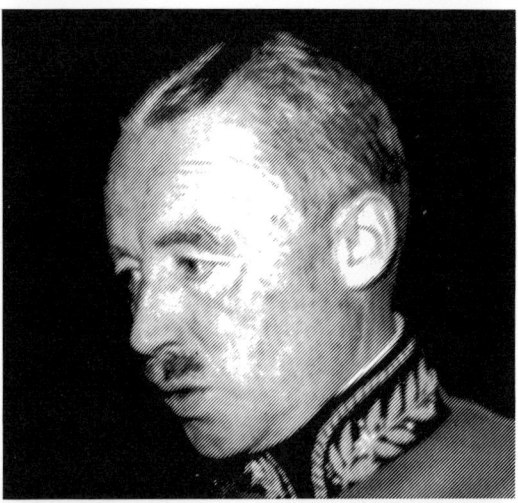

Guisan, Henri
* 1874, † 1960

Zofingia-Waadt 1893

Landwirt, Oberstkorpskommandant und Kommandant des ersten Armeekorps. 1939 – 1945 gewählter General, Oberkommandierender der Schweizer Armee, Schöpfer der „Reduit" (Alpenfestung).

Günther, Georg
* 1869, † 1946

B. Cruxia-Leoben 1888

Generaldirektor der ÖBB.

Gussenbauer, Karl
* 1842, † 1903

AGV Wien.

Professor für Chirurgie in Wien, Rektor.

Guttenberg, Adolf Ritter von
* 1839, † 1917

B. Silvania-Wien

Professor für Forstwissenschaft an der Hochschule für Bodenkultur in Wien.

Haas, Wilhelm
* 1842, † 1918

B. Markomannia-Wien

Bibliothekar

Hagen, Karl
*1810, † 1868

B. Arminia- 1827
B. Germania-Jena 1829

Historiker und Politiker.

Hansen, Theophil Freiherr von
*1813, † 1891

Deutsche Lesehalle EM.

Architekt, bestimmte mit seinen historischen
Bauten wesentlich das Wiener Stadtbild.

Harring, Harro
*1798, † 1864

B. Kieler und Würzburger 1815

Komponist vaterländischer und revolutionärer
Lieder und Gedichte, politischer Publizist,
Philhellene, als Revolutionär mehrfach verhaf-
tet, 1832 Teilnehmer am Hambacher Fest,
Flucht nach Zürich und London, 1840 nach
Brasilien. 1848 in d. schlesw.-holst. Bewegung,
Redakteur, Angehöriger d. „Europ. Demokrat.
Centralcomité" in London. 1864 Selbstmord in
St. Helier auf der Insel Jersey.

Hartel, Wilhelm Ritter von
* 1839, † 1907

B. Silesia-Wien 1860

Altphilologe und österreichischer Unterrichtsminister.

Hase, Karl August von
* 1800, † 1890

Alte Leipziger Burschenschaft 1818, alte
Erlanger Burschenschaft 1820, B. Arminia auf
dem Burgkeller-Jena, Bubenreuther-Erlangen

Als Burschenschafter zu 11 Monaten Festungshaft verurteilt. Theologe und Kirchenhistoriker.

Hassell, Ulrich von
* 1881, † 1944

C. Suevia-Tübingen

Botschafter in Rom während des Dritten
Reiches, Beteiligter am Putsch gegen Hitler am
20. 7. 1944. Hingerichtet.

Hasslwanter, Johann
*1805, † 1874

B. Libera Germania-Innsbruck 1823

Advokat in Linz und Innsbruck, 1848 Landes-
schutzdeputation, Frankfurter Nationalversammlung, Wiener Reichstag, 1849 Hofrat
und Generalprokurator in Innsbruck,
1853 Oberstaatsanwalt, 1861 im Tiroler Landtag,
1864 Reichstagsabgeordneter, 1867 Landeshauptmann von Tirol.

Hauff, Wilhelm
*1802, † 1827

B. Germania-Tübingen 1820

Mitglied der burschenschaftlichen „Kompagnie“,
Schriftleiter des Cottaschen Morgenblattes in
Stuttgart 1827, Dichter und Schriftsteller.
Werke: „Der Mann im Mond“, „Das Wirtshaus
im Spessart“, „Mitteilungen aus den Memoiren
des Satans“, „Phantasien im Bremer Ratskel-
ler“, Märchen, Novellen, Zeitsatiren und
Romane. Lieder: „Steh ich in finstrer Mitter-
nacht“, „Morgenrot leuchtest mir zum frühen
Tod“.

Hauler, Edmund
*1859, † 1941

B. Moldavia-Wien

1899 Prof. für klassische Philologie. Mitglied
der Akademie der Wissenschaften in Wien.
Herausgeber: „Dissertationes Vindobonenses“,
Hauptredakteur der „Wiener Studien“.
Handschriftenexperte, Textkritik, Interpretatio-
nen, Palimpsestentzifferung. Werke: Lateini-
sches Elementarwörterbuch und Lateinische
Schulgrammatik.

Hecker, Friedrich
* 1811, † 1881

Alte Heidelberger Burschenschaft 1831
C. Hassia et Rhenania et Palatia-Heidelberg

Obergerichtsadvokat in Mannheim, badischer
revolutionärer Politiker 1848/49, Frankfurter
Vorparlament, Organisator des Aufstandes in
Südbaden, nach dem Gefecht in Kandern (wo
General Gagern fiel) Flucht in die Schweiz,
wanderte in die USA aus und wurde Farmer,
1861 Oberst in der Nordstaatenarmee.

Heckscher, Johann Gustav
* 1797, † 1865

B. alte Heidelberger 1817, alte Göttinger

Freiwilliger im Feldzug 1815, Anwalt in Hamburg, Redakteur und Schriftsteller, 1848 Frankfurter Vorparlament, 50er Ausschuß, Nationalversammlung, Mitglied der Reichsverweserde-
putation, Reichsjustiz- und Reichsaußenminister, 1849 Reichsgesandter in Turin und
Neapel, 1853 hanseatischer Ministerresident in
Wien.

Heider, Karl
* 1856, † 1935

B. Arminia-Graz 1874, Arminia-Wien 1878

Zoologe, ab 1894 Professor in Innsbruck,
1918 Berlin. Bedeutende Beiträge zur Ent-
wicklungs- und Stammesgeschichte der Wirbellosen. Grundlegendes Werk: „Lehrbuch der
vergleichenden Entwicklungsgeschichte der
wirbellosen Tiere". (4 Bände 1890–1910).

Heindl, Rudolf
* 1884, † 1970

C. Ratisbonia-München 1904

Jurist, Studentenhistoriker.

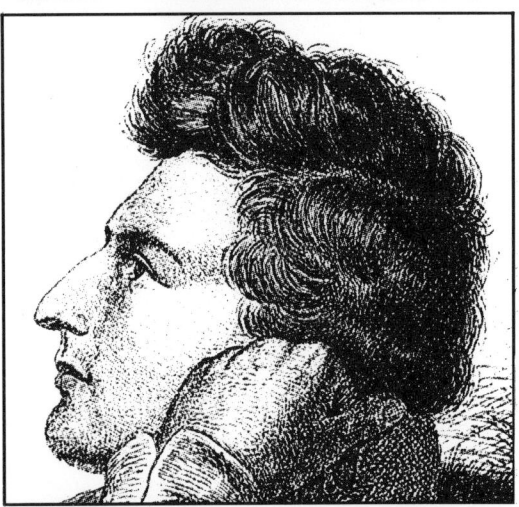

Heine, Heinrich
* 1797, † 1856

Alte Bonner und Göttinger Burschenschaft
1819/20

Wegen Duellvergehens relegiert, Dichter und
Publizist. Emigration nach Paris 1831, 1835 werden seine Schriften in Deutschland verboten.
Ab 1843 Mitstreiter von Marx. 1844 wendet er
sich mit seinen „Neuen Gedichten" sozial-
kritisch gegen die herrschenden Mißstände im
Deutschen Bund. Wandelt sich vom Romantiker
zum revolutionären Schriftsteller.

Heinkel, Ernst Heinrich
* 1888, † 1958

B. Ghibellinia-Stuttgart 1907

Flugzeugkonstrukteur, Absturz mit selbstge-
bautem Flugzeug, schwere Verletzungen 1911,
Chefkonstrukteur bei verschiedenen Flugzeug-
werken, 1922 Gründung d. Ernst-Heinkel-Flug-
zeugwerke in Warnemünde. 1932 erstes europ.
Verkehrsflugzeug HE 70, HE 111 – Bomber 1935,
Erstes Raketenflugzeug der Welt HE 176 – 1939,
Erstes Turbinenstrahlflugzeug HE 178 – 1939.
Autobiographie „Stürmisches Leben" 1953.

Hergenhahn, August
* 1804, † 1874

B. alte Heidelberger 1822

Einer der Vorkämpfer des südwestdeutschen
Liberalismus. Anwalt in Wiesbaden, 1846 Ab-
geordneter d. Deputiertenkammer d. nass.
Landtages, 1848 im Zentralsicherheitsausschuß,
Märzminister, 1847 Heppenheimer Versamm-
lung, 1848 Frankfurter Vorparlament, 50er
Ausschuß, Nationalversammlung, Mitglied d.
Kaiserdeputation, Reichskommissar f. Preußen,
Leitung der von ihm gegr. Landesbank,
1866 Justizminister.

Hertling, Georg Graf von
* 1843, † 1919

KV Askania-Burgundia-Berlin,
Arminia-Bonn,
Ottonia-München,
Walhalla-Würzburg.

Mitbegründer der Görresgesellschaft.
1912 Bayerischer Ministerpräsident.
Reichskanzler von 1917 – 1918.

Hertz, Heinrich Rudolf
* 1857, † 1894

B. Cheruscia-Dresden 1875

Physiker, 1885-89 Professor in Karlsruhe, danach in Bonn, beschäftigte sich schon früh mit
der Elektrodynamik. 1886-88 gelingt ihm die
Erzeugung und zugleich der Nachweis elektro-
magnet. Wellen, sowie deren Übertragung von
einem Schwingkreis zum anderen. „Hertz'sche
Wellen". Bedeutung für Funk u. Radiotechnik.
1887 Entdeckung des Photoeffektes, uvm.

Herwegh, Georg
* 1817, † 1875

B. Patrioten-Tübingen 1835

Lyriker, Schriftsteller, wegen Ehrenhändeln 1839 Flucht in die Schweiz. „Gedichte eines Lebendigen" (2 Bände 1841'43), 1842 Reise durch Deutschland. Audienz b. preuß. König. Ausweisung. 1844-48 in Paris. 1848 aktiv am badischen Aufstand beteiligt, bis 1866 Schweiz. Seine politisch revolutionären Gedichte begeisterten seine Anhänger. Übersetzte Lamartine und Shakespeare.

Herzl, Theodor
* 1860, † 1940

B. Albia-Wien 1880

Journalist. Begründer des pol. Zionismus, Korrespondent der „Neuen Freien Presse" in Paris. Zionistische Programmschrift: „Der Judenstaat". 1897 wurde Herzl auf dem in Basel abgehaltenen 1. Zionistenkongreß zum Führer der zionistischen Bewegung gewählt. Herzl verhandelte mit verschiedenen führenden Staatsmännern Europas wegen der Überlassung eines Territoriums für die Ansiedlung der Juden.

Heuss, Ferdinand von
* 1848, † 1924

C. Makaria-Würzburg 1865
C. Franken-München 1867
C. Rhenania-Würzburg 1869

Arzt, Erfinder, Maler. Heuss erfand u. a. das Zinkleimpflasters „Klebro". Zeichnete die Bilder für den ersten Atlas der Hautkrankheiten.

Hindenburg, Paul von Beneckendorff und
* 1847, † 1934

C. Montania-Freiberg EM 1921
S. Salia-Halle EM 1922
EM der Deutschen Sängerschaft

1914 Armeeführer, Siege von Tannenberg, Masurischen Seen und Masuren, Oberbefehlshaber im Osten, 1916 Chef der Obersten Heeresleitung, 1925 und 1932 zum Reichspräsidenten gewählt, betraute 1933 Hitler mit der Regierungsbildung.

Hintner, Josef
* 1857, † 1909

CV Austria-Innsbruck
CV Carolina-Graz

Arzt. Die Aberkennung seiner Reserveoffizierscharge wegen Duellverweigerung in den achtziger Jahren erregte größtes Aufsehen in ganz Österreich und führte zu einer Interpellation in den ungarischen Delegationen.

Hintze, Otto
* 1861, † 1940

B. Germania-Greifswald 1878

1899-1920 Professor in Berlin, er ging von der brandenburgisch-preußischen Geschichte aus und wurde zu einem d. bedeutendsten Sozialhistoriker. Die wichtigste Aufgabe der Geschichtsschreibung sah er in einer „zur politischen Sozialgeschichte sich erweiternden Verfassungsgeschichte".

Hobrecht, Arthur
* 1824, † 1912

B. Hochhemia-Königsberg 1841

Oberbürgermeister von Breslau 1863–1873 und Berlin 1873–1878, preußischer Finanzminister.

Hodler, Ferdinand
* 1853, † 1918

Zofingia-Genf 1876

Schweizer Maler und Zeichner, Bahnbrecher eines neuen, ins Monumentale gehenden Stiles mit leuchtender Farbgebung: „Wilhelm Tell", „Der Tag" sowie das bekannte Werk „Auszug der Jenenser Studenten", das jetzt die Aula der Friedrich-Schiller-Universität zu Jena schmückt.

Hoffmann, Ernst Theodor Amadeus
* 1776, † 1822

Burschenschaftlicher Kreis Berlin

Mitglied der Kommission die gegen die Burschen- u. Turnerschaften vorgehen sollte (Demagogenverfolgung). Protestierte gegen die Verhaftung Jahns. Stirbt während eines Disziplinarverfahrens gegen ihn. Beamter, Dichter, Komponist und Maler. Werke: „Die Elixiere d. Teufels", „Lebensansichten des Katers Murr", „Der unheimliche Gast", „Nußknacker und Mäusekönig", „Meister Floh", „Prinzessin Brambilla", Oper Undine, u. v. m.

Höfling, Eugen
*1808, †1880

B. alte Marburger 1826, B. Arminia-Marburg

Arzt und Kreisphysikus, demokratischer
Politiker, Dichter des Liedes: „O alte Burschen-
herrlichkeit".

Hofmeister, Werner
*1902, †1984

B. Brunsviga-Göttingen 1922

Mitglied des Parlamentarischen Rates. Mit-
arbeit am Grundgesetz. Niedersächsischer
Justizminister und Landtagspräsident.

Hohlbaum, Robert
*1886, †1955

B. Styria-Graz, Silesia-Wien, Carolina-Prag,
Germania-Leoben

Schriftsteller, polit. Romane mit vorwiegend
Problemen aus der deutsch-österreichischen
Geschichte in großdeutscher Sicht. Schrieb
ferner Romane u. Novellen über Künstlerper-
sönlichkeiten (Bruckner, Goethe). Gedichte,
Dramen und Essays. Werke: „Österreicher",
„Der Frühlingswalzer", „Volk u. Mann", „König
Volk", „Der Mann aus dem Chaos", „Finale in
Moskau", „Die dt. Passion", „Sonnenspektrum".

Horn, Camillo
*1860, † 1941

AGV Wien

Tondichter, Professor an der Staatsakademie
für Musik und darstellende Kunst.

Horn, Karl-Otto
*1794, † 1879

Jenaer Burschenschaft 1815.

Mitbegründer und erster Sprecher der Jenaer
Burschenschaft. 1819 Prorektor am Gymnasium
in Friedland (Mecklenburg), hier später u. a.
als Erzieher von großem Einfluß auf Fritz
Reuter. Ab 1826 Pfarrer in Badresch/Mecklen-
burg. Sein Porträt (Bronzerelief) befindet sich
am Jenaer Burschenschaftsdenkmal.

Huß, Richard
*1885, † 1941

B. Alemannia-Straßburg 1905,
B. Alemannia-Wien

Ungarndeutscher Sprachwissenschaftler und
Volkstumspolitiker.

Hyrtl, Joseph
*1810, †1894

Akademischer Leseverein Wien EM und der Lese- und Redehalle der Deutschen Studenten in Prag.

Bedeutender österreichischer Anatom, Professor in Wien, Gegner des Materialismus, schrieb u. a. „Lehrbuch der Anatomie des Menschen".

Jacoby, Johann
*1805, †1877

B. Allgemeinheit-Königsberg 1824

Arzt in Königsberg, Politiker, Hochverrats-Prozeß und Festungshaft, anerkannter Führer des preußischen Liberalismus, preußischer Politiker und Schriftsteller. Mehrfach politisch gemaßregelt. 1849 Flucht nach Genf, wegen Hochverrats erneut angeklagt und freigesprochen, 1862 im preußischen Abgeordneten-haus, wegen Majestätsbeleidigung 6 Monate Gefängnis, 1872 Sozialdemokrat.

Jahn, Friedrich Ludwig
*1778, †1852

burschenschaftlicher Wegbereiter

Agitator gegen franz. Herrschaft, in „Deutsches Volkstum" 1810 fordert er ein geeintes Dtld. u. eine Volksherrschaft. 1881 errichtet er den 1. Turnplatz. 1813 dient er im Freikorps Lützow. Nach seiner Verhaftung 1819 verbietet d. preuß. Regierung d. Turnen. Nach 5 Jahren Untersuchungshaft, 2 Jahren Festungshaft 1848 in d. Dt. Nationalversammlung gewählt. Ablehnung d. Republik-Bruch mit d. jungen Turnern.

Jarres, Karl
* 1874, † 1951

B. Alemannia-Bonn 1894

Oberbürgermeister von Duisburg 1914–1933,
Reichsinnenminister 1923–1925, Vizekanzler,
Reichspräsidentschaftskandidat.

Jelusich, Mirko
* 1886, † 1969

B. Gothia-Wien

Burgtheaterdirektor, Schriftsteller, Erzähler,
Dramatiker. Werke: „Cäsar", „Oliver Cromwell",
„Der Löwe", „Hannibal", „Der Ritter", „Der
Soldat", „Der Traum vom Reich", „Bastion
Europas", „Weinschenke und Weinbeschenkte",
„Talleyrand" u. a.

Joel, Curt
* 1865, † 1945

B. Teutonia-Jena 1884

Reichsjustizminister.

Jung, Carl Gustav
* 1875, † 1961

Zofingia-Basel 1895

Psychiater, Schriftsteller, Professor in Zürich
und Basel. Werke: „Über psychische Energetik
und das Wesen der Träume" (1928), „Von den
Wurzeln des Bewußtseins" (1954) u. a.

Junkers, Hugo
* 1859, † 1935

T. Rhenania-Berlin 1879
C. Delta-Aachen (WSC)

Flugzeugkonstrukteur und Industrieller, Pro-
fessor in Aachen, 1880 Versuchsstation für
Luftschiffahrt, 1910 Nurflügelflugzeug zum
Patent, 1915 erstes Ganzmetallflugzeug J 1,
1919 erste Verkehrsmaschine aus Duralum F 13,
J 52 bekannteste, 1937 Ju 90 (Großschnellflug-
zeug für 40 P., 410 km/h), 1932 Dieselmotor für
Flugz., Ju 87 (Stuka) Ju 88 (Bomber) Ju 287
(Düsenbomber).

Kaindl, Raimund Friedrich
* 1866, † 1930

B. Teutonia-Czernowitz 1887

Historiker und Volkskundler der Karpaten-
länder in Czernowitz und Graz.

303

Kaiser, Peter
*1793, †1864

Alte Freiburger Burschenschaft 1818

Jugenderzieher und Historiker, Liechtensteiner Abgeordneter zur Frankfurter Nationalversammlung.

Kaltenbrunner, Ernst
*1903, †1946

B. Arminia-Graz

Chef des Reichssicherheitshauptamtes, Chef der Sicherheitspolizei und des SD während des Zweiten Weltkriegs. In Nürnberg hingerichtet.

Kandt, Richard
*1867, †1918

B. Rhenanina-München 1887

Deutscher Afrikaforscher.

Kaiser Karl I von Österreich
* 1887, † 1922

Deutsch-christl. akad. Verbindung Wasgonia-Wien EM 1921.

Letzter Kaiser von Österreich und König von Ungarn (1916 – 18). Strebte im 1. Weltkrieg einen Sonderfrieden mit der Entente an, dankte am 10. November 1918 ab und versuchte 1921 in Ungarn die Macht zu ergreifen. War auf Madeira interniert, wo er 1922 starb.

Kastner, Wilhelm von
* 1824, † 1898

C. Suevia-München 1844

Jurist, Richter in Regensburg, Königlich bayerischer Staatsrat.

Keschmann, Anton
* 1870, † 1947

B. Arminia-Czernowitz 1890

Reichsratsabgeordneter der Bukowina, nach dem Zusammenbruch der Monarchie mit der Leitung der Schutzstelle für die öffentlichen Beamten und Angestellten, die aus den Nachfolgestaaten nach Österreich zurückströmten, betraut und nach Beendigung dieser Aufgabe zum Rat, später zum Senatspräsidenten des Verwaltungsgerichtshofes ernannt.

Ketteler, Wilhelm Emanuel Freiherr von
* 1811, † 1877

C. Guestphalia-Göttingen

Erzbischof von Mainz, Begründer der katholischen Soziallehre. Abgeordneter des Frankfurter Parlaments 1848/49 und des Reichstages 1871/72.

Kienzl, Wilhelm
* 1857, † 1941

AGV Graz

Komponist. Werke: „Der Evangelimann", „Der Kuhreigen" u. a.

Kirchner, Hermann
* 1828, † 1897

B. Stiria-Graz
B. Frankonia-Graz 1879 (deren Gründungssprecher)

Bedeutender österreichischer Notar.

Kisch, Egon Erwin
* 1885, † 1948

Prager Corpsstudent.

Rotgardist Wien 1918, Spanienkämpfer, „Rasender Reporter", Aufdecker des „Fall Oberst Redl", „Geschichten aus sieben Kontinenten", „Entdeckungen in Mexico".

Klein, Franz
* 1854, † 1926

B. braune Arminia-Wien 1872

Rechtsgelehrter, österreichischer Justizminister (Verfasser zahlreicher Gesetze). Schöpfer der österreichischen Zivilprozeßordnung.

Kleinfercher, Johann
(Fercher von Steinwand)
* 1828, † 1902

p. V. Carantania
p. V. Teurnia 1848 Klagenfurt.

Dichter, Schriftsteller, Erzieher.

Klemm, Hans
* 1885, † 1961

B. Ghibellinia-Stuttgart 1903

Flugzeugkonstrukteur und Schöpfer des
Leichtflugzeugs.

Kloepfer, Hans
* 1867, † 1944

AGV Graz
ATV-Graz.

Dichter und Schriftsteller (insbesondere west-
steirische Mundart).

Kloß, Georg
* 1787, † 1857

C. Suevia-Heidelberg 1805
C. Rhenania 1808
C. Hannovera-Göttingen 1809

Professor, Medizinalrat in Frankfurt a. M.
Werke: 1847 „Die Geschichte der Freimaurerei
in England, Schottland und Irland", 1848
„Geschichte der Freimaurerei in Frankreich",
1828 „Meister vom Stuhle". Einige Reformen
im Freimaurerwesen dieser Zeit gehen auf ihn
zurück.

Knorr, Georg
* 1859, † 1911

B. Thuringia-Braunschweig 1875

Eisenbahningenieur und Erfinder der „Knorr-Bremse" (Luftdruckbremse).

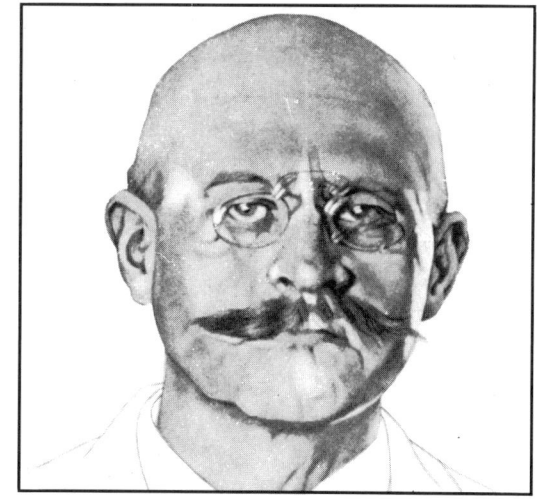

Koch, Franz
* 1888, † 1969

B. Oberösterr. Germanen 1908

Literaturhistoriker. Ab 1832 Prof. in Wien, 1935 – 45 in Berlin, dann in Tübingen Arbeiten zur dt. Literaturgeschichte; Goetheforschungen.

Kocher, Theodor
* 1841, † 1917

Zofingia-Bern 1860

Professor der Chirurgie in Bern, berühmter Kropfforscher, 1910 Nobelpreis für Medizin.

Kohlhaas, Max
* 1867, † 1952

C. Isaria
C. Rhenania-Tübingen EM

Obermedizinalrat.

Kohlrausch, Friedrich
* 1840, † 1910

B. Brunsviga-Göttingen 1859

Physiker in Göttingen, Zürich, Darmstadt,
Würzburg und Straßburg. Präsident der
Physikalisch-Technischen Reichsanstalt Berlin.

Kolbenheyer, Erwin Guido
* 1878, † 1962

C. Symposion-Wien

Erzähler und Dramatiker. Seine biologische
Kulturauffassung hatte Berührungspunkte
mit der Ideologie des Nationalsozialismus
(„Die Bauhütte", 1925).

Konstantin, König von Griechenland
* 1868, † 1923

C. Saxo-Borussia-Heidelberg 1888

Sohn und Nachfolger König Georgs, im Weltkrieg neutral, dankte 1917 ab. 1920 durch Volksabstimmung zurückberufen, mußte er 1922 infolge der Niederlage durch die Türken aber-
mals das Land verlassen.

Kordon, Fridolin
* 1869, † 1944

Akad. Verbindung Tauriska-Graz 1888
Gründungsmitglied

Apotheker, Alpinist, Schriftsteller, Volkskund-
ler. Umfangreiche schriftstellerische Tätigkeit
(Aufsätze, Märchen und Sagen, Festspiele und
Fachbeiträge). Werke: „Im Tal der stürzenden
Wasser".

Kosak, Ernst Ludwig
* 1825, † 1893

C. Makaria-München

Arzt, Historiker

Koschat, Thomas
* 1845, † 1914

B. Alemania-Wien

Tondichter, zeigte ein außergewöhnliches Verständnis für ländliches Brauchtum und für den Hang seiner Landsleute zu Spiel, Tanz und Lied. K. komponierte Lieder, die von Waldeinsamkeit und Erntefreuden, von Herzeleid und Maienjubel singen und eine große Verbreitung fanden.

Koser, Reinhold
* 1852, † 1914

B. Silesia-Wien 1871

Historiker in Berlin und Bonn, Archivar und Generaldirektor der Staatsarchive.

Körner, Gustav Peter
* 1809, † 1896

B. Germania-Jena 1830
Alte Franconia-Heidelberg 1831

1830 viermonat. Haft, trat auf dem Frankfurter Burschentag 1831 für eine Radikalisierung der Burschenschaften ein, führender Teilnehmer am Frankfurter Wachensturm 1833, Verwundung und Flucht nach USA, Anwalt in Belleville, 1845 Richter am Obersten Gerichtshof, in d. sogen. 1848er Kolonie – Führer d. Deutschtums in USA, 1853 stellvertretender Gouverneur von Illionois, 1862 Gesandter in Madrid. u.v.m.

Körner, Theodor
* 1791, † 1813

C. Thuringia-Leipzig
C. Guestphalia-Berlin

K. k. Hoftheaterdichter, Sänger der Freiheits-
kriege, Jäger im Lützower Freikorps.

Krafft-Ebing, Richard Freiherr von
* 1840, † 1902

B. Frankonia-Heidelberg 1858

Psychiater in Straßburg, Graz und Wien.

Kranzmayer, Eberhard
* 1897, † 1975

C. Posonia-Wien

Sprachwissenschaftler, Mundartforscher, Dia-
lektgeograph. Universitätsprofessor in Wien,
Leiter der Wiener Wörterbuchkanzlei 1964.
(„Kärnterisches Wörterbuch").

Krauch, Carl
* 1887, † 1968

B. Alemannia-Gießen 1906

Industriechemiker und Vorstand der „IG Farben".

Kraus, Viktor von
* 1845, † 1905

B. Silesia-Wien 1863 – braune Arminia-Wien 1865 – Gründer B. Arminia-Graz 1887

Gymnasial-Professor, zahlreiche historische Veröffentlichungen, Mitbegründer des Deutschen Schulvereins 1880, 1883 Reichsrats-abgeordneter.

Krehl, Ludolf von
* 1861, † 1927

B. Frankonia-Heidelberg 1882

Internist in Jena, Marburg, Greifswald, Tübingen, Straßburg und Heidelberg. Umfassende physiologische und pathologische Arbeiten, insbesondere auf den Gebieten Kreislauf und Wärmeregulation, Hauptwerk: „Grundriß der allgem. klinischen Pathologie", 1893.

Kreitner, Gustav
* 1886, † 1956

B. Teutonia-Wien

Polizeidirektor. 1910 – 1914 in chinesischem
Regierungsdienst. 1928 Berater in Sicherheits-
fragen für Tschiang Kai-Schek in Nanking,
schrieb 1932 das Buch: „Hinter China steht
Moskau".

Kressenstein, Friedrich Freiherr Kress von
* 1808, † 1877

C. Bavaria-Würzburg 1827
C. Rupperto-Carola Heidelberg

Jurist. Er entwickelte 1865 die „Neuordnung
des bayerischen Gerichtswesens".

Kressenstein, Georg Freiherr Kress von
* 1840, † 1911

C. Bavaria-Würzburg 1859

Jurist, Historiker. Werke: „Geschichte Nürn-
bergs", „Gründlach und seine Besitzer". Seine
Werke sind geprägt von einem umfangreichen
Quellenstudium und einer historiographischen
Exaktheit.

Krez, Konrad
* 1828, † 1897

Heidelberger-Burschenschaft 1846

1848 im Korps des Generals von der Tann im schleswig-holsteinischen Krieg, 1849 wegen seiner Teilnahme an d. bad.-pfälz. Erhebung „in contumaciam" zum Tode verurteilt, polit. Flüchtling in d. Schweiz u. Frankreich, seit 1850 in USA, Advokat, dann Staatsanwalt, tätig in d. Demokrat. Partei, im amerikan. Bürgerkrieg Brigadegeneral, Zollkollektor in Milwaukee, Dichter u. hervorragender Vertreter d. Deutschtums in den USA.

Kudlich, Hans
* 1823, † 1917

B. Markomannia-Prag EM 1848

Akademischer Legionär 1848, Reichstagsabgeordneter, setzte die Bauernbefreiung durch, mußte 1849 nach einem Aufstandsversuch nach den USA fliehen. In Abwesenheit zum Tode verurteilt, Arzt in Amerika, begraben in Lobenstein/Schlesien.

Kugy, Julius
* 1858, † 1944

AGV Wien 1878.

Jurist, Großkaufmann, Alpinschriftsteller, Erschließer der Julischen Alpen, Leiter d. dt. „Schillervereins" in Triest. Mit 57 Jahren kriegsfreiwillig, Alpinreferent, legte mit Prof. Benndorf (Physiker aus Graz) faradaysche Netze auf blitzgefährdeten Gipfeln der westlichen Julier an. Die durch Blitze verursachten schweren Verluste, wurden dadurch auf ein Minimum reduziert.

Kunschak, Leopold
* 1871, † 1953

ÖCV Norica-Wien EM 1909

Christlichsozialer Arbeiterführer. 1907 zog er in den Reichsrat ein und war bis 1934 politisch aktiv. 1945 unterzeichnete er gemeinsam mit Renner die Proklamation über das Wiedererstehen Österreichs. Erster Präsident des Nationalrates.

L'Alemand, Sigurd
* 1840, † 1910

Athenaia-Wien.

Maler.

Lamprecht, Herbert
* 1889, † 1969

B. Marcho Teutonia-Graz 1908

Bedeutender österreichischer Biologe.

Lassalle, Ferdinand
* 1825, † 1864

B. Raczeks-Breslau 1843

Politiker, Publizist und Arbeiterführer, von den Schriften Hegels u. d. „Jungen Dt." beeinflußt. Seit 1848 polit. Agitator, mehrfach verhaftet. Schriftstellerisch tätig, Mitarbeiter von Marx. Anhänger von Arbeiter-Produktionsgenossenschaften, Gründer d. Allgemeinen dt. Arbeitervereins, d. später in d. SPD aufgeht. Kontakte zu Ketteler u. Bismarck.

Laube, Heinrich
* 1806, † 1884

B. Germania-Halle, Breslau 1826/28

1834 und 1837 Festungshaft, als Schriftsteller und Dichter den liberalen Ideen des „Jungen Deutschland" zugehörig, 1848 Frankfurter Nationalversammlung, 1849–67 Direktor des Wiener Burgtheaters, gilt als einer der größten Bildner innerhalb der deutschen Schauspielkunst und brachte das Burgtheater zur Hochblüte, 1859 Festredner beim Wiener Schiller-Fackelzug und Einweihung des Schillerdenkmals.

Lebouton, Alois
* 1881, † 1936

B. Arminia-Czernowitz 1900

Schulmann und rumänien-deutscher Politiker, Senator.

Leitner, Karl Gottfried von
*1800, †1890

B. Alte Grazer 1820

Bedeutender österreichischer Dichter.

Lemisch, Arthur
*1865, †1953

B. Suevia-Innsbruck 1884
p. B. Tauriska-Klagenfurt

Lemisch wurde von allen Parteien am 11.11.1918
zum Landesverweser von Kärnten bestellt.
1927 Landeshauptmann.

Lenau, Nikolaus Niembsch von Strehlenau
*1802, †1850

B. alte Franconia-Heidelberg 1822

Dichter und Schriftsteller, Umgang m. Grill-
parzer, Raimund u. A. Grün. 1832 ging er nach
Amerika, kehrte 1833 enttäuscht zurück, aus-
sichtslose Liebe, Schwermut, geist. Zusammenbruch. Ab 1844 bis zu seinem Tod lebte er in
einer Heilstätte. Lyrik von Weltschmerz und
Melancholie geprägt.

Leo, Heinrich
* 1799, † 1878

B. alte Breslauer, Jenaer, Heidelberger 1817

Historiker, Germanist und konservativer
Politiker.

Lessiak, Primus
* 1878, † 1937

p. B. Tauriska-Klagenfurt.

Kärntner Mundartforscher und Sprachwissenschaftler. Germanist, Romanist. Professor an
der Universität Prag, Freiburg i. Br. u. Würzburg. Berufung nach Wien wegen Krankheit
abgelehnt. Viele Beiträge zu Kärntner Themen.

Lette, Wilhelm Adolf
* 1799, † 1868

Alte Teutonia-Heidelberg 1816
Alte Berliner Burschenschaft 1818

Politiker und Sozialpolitiker in Berlin („Lette-
Verein"); 1848 Frankfurter Nationalversamm-
lung (liberal); Gründer der „Lette-Schule" für
Frauenberufe.

Lieber, Franz
* 1798, † 1872

Alte Berliner Burschenschaft 1817
Alte Jenaer Burschenschaft 1819

Philhellene, als Burschenschafter mehrfach inhaftiert. Begründer der Staatswissenschaften in
den USA.

Liebermann, Carl
* 1842, † 1914

B. Allemannia-Heidelberg 1861

Chemiker, Entdecker des künstlichen Farbstoffes Alizarins (zusammen mit Carl Graebe).

Liebig, Justus Freiherr von
* 1803, † 1873

Alte Bonner Burschenschaft 1820
Alte Erlanger Burschenschaft 1822
C. Rhenania-Erlangen

Chemiker, Professor in Gießen wo er d. Labo-
ratoriumsunterricht begründete. 1860 Präs. d.
Bayrischen Akademie d. Wissenschaften u.
lungen d. bayerischen Staates. Entwicklung
einer Methode zur organ. Elementaranalyse.
Agriculturchemiker (Steigerung d. landw. Pro-
duktion). „Die organ. Chemie in ihrer Anwendung auf Agriculturchemie und Physiologie"
1840.

Liebknecht, Wilhelm
* 1826, † 1900

C. Hasso-Nassovia Marburg
C. Rhenania-Marburg

Chefredakteur des „Vorwärts". Mitbegründer der Deutschen sozialdemokratischen Arbeiterpartei.

Lind, Jenny
* 1820, † 1887

B. Hannovera-Göttingen 1849 (Ehrenband)

Sängerin. Wurde in Europa und Amerika als die schwedische Nachtigall gefeiert.

Lindwurm, Josef von
* 1824, † 1874

C. Bavaria-Würzburg 1844.

Arzt, Forscher. Werke: „Über eine eigentümliche Formveränderung der Blutkörperchen" 1852, „Der Typhus in Irland" 1853.

Liszt, Franz von
* 1811, † 1886

AGV Paulus-Jena EM 1873.

Pianist, Komponist, Dirigent, Lehrer. Schwiegervater von Richard Wagner. Präsident der auf seine Anregung gegründeten Ungarischen Landesmusikakademie. Klaviermusik, Orchester- und Kirchenmusik.

Loewi, Otto
* 1873, † 1961

B. Germania-Straßburg 1892

Physiologe u. Pharmakologe, ab 1909 Professor in Graz, 1939 am University College of Medicine in New York, Arbeiten über das vegetative Nervensystem. Er entdeckte 1921, daß die Übermittlung von Nervenimpulsen zu Erfolgsorganen auf chemischem Weg erfolgt. 1936 Nobelpreis für Medizin.

Lornsen, Uwe Jens
* 1793, † 1838

Alte Jenaer Burschenschaft 1818

1830 Landvogt in Sylt. Zu einjähriger Festungshaft verurteilt, erreichte durch die Gewährung von Provinzialständen eine gemeinsame Regierung und einen höchsten Gerichtshof für beide Herzogtümer.

Loserth, Johann
* 1818, † 1936

B. braune Arminia-Wien
B. Arminia-Graz 1887
B. Arminia-Czernowitz

Bedeutender österreichischer Historiker.

Löns, Hermann
* 1866, † 1914

Turnerschaft Cimbria-Greifswald
Turnerschaft Ciumbria-Göttingen

Wegbereiter des Naturschutzes. Berichterstatter und Schriftleiter, Schriftsteller. Werke: „Mein grünes Buch" 1901, „Mein braunes Buch" 1906, „Was da keucht und fleucht" 1909, „Mümmelmann" 1909, „Widu, Ho Rüd'hoh!" in denen er sich als Meister der Tier- und Naturschilderung zeigt. Von Liebe zur Lüneburger Heide geprägt.

Löwenstein, Rudolf
* 1819, † 1891

B. der Raczeks zu Breslau
B. Arminia zu Berlin

Redakteur beim berühmten Satireblatt „Kladderadatsch"; Dichter vieler Freiheitslieder, vehementer Kämpfer gegen die Reaktion der Fürsten.

Lübke, Heinrich
* 1894, † 1972

CV Askania-Bonn

Geschäftsführer der „Deutschen Bauernschaft"
1926, Mitbegründer der CDU 1945, Minister
für Landwirtschaft 1952. Generalanwalt des
Deutschen Raiffeisenverbandes 1953, Ernährungsminister 1959, Bundespräsident der BRD
1959 – 1969.

Lueger, Karl
* 1844, † 1910

Akademische Verbindung Hilaria-Wien 1862
CV Norica-Wien 1862 EM

Österreichischer Politiker. Führer der Christlich-sozialen Partei. 1897 Bürgermeister von
Wien. Verdienste auf sozialem Gebiet der
kommunalen Verwaltung und um den Ausbau
von Wien.

Lützow, Karl von
* 1832, † 1897

B. Hannovera-Göttingen 1851

Bedeutender österreichischer Kunsthistoriker.

Lyra, Justus Wilhelm
*1822, † 1882

B. Knorschia-Bonn 1841
Fridericia-Bonn

Pädagoge, Komponist und Kirchenmusiker
(„Der Mai ist gekommen").

Macchio, Florian Freiherr von
*1802, † 1895

B. Alte Wien 1818

Feldmarschall-Lieutnant.

Machatschek, Friedrich
*1876, † 1957

B. Markomannia-Wien 1928

Geograph. Machte sich insbesondere um die
Geomorphologie und Eiszeitforschung verdient. Werke: „Das Relief der Erde"
(1938–1940), „Geomorphologie" (1959).

Mackensen, August von
* 1849, † 1945

C. Agronomia-Hallensis 1871

Deutscher Feldherr und Generalfeldmarschall,
siegte 1915 bei Gorlice und Brest-Litowsk; im
Herbst 1916 eroberte er Rumänien bis an die
Serethlinie, Militärgouverneur von Rumänien.

Mahnert, Ludwig
* 1874, † 1943

B. Allemannia-Pflug-Halle
B. Frankonia-Graz

Pfarrer in Marburg/Drau. Pionier der „Los-
von-Rom-Bewegung". Von dort wurde er 1919
wegen seiner aufrechten deutschen Haltung
vertrieben.

Marx, Karl
* 1818, † 1883

L. der Trierer zu Bonn

Philosoph, Revolutionär, Begründer des nach
ihm benannten Marxismus.

Marx, Wilhelm
* 1863, † 1946

KV Arminia-Bonn, E.d. Askania-Burgundia-Berlin, E.d. Semnonia-Berlin, E.d. Langemarck-Görres-Bonn, E.d. Merowingia-Bonn-Saarbrücken, E.d. Alemannia-Tübingen

Deutscher Reichskanzler von 1923 – 1925 und 1926 – 1928.

Maßmann, Hans Ferdinand
* 1797, † 1874

Alte Jenaer Burschenschaft 1815

Germanist und Sprachforscher in Berlin und München, Führer der Turnbewegung, Dichter („Ich hab' mich ergeben"). Teilnehmer am Wartburgfest 1817.

Mathy, Karl
* 1807, † 1868

Alte Heidelberger Burschenschaft 1824

1835 politisch verfolgt, Flucht in die Schweiz. Teilnehmer am Hambacher Fest. Politiker, Unterstaatssekretär und badischer Ministerpräsident. Mitbegründer der „Deutschen Zeitung", 1848 Frankfurter Vorparlament, 50er Ausschuß, Nationalversammlung, Unterstaatssekretär im Reichsfinanzministerium, 1864 badisches Handelsministerium.

Matosch, Anton
* 1851, † 1918

B. Oberösterr. Germanen-Wien

Oberösterreichischer Mundartdichter.

Maurmeier, Robert
* 1862, † 1931

C. Franconia-Würzburg 1881,
C. Makaria-München

Jurist, Dichter. Gedichte: „Der Frankenfuchs"
1882, „Würzburg ist 'ne schöne Stadt auf Ehre"
1881, „Mein Würzburg" 1895, „Aus der ent-
schwundenen, seeligen Burschenzeit" 1885.

Mauss, Karl
* 1898, † 1959

B. Germania-Hamburg 1925

Zahnarzt, Generalleutnant und Divisions-
Kommandeur, Träger des Eichenlaubs mit
Schwertern und Brillanten zum Ritterkreuz
des Eisernen Kreuzes (höchstausgezeichneter
Burschenschafter des Zweiten Weltkrieges).

Mayerfels, Carl Ritter und Mayer von
* 1825, † 1883

C. Suevia-München 1844
C. Helvetia-Zürich 1880
C. Suevia-Freiburg 1882

Heraldiker und Kunsthistoriker. Werke: 1857 „Heraldisches ABC-Buch", „Die deutschen Reichsfarben", „Das Wittelsbacher Stamm-Haus und Geschlechtswappen".

Mayer, Georg
* 1892, † 1973

Jenaer Burschenschafter, „Sauf-, Fecht- und Hurenmayer", wie er sich selbst nannte.

Wirtschaftswissenschaftler und Hochschulpolitiker, Rektor der Universität Leipzig 1950 – 63. Während seiner Amtszeit erfolgte die Umwandlung der Karl-Marx-Universität Leipzig von einer antifaschistisch-demokratischen zu einer sozialistischen Universität.

Mayer, Otto
* 1846, † 1924

B. Germania-Erlangen 1865
B. Allemannia-Heidelberg 1866

Verwaltungs- und Strafrechtler in Straßburg und Leipzig, Begründer der modernen Verwaltungsrechtslehre, Novellist.

Mayer, Rupert
*1876, † 1945

CV Teutonia-Freiburg
CV Aenania-München
CV Guestfalen-Tübingen

Pater Präses der Marianischen Männerkongregation 1921.

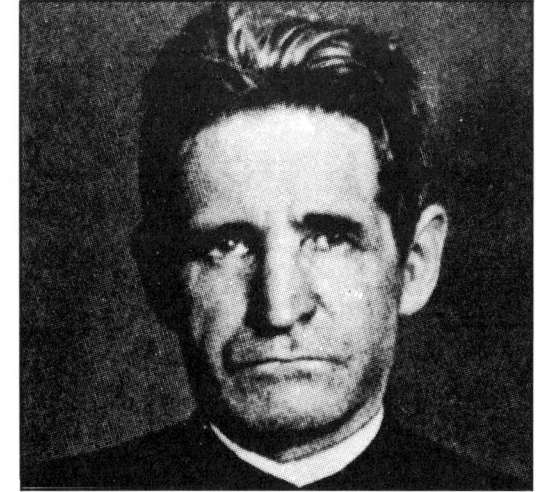

Mayr, Richard
*1877, † 1935

B. Libertas-Wien

Kammersänger, Mitglied der Wiener Staatsoper.

Meldt, Fritz
*1885, † 1953

B. Frankonia-Graz

Oberlandesgerichtspräsident in Graz für Steiermark und Kärnten 1938 – 1945.

Meißner, Otto
* 1888, † 1953

B. Germania-Straßburg 1898

1911 Regierungsrat der kaiserl. Eisenbahndirektion, im 1. Weltkrieg Feldeisenbahn-Beauftragter für die Ukraine, 1919 im Auswärtigen Amt, 1920 Ministerialdirektor, 1923 als Staatssekretär Chef des Büros des Reichspräsidenten, seit 1924 Chef der Präsidialkanzlei, 1937 Rang eines Reichsministers.

Menzel, Wolfgang
* 1798, † 1873

B. alte Jenaer 1818
B. alte Jenaer 1819

Schriftsteller und Literaturhistoriker.

Miklas, Wilhelm
* 1872, † 1956

ÖCV Verbindung Austria-Wien 1920

Christlichsozialer Politiker. Nationalratspräsident 1923 – 28, österr. Bundespräsident 1928 – 1938.

Miquel, Johannes von
* 1829, † 1901

B. Neckarbund-Heidelberg 1859

Oberbürgermeister von Frankfurt am Main
1880–1887, preußischer Finanzminister.

Mitscherlich, Alexander
* 1836, † 1918

B. Hannovera-Göttingen 1858
B. Frankonia-Freiburg 1892

Professor in Hannoversch-Münden, dann
Privatgelehrter. Chemiker und Begründer der
Sulfitzellstoffindustrie.

Mohl, Robert von
* 1799, † 1875

B. Arminia-Tübingen 1817
Alte Heidelberger Burschenschaft 1818

1827 Professor für Staatswissenschaften in
Tübingen, 1835 Oberbibliothekar, 1847 Professor der Rechte in Heidelberg, 1848 Frankfurter
Vorparlament, Nationalversammlung, Reichsjustizminister, 1861 Bundestagsabgeordneter.

Mommsen, Theodor
* 1817, † 1903

B. Albertina-Kiel 1836

Jurist und Historiker in Leipzig, Zürich, Breslau und Berlin. Nobelpreisträger für Literatur 1902.

Mönckeberg, Johann Georg
* 1839, † 1908

B. Frankonia-Heidelberg 1859

Erster Bürgermeister von Hamburg 1889 – 1908, Präsident des Senats.

Mosen, Julius
* 1803, † 1867

B. Germania-Jena 1822

Schriftsteller, Advokat in Dresden, später Dramaturg am Hoftheater in Oldenburg, volkstümliche Gedichte, Schöpfer des „Andreas-Hofer-Liedes", der heutigen Landeshymne Tirols. Erzählungen und Versepen. Werke: „Das Lied vom Ritter Wahn" (Epos, 1831), „Ahasver" (Epos, 1838).

Much, Rudolf
*1862, † 1936

B. Thuringia-Wien

Professor für Germanistik in Wien, verband
die Germanistik aufs engste mit d. Skandinavi-
stik. Aufenthalte in Skandinavien zu prähisto-
rischen u. philologisch-linguistischen Studien.
Vorlesungen über die Edda und die Sagas,
nord. Mythologie, Sprachgeschichte und Altertumskunde, stammeskundliche Arbeiten, skan-
din. Überlieferungen, mythologische u. reli-
gionshistorische Forschungen. Kommentar zur
„Germania" des Tacitus.

Mühlenfels, Ludwig von
*1793, † 1861

B. Teutonia-Heidelberg 1815

1814 Lützowscher Reiter, als „Demagoge" 1819
verhaftet, 1821 aus der Berliner Hausvogtei
entsprungen, Flucht nach Schweden. 1827
Professor der deutschen und nordischen
Sprachen in London, 1830 Oberlandesgerichts-
rat in Naumburg, 1845 Oberappelationsge-
richtsrat in Greifswald, 1848 Reichskommissar
für Thüringen, geheimer Justizrat in Greifswald.

Mühlwerth, Albert Ritter von
*1862, † 1934

B. Teutonia-Wien
B. Frankonia-Graz 1879

Deutschradikaler Reichsabgeordneter ab 1907.

Müller, Emil
* 1861, † 1927

B. Eisen-Wien

1902 Professor und Vorstand der 1. Lehrkanzel für darstellende Geom. an d. Technischen Hochschule in Wien. M. verfaßte 56 richtungsweisende Abhandlungen und ein in 5 Auflagen erschienenes „Lehrbuch der darstellenden Geometrie für Technische Hochschulen". Mitglied der Akademie der Wissenschaften in Wien, d. dt. Akademie d. Naturforscher zu Halle, Ehrendoktor d. Techn. Hochschule Karlsruhe.

Müller, Johannes
* 1801, † 1858

Alte Bonner Burschenschaft 1819

Physiologe, Pathologe und Anatom. Professor in Bonn – Berlin, Bedeutendster med. Wissenschaftler seiner Zeit. Sein „Handbuch der Physiologie des Menschen" trug in Dt. wesentl. zur Abkehr von d. Naturphilosophie bzw. Hinwendung zum naturwissenschaftlichen Arbeiten und Denken in d. theoretischen und praktischen Medizin bei.

Müller, Karl Otfried
* 1797, † 1840

B. alte Breslauer

Philologe und Archäologe, 1819 Professor in Göttingen, betrieb durch vielseitige Arbeiten maßgeblich die Ausweitung der Altphilologie zur klass. Altertumswissenschaft. Werke: „Die Etrusker", „Aeschylus", „Geschichte d. griechischen Literatur", u. v. a.

Musger, August
*1868, † 1929

ÖCV Verbindung Carolina-Graz 1893

Priester 1890. Mathematiker, Physiker. Erfand die Zeitlupentechnik 1904.

Nachtigal, Gustav
*1834, † 1885

C. Palaiomarchia-Halle

Afrikaforscher. Ging als Arzt nach Algerien, bereiste auf zum Teil noch unbekannten Wegen die mittlere Sahara und den Sudan. 1884 kaiserlicher Kommissar in Oberguinea.

Neubacher, Hermann
*1893, † 1960

ATV Wien

Bürgermeister der Stadt Wien, Gesandter I. Klasse und bevollmächtigter Minister, Berater des Kaisers von Äthiopien, Träger hoher Auszeichnungen des Ersten und Zweiten Weltkrieges.

Neurath, Konstantin Freiherr von
* 1873, † 1956

C. Suevia-Tübingen

Reichsminister des Auswärtigen Amtes
1932–1938, danach ohne Geschäftsbereich und
Präsident des Geheimen Kabinettsrats.
1939–1943 Reichsprotektor in Böhmen und
Mären.

Neuwirth, Josef
* 1855, † 1934

C. Austria-Prag

Studierte Germanistik, Geschichte, klass. Philologie, Kunstgeschichte und Archäologie.
Professor für Kunstgeschichte an der Universität in Prag 1897 und ab 1903 auch in Wien. 1904
Rektor an der Technischen Hochschule Wien.

Niethammer, Adolf Julius Freiherr von
* 1798, † 1882

B. alte Teutonia-Erlangen 1816
B. alte Heidelberger 1817

1826 Regierungsrat u. Honorarprofessor d.
Staatswissenschaften in München, 1837 erblicher Reichsrat d. Krone Bayern. 1849–81 1. Sekretär d. Kammer d. Reichsräte, 1848 Mitglied
aller größeren Gesetzgebungsausschüsse,
1850–75 Berichterstatter zum Staatshaushalt.
Er vertrat stets die Rechte der Stände, 1848 den
großdeutschen Standpunkt. Mitglied d.
Münchner Akademie d. Wissenschaften.

Nietzsche, Friedrich
* 1844, † 1900

B. Frankonia-Bonn 1864

Philosoph u. klass. Philologe. 1869 Professor f.
griech. Sprache u. Literatur in Basel. Freundschaft mit Wagner. („Geburt d. Tragödie aus
dem Geiste der Musik"). Werke: „Menschliches Allzumenschliches", „Morgenröte",
„Die fröhliche Wissenschaft", „Also sprach
Zarathustra", „Jenseits von Gut und Böse",
„Zur Generalogie der Moral", „Wille zur
Macht", u. v. m.

Niklas, Wilhelm
* 1887, † 1957

B. Arminia-München 1906

Bundesminister für Ernährung und Landwirtschaft 1949–1951, (CSU).

Obert, Franz
* 1828, † 1908

B. Violetta-Leipzig 1874
B. Frankonia-Graz

Ev. Theologe, Politiker und Schriftsteller, vom
Siebenbürgischen Landtag in den Reichsrat
entsandt, wo er ein Gesetz über die Verantwortlichkeit der Minister beantragt. Stadtpfarrer in Kronstadt. Sein „Lesebuch u. Vaterlands-
kunde für die siebenbürgisch-sächsische Volks-
schule" wurden Grundstein für das Bildungswesen der Sachsen.

Pacher, Raphael
* 1857, † 1936

B. Teutonia-Prag 1876
B. Albia-Wien 1926

Abgeordneter für den Stadtbezirk Karlsbad.
Der ersten von Dr. Karl Renner gebildeten
Staatsregierung gehörte er als Staatssekretär
für Unterricht an.

Pagenstecher, Heinrich Karl Alexander
* 1799, † 1869

B. Teutonia-Heidelberg 1814
Heidelberger Burschenschaft 1815

Arzt in Elberfeld, 1848 Frankfurter Vorparlament, 50er Ausschuß, Nationalversammlung,
Mitglied der badischen Kammer.

Paltauf, Rudolf
* 1892, † 1936

B. Stiria-Graz

1911 Ministerialrat, 1918 Sektionschef im Justiz-
ministerium, administrative Sektion, die mit
der Reform d. Gerichtswesens befaßt war. Aus
seiner Amtstätigkeit als Justizminister 1920 – 22
stammen das Angestellten-, das Handelsagen-
ten-, das Presse- und Gewerbegerichtsgesetz.
Präsident d. Oberlandesgerichtes Wien.

Pape, Heinrich Eduard
* 1816, † 1888

C. Guestphalia-Bonn 1833

Jurist, Erster Präsident des Reichsoberhandels-
gerichts 1870, Präsident des Disziplinarhofes
für die Reichsbeamten 1873, Vorsitzender der
ersten Kommission für das „Bürgerliche
Gesetzbuch" 1874.

Patsch, Karl
* 1865, † 1945

B. Moldavia-Wien

Direktor d. Bosnisch-herzegowinischen Lan-
desmuseum, Prof. für slawische Geschichte u.
Altertumskunde in Wien. Patsch ist als Archäologe, Epigraphiker u. Numismatiker, als Historiker, Geograph u. Volkskundler gleichbedeutend. Werke: „Zur Geschichte röm. Provinz
Dalmatien". Patsch war Mitglied der Akademie
d. Wissenschaften in Wien u. Bukarest.

Papst Johannes XXIII,
Angelo Guiseppe Roncalli
* 1881, † 1963

Kath. deutsche Burschenschaft Sigfridia-
Bonn EM

1925 Weihbischof, später Apostolischer Legat
für Bulgarien, Griechenland und Türkei, 1944
Nuntius in Paris, 1952 Beobachter des Heiligen
Stuhls bei der UNESCO, 1953 Kardinal und
Patriarch von Venedig, 1958 Papst, 2. Vatikani-
sches Konzil 1962, soziale Enzykliken „Mater
et Magistra" und „Pacem in terris".

Papst Pius XII,
Eugenio Pacelli
* 1876, † 1958

Kath. dt. Studentenverbindung,
Trifels/München

Nuntius in München 1920 – 1929, Staatssekretär
von Pius XI 1930. Papst 1939. Stand dem Nationalsozialismus wohlwollend gegenüber, ganz
im Gegensatz zum Kommunismus, für dessen
Mitgliedschaft er 1949 die Exkommunikation
androhte.

Parstrauts, Janis
* 1851, † 1929

C. Lettonia 1870

Idealist und Kämpfer für die geistige Kultur,
Sprache, Schulen und Ausbildung der Letten.

Paschke, Robert
* 1905, † 1985

C. Bavaria-Erlangen 1924

Arzt, Dichter. Gedichte: „Herr über Leben und
Tod". Mitbegründer des „Vereins für corpsstu-
dentische Geschichtsforschung" 1953.
Werke: „Annalen des Corps Bavaria" 1929,
„Handbuch für Erlanger Bayern" 1962.

Perkonig, Josef Friedrich
*1890, †1959

p.B. Normannia-Klagenfurt 1904

Als Lehrer, Dichter und Journalist nahm er wesentlichen Anteil am Abwehrkampf und an der Volksabstimmung 1920. Von 1922–51 Professor an der LBA Klagenfurt.

Pernerstorfer, Engelbert
*1850, †1918

B. braune Arminia-Wien 1868,
B. Arminia-Graz 1885

Österreichischer Politiker und Publizist, Vizepräsident des Abgeordnetenhauses. Mitbegründer des deutschen Schulvereins, 1882 Mitverfasser des „Linzer Programms", 1885 Reichsratsabgeordneter, Mitbegründer der österreichischen Sozialdemokratie.

Peters, Karl-Ferdinand
*1825, †1881

B. alte Arminia-Wien 1845
B. Arminia-Graz 1870

1860 Professor in Pest, später in Wien, dann Graz Lehrkanzel für Mineralogie u. Geologie. Werke: „Leitfaden zum ersten Anschauungsunterricht aus d. allgemeinen Anorganographie" sowie in d. bei Brockhaus-Leipzig erschienene „Internationale wissenschaftliche Bibliothek" der Band „Die Donau und ihr Gebiet".

Pernkopf, Eduard
* 1888, † 1955

B. Alemannia-Wien

1927 Professor in Wien, 1933 Ordinarius u. Vorstand d. 2. anatomischen Lehrkanzel. 1943 – 45 Rektor. Werke: „Topographische u. prakt. Anatomie d. Mundbereiches", „Systematische u. topogra. Anatomie d. weibl. Beckens", „Lehrbuch u. Atlas der topogra. Anatomie", „Handbuch d. Methodik d. wissenschaftlichen Biologie". Ord. Mitglied der Akademie d. Wissenschaft in Wien, 1945 aus politischen Gründen in den Ruhestand versetzt.

Pfizer, Paul
* 1801, † 1867

Alte Tübinger Burschenschaft 1819

Jurist, Politiker u. Schriftsteller, wegen seiner Schrift „Briefwechsel zweier Deutschen" 1831, in der er für die kleindt. Lösung eintrat, aus dem württembergischen Staatsdienst entlassen. 1831 – 38 Führer der liberalen Opposition in der württemb. Kammer. 1848 württemb. Kultusminister u. Abgeordneter der Frankfurter Nationalversammlung. 1851 – 58 Oberjustizrat in Tübingen.

Pfrimer, Walter
* 1881, † 1968

B. Ostmark-Graz 1901

Rechtsanwalt, Mitbegründer des deutschen Volksrates in der Steiermark. Nach dem sogenannten „Pfrimer-Putsch" Anklage wegen Hochverrats, freigesprochen, 1938 Mitglied des deutschen Reichstags.

Philipovich von Philippsberg, Eugen
*1858, † 1917

B. Arminia-Graz 1876

1888 Professor in Freiburg i. Br., 1893 Professor
f. polit. Ökonomie u. Finanzwirtschaft in Wien.
Führer d. „Wiener Fabier" – sozialpolit. Denker
zwischen Liberalismus u. Marxismus, Abgeordneter im Nö-Landtag Vorsitz. d. Gesellschaft österr. Volkswirte, Österr. Gesellschaft
für gesetzl. Arbeiterschutz, führender Kopf im
neuerrichteten Arbeiterbeirat. Werke: „Die
allgemeine Volkswirtschaftslehre", „Volkswirt-
schaftspolitik", u.v.m. Mitglied d. Akademie d.
Wissenschaften.

Pichl, Eduard
*1872, † 1955

B. Gothia-Wien 1891 (Mitbegründer)

Hofrat, Biograph Schönerers, Führer der
Wiener Heimwehr, Bergschriftsteller und Er-
schließer der österreichischen Alpen, Präsident
des Alpenclubs und Obmann der Sektion
Austria des deutschen und österreichischen
Alpenvereins.

Pichs, Hans
*1885, † 1978

B. Ostmark-Graz
p. B. Alpina-Klagenfurt
p. B. Tauriska-Klagenfurt

Aktiver Kärntner Abwehrkämpfer, Sekretär
von Landesverweser Dr. Arthur Lemisch,
Finanzpräsidial, Kärntner Landesjägermeister,
Präsident der Rechtsanwaltskammer.

Pieper, Wilhelm
* 1826, † 1895

C. Teutonia-Göttingen
C. Hannovera

Mitbegründer des Kösener SC. Revolutionär im Kreise Karl Marx' und Friedrich Engels' in London 1848 – 1859. Übersetzer der Marx'schen Werke ins Englische. Neugründer des Göttinger Turnvereins mit Johannes von Miquel, B. Neckarbund-Heidelberg. Mitherausgeber der „Deutschen Studentenzeitung" 1848.

Planck, Max
* 1858, † 1947

AGV München 1874

Mathematiker und bahnbrechender Physiker, Professor in Berlin, 1930 – 37 Präsident der Kaiser-Wilhelm-Akademie, die heute seinen Namen trägt. Entdecker des nach ihm benannten Planckschen Wirkungsquantums und Urheber der Quantentheorie. Erhielt 1918 den Nobelpreis für Physik.

Pocci, Franz von
* 1807, † 1876

C. Isaria 1826

Maler, Dichter. Federzeichnungsentwürfe für das „Landshuter Liederbuch". Illustrierte fremde und eigene Dichtung. Zeichnete auch satirisch für die „Fliegenden Blätter", Kasperlstücke, Volksschauspiele, Jäger- und Studentenlieder, Singspiele, Opern.

Pock, Friedrich
* 1891, † 1945

B. Frankonia-Graz

Steirischer Literaturhistoriker.
Herausgeber eines Volkskalenders. Verfaßte
das Lebensbild von Peter Rosegger.

Pommer, Josef
* 1845, † 1918

B. Silesia-Wien 1865

Mitbegründer des Deutschen Schulvereins
1880. Gab das „Liederbuch für die Deutschen
in Österreich" heraus; 1895 Wiener Gemeinderat, 1897 Reichsratsabgeordneter, bedeutender
Volksliedforscher, Gründer des „Deutschen
Volksgesangsvereins" in Wien, Herausgeber der
Monatsschrift „Das deutsche Volkslied".

Porsche, Ferdinand
* 1875, † 1951

B. Bruna Sudetia-Wien 1938

Autokonstrukteur. Entwarf zahlreiche Perso-
nen- und Lastwagentypen, seit 1934 insbesondere den Volkswagen. Ab 1931 Porsche KG in
Stuttgart. Inhaber von 1230 Patenten.

Porsch, Felix
* 1853, † 1930

CV Tübingen, Leipzig

Jurist, Reichstagsabgeordneter 1872, Preußisches Abgeordnetenhaus 1884, Mitglied der
preußischen verfassungsgebenden Versammlung 1918.

Pötsch, Josef
* 1883, † 1942

B. Frankonia-Graz

Mediziner, Abwehrkämpfer, machte sich als
Leiter der Arbeitsstelle Völkermarkt verdient.

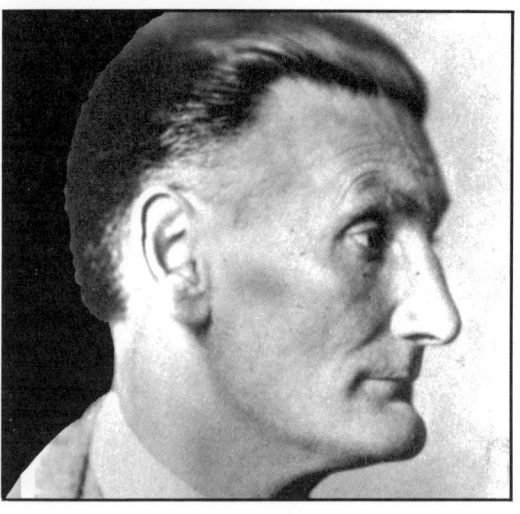

Prinzl, Walter
* 1891, † 1937

B. Teutonia-Wien

Holzschnitzer und Radierer.

Raab, Julius
* 1891, † 1964

MKV Nibelungia-St. Pölten 1919, CV Norica-
Amelungia- Austria Bajuvaria- Danubia-Wien,
Carolina-Graz, Austria-Innsbruck, Rugia-
Welfia-Wien

Staatsmann und ÖVP-Politiker, 1927 – 34
christl.-sozialer Abgeordneter zum Nationalrat,
NÖ-Landesführer der Heimwehr, Gründer d.
Bundeskammer d. gewerblichen Wirtschaft u.
Wirtschaftbundes, 1945 Staatssekretär, 1953 – 61
Bundeskanzler, 1963 Präsidentschaftskandidat,
1955 Beteiligung am Staatsvertrag.

Rachfahl, Felix
* 1867, † 1925

B. Raczeks-Breslau 1886

Bedeutender Historiker.

Raiffeisen, Friedrich Wilhelm
* 1818, † 1888

Wingolf-Bonn EM
Schülerverbindung Euterpia, Koblenz

Begründer der deutschen landwirtschaftlichen
Genossenschaftsbewegung.

Ranz, Werner
* 1893, † 1970

C. Normannia-Berlin
C. Saxonia-Kiel
C. Frankonia-Prag

Rechtsanwalt, Justizrat, Studentenhistoriker.

Raumer, Hans von
* 1820, † 1851

B. Bubenreuther-Erlangen 1838

Schleswig-holsteinischer Politiker, Abgeordneter zur Frankfurter Nationalversammlung, rief 1847 zur Bildung von Freikorps auf, trat selbst an die Spitze derselben, eröffnete 1848 in Franken einen Feldzug für die Erhaltung der konstitutionellen Monarchie, Magistrat in Dinkelsbühl.

Raumer, Rudolf von
* 1815, † 1887

B. Bubenruthia-Erlangen 1834

Deutscher Sprachforscher, Germanist.

Raveaux, Franz
* 1810, † 1851

B. alte Jenaer 1829

Journalist, Politiker (Paulskirche).
Teilnehmer am badischen Aufstand 1849,
Flucht in die Schweiz, in absentia zum Tode
verurteilt.

Reh, Theodor
* 1801, † 1868

B. Ehrenspiegelburschenschaft-Gießen 1818
Germania-Gießen (Schwarzen) 1819
Heidelberger

Anwalt in Darmstadt, 50er Ausschuß, Präsident
der Frankfurter Nationalversammlung, Mitglied der Kaiserdeputation, Gothaer und
Erfurter Versammlung.

Reuter, Fritz
* 1810, † 1874

B. Germania-Jena 1832

Schriftsteller, Jurastudium in Rostock u. Jena,
als aktiver Burschenschafter 1833 verhaftet.
1836 wegen angeblicher Majestätsbeleidigung
u. Hochverrats z. T. verurteilt, zu 30 Jahren
Festungshaft begnadigt. 1840 aus d. Haft entlassen. („Ut mine Festungstid"). Hauslehrer,
freier Schriftsteller in Eisenach. Mundartdich-
tungen, plattdt. Gedichte. Werke: „Ut mine
Stromtid", „Polterabendgedichte", „Schnurr-
Murr", „Dörchläuchting", u.v.m.

Richter, Eduard
* 1847, † 1905

B. Silesia-Wien 1867

Historiker, Geologe, Geodät, Geograph und Alpinist. 1886 Professor f. Geographie in Graz. Er wandte sich d. Gletscherkunde zu, geodätische Vermessungen, „Die Gletscher der Ostalpen", „Geomorphologische Studien in den Ostalpen". Die Wiener Akademie d. Wissenschaften betraute R. mit d. Herausgabe eines historischen Atlasses. 1897 auf d. St. Petersburger intern. Geologenkongreß wird R. zum Präsid. d. Intern. Gletscherkommission gewählt.

Richter, Max
* 1892, † 1981

C. Tigurina-Zürich
Die Rodensteiner, Fribourg

Advokat in Fribourg. Als Studentenhistoriker über die Grenzen seines Landes bekannt. Werke: 1927 „Geschichte der schlagenden Korporationen der Schweiz", 1978 „Auf der Mensur!".

Riedl, Richard
* 1865, † 1944

B. Albia-Wien 1886
B. Arminia-Graz 1928
B. Teutonia-Prag 1936

Jurist, Politiker, Gesandter, 1909 Sektionschef der handelspolitischen, später auch der Schiffahrts- und Industriesektion im Handelsministerium. Veröffentlichungen, „Außenhandel und Währungsschutz". Er vertrat die Beseitigung von Handelshindernissen, Änderung der Meistbegünstigungsklausel.

Riemann, Heinrich Arminius
* 1793, † 1868

Jenaer Burschenschaft 1816
1813 Ritter des Eisernen Kreuzes

Hielt auf dem Wartburgfest 1817 die offizielle
Festansprache. Privatlehrer, Pfarrer, Lehrer am
Gymnasium in Friedland/Mecklenburg, das
durch ihn und Horn zu einem Zentrum burschenschaftlicher Ideen und des Turnwesens
von Friedrich Ludwig Jahn wurde.

Rochau, August Ludwig von
* 1810, † 1873

B. alte Teutonia-Göttingen 1829
B. Germania-Jena 1831

Teilnehmer am Frankfurter Wachensturm 1833,
verhaftet, zwei Selbstmordversuche, lebenslängliche Zuchthausstrafe, aus dem Gefängnis
nach Frankreich entflohen, publizistisch tätig,
1848 Frankfurter Vorparlament, Journalist in
Heidelberg, Redakteur der „Wochenschrift des
Nationalvereins", Reichstagsabgeordneter.

Rodbertus von Jagetzow, Karl
* 1805, † 1875

B. Teutonia-Göttingen 1823

1848 Mitglied d. preuß. Nationalversammlung,
Führer d. linken Zentrums; durch seine theoretischen Schriften gilt er als einer der Haupt-
vertreter des Staatssozialismus.

Rokitansky, Karl Freiherr von
* 1804, † 1878

Akademischer Leseverein Wien, EM

Pathologe, Anatomie-Professor in Wien, Arbeiten zur inneren Medizin und Pathologie, besonders über Magen, Leber und Lungenkrankheiten, Begründer der pathologischen Anatomie.

Römer, Friedrich von
* 1794, † 1864

B. Arminia (Germania)-Tübingen 1816

1831 Kriegsrat, Anwalt in Stuttgart, Führer der liberalen Opposition in der 2. württembergischen Kammer, 1848 Justizminister und Ministerpräsident, Heppenheimer und Heidelberger Versammlung, Frankfurter Vorparlament, Nationalversammlung (Großdeutscher), 1851 Präsident der 2. württembergischen Kammer.

Ronge, Johannes
* 1813, † 1887

Alte Breslauer Burschenschaft 1836

Aufgrund seines Aufsatzes „Rom und das Breslauer Domkapitel" 1840 seines Amtes als Kaplan in Grottkau enthoben, wegen der Idee der Gründung einer Deutschen Nationalkirche 1844 exkommuniziert, 1848 Frankfurter Vorparlament (äußerste Linke), wegen Verfolgung der Deutschkatholiken ging er nach England, Rückkehr nach Frankfurt a. M., 1861 Gründer eines „Religiösen Reformvereins".

Rotenhan, Hermann Freiherr von
* 1800, † 1858

B. Erlangen, Berliner und Würzburger 1818/21

Bayerischer Gutsbesitzer, 1831 bayerische Abgeordnetenkammer, 1838 führend gegen den sogennanten „Kniebeugeerlaß", erwirkte 1843 das Bayerische Verfassungsverständnis, 1845 und 1847 1. Präsident der bayerischen Abgeordnetenkammer, führender Vertreter des konstitutionellen und bundesstaatlichen Gedankens, 1848 engster Vertrauter König Ludwigs I., Frankfurter Vorparlament, Nationalversammlung.

Rüder, Max Heinrich
* 1808, † 1880

B. Jenaer 1827, Germania-Jena 1829 (Mitbegründer).

Anwalt in Oldenburg, 1834 verhaftet, 6 Monate Festungshaft. Redakteur verschiedener Zeitungen, 1848 Frankfurter Vorparlament, 50er Ausschuß, Nationalversammlung, Mitglied der Kaiserdeputation, im Erfurter Parlament, Vizepräsident. 1851 Landtagsabgeordneter, 1858 Oberstaatsanwalt.

Ruge, Arnold
* 1803, † 1888

Alte Jenaer und Hallische Burschenschaft 1821
Alte Heidelberger Burschenschaft 1823

Als Mitglied des Jünglingsbundes zu 15 Jahren Festung verurteilt. Politiker und politischer Schriftsteller, Herausgeber der „Halleschen Jahrbücher", Philosoph.
1844 in Paris gemeinsam mit K. Marx Herausgeber d. Deutsch-Französischen Jahrbücher.
1866 „Manifest an d. deutsche Nation", Anschluß an Bismarcks Reichseinigungspolitik.

Sablatnig, Josef
* 1886, † 1945

B. Allemania-Graz

Flieger und Flugpionier. 1926 gründete S. zusammen mit der „Junkers Luftverkehr" die „Lufthansa AG".

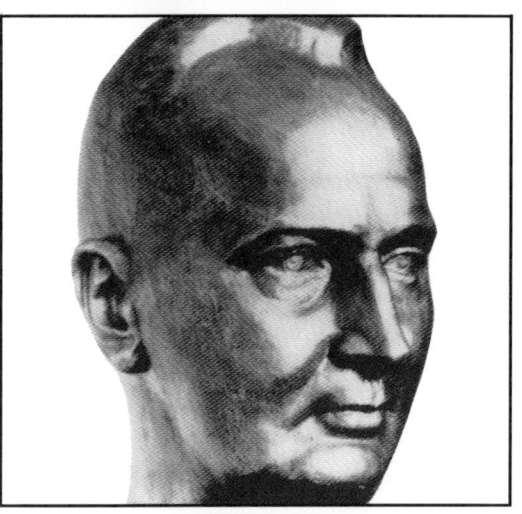

Sack, Karl
* 1896, † 1945

B. Vineta-Heidelberg 1914

Chefrichter des deutschen Heeres, Widerstandskämpfer, hingerichtet im KZ Flossenburg.

Samwer, Karl
* 1819, † 1882

B. Albertina-Kiel 1838

Freiwilliger im schleswig-holsteinischen Freiheitskampf, 1848 Abgeordneter zur Landesversammlung, Mitglied der provisorischen Regierung Schleswig-Holstein, 1849 Professor der Rechte in Kiel, 1854 Legationsrat, 1858 vortragender Rat im Staatsministerium, 1864 Minister des Auswärtigen für Schleswig-Holstein, 1868 Chef des Finanz- und Domänendepartements in Gotha.

Sand, Karl Ludwig
* 1798, † 1820

B. alte Erlanger und Jenaer 1817

1815 bezog Sand die Universität Erlangen
u. gründete eine Burschenschaft, 1817 ging er
nach Jena. Freiwilliger in d. Bayerischen
Armee. Theologiestudent, er ermordete am
23. 3. 1819 den als Reaktionär verhaßten Kotzebue. Diese Tat löste die Demagogenverfolgung
aus, und war Anlaß für die Verabschiedung der
Karlsbader Beschlüsse. In Mannheim hingerichtet.

Satorius, Karl Christian
* 1796, † 1872

B. Gießener Schwarzen

Redner am Wartburgfest, Urburschenschafter,
Bergwerksdirektor, Gutsbesitzer (Zuckerplan-
tagen) in Huatusco in Mirador, Mexiko.

Sauerbruch, Ferdinand
* 1875, † 1951

Freischlagende Verbindung Eisbaeria-Jena
1899, Turnerschaft Borussia-Jena.

Chirurg. Leitete durch Anwendung des Druck-
differenzverfahrens eine neue Epoche der Tho-
raxchirurgie ein. Außerdem führte er die
künstliche Lähmung des Zwerchfells zur Behandlung der Lungentuberkulose ein und entwickelte neuartige Prothesen.

Schapper, Karl
* 1812, † 1870

B. Gießener 1832

Gründungs- und Führungsmitglied im „Bund der Gerechten" in Paris 1836 – 39, Deutschlands Vertreter in der ersten Arbeiter-Internationale ab 1845, Gestalter und Präsident des „Bundes der Kommunisten" 1847 – 48, Agitator und Präsident des „Arbeitervereins zu Köln" 1848. Zweimaliger Gründer des „Wiesbadener Arbeitervereins", Zweites Londoner Exil 1850 – 1870.

Scheffel, Joseph Viktor von
* 1826, † 1886

B. alte Allemannia-Heidelberg 1844
B. alte Teutonia-Heidelberg 1845
B. alte Germania-Berlin 1845
B. alte Franconia-Heidelberg 1846
B. Teutonia-Jena 1856 EM

Dichter und Schriftsteller. Werke: „Der Trompeter von Säckingen", „Ekkehard", „Episteln", Gedichte und Reisebilder, 1848 Frankfurter Nationalversammlung, Sekretär des Bundeskommissars für Lauenburg.

Scheidler, Karl Herrmann Johann Konrad
* 1795, † 1866

Jenaer Burschenschaft 1815.

Schritt an der Spitze des Zuges auf die Wartburg, das Jenaer Burschenschwert in der Hand. Philosophieprofessor. Sein Porträt (Bronzerelief) befindet sich am Jenaer Burschenschaftsdenkmal.

Scherer, Wilhelm
* 1841, † 1886

B. Silesia-Wien 1868

Germanist und Literaturhistoriker in Wien,
Straßburg und Berlin, Begründer der wissenschaftlich organisierten Geschichte der
deutschen Literatur.

Schipper, Jakob
* 1842, † 1915

B. Allemannia-Heidelberg 1863

Prof. f. Anglistik in Königsberg. 1876 in Wien.
Von großer Bedeutung ist sein dreibändiges
Werk über englische Metrik. Mitglied der
Akademie d. Wissenschaft in Wien, fünf
Ehrendoktorate an englischen Hochschulen.
Das österreichische Unterrichtswesen verdankt
ihm die Förderung d. Pflege d. englischen
Sprache an den Mittelschulen.

Schlesinger, Ludwig
* 1838, † 1899

B. Albia-Prag

Historiker, 1862 gründete er den „Verein für die
Geschichte der Deutschen in Böhmen", 1869
schrieb er die Geschichte Böhmens. Einzelauf-
sätze behandeln die Geschichte Böhmens vor
d. Einwanderung d. Tschechen, unter den
Premysliden und unter den Luxemburgern, die
Bauernaufstände und die Anfänge der Industrie in Deutsch-Böhmen.

Schleyer, Hanns-Martin
* 1915, † 1977

C. Suevia-Heidelberg

Vorstandsmitglied der Daimler Benz AG in Stuttgart, Präsident der Bundesvereinigung der Deutschen Arbeitgeberverbände und Präsident des Bundesverbandes der Deutschen Industrie. Sozialtheoretische Schriften: „Das soziale Modell".

Schmidt, Erich
* 1853, † 1913

B. Arminia-Graz 1876

Literaturhistoriker, 1877 Professor in Straßburg, 1880 in Wien, 1885 wird er zur Leitung des Goethe-Archives nach Weimar berufen, danach Lehrkanzel in Berlin. Rektor 1909 – 10 während der Feierlichkeiten des hundertjährigen Bestehens der Humboldt-Universität. 1895 Mitglied der Akademie der Wissenschaften.

Schmidt, Oskar
* 1823, † 1886

B. Burgkeller-Jena
B. Arminia-Graz

Zoologe, 1850 Professor in Jena, 1853 erschien seine Schrift über Goethes Verhältnis zu den Naturwissenschaften und sein „Lehrbuch der Zoologie". 1855 Professor in Krakau und 1857 in Graz. 1871 Professor in Straßburg. Werke: „Die Spongien des Adriatischen Meeres" 1862, „Die Grundzüge der Spongienfauna des atlantischen Gebietes" 1870. Mitglied der Akademie der Wissenschaften in Wien.

Schober, Johannes
* 1874, † 1932

US. Ghibellinen-Wien

Polizeipräsident von Wien, Gründer der Interpol, Bundeskanzler der Republik Österreich 1921 – 1922 und 1929 – 1930; Vizekanzler und Außenminister 1930 – 1932.

Schönerer, Georg Ritter von
* 1842, † 1912

B. Germania-Innsbruck
B. Gothia-Wien
B. Teutonia-Wien

1873 Reichsratsabgeordneter, 1882 Mitabfasser des „Linzer Programms", Gründer der Alldeutschen Partei sowie der antisemitischen und Los-von-Rom-Bewegung, 1897 führend in der sogenannten Badeni-Zeit, 1888 parlam. Tätigkeit unterbrochen, 4 monatige Kerkerstrafe wegen Eindringen in die Schriftleitung des Neuen Wiener Tageblatts, Verlust d. Adelstitels und des Reichsratsmandates.

Schönbein, Christian Friedrich
* 1799, † 1868

Alte Erlanger Burschenschaft 1821
B. Germania-Tübingen 1822

Chemiker und Physiker, Entdecker des Ozons.

Schramm, Karl
* 1810, † 1888

Burschenschafter in Halle 1828
B. Germania-Jena 1831

Pfarrvikar, 1833 als „Demagoge" verhaftet, wegen Hochverrates zum „Tode durch das Beil" verurteilt, zu 30 Jahren Festung begnadigt, 1848 Frankfurter Nationalversammlung (äußerste Linke), nach dem pfälzischen Aufstand Flucht in die Schweiz, 1852 in die USA, protestantischer Prediger und Redakteur republikanischer Zeitungen, 1882 Rückkehr in die Schweiz.

Schubert, Franz
* 1797, † 1828

Burschenschaftlicher Kreis Wien 1818

Komponist und Schöpfer des deutschen Kunstliedes, 6 Messen, 8 Sinfonien, 17 Ouvertüren, 15 Streichquartette, 22 Klaviersonaten, viele Chorwerke, mehrere Opern und Singspiele, Tänze und Märsche.

Schuh, Bernhard
* 1867, † 1947

C. Franconia-Tübingen 1886
C. Rhenania-Freiburg.

Arzt, Vorkämpfer der studentischen Geschichtsforschung. Werke: „Orden und Landsmannschaften in Tübingen", „Tübinger Studenten vor hundert Jahren".

Schulenburg, Fritz-Dietlof Graf von der
* 1902, † 1944

C. Saxonia-Göttingen

Regierungspräsident und Oberst. Beteiligter
am Putsch gegen Hitler am 20. Juli 1944.
Hingerichtet.

Schüler, Friedrich
* 1791, † 1873

B. alte Jenaer 1816

Politiker, Reichsregent. Gründet mit Wirth und
Siebenpfeiffer 1832 den „Deutschen Preßverein".
Mitinitiator des Hambacher Festes. Plant
den Aufstand im Deutschen Bund, Emigration
nach Frankreich. Nationalversammlung,
Rumpfparlament. Nach erneuter Flucht in
Abwesenheit zum Tode verurteilt.

Schulz-Bodmer, Wilhelm
* 1797, † 1860

B. Germanenbund-Gießen 1815 (Schwarzer)
B. Germania-Gießen 1821

Teilnahme am Feldzug 1813, wegen einer politischen Flugschrift für Deutschlands Einheit ein-
jährige Haft, Publizist und Redakteur, erneute
Untersuchung und 3 Jahre Haft, nach dem
Elsaß entflohen, Privatdozent in Zürich,
Schriftsteller, 1847 im Schweizerheer Teilnahme am Sonderbundeskrieg, 1848 Frankfurter
Vorparlament, Nationalversammlung (Großdeutscher Demokrat), Biograph. („Der Mann,
der Marx die Ideen gab.")

Schulze-Delitzsch, Hermann
* 1808, † 1883

Alte Leipziger Burschenschaft 1827

Jurist und Sozialpolitiker, 1848 Abgeordneter in der preuß. Nationalversammlung, 1849 gründete er eine Reihe v. Kredit- und Baugenossenschaften, Volksbanken, „Allg. Verband d. auf Selbsthilfe beruhenden dt. Erwerbs- u. Wirtschaftsgenossenschaften". 1865 Gründung d. dt. Genossenschaftsbank. 1867 veranlaßte er das preuß. Genossenschaftsgesetz. 1867 Mitgl. d. Norddt. Reichstag, 1871 d. Dt. Reichstags. Gründer und Führer der deutschen gewerblichen Genossenschaftsbewegung, Schöpfer des deutschen Genossenschaftsrechts.

Schumann, Robert
* 1810, † 1856

Alte Leipziger Burschenschaft 1828
Schülerverein am Gymnasium Zwickau 1827

Komponist und Musikschriftsteller, wurde 1854 geisteskrank. Romantiker, schrieb 4 Sinfonien, mehrere Ouvertüren, Lieder u. Balladen, wie „Dichterliebe", „Frauenliebe und Leben", u. a. sowie Chorwerke, zahlreiche Klavier- und Kammermusik.

Schumy, Vinzenz
* 1878, † 1962

B. Teutonia-Zürich 1896

Kärntner Volkstumspolitiker im Abwehrkampf 1918, Landeshauptmann von Kärnten 1923–1927, österreichischer Vizekanzler und Innenminister 1929, Staatssekretär 1945 (ÖVP).

Schurz, Carl
B. Frankonia-Bonn 1847
B. Normannia-Bonn 1849

Als Teilnehmer am badischen Aufstand 1849
gefangengenommen, Flucht in die Schweiz,
Großbritannien, USA. Deutsch-amerikanischer
Politiker, General im Sezessionskrieg, amerika-
nischer Innenminister 1877–1881.

Schuselka, Franz
* 1811, † 1886

B. Arminia a. d. Burgkeller-Jena 1845

Österreichischer Politiker, Schriftsteller und
Publizist, 1848 Frankfurter Vorparlament, 50er
Ausschuß, Nationalversammlung (gemäßigte
Linke), 1859 Präsident des Schriftstellervereins
„Concordia", 1861 niederösterreichischer
Landtag.

Schwann, Theodor
* 1810, † 1882

Alte Bonner Burschenschaft 1829
B. Germania-Würzburg 1831

Physiologe in Löwen und Lüttich, Begründer
der tierischen Zellenlehre und Entdecker des
Pepsins.

Schwarz, Ritter Albert von
* 1908, † 1959

B. Teutonia-Wien

Bedeutender österreichischer Jurist

Schweitzer, Albert
* 1875, † 1965

Verbindung Wilhelmitana-Straßburg 1903, Nicaria-Tübingen EM 1929 (im Schwarzburg-bund).

Evangelischer Theologe, Missionsarzt, Schriftsteller u. Musiker, als letzterer hervorragender Orgelspieler; Werke: „Kultur und Ethik", „Zwischen Wasser und Urwald". Erhielt 1953 den Friedens-Nobelpreis.

Seelmeier, Johann
* 1911, † 1985

Akad. Verbindung Tauriska-Graz 1930

Professor für Baugeologie an der Technischen Hochschule in Graz.

Seipel, Ignaz
* 1876, † 1932

MKV Asciburgia-Oberschützen 1930
ÖCV Norica-Wien 1920
ÖKV Deutschmeister-Wien 1927

Katholischer Priester, Universitätsprofessor für
Moraltheologie in Wien. Sozialminister 1918,
Bundeskanzler 1922 – 1924 und 1926 – 1929.
1930 Außenminister.

Seen, Johann
* 1799, † 1857

Burschenschaftlicher Kreis-Wien 1819
Liberia Germania-Innsbruck 1823

Dichter.

Siebold, Philipp Franz von
* 1796, † 1866

C. Moenania-Würzburg 1814

Japanforscher in niederländischen Diensten.

Siegel, Heinrich
* 1830, † 1899

B. Frankonia-Bonn 1850

Berühmter Bildhauer, Denkmal v. M. Horetzky
und E. v. Hornthal 1902 in den Arkaden der
Wiener Universität.

Siegl, Eduard
* 1831, † 1889

B. alte Markomannia-Prag 1849

Parlamentarier, Revolutionär, inhaftiert in
Prag.

Simrock, Karl
* 1802, † 1876

B. alte Bonner 1818

Germanist u. Schriftsteller. Als Referendar
wegen eines Gedichtes auf d. Julirevolution
entlassen, 1850 Professor in Bonn, widmete
sich u. a. d. Übertragung althochdt. Dichtungen
ins Neuhochdeutsche. Werke: „Das Nibe-
lungenlied", „Gedichte Walthers von d. Vogelweide", „Rheinsagen aus d. Munde d. Volkes u.
dt. Dichter", „Dt. Volksbücher – neu gereimt",
„Dt. Heldenbuch", „Die Edda", „Handbuch d.
dt. Mythologie", „Lieder der Minnesänger",
uvm.

Simson, Eduard von
* 1819, † 1899

Alte Königsberger Burschenschaft 1824

Tribunalrat und Professor für röm. Recht, Parlamentssekretär, Führer d. Kaiserdeputation, 1849 und 1871, Jurist in Königsberg, Abgeordneter und Präsident der Frankfurter Nationalversammlung, 1860–1861 des preußischen Abgeordnetenhauses. Reichskommissar f. Preußen, Präsident d. norddeutschen Reichstags und d. Zollparlamentes. Präsident d. Reichsgerichts in Leipzig.

Skorzeny, Otto
* 1908, † 1975

B. Markomannia-Wien

Begründer der modernen Kommandostrategie, Befreier von Mussolini. Nach dem 2. Weltkrieg Generalbeauftragter der österreichischen Vöest-Alpine in Spanien.

Sommerfeld, Arnold
* 1868, † 1951

B. Germania-Königsberg 1887

Mathematiker und Physiker, Professor in Clausthal, Aachen und München, Atomphysiker. Schrieb das klassische Lehrbuch „Atombau und Spektrallinien". Zu seinen Schülern gehörte auch Heisenberg.

Spängler, Franz
* 1874, † 1942

B. Teutonia-Wien

Bedeutender österreichischer Jurist.

Spina, Franz
* 1868, † 1938

B. Constantia-Prag

Leitete an der Universität Prag das slawistische Seminar, das dem Insigniensturm 1934 zum Opfer fiel. Volkstumspolitiker, nach den Wahlen vom Oktober 1929 – mit ihrem Linksruck – traten auch die Sozialdemokraten in die Regierung ein. Spina übernahm das Gesundheitsministerium, 1935 wurde er Minister ohne Geschäftsbereich.

Srbik, Heinrich Ritter von
* 1878, † 1951

B. Gothia-Wien 1899

Professor für allgemeine und Wirtschaftsgeschichte in Graz, für allgemeine Geschichte der Neuzeit in Wien. Zahlreiche Veröffentlichungen. 1929 Unterrichtsminister im Kabinett Schober, 1938 Präsident der Wiener Akademie der Wissenschaften und Mitglied des Reichstages.

Ssymank, Paul
* 1874, † 1942

C. Frankonia 1894

Professor für Geschichte in Dresden 1920,
Studentenhistoriker.

Stahl, Friedrich Julius
* 1802, † 1861

Alte Würzburger Burschenschaft 1819
Alte Heidelberger Burschenschaft 1821
Alte Erlanger Burschenschaft 1822

Jurist und Rechtsphilosoph in Erlangen, Würzburg und Berlin. Schöpfer der Lehre vom
christlichen Staat, Politiker.

Stein, Alexander
* 1789, † 1833

C. Suevia-Heidelberg

Pfarrvikar, als Vertreter des positiven Glaubens
und scharfer Gegner der Vernunftgläubigkeit
erwarb er sich eine große Anhängerschaft
strenggläubiger Kreise. „Hochgradiger" Freimaurer.

Stein, Lorenz von
* 1815, † 1890

Alte Kieler Burschenschaft 1834,
B. Burgkeller-Jena 1835

Prof. des Staats- und Verwaltungsrechtes in
Kiel und Wien, nahm starken Anteil an der politischen Bewegung seiner Heimat Schleswig-
Holstein, Delegierter der provisorischen Regierung in Paris, 1848 Landtag, 1850 aus politischen Gründen Verlust der Kieler Lehrkanzel,
seitdem in Wien, zahlreiche wissenschaftliche
Veröffentlichungen.

Steinwender, Otto
* 1874, † 1921

B. Silesia-Wien 1865

Gymnasialprofessor, Reichsratsabgeordneter
von Villach, Fachmann für staatsfinanzielle
Fragen. 1918 Staatssekretär für Finanzen.

Stigler, Robert
* 1878, † 1968

B. Moldavia-Wien
B. Germania-Graz

Bedeutender österreichischer Physiologe.

Stingl, Karl
* 1864, † 1936

B. Cimbria-München 1883

Reichspostminister 1922 – 1923.

Storm, Theodor
* 1817, † 1888

B. Albertina-Kiel 1837

Dichter, 1843 Advokat in Husum, 1864 Land-
vogt, 1874 Oberamtsrichter in Husum. St.s
Lyrik steht zw. Spätromantik u. Realismus,
hervorragender Vertreter realist. Novellistik.
Werke: „Sommergeschichten u. Lieder" („Der
kleine Häwelmann", „Immensee"), „Gedichte,
Novellen u. Gedenkblätter", „Waldwinkel",
„Pole Poppenspäler", „Aquis submersus",
„Carsten Curator", „Der Herr Etatsrath", „Die
Söhne des Senators", „Der Schimmelreiter"
u. v. a.

Strack, Hermann
* 1815, † 1891

C. Hassia-Gießen 1836

Pfarrer.

Stresemann, Gustav
* 1878, † 1929

B. Neogermania-Berlin 1896
B. Suevia-Leipzig 1898

Seit 1907 Reichstagsabgeordneter (national-
liberal), 1918 Gründer der Deutschen Volkspartei. 1919 Weimarer Nationalversammlung,
1923 Reichskanzler und Reichsaußenminister.
Stresemann war Mitinitiator der Locarno-
Verträge und des Berlin-Vertrages. Aufnahme
Deutschlands in den Völkerbund 1926; setzte
die Räumung des Rheinlandes durch
(Young-Plan). Friedensnobelpreis 1926.

Strobl, Karl Hans
* 1877, † 1946

C. Austria-Prag 1894
C. Frankonia-Brünn
C. Frankonia-Prag
C. Saxonia-Wien

Redakteur, Schriftsteller, Erzähler und Lyriker.
Werke: „Die knöcherne Hand", „Die Kristall-
kugel", „Lemuria", „Gespenster im Sumpf",
Romantrilogie „Bismarck", „Die Runen Gottes",
„Die Fackel des Hus", „Die Vaclavbude", „Der
Schipkapaß", (Die Flamänder von Prag), „Das
Wirtshaus zum König Przemysl", „Wir hatten
gebauet" usw.

Strohmeyer, Franz
* 1868, † 1918

CV Carolina-Graz

Primarius, landsturmpflichtiger Zivilarzt im
Landwehrspital in Eggenberg.

Stroriedl, Gustav
* 1867, † 1897

CV Carolina-Graz

Jurist, Journalist, Schriftsteller, (Grazer Volks-
blatt), „Licht und Schatten – Reisebilder aus
Italien".

Struve, Gustav von
* 1805, † 1870

Alte Göttinger und Heidelberger Burschenschaft 1824

Rechtsanwalt in Mannheim, als Redakteur v.
Mannheimer Zeitungen zu Gefängnis verur-
teilt Revolutionärer Politiker 1848/49, Aufstand
in Südbaden, Flucht in die Schweiz, erneuter
Einfall in bad. Gebiet, verurteilt zu 5½ Jahren
Gefängnis, befreit durch den bad. Maiaufstand,
Vizepräsident d. Landesausschußes, erneut
Flucht in die Schweiz, 1851 i. d. USA, Offizier
im amerik. Bürgerkrieg.

Stüber, Fritz
* 1903, † 1978

B. Vandalia-Wien
B. Gothia-Wien
Wiener p.B. Franko Cherusker im Blauen
Kartell

Dichter, Nationalratsabgeordneter. Werke: „Die
Rose von San Marco", „Ich war Abgeordneter".
Chefredakteur des Eckartboten.

Stüve, Karl
* 1798, † 1872

Alte Berliner Burschenschaft 1817 (Mitgründer)

Anwalt in Osnabrück, schriftstellerisch tätig, 1835 Bürgermeister v. Osnabrück, hannoverscher Innenminister 1848, seine geschichtliche Leistung besteht darin, dem Königreich Hannover zweimal zu einer freiheitlichen Verfassung verholfen, den Bauernstand befreit u. die allgemeine Verwaltung d. Landes modernisiert zu haben.

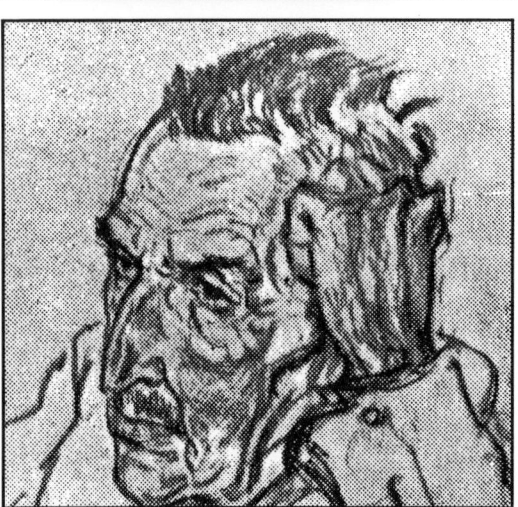

Sylvester, Julius
* 1854, † 1944

B. Teutonia-Wien 1873
B. Libertas-Wien

Politiker und Präsident des österreichischen Abgeordnetenhauses, Staatsnotar.

Teutsch, Friedrich
* 1852, † 1933

B. Normannia-Leipzig 1868

1889 Direktor des Lehrer-Seminars, 1896 Pfarrer in Groß-Scheuern, 1903 Stadtpfarrer v. Hermannstadt u. 1906 Bischof d. Siebenbürgisch-sächsischen Kirche („Sachsenbischof"). Als nach dem 1. Weltkrieg im vergrößerten Rumänien verschiedene evang. Landeskirchen (Siebenbürgen, Banat, Bukowina, Bessarabien u. Alt-Rumänien) zusam. kamen, gelang ihm d. Einigung. 1927 trat er an d. Spitze d. Dt-lutherischen Kirchenrates.

Thiede, Oskar
*1879, † 1961

B. Moldavia-Wien

Bedeutender österreichischer Bildhauer.

Thoma, Ludwig
*1867, † 1921

C. Suevia-München

Dichter und Schriftsteller. 1899 Redakteur des „Simplicissimus", Satiriker unter dem Decknamen Peter Schlemihl, Erzählungen, Romane, Gedichte, Komödien u. a. („Die Lausbubengeschichten").

Thomas, Oswald
*1882, † 1963

B. Arminia a. d. Burgkeller-Jena 1902
B. Silesia-Wien

Bedeutender Sternenkundler.

Titta, Josef Wenzel
* 1863, † 1923

B. Teutonia-Prag 1881
B. Cimbria-Dresden 1911
B. Arminia-Graz 1919
B. Albia-Wien 1919

Arzt, sudetendeutscher Volkstumspolitiker, Gründer des „Deutschen Volksrates in Böhmen" 1903, in welchen die dt. Landtagsparteien, die Schutzvereine und Genossenschaften je drei Vertreter entsandten. Schuf die Dt. Sektion der Landeskommission für Kinderschutz u. Jugendfürsorge.

Tochtermann, Wilhelm
* 1912, † 1974

C. Gothia-Würzburg 1932
C. Bavaria-Würzburg 1933

Arzt, Dichter

Tönnies, Ferdinand
* 1855, † 1936

B. Arminia auf dem Burgkeller-Jena 1872

Soziologe und Schriftsteller, Professor in Kiel. Werke: „Gemeinschaft und Gesellschaft" (1887). Internationaler Ruf als Hobbes-Forscher.

Treitschke, Heinrich von
* 1834, † 1896

B. Frankonia-Bonn 1851

Historiker in Freiburg i. Br., Kiel, Heidelberg und Berlin, Politiker und Historiograph des preußischen Staates, Dichter. Werk: „Deutsche Geschichte im 19. Jahrhundert". Entscheidender Einfluß auf das nationalistische Geschichtsbild des Bürgertums.

Trenkwald, Josef Mathias von
* 1824, † 1897

Athenaia-Wien

Maler.

Trojan, Johannes
* 1837, † 1915

B. Brunsviga-Göttingen 1856
B. Alemannia-Bonn 1859

Schriftsteller, politischer Satiriker und Hauptschriftleiter des „Kladderadatsch".

Trützschler, Adolf von
* 1818, † 1849

B. Burgkeller-Jena 1837

Revolutionärer Politiker, 1849 kriegsgerichtlich
zum Tode verurteilt und hingerichtet.

Tucher, Christoph von
* 1818, † 1847

C. Bavaria-Erlangen 1840

Jurist, Historiker.

Tyrold, Rudolf
* 1848, † 1929

B. Stiria-Graz
B. Arminia-Graz

Schauspieler, 1870 nach Olmütz, von dort nach
Brünn, später am Wiener Stadttheater,
1884–88 wirkte er am Burgtheater, 1898–1902
im Wiener Deutschen Volkstheater, das ihm
1914 d. EM verlieh nach 57jähriger Tätigkeit
und 8800 Auftritten. 1884–1887 Professur
an der Schauspielschule des Wiener Konser-
vatoriums. Werke: „Allerlei von Theater und
Kunst", „Chronik des Wiener Stadttheaters".

Uhland, Ludwig
* 1787, † 1862

B. Germania-Tübingen 1862 (EM)

Dichter und Germanist, Abgeordneter zur Frankfurter Nationalversammlung (Groß-deutsch). Letzter Präsident des „Stuttgarter Rumpfparlamentes" 1849. Bedeutendster Vertreter der schwäbischen biedermeierlichen Spätromantik (Lieder, Balladen, Romanzen).

Virchow, Rudolf
* 1821, † 1902

EM der Lese- und Redehalle der deutschen Studenten in Prag.

Berühmter Mediziner und Anthropologe, Be-gründer der anatomischen und der Zellular-pathologie. Als politischer Mitbegründer der Fortschrittspartei Gegner Bismarcks. Er förder-te als Berliner Stadtverordneter die öffentliche Hygiene und das Schulwesen.

Vischer, Friedrich Theodor
* 1807, † 1887

B. Germania-Tübingen 1825

Ästhetiker in Tübingen, Zürich und Stuttgart, Dichter, Politiker. Aufgrund seiner Antritts-rede, die sich gegen Kirche und Pietismus wandte, auf 2 Jahre vom Dienst suspendiert, 1848 Frankfurter Nationalversammlung, war Anhänger der Triasidée.

Vitorelli, Paul von
* 1851, † 1932

B. Stiria-Graz

Jurist, Leiter des Exekutionsgerichts, 1902 war er Präsident des Landesgerichts, wurde 1908 Oberlandesgerichtspräsident in Wien und gehörte dem letzten Kabinett der Monarchie als Justizminister an. 1919 wurde er Präsident des Verfassungsgerichtshofes, in welcher Eigenschaft er hervorragende Aufbauarbeit leistete.

Vogt, Karl
* 1817, † 1895

B. Palatia-Gießen 1833

Zoologe und Geologe in Gießen und Genf, Abgeordneter zur Frankfurter Nationalversammlung und zum Schweizer Nationalrat; mehrfach verfolgt und gemaßregelt.

Wagner, Richard
* 1813, † 1883

B. Saxonia-Leipzig 1830, Schülerverbindung an der Thomasschule zu Leipzig 1829, AGV Wien EM 1872

Komponist, Dichter und Musikschriftsteller. Schöpfer des Musikdramas. Hofkapellmeister in Dresden, 1849 Beteiligung an den Maiaufständen und Flucht. 1870 Vermählung mit Cosima von Bülow, der Tochter Liszts. 1871 in Bayreuth (Villa Wahnfried), 1876 Eröffnung der Festspielbühne.

Wagner von Jauregg, Julius
* 1857, † 1940

US. Ghibellinen-Wien, ATV-Graz.

Universitätsprofessor für Psychiatrie in Graz und Wien, Nobelpreis 1927 für Medizin (Entdecker der Malaria-Impfung zur Behandlung der progressiven Paralyse).

Walzel, Peter Ritter von Wiesentreu
* 1882, † 1937

B. Carolina-Prag

Habilierte sich 1921 in Wien für Chirurgie u. übernahm 1932 d. chirurgische Lehrkanzel in Graz, wo er sich besonders mit Gallen-, Pankreas- und Lungenchirurgie beschäftigt. Werke: „Krankheiten der Leber mit Einschluß d. hepatolienalen Affektionen" (Leipzig 1926), „Die Technik der Eingriffe am Gallensystem" (Wien 1928), „Chirurgie der Gallenwege, der Leber und des Pankreas" (Berlin 1930).

Wartenburg, Peter Graf Yorck von
* 1904, † 1944

C. Borussia-Bonn.

Offizier, Beteiligter am Putsch gegen Hitler vom 20. Juli 1944. Hingerichtet.

Weinwurm, Rudolf
*1835, † 1922

Gründer des AGV Wien

Komponist und Chormeister des Wiener
Männergesangvereins.

Welti, Emil
*1825, † 1899

B. Burgkeller-Jena 1844

Advokat, 1847 Teilnahme als Freiwilliger am
Sonderbundskrieg in der Schweiz, Bezirksprä-
sident Kanton Aargau, 1856 im großen Rat und
Regierungsrat. 1866 Regierungspräsident bzw.
Landammann, 1866 im Bundesrat, 1891 ab-
wechselnd Chef der Militär-, Justiz-, Post- und
Eisenbahndepartements, 1869 Bundespräsident
der Schweiz (6 x berufen). Verstaatlichung der
Bahn und Bau des Gotthard-Tunnels.

Wentzcke, Paul
*1879, † 1960

B. Alemannia-Straßburg 1899
B. Marchia-Bonn
B. Germania-Würzburg

Historiker, Honorarprofessor an der Johann-
Wolfgang-Goethe-Universität in Frankfurt/
Main, Direktor des Stadtarchivs und des Historischen Museums der Stadt Düsseldorf, Leiter
des Wissenschaftlichen Instituts der Elsaß-
Lothringer im Reich an der Universität Frankfurt.

Wessel, Horst
* 1907, † 1930

C. Alemannia-Wien
C. Normannia-Berlin

Mitbegründer der Nationalsozialistischen
Bewegung. Verfaßte das sogenannte „Horst-
Wessel-Lied": „Die Fahne hoch..."

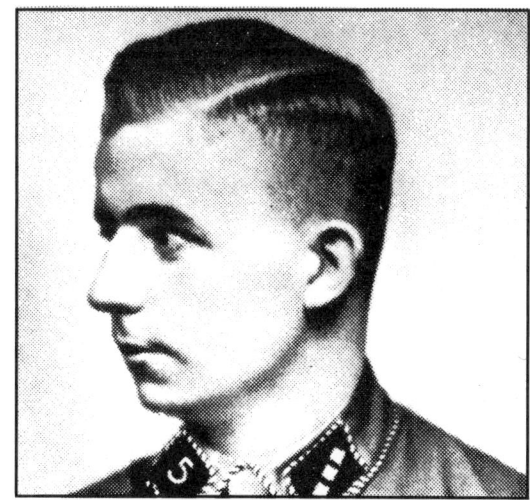

Wettstein von Westersheim, Richard
* 1863, † 1931

B. Thuringia-Wien

1892 Professor f. systematische Botanik an d.
dt. Universität in Prag, wo er den Botanischen
Garten errichtete. 1899 Wien, 1918 wurde er in
das Herrenhaus berufen. Reisen nach Brasilien,
Schweden, Nordamerika, Südafrika, Balkan u.
Orient. Wettstein gehörte 10 in- und auslän-
dischen Akademien der Wissenschaft an.
Werke: „Grundzüge d. geographisch-morpho-
logischen Methode der Pflanzensystematik",
„Handbuch der systematischen Botanik", u.v.m.

Wickenburg, Max Graf von
* 1857, † 1918

B. Arminia-Graz 1875

Österreichischer Innenminister im Kabinett
Bienerth 1911, im 1. Weltkrieg Präsident des
Witwen- und Waisenfonds.

385

Widmann, Friedrich Alexander Napoleon
*1805, † 1876

C. Allemannia-Tübingen 1825
C. Rhenania-Tübingen 1827

Jurist, Gerichtsnotar.

Wiegand, Heinrich
*1855, † 1909

B. Bubenruthia-Erlangen 1874

Generaldirektor des Norddeutschen Lloyd.

Wilhelm II., König von Württemberg
*1848, † 1921

C. Suevia-Tübingen 1865
C. Bremensia-Göttingen 1867

1866 Leutnant im 3. württ. Reiterregiment im Kampf gegen Preußen, dann Leib-Garde-Husaren-Regiment in Potsdam, 1870 Rittmeister, 1873 Major, 1874 Befehlshaber der Leibgarde, 1884 Generalleutnant, 1888 General, 1891 Württ. König, im 1. Weltkrieg Generalfeldmarschall, 1918 Thronverzicht.

Wilhelm II. von Preußen
*1895, † 1941

C. Borussia-Bonn 1878

Deutscher Kaiser, König von Preußen, Enkel
Wilhelm I., ältester Sohn Kaiser Friedrichs III.,
Folgte 1888 seinem Vater auf den Thron, ent-
ließ Bismarck 1890, dankte 1918 ab und ging
ins Exil nach Holland.

Wille, Ulrich
*1848, † 1925

C. Tigurinia-Zürich
C. Borussia-Halle

General und Oberbefehlshaber der Schweizer
Armee. Ab 1907 Professor an der Eidgenössischen Technischen Hochschule Zürich.

Winkel, Gustav Gotthilf
*1857, † 1937

C. Franconia-Würzburg 1879
C. Suevia-Prag
C. Franconia-Brünn
C. Marchia-Brünn
C. Borussia-Bonn

Jurist. Landrat in Wreschen 1888, Regierungsrat
1918.

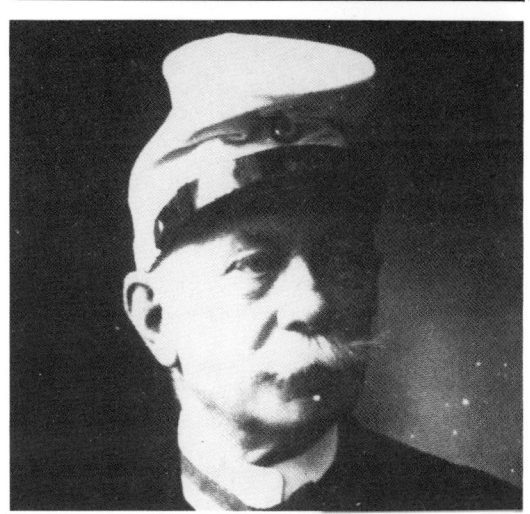

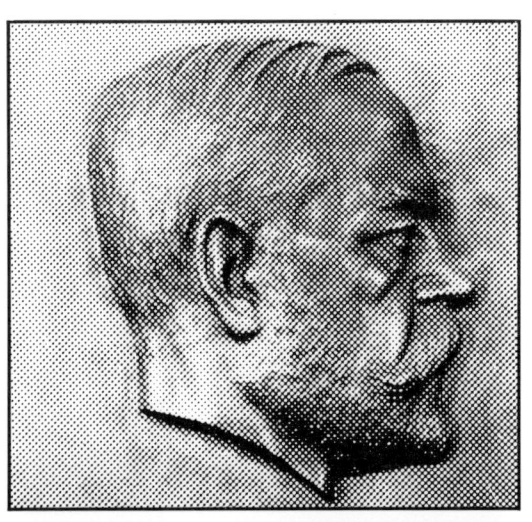

Wittenbauer, Ferdinand
* 1857, † 1922

B. Allemannia-Graz

Professor für technische Mechanik und theoretische Maschinenlehre in Graz, Rektor, auch Lyriker und Dramatiker.

Wolf, Karl Hermann
* 1862, † 1941

B. Ghibellinia-Prag (Gründer 1880)

Redakteur und Herausgeber der „Ostdeutschen Rundschau", 1897 als Mitglied der Alldeutschen Partei Schönerers Reichsratsabgeordneter, trat in der Badeni-Zeit führend hervor.

Wolff, Wilhelm
* 1809, † 1864

Alte Breslauer Burschenschaft 1828 („Kasematten-Lupus")

1834 4 Jahre Festungshaft, Sprachlehrer in Breslau, als Publizist tätig. Mit Marx und Engels befreundet, 1848 Schriftleiter der „Neuen Rheinischen Zeitung" in Köln, Frankfurter Nationalversammlung, nach 1849 Emigration in die Schweiz und nach England, überzeugter Kommunist. Ihm widmete K. Marx den ersten Band seines Werkes „Das Kapital".

Wydenbrugk, Oskar von
*1815, † 1876

B. Burgkeller-Jena 1835

Anwalt in Eisenach, 1848 Weimarer Staatsrat und Chef des Justiz- und Kultusdepartements, Mitglied des sächsisch-weimarer Landtags, Frankfurter Nationalversammlung (Großdeutscher, stimmte aber f. Friedrich Wilhelm IV.), Weimarer Bevollmächtigter bei der Provisorischen Zentralgewalt, Gothaer Versammlung, 1862 Führer der Großdeutschen Partei, 1864 Bevollmächtigter des Erbprinzen von Augustenburg in Wien.

Wydenmayer, Johannes Ritter von
*1838, † 1893

B. Algovia-München 1856

Erster Bürgermeister von München.

Zeller, Eduard
*1814, † 1908

B. Patrioten-Tübingen 1831

Philosoph. Professor in Marburg, Heidelberg und ab 1872 in Berlin.

Zerzog, Adolf von
* 1799, † 1880

B. Jenaer, Erlanger und Würzburger 1818/23

Mitglied des „Jünglingsbundes", Untersuchungshaft in München und consilium abeundi in Würzburg, 1848 Frankfurter Nationalversammlung, Gutsbesitzer in Regensburg.

Ziegler, Johann Emanuel Leonhard
* 1802, † 1853

C. Bavaria-Erlangen 1840

Pfarrer.

Ziegler, Theobald
* 1846, † 1918

B. Alemannia-Wien
B. Roigel-Tübingen 1867
B. Alemannia-Straßburg

Professor für Philosophie und Pädagogik an der Universität Straßburg, Philosoph, Pädagoge, Literaturhistoriker, Kulturpolitiker, Volksbildner.

Verbände und Dachverbände

Convent Deutscher Korporationsverbände (CDK)

Convent Deutscher Akademikerverbände (CDA)

Die Deutsche Burschenschaft hatte schon bei ihrer Entstehung die Einigung der gesamten deutschen Studentenschaft angestrebt.

Nach dem Zweiten Weltkrieg wurde sehr bald spürbar, daß es zwischen den Korporationen verschiedener Verbände Gemeinsamkeiten gab. So haben die Altherrenverbände im Jahre 1950 den Convent Deutscher Akademikerverbände (CDA) ins Leben gerufen, dem heute die Mehrheit der Altherrenverbände mit etwa 100 000 Mitgliedern angehört. Entsprechende Bemühungen führten Pfingsten 1951 in Weinheim zur Gründung einer Arbeitsgemeinschaft von Aktivenverbänden, die sich seit der Göttinger Tagung (Oktober 1951) als Convent Deutscher Korporationsverbände (CDK) bezeichnet. Den elf Gründungsverbänden haben sich im Laufe der Zeit weitere Verbände angeschlossen, so daß der CDK heute mit 17 Mitgliedsverbänden, die 22 000 studierende Mitgleider aufweisen, als Zusammenschluß des überwiegenden Teils der deutschen Korporationsverbände angesehen werden kann.

Der CDK sieht seine Aufgabe darin, die hochschulpolitischen Aktivitäten der Korporationsverbände zu koordinieren.

Mitgliedsverbände

Akademischer Turnbund (ATB)

Bund Deutscher Ingenieur-Corporationen (BDIC)

Bund Deutscher Studenten (BDSt)

Coburger Convent (CC)

Deutsche Burschenschaft (DB)

Deutsche Gildenschaft (DG)

Deutsche Ingenieur-Burschenschaft (DIB)

Deutsche Sängerschaft (DS)

Deutscher Wissenschafter Verband (DWV)

Kösener Senioren-Convents-Verband (KSCV)

Marburger Konvent (MK)

Miltenberg-Wernigeroder Ring (MWR)

Verband der Vereine Deutscher Studenten (VVDSt)

Wingolfsbund (WB)

Wernigeroder Jagdcorporationen-Senioren-Convent (WJSC)

Wartburg-Kartell (WK)

Weinheimer Senioren-Convent (WSC)

Dem CDA gehören neben den Altherrenverbänden der Mitgliedsverbände des CDK auch der Baltische Philisterverband und die Alten Herren des Sondershäuser Verbandes (VASV) an. Sowohl die Korporationsverbände als auch die Altherrenverbände bewahren innerhalb dieser Zusammenschlüsse ihre Eigenheit.

Akademischer Turnbund (ATB)

Die in der zweiten Hälfte des 19. Jahrhunderts entstandenen Turnbünde hatten zunächst keinen korporativen Charakter und zählten Angehörige verschiedener Korporationen zu ihren Mitgliedern. 1872 gründeten sie einen eigenen Verband. Als sich die Mehrheit der Vereine zu farbentragenden und schlagenden Verbindungen entwickelte, traten 1883 die Vereine, die diese Entwicklung mißbilligten, aus und gründeten den Akademischen Turnbund. Auch diese Vereinigungen entwickelten sich jedoch später zu studentischen Korporationen. Der ATB bekennt sich zu den Zielen und Idealen der von Jahn begründeten Turnbewegung.

Bund Deutscher Ingenieur-Corporationen (BDIC)

An den alten deutschen Ingenieurschulen entstanden um die Mitte des vorigen Jahrhunderts studentische Verbindungen. Heute sind es weit über 500. Sie schlossen sich zu Ortsringen und Arbeitsgemeinschaften zusammen, um gemeinsame Interessen besser vertreten zu können. 1951 kam man überein, sich zu einer gemeinsamen großen Organisation, dem Bund Deutscher Ingenieur-Corporationen (BDIC), zusammenschließen. Damit ist der BDIC ein Verband an deutschen Hochschulen geworden. Seine Korporationen haben sich dadurch auch für Studierende geöffnet, die nicht zu Ingenieuren ausgebildet werden.

Bund Deutscher Studenten (BDSt)

Im Bund Deutscher Studenten haben sich 1881 Korporationen zusammengeschlossen,

die Farben tragen, aber die Mensur als Bestimmungsmensur ablehnen. Von den Mitgliedern wird das Bekenntnis zu den Werten des Volkes und Vaterlandes gefordert.

Coburger Convent akademischer Landsmannschaften und Turnerschaften (CC)

Der Coburger Convent der Landsmannschaften und Turnerschaften an deutschen Hochschulen entstand 1951 aus der Verschmelzung der Deutschen Landsmannschaft mit dem Verband der Turnerschaften. Er ist ein farbentragender Verband, vertritt die Bestimmungsmensur und ist weder parteipolitisch noch konfessionell gebunden. Der Coburger Convent hat es sich zur Aufgabe gemacht, unter dem Leitspruch „Ehre, Freiheit, Freundschaft, Vaterland" die geistige und sittliche Erziehung seiner Mitglieder zu fördern, Leibesübungen zu pflegen und die korporationsstudentischen Ideale zu beleben.

Deutsche Burschenschaft (DB)

Die Deutsche Burschenschaft ist die Gemeinschaft der Burschenschaften, die aus der in Jena am 12. Juni 1815 begründeten Burschenbewegung hervorgegangen sind oder sich zu ihr bekennen. Unter dem Eindruck der Befreiungskriege und im Anschluß an eine schon 1811 von Friedrich Ludwig Jahn und Friedrich Friesen entworfene „Ordnung zur Einrichtung von Burschenschaften" strebten die Burschenschaften im Gegensatz zu den weltbürgerlich gesinnten Orden und den territorial gegliederten Landsmannschaften einen Zusammenschluß der Studentenschaft einer Universität in einer einzigen Burschenschaft und eine Verbindung der Burschenschaften aller deutschen Universitäten in einer „Allgemeinen Deutschen Burschenschaft" an. Die Burschenschaft sah in den Universitäten Einrichtungen, die ihre Studenten nicht nur wissenschaftlich, sondern auch politisch zum Dienst am Vaterland erziehen sollten.

Politik, Wissenschaft und Erziehung sollten eine Einheit bilden. Das Programm der Burschenschaft fand seinen Ausdruck in dem bis heute gültigen Wahlspruch „Ehre, Freiheit, Vaterland". Die Burschenschaft von heute ist eine politische studentische Gemeinschaft in der Form der traditionellen studentischen Korporation, die sich zum Ziel setzt, den Gedanken an die deutsche Einheit in Freiheit wachzuhalten und darüber hinaus ein einiges Europa anstrebt.

Deutsche Gildenschaft (DG)

Die Deutsche Gildenschaft entstand 1919 in der Zeit der Jugendbewegung als eine Form studentischer Gemeinschaft. In kleinen, überschaubaren Gruppen will sie ihre Mitglieder an Geschichte und Erbe des deutschen Volkes heranführen und zum Einsatz für das Selbsbestimmungsrecht und zu akademischer Verantwortlichkeit erziehen.

Deutsche Ingenieur-Burschenschaft (DIB)

Die Deutsche Ingenieur-Burschenschaft wurde im Mai 1964 in Coburg als Burschenschaftsverband an den deutschen Ingenieur-, verwandten Fachschulen und Polytechniken, den derzeitigen Fachhochschulen, gegründet und hat sich zur Aufgabe

gemacht, Burschenschaften dieser Studienbereiche in einem rein burschenschaftlichen Verband zusammenzuführen. Der Verband ist nach den Grundsätzen der Urburschenschaft ausgerichtet und hat Richtlinien und Grundsätze der Deutschen Burschenschaft den Erfordernissen der Fachhochschulen angepaßt.

Deutsche Sängerschaft (DS)

Die ältesten Sängerschaften entstanden in den 20er Jahren des 19. Jahrhunderts als akademische Gesangvereine, die – weil sie das „Unschuldige" ihres Tuns betonten – nicht der Auflösung nach den Bestimmungen der Karlsbader Beschlüsse verfielen. Ab der Mitte des vorigen Jahrhunderts kam es zur korporativen Schließung, zur Annahme eigener Farben und Waffen und um die Jahrhundertwende zur Bezeichnung „Sängerschaft". Die Deutsche Sängerschaft ist farbentragend und stellt ihren Mitgliedsverbindungen frei, das Austragen von Bestimmungsmensuren von ihren Angehörigen zu fordern. Die Verfassung nennt an Zielen die Persönlichkeitsbildung der Mitglieder und die Pflege des deutschen Kulturgutes, vor allem des deutschen Liedes.

Deutscher Wissenschafter Verband (DWV)

Der Deutsche Wissenschafter Verband ist ein farbentragender, nichtschlagender, konfessionell und politisch unabhängiger Verband an deutschen Hochschulen, der 1910 gegründet wurde. Sein Ziel ist die Förderung der Wissenschaft und der Zusammenhalt seiner Mitglieder in diesem Sinne.

Kösener Senioren Convents-Verband (KSCV)

Der Kösener SC-Verband ist die Vereinigung der Senioren-Convente der deutschsprachigen Universitäten. Der SC wiederum ist der örtliche Zusammenschluß der Corps einer Universität oder Hochschule. Der KSCV hat die Aufgabe, die Beziehungen der Corps zueinander zu fördern und gemeinsame Angelegenheiten zu regeln und zu vertreten. Die Beschränkung auf diese Aufgabe entspricht dem Wesen des Verbandes. Das älteste Corps besteht seit 1789, der Verband wurde 1848 gegründet. Der KSCV ist farbentragend und vertritt die Bestimmungsmensur. Der Zweck des Corps ist es, seine Mitglieder in aufrichtiger Freundschaft auf Lebenszeit zu verbinden und sie ohne Beeinflussung ihrer politischen, religiösen, weltanschaulichen und wissenschaftlichen Richtung zu Vertretern eines ehrenhaften Studententums und zu charakterfesten, verantwortungsbewußten, tatkräftigen und pflichttreuen Persönlichkeiten zu erziehen.

Marburger Konvent studentischer Verbindungen (MK)

Der MK besteht aus 13 Turnerschaften, die wegen der Weigerung des Coburger Convents, die Bestimmungsmensur freizustellen, aus diesem austraten und 1971 in Marburg einen neuen Verband gründeten.

Miltenberg-Wernigeroder Ring (MWR)

Der Miltenberger Ring wurde als Zusammenschluß überkonfessioneller, politisch freier, schwarzer und schlagender Verbindungen gegründet. Die Mensur ist heute von Verbands wegen freigestellt.

Verband der Vereine Deutscher Studenten (Kyffhäuser-Verband) (VVDSt)

Der Verband lehnt Mensuren und Farbentragen ab. Er wurde 1881 gegründet. Er sieht seine Aufgabe darin, volks- und staatspolitische und soziale Themen im Kreise der Mitglieder zu bearbeiten und die Mitglieder zu verantwortungsbewußten und politisch denkenden Staatsbürgern zu erziehen. Der Verband umfaßt 33 aktive Verbindungen in der Bundesrepublik Deutschland, in Österreich und in Dänemark (Verbindung Schleswiger Studenten in Kopenhagen).

Wingolfsbund (WB)

Der Wingolfsbund ist ein farbentragender, nichtfechtender christlich-überkonfessioneller Verband (gegr. 1844). Er ging hervor aus den zu Beginn des 19. Jahrhunderts nach den Freiheitskriegen entstandenen christlich-religiösen Gemeinschaften. Von den Mitgliedern wird das ernsthafte Streben nach einer christlichen Lebenshaltung gefordert.

Wernigeroder Jagdkorporationen-Senioren-Convent (WJSC)

Der WJSC ist ein Zusammenschluß farbentragender Jagdkorporationen mit Lebensbundprinzip. Die dem Wernigeroder Jagdkorporationen-Senioren-Convent angehörigen Corps wurden in der Zeit von 1921 bis 1927 gegründet. Sie wollen in einem studentischen Lebensbund Tradition und Brauchtum des deutschen Jägers pflegen. Die vor dem Zweiten Weltkrieg gegründeten Jagdcorps waren ausschließlich an mittel- und ostdeutschen Hochschulen beheimatet. 1956 wurde der Verband wieder ins Leben gerufen.

Wartburg-Kartell (WK)

Im Wartburg-Kartell haben sich farbentragende, nichtfechtende evangelische Verbindungen zusammengeschlossen. Es verlangt von seinen Mitgliedern das Bemühen um evangelisches Christentum und widmet sich dem Meinungsaustausch über die Grenzen der Fachgebiete seiner Mitglieder hinaus.

Weinheimer Senioren-Convent (WSC)

Der Weinheimer Senioren-Convent wurde von studentischen Corps an Technischen Hochschulen 1863 gegründet. Seine Corps tragen Farben und schlagen Mensuren. Er lehnt es ab, in politischer oder weltanschaulicher Richtung Bindungen einzugehen oder seine Mitglieder in dieser Hinsicht zu beeinflussen. Er fordert von ihnen eine positive Einstellung zum demokratischen Rechtsstaat und zu den christlichen Sittengesetzen. Er setzt sich für die lebendigen Werte der Tradition und die Freiheit der Hochschulen ein.

Zwischen dem überwiegend an Technischen Hochschulen beheimateten WSC und dem mehr auf Universitäten beschränkten KSCV besteht ein Kartellvertrag.

Weitere Korporationsverbände

Akademische Gildenschaft (AG)

Akademischer Bund Katholisch-Österreichischer Landsmannschaften (KÖL)

Akademischer Turnbund Österreichs (ATBÖ)

Abstinentenverband Junge Schweiz (AVJS)

Baltischer Philisterverband (BPhV)

Der Baltische Philisterverband wurde 1951 in der Bundesrepublik Deutschland gegründet und ist ein Zusammenschluß der Altherrenverbände der alten deutschen studentischen Korporationen an den Universitäten in Dorpat und Riga, der nach dem Zweiten Weltkrieg in der Bundesrepublik Deutschland gegründeten bzw. reaktivierten Verbindungen sowie von Einzelmitgliedern.

Cartellverband der katholischen deutschen Studentenverbindungen (CV)

Cartell-Verband der Katholischen österreichischen Hochschulverbindungen (ÖCV)

Die ersten katholischen Studentenvereine entstanden in den vierziger Jahren des vorigen Jahrhunderts im Rheinland. 1856 kam es zu einem Cartell zwischen einer Münchener und einer Breslauer farbentragenden Korporation. 1865 entstanden aus dem bis dahin gemeinsamen Verband zwei Lager, die farbentragenden und die nichtfarbentragenden Verbindungen. Jene blieben im nunmehrigen CV zusammen, diese im KV. Die Grundsätze des CV sind Religion, Sittlichkeit, Vaterlandsliebe, Wissenschaft und Lebensfreundschaft.

Deutsche Burschenschaft in Österreich (DBÖ)

Falkensteinerbund (FB)

Kartellverband katholischer deutscher Studentenvereine (KV)

Kartellverband der Katholischen nichtfarbentragenden Vereinigungen Österreichs (ÖKV)

Dieser Zusammenschluß besteht seit der Trennung des bis dahin gemeinsamen Verbandes katholischer Korporationen.

Mittelschüler Kartell-Verband (MKV)

Zusammenschluß der farbentragenden, katholischen österreichischen Mittelschulkorporationen.

Österreichischer Landsmannschafter und Turnerschafter-Verband (ÖLTC)

Österreichischer Pennäler Ring (ÖPR)

Zusammenschluß der meisten schlagenden, farbentragenden Mittelschulkorporationen.

Passauer Senioren Convent (PSC)

Um die Studentschaft der Vergangenheit zu ehren und es ihr gleichzutun an Freundestreue und Vaterlandsliebe, wurde die Form der farbentragenden Verbindung gewählt.

Ring katholischer deutscher Burschenschaften (RKDB)

Ring katholischer akademischer Burschenschaften (RKAB)

Diese farbentragenden, nichtschlagenden Korporationen verpflichten ihre Mitglieder zum Einsatz für die Ziele der Urburschenschaft.

Ruderschaft Markomannia (RM)

Schwarzburgbund (SB)

Die farbentragenden und nichtfechtenden Verbindungen des Schwarzburgbundes sind christlich überkonfessionell. Sie trennten sich um 1850 vom Wingolf.

Schweizerische Akademische Turnerschaft (SAT)

Schweizerische Studentenverbindungen Helvetia (SSH)

Schweizerischer Studentenverein (SchwStV)

Schweizerischer Waffenring (SWR)

Schweizerischer Zofingerverein (ZV)

Sondershäuser Verband Akademisch-Musikalischer Verbindungen (SV)

Die Mitgliedsvereinigungen des 1867 gegründeten Sondershäuser Verbandes sind zum Teil aus interkorporativen Gesangvereinen, Liedertafeln und musikalischen Zirkeln hervorgegangen. Im Unterschied zur Deutschen Sängerschaft werden Farbentragen und Mensurfechten abgelehnt.

Stella Helvetica (STH)

(Verband welscher Studenten)

Verband der wissenschaftlichen katholischen Studentenvereine UNITAS (UV)

Unitas in Österreich (UVÖ)

Der Unitas-Verband geht auf einen 1847 gegründeten katholischen Studentenverein zurück.

Verband Akademischer Segler-Vereine (VASV)

Der Bund Chilenischer Burschenschaften

Seit der Jahrhundertwende wirkte sich auch in Chile der burschenschaftliche Gedanke mit eigener Lebendigkeit aus, wenngleich in seiner apolitischen, damit ausschließlich kulturellen und die Persönlichkeitswerte fördernden Ausrichtung.
Es waren junge chilenische Studenten deutschen Ursprungs, die in den neunziger Jahren des vergangenen Jahrhunderts an der Staatsuniversität in Santiago Vorlesungen besuchten und sich durch die Gründung einer Studentenverbindung die Aufgabe stellten, innerhalb ihres Kreises das europäische Kulturgut in seiner deutschen Prägung zu erhalten.
1959 kam es zur Gründung des „Delegierten-Conventes der Chilenischen Burschenschaften"(DCCB). Seine Aufgaben sind die Förderung der Arbeit der Burschenschaften im Rahmen der Gemeinschaft und die Behandlung aller den Burschenschaften gemeinsamen Angelegenheiten sowie die Pflege der Beziehungen zur Deutschen Burschenschaft.

Die Burschenschaften an den einzelnen Hochschulen:

B. Montania-Concepcion
B. Andinia-Santiago
B. Araucania-Santiago
B. Vulkania-Valdivia
B. Ripuaria-Valparaiso

Die Corps in den U.S.A.

Der SC zu Cleveland / Ohio
C. Brandenburgia-Berlin
C. Teuto-Rugia-Berlin

Die baltischen studentischen Korporationen, Verbindungen und interkorporellen Organisationen

Akademische Freischar, Riga, deutsch; *Allgemeine Burschenschaft,* Dorpat, deutsch; *Amicitia* (weiblich), Dorpat, estnisch; *Arconia,* Riga, polnisch; *Arminia,* Dorpat, deutsch; *Aurora* (weiblich), Riga, lettisch; *Außenamt beim Ch! C!,* Dorpat, deutsch; *AWV* – Akademisch-wissenschaftliche Vereinigung, Riga, deutsch; *Baltica,* Dorpat, deutsch; *Baltonia,* Dorpat, deutsch; *Baltonia,* Hannover, deutsch; *Beveronija,* Riga, lettisch; *Boeteia,* Dorpat, russisch; *C! C!* – Chargierten-Convent, Riga, deutsch, dann übernational; *CH! C!* – Chargierten-Convent, Dorpat, deutsch; *Ch! V! –* Chargierten-Versammlung, Riga, deutsch; *Concordia Rigensis,* Riga, Hamburg, deutsch; *Constantia* (weiblich), Riga, deutsch; *Contubernium Dorpatense,* Tübingen, deutsch; *Corona Dorpatensis,* Marburg, deutsch; *Curonia,* Göttingen, deutsch; *Curonia,* Dorpat, Riga, Jena, deutsch; *Curonia Goettingensis,* Göttingen, deutsch; *Daugaviete* (weiblich), Riga, lettisch; *Deutsche Studentenschaft Riga,* Riga, deutsch; *Dorpatensis Fraternitas Academica,* Dorpat, lettisch; *Dorpater lettischer literarischer Abend,* Dorpat, lettisch; *Dzintra* (weiblich), Riga, lettisch; *Eesti,* Brünn, estnisch; *EKL* – Eesti Korporatsioonide Liit, Verband der estnischen Korporationen, Dorpat, estnisch; *Estonia,* Dorpat, deutsch; *EÜS* – Eesti Üliôpilaste Selts, Verein estnischer Studenten, Dorpat, estnisch; *Filiae Patriae* (weiblich), Dorpat, estnisch; *Fraternitas Academica,* Dorpat, Berlin, deutsch; *Fraternitas Academica,* Riga, lettisch; *Fraternitas Aeterna,* Dorpat, russisch; *Fraternitas Arctica,* Riga, russisch; *Fraternitas Baltica,* Riga, deutsch; *Fraternitas Cursica,* Pinneberg, lettisch; *Fraternitas Dorpatensis,* Dorpat, deutsch; *Fraternitas Dorpatensis,* Danzig, deutsch; *Fraternitas Dorpatensis,* München, deutsch; *Fraternitas Estica,* Dorpat, estnisch; *Fraternitas Fennica,* Dorpat, finnisch; *Fraternitas Hyperborea,* St. Petersburg, deutsch; *Fraternitas Imantica,* Pinneberg, Aachen, lettisch; *Fraternitas Lataviensis,* Riga, lettisch; *Fraternitas Leholensis,* Dorpat, estnisch; *Fraternitas Lettica,* Riga, lettisch; *Fraternitas Liviensis,* Dorpat, estnisch; *Fraternitas Livonica,* Riga, lettisch; *Fraternitas Marcomannia,* Riga, deutsch; *Fraternitas Metropolitana,* Riga, lettisch; *Fraternitas Moscoviensis,* Moskau, lettisch; *Fraternitas Normannia,* Dorpat, Reval, deutsch; *Fraternitas Pharmaceutica Dorpatensis,* Dorpat, deutsch; *Fraternitas Pharmaceutica Rigensis,* Riga, deutsch; *Fraternitas Rigensis,* Dorpat, Riga, deutsch; *Fraternitas Ruthenia,* Dorpat, russisch; *Fraternitas Slavia,* Dorpat, russisch; *Fraternitas Tartuen-*

sis, Dorpat, estnisch; *Fraternitas Ucuensis,* Pinneberg, estnisch; *Fraternitas Vanencia,* München, lettisch; *Fraternitas Vesthardiana,* Riga, lettisch; *Fraternitas Viliensis,* Dorpat, estnisch; *Gaujmaliete* (weiblich), Riga, lettisch; *Gersicania,* Pinneberg, lettisch; *Gotonia,* Riga, deutsch; *Gundega,* (weiblich), Riga, lettisch; *Hanseatia Dorpatensis,* Frankfurt a. M., deutsch; *Harjula,* Dorpat, estnisch; *Hasmonea,* Dorpat, jüdisch (zionistisch); *H. St. B.* – Hauptverband studierender Balten, Deutschland, deutsch; *Imeria* (weiblich), Riga, lettisch; *Indla* (weiblich), Dorpat, estnisch; *Kaljola,* Reval, estnisch; *Lacuania,* Riga, lettisch; *Latvia,* Dorpat, lettisch; *Lembela* (weiblich), Dorpat, estnisch; *Leola,* Reval, estnisch; *Lettgallia,* Dorpat, Riga, lettisch; *Lettonia,* Dorpat, Riga, lettisch; *Limuvia,* Dorpat, jüdisch; *Livonia,* Leipzig, deutsch; *Livonia Dorpati,* Dorpat, deutsch; *L! K! A!* – Latvijas Korporâciju Apvienîba (Verband der Korporationen Lettlands), Deutschland, New York, lettisch; *L! K! P! A!* – Latviešu Korporâciju Pârstâvju Apspriedes (Beratungen der lettischen Korporationen), Riga, lettisch; *Neobaltia,* Dorpat, deutsch; *Nevania,* Leningrad, deutsch; *Patria,* Riga, lettisch; *Philyronia,* Riga, lettisch; *P! K!* – Prezîdiju Konvents (Präsidien-Convent), Riga, lettisch, vorübergehend übernational; *Polonia,* Dorpat, polnisch; *Rajala,* Dorpat, estnisch; *Repräsentantenkonvent,* Dorpat, deutsch; *Revelia,* Dorpat, estnisch; *Rotalia,* St. Petersburg, Reval, Berlin, Dorpat, Warschau, estnisch; *Rubonia,* Riga, München, deutsch; *Ruthenia,* Dorpat, russisch; *Ruthenia,* Riga, russisch; *Sakala,* Dorpat, estnisch; *Salgalia,* Riga, lettisch; *Selga* (weiblich), Riga, lettisch; *Selonija,* Riga, lettisch; *Seniorenconvent der Dorpatensen,* Deutschland, deutsch; *Sororitas Oriens* (weiblich), Dorpat, russisch; *Sororitas Tatiana* (weiblich), Riga, Exil, russisch; *Spîdola* (weiblich), Pinneberg, lettisch; *S! P! K!* – Studenšu Prezîdiju Konvents (Präsidienkonvent der Studentinnen), lettisch; *Staburadze* (weiblich), München, Exil, lettisch; *Talavija,* Riga, lettisch; *Tehnola,* Reval, Dorpat, estnisch; *Tervetia,* Riga, lettisch; *Teutonia,* Dorpat, deutsch; *Theologischer Verein,* Dorpat, deutsch; *Ugala,* Dorpat, estnisch; *Ugandala,* Reval, estnisch; *Varavîksne* (weiblich), Riga, lettisch; *Veletia,* Riga, polnisch; *Vendia,* Riga, lettisch; *Ventonia,* Dorpat, Riga, lettisch; *Verband deutschbaltischer Studentinnen,* Dorpat, deutsch; *Verein deutschbaltischer Studentinnen,* Dorpat, estnisch; *Viennla,* Wien, estnisch; *Vironia,* Riga, Moskau, Dorpat, estnisch; *Wäinla,* Danzig, Brünn, Wien, Reval, estnisch; *Zinta* (weiblich), Pinneberg, lettisch.

Zu guter Letzt:

Bei den Bemühungen, unseren jungen Fuxen Anschauungsmaterial über die verschiedenen Korporationstypen bzw. den chronologischen Ablauf der Entwicklungen innerhalb des Korporationsstudententums zu geben, ist dieses Buch „Die Corporationen" entstanden. Mit einem umfassenden Personenteil – in diesem wurden, wie üblich, keine noch lebenden Personen berücksichtigt – und einem Abriß über die verschiedenen Korporationsformen soll es ein Standardwerk über Geschichte, Personen, Daten und Fakten darstellen. Es kann die Arbeit jeden Fuxmajors wesentlich unterstützen und sämtlichen Bundesbrüdern als Nachschlagewerk dienen.

Dieses Buch erhebt keinen Anspruch auf Vollständigkeit. Vielmehr ging es uns darum, die vielen tausend Quellen und Hunderte von Büchern und Publikationen zwischen Jena und Zürich, zwischen Hamburg und Graz zu sichten und im Rahmen des vorliegenden Buchumfanges aufzuarbeiten.

Mit den nächsten Auflagen soll dieses Buch komplettiert werden. Jede Hilfe ist uns willkommen.

Unser besonderer Dank gilt folgenden Personen, ohne deren Hilfe dieses Werk nicht möglich gewesen wäre:

Ulrich Becker, Würzburg
Dipl. Vw. Helge Dvorak, Wien
Uni. Doz. Dr. Roland Girtler, Wien
Dr. Helmut Golowitsch, Linz
Dr. Wolfgang Gottwald, München
Hans Heinrich Hagen, Würzburg
Gen. a. D. Dr. Günther Kießling, Rendsburg
Andreas Mölzer, Annenheim
Uni. Doz. Dr. Reinhold Reimann, Graz
Ing. Fritz Roubicek, Wien
Prof. Dr. Günter Steiger, Jena
Min. Präs. Franz Josef Strauß, München
Ernst Wilhelm Wreden, Frankfurt / Main

Literaturhinweise

Akademische Burschenschaft Arminia Czernowitz zu Linz 1877-1977, Linz 1977.

Asmus, Helmut, Das Hambacher Fest, Berlin 1985.

Baltisches Burschentum, Die studentischen Korporationen der Deutschbalten, Esten und Letten einst und jetzt, Heidelberg 1968.

Bauer, Erich, Einst und Jetzt, Jahrbuch 1964 des Vereins für corpsstudentische Geschichtsforschung, Verden/Aller (bis 1985).

Berka, Günther, Hundert Jahre Deutsche Burschenschaft in Österreich 1858-1959, Graz 1959.

Berzel, Gerhard, Hambacher Erinnerungen, Neustadt 1981.

Burschenschaft Germania zu Jena, Jena 1897.

Burschenschafter-Handbuch, Bochum 1953.

Die Chronik der Deutschen, Dortmund 1983.

Die Chronik Österreichs, Dortmund 1985.

Couleurstudenten in der Schweiz, Basel 1979.

CV-Handbuch, München 1979.

Diwald, Hellmut, Die Geschichte der Deutschen, Frankfurt–Berlin–Wien 1978.

Einst und Jetzt (Sonderheft 1963), Aus der Frühzeit des Heidelberger, Tübinger und Göttinger SC 1807-1809. Verein für corpsstudentische Geschichtsforschung.

Erinnerungsstätte für die Freiheitsbewegungen in der deutschen Geschichte, Katalog der ständigen Ausstellung, Koblenz 1984.

Faust, Helmut, Geschichte der Genossenschaftsbewegung, Frankfurt/Main 1958.

Feldner, Josef, Grenzland Kärnten, Kärtner Weißbuch, 2. Teil, Klagenfurt 1982.

Flathe, Theodor, Geschichte der neuesten Zeit, Berlin o. J.

Fragen an die deutsche Geschichte, Bonn, Deutscher Bundestag 1984.

Friederici, Hans Jürgen, Ferdinand Lassalle, Berlin 1985.

Geschichte der akademischen Burschenschaft Arminia-Czernowitz zu Salzburg, Salzburg 1967.

Gladen, Paulgerhard, Geschichte der studentischen Korporationsverbände, Bd. 1, Würzburg 1981.

Gladen, Paulgerhard, Geschichte der studentischen Korporationsverbände, Bd. 2, Würzburg 1985.

Golowitsch, Helmut, Und kommt der Feind ins Land hinein, Nürnberg 1985.

Grosser, Hubert (Hrsg.), Volk ohne Staat, Neustadt an der Saale 1981.

Habermehl, Wolf Henning, Pflanzet die Freiheit, London 1982.

Handbuch der Deutschen Burschenschaft, Bd. 1 und 2, Bad Nauheim 1982.

Handbuch der Kösener Corpsstudenten, 6. Auflage, Würzburg 1985.

Heine, Heinrich, Hausbuch, Bayreuth 1983.

Höffkes, Karl und Sauermann, Uwe, Albert Leo Schlageter, Kiel 1983.

Ipser, Karl, Mit Goethe in Italien 1786-1986, Berg/Starnberger See 1980.

Johann, Ernst, Georg Büchner, Hamburg 1958.

Kessler, Karl, Rudolf Brandsch,

Kresbach, E., 40 Jahre Carolina, Graz o. J.

Kuhnigh, Armin Matthäus, Karl Schapper, Camberg 1980.

KV-Jahrbuch, 41. Jahrgang, Würzburg 1985.

Malzer, Gottfried (Hrsg.), Wider Zopf und

Philisterey, Universitätsbibliothek Würzburg 1985.

Meyers Enzyklopädisches Lexikon, Bd. 28, Mannheim-Wien 1981.

Personenlexikon, Das große, Dortmund 1983.

Praktisches Handbuch des Verbandes der Vereine Deutscher Studenten (Kyffhäuser-Verband), Tirschenreuth 1980.

Prelitsch, Hans, Student in Czernowitz, München 1961.

Saas, Hans-Martin, Ludwig Feuerbach, Hamburg 1978.

Scheurer, Oskar, Die geschichtliche Entwicklung des Deutschen Studententums in Österreich, Wien und Leipzig 1910.

Schober, Johannes, Ein Leben für Österreich, Wien o. J.

Stefan, Klaus Dieter, Blind wie zu Kaisers Zeiten, Berlin 1985.

Steiger, Günter, Die Schlacht bei Jena und Auerstedt 1806, Cospeda 1981.

Steiger, Günter, Aufbruch Leipzig, Jena–Berlin 1967.

Steiger, Günter und Ludwig, Hans-Joachim, Gaudeamus igitur, Leipzig 1986.

Steininger, Rolf, Eine vertane Chance, Berlin–Bonn 1985.

Stephenson, Kurt und Scharff, Alexander (Hrsg.), Darstellungen und Quellen zur Geschichte der deutschen Einheitsbewegung im neunzehnten und zwanzigsten Jahrhundert, Heidelberg 1970.

Suchenwirth, Richard, Deutsche Geschichte, Leipzig 1939.

Thielbeer, Heide, Universität und Politik in der Deutschen Revolution von 1848, Bonn 1983.

Waas, Oskar, Die Pennalie, Graz 1967.

Zitierte Zeitschriften!

academica, München

Aula, Graz

Burschenschaftliche Blätter, Friedberg

Deutsche Monatshefte, Berg/Starnberger See

Deutsche Corpszeitung, München

Bildnachweis

Privatarchiv: Dipl. Vw. Helge Dvorak, A 1040 Wien

Archiv der Deutschen Burschenschaft, D 6000 Frankfurt-Main

Österreichische Nationalbibliothek, A 1010 Wien

Archiv der Universitätsbibliothek Würzburg, Am Hubland, D 8700 Würzburg

Archiv der Universitätsbibliothek Jena, DDR 6900 Jena

Archiv der Deutschen Sängerschaft, D 3400 Göttingen

Archiv des Corps Suevia-München, D 8000 München

Archiv des Kärntner Landesmuseums, A 9020 Klagenfurt

Kärntner Landesarchiv Landhaus, A 9020 Klagenfurt

Register